"十四五"职业教育国家规划教材

高等职业教育汽车类教学改革成果教材

汽车发动机构造与维修

第 2 版

主　编　李庆军　王月雷
副主编　王晓光　林　峰
参　编　王甲聚　习为民　李向权　程德宝

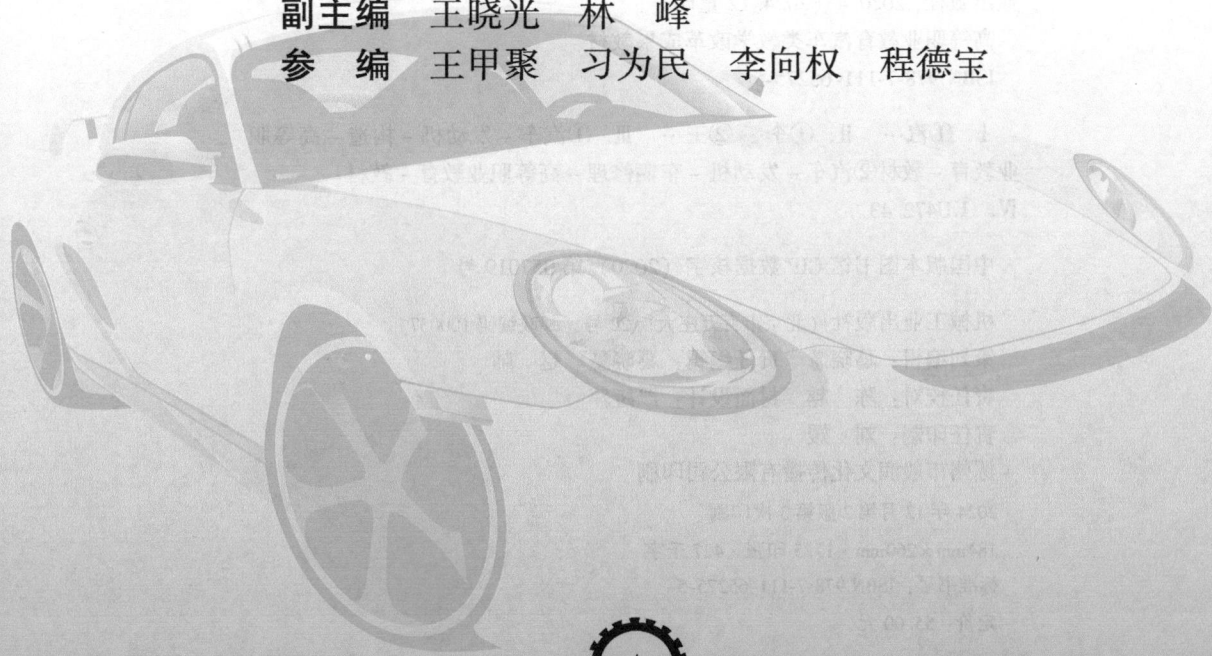

机械工业出版社

本书为"十四五"职业教育国家规划教材。

本书的内容分为 9 个模块：发动机的工作原理和总体构造，曲柄连杆机构，内燃机的配气机构，汽油喷射式燃料供给系，柴油机燃料供给系，电控柴油喷射系统及共轨技术，新能源汽车概述，发动机冷却系、润滑系的构造与维修，发动机总装。

本书可作为高等职业院校三年制及五年制汽车检测与维修技术专业、汽车运用与维修专业及相关专业的教材，也可作为维修企业的培训用书及汽车维修技术人员的参考用书。

本书单独配有学习工作页，方便进行实操训练。另外本书为了便于读者自主学习、提高学习效率，本书配备了二维码视频资源，可通过手机扫码观看。

本书还配有电子课件，凡使用本书作为教材的老师可登录机械工业出版社教育服务网 www.cmpedu.com 注册后下载。咨询电话：010-88379375。

图书在版编目（CIP）数据

汽车发动机构造与维修/李庆军，王月雷主编. —2 版. —北京：机械工业出版社，2020.4（2024.12 重印）

高等职业教育汽车类教学改革成果教材

ISBN 978-7-111-65275-5

Ⅰ. ①汽… Ⅱ. ①李… ②王… Ⅲ. ①汽车–发动机–构造–高等职业教育–教材②汽车–发动机–车辆修理–高等职业教育–教材 Ⅳ. ①U472. 43

中国版本图书馆 CIP 数据核字（2020）第 057019 号

机械工业出版社（北京市百万庄大街 22 号　邮政编码 100037）

策划编辑：葛晓慧　责任编辑：葛晓慧　赵　帅

责任校对：陈　越　封面设计：严娅萍

责任印制：刘　媛

涿州市般润文化传播有限公司印刷

2024 年 12 月第 2 版第 3 次印刷

184mm×260mm · 17.5 印张 · 427 千字

标准书号：ISBN 978-7-111-65275-5

定价：55.00 元

电话服务　　　　　　　　网络服务

客服电话：010-88361066　机　工　官　网：www.cmpbook.com

　　　　　010-88379833　机　工　官　博：weibo.com/cmp1952

　　　　　010-68326294　金　书　网：www.golden-book.com

封底无防伪标均为盗版　机工教育服务网：www.cmpedu.com

关于"十四五"职业教育国家规划教材的出版说明

为贯彻落实《中共中央关于认真学习宣传贯彻党的二十大精神的决定》《习近平新时代中国特色社会主义思想进课程教材指南》《职业院校教材管理办法》等文件精神，机械工业出版社与教材编写团队一道，认真执行思政内容进教材、进课堂、进头脑要求，尊重教育规律，遵循学科特点，对教材内容进行了更新，着力落实以下要求：

1. 提升教材铸魂育人功能，培育、践行社会主义核心价值观，教育引导学生树立共产主义远大理想和中国特色社会主义共同理想，坚定"四个自信"，厚植爱国主义情怀，把爱国情、强国志、报国行自觉融入建设社会主义现代化强国、实现中华民族伟大复兴的奋斗之中。同时，弘扬中华优秀传统文化，深入开展宪法法治教育。

2. 注重科学思维方法训练和科学伦理教育，培养学生探索未知、追求真理、勇攀科学高峰的责任感和使命感；7强化学生工程伦理教育，培养学生精益求精的大国工匠精神，激发学生科技报国的家国情怀和使命担当。加快构建中国特色哲学社会科学学科体系、学术体系、话语体系。帮助学生了解相关专业和行业领域的国家战略、法律法规和相关政策，引导学生深入社会实践、关注现实问题，培育学生经世济民、诚信服务、德法兼修的职业素养。

3. 教育引导学生深刻理解并自觉实践各行业的职业精神、职业规范，增强职业责任感，培养遵纪守法、爱岗敬业、无私奉献、诚实守信、公道办事、开拓创新的职业品格和行为习惯。

在此基础上，及时更新教材知识内容，体现产业发展的新技术、新工艺、新规范、新标准。加强教材数字化建设，丰富配套资源，形成可听、可视、可练、可互动的融媒体教材。

教材建设需要各方的共同努力，也欢迎相关教材使用院校的师生及时反馈意见和建议，我们将认真组织力量进行研究，在后续重印及再版时吸纳改进，不断推动高质量教材出版。

机械工业出版社

前　言

本书在编写过程中，广泛征求了兄弟院校专家、维修企业领导和维修技术人员的意见，参考了大量的资料，紧密结合我国现阶段汽车维修行业的生产实际，并充分考虑了高职教育教学的特点和维修企业对人才的要求。在内容编排上，本书注重理论知识与实践技能的有机结合，突出内容的针对性、通用性、先进性和实践性，以提高学生专业理论知识的实际应用能力、分析和解决实际问题能力，从而具有较强的实用性和可操作性。

本书突出了对目前国内保有量较大的柴油发动机（CA6110）与汽油发动机（EA827）的讲解，并增加了柴油共轨技术和新能源汽车的新技术方面的内容，较详细地介绍了汽车发动机的新结构、新技术及新能源汽车的原理、维修和常见故障诊断。

本书的主要特点如下：

1）适用于理论教学与实训相结合的模块一体化教学模式。每个章节都将理论教学与实训内容相结合，将社会上已经实用化的结构纳入教材，实现理论与实践的有机结合，提高学生分析问题、解决问题的综合能力。

2）内容综合化。以典型的汽车发动机为例，将汽车发动机的结构、原理、故障的检测与维修工艺综合在一起，避免了脱节，减少了重复。

3）内容新颖实用。根据生产实际中的具体情况，加入了部分汽车新知识、新技术、新工艺、新方法，使内容与实际需求相适应。

4）突出职业资格考试的知识内容。在理论知识内容的选取上，除遵循"必需、够用"的原则外，还涵盖了相关等级职业资格考试大纲的知识内容。

5）融入了柴油共轨技术和新能源汽车的结构与原理。

本书由海南科技职业大学李庆军、王月雷任主编，海南经贸职业技术学院王晓光、海南科技职业大学林峰任副主编。黑龙江农业工程职业学院王甲聚、李向权，海南经贸职业技术学院习为民，上海市群益职业技术学校程德宝参与了编写。本书的编写分工如下：王甲聚编写模块一；林峰编写模块二；程德宝编写模块三；王晓光编写模块四；习为民编写模块五和模块九；李向权编写模块六；王月雷编写模块七；李庆军编写模块八。海南经贸职业技术学院周立元、黑龙江农业工程职业学院孙作山共同审阅了全书，并提出了许多宝贵的意见和建议，在此深表感谢。

本书在修订的过程中，参阅了相关资料，在此对这些资料的作者表示感谢。由于水平有限，书中的错误在所难免，恳请各位专家和读者批评指正。

编　者

二维码索引

（续）

名　称	图　形	页码	名　称	图　形	页码
配气相		79	怠速步进电动机式空气调节器（二）		105
配气相图解		79	电动燃油泵		105
电子控制单点汽油喷油系统		94	转子泵的原理		106
电子控制单元		98	喷油器		109
卡门涡流式空气流量计（一）		99	ω形燃烧室		140
卡门涡流式空气流量计（二）		99	球形燃烧室		140
节气门体和石蜡式辅助空气阀		104	U形燃烧室		140
怠速步进电动机式空气调节器（一）		105	孔式喷油器的工作		143

（续）

目 录

模块一　发动机的工作原理和总体构造

学习目标

1）能解释发动机的定义、基本术语、类型、型号编制规则、内燃机工作循环、多缸机的工作原理；

2）能理解发动机的热力循环和对性能指标的要求；

3）正确选择及使用拆装工具并合理拆装发动机。

单元一　发动机的定义及分类

一、发动机的定义

发动机是汽车的动力源，是汽车的基本组成部分之一。

内燃机的特点是液体和气体燃料与空气混合后在气缸内燃烧而产生热能，并将热能转化为机械能。燃烧产生热能的过程在机内完成，所以称为内燃机。现代汽车的发动机以往复活塞式内燃机为最多。此类发动机具有热效率高、结构紧凑、体积小、便于拆装、起动性能良好等优点，因其技术先进、可靠性高而被广泛应用。

二、发动机分类

汽车发动机的种类繁多，往复活塞式内燃机可按不同特征来加以分类，如图1-1所示。

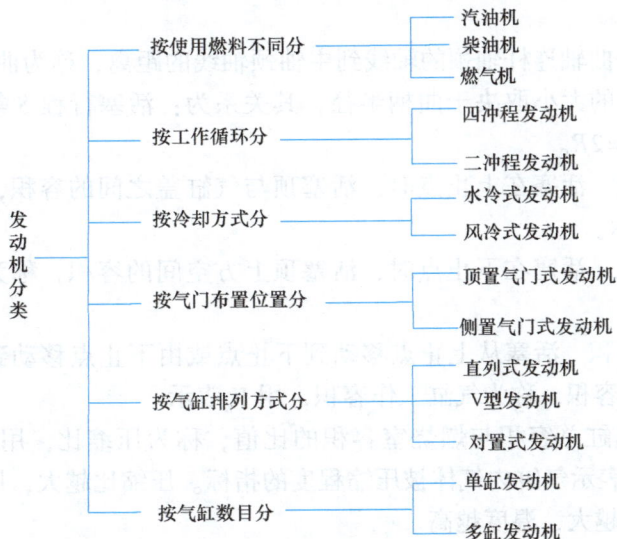

图1-1　发动机的分类

单元二 四冲程发动机的工作原理

一、发动机的一般构造和基本名词术语

1. 发动机的一般构造

汽车用汽油发动机主要包括曲柄连杆机构、配气机构、燃料供给系、润滑系、冷却系、点火系和起动系等。柴油机没有点火系。

2. 基本名词术语

发动机的构造如图 1-2 所示。

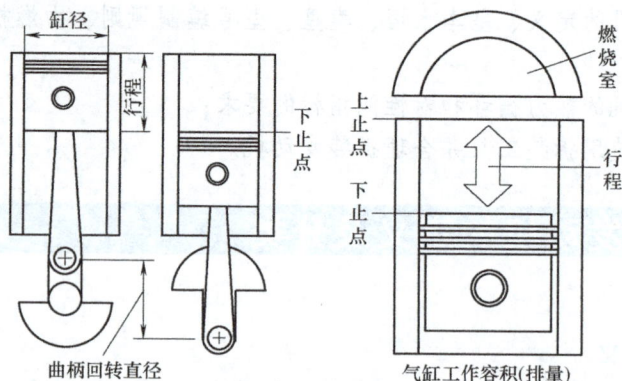

图 1-2 发动机的构造

（1）**上止点** 活塞在气缸内运动，其活塞顶部距离曲轴回转中心最远处的位置，称为上止点。

（2）**下止点** 活塞在气缸内运动，其活塞顶部距离曲轴回转中心最近处的位置，称为下止点。

（3）**活塞行程** 活塞在气缸内运动，其上、下止点间的距离，称为活塞行程，用 S 表示。

（4）**曲柄半径** 曲轴连杆轴颈的轴线到主轴颈轴线的距离，称为曲柄半径，用 R 表示。活塞行程的大小取决于曲柄半径，其关系为：活塞行程 S 等于曲柄半径 R 的 2 倍，即 $S = 2R$。

（5）**燃烧室容积** 活塞在上止点时，活塞顶与气缸盖之间的容积，称为燃烧室容积，用 V_c 表示。

（6）**气缸总容积** 活塞在下止点时，活塞顶上方空间的容积，称为气缸总容积，用 V_a 表示。

（7）**气缸工作容积** 活塞从上止点移动到下止点或由下止点移动到上止点时活塞所扫过的空间容积，称为气缸工作容积，用 V_h 表示。

（8）**压缩比** 气缸总容积与燃烧室容积的比值，称为压缩比，用 ε 表示，$\varepsilon = V_a / V_c$。压缩比是表示气缸内气体被压缩程度的指标。压缩比越大，压缩终了时气缸内的气体压力越大，温度越高。

上止点

下止点

燃烧室容积

气缸总容积

气缸工作容积

（9）**内燃机排量**　多缸发动机的各气缸工作容积之和称为排量，用 V_L 表示，则 $V_L = iV_h$，i 为气缸数。

发动机排量

（10）**工作循环**　内燃机每完成一个吸气、压缩、做功和排气的工作过程，称为一个工作循环。

（11）**二冲程内燃机**　曲轴每转一圈完成一个工作循环的内燃机。

（12）**四冲程内燃机**　曲轴每转两圈完成一个工作循环的内燃机。

（13）**工况**　内燃机在某一时刻所处的工作状况。一般用内燃机的转速和负荷来表示。

二、四冲程汽油机的工作原理

为使发动机产生动力，必须先将燃料和空气送入气缸，经点火后使之燃烧产生热能，以气体为工作介质推动活塞，再通过连杆使曲轴旋转，使热能转化为机械能，最后将燃烧后的废气排出气缸。至此，发动机完成一个工作循环。此循环周而复始地进行，发动机便产生连续的动力。

活塞在气缸内往复 4 个行程（曲轴转两周）完成一个工作循环的发动机，称为四冲程发动机。四冲程发动机每个工作循环中的活塞行程分别为进气行程、压缩行程、做功行程和排气行程。其示功图如图 1-3 所示，示功图表示活塞在不同位置时气缸内压力的变化情况，示功图上曲线所围成的面积，即为单缸发动机在一个工作循环中所做的功。

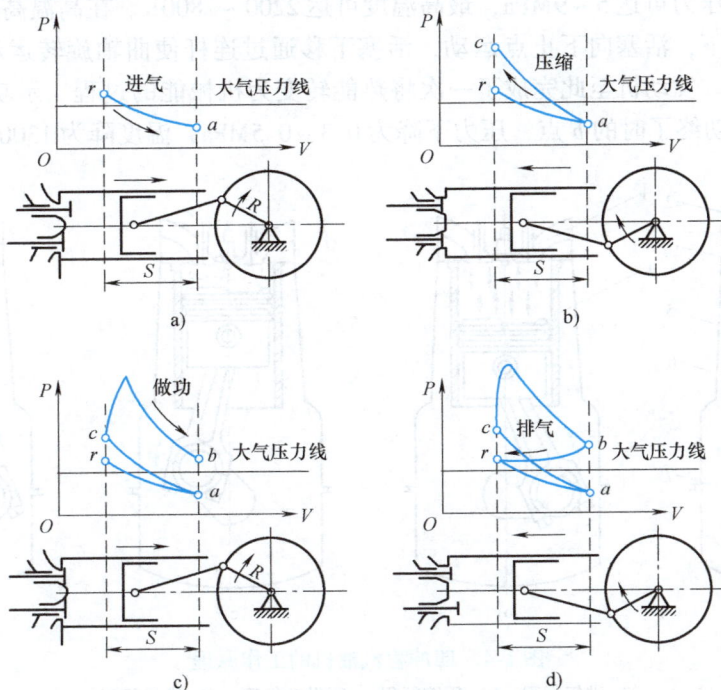

活塞行程

图 1-3　四冲程汽油机的示功图
a）进气行程　b）压缩行程　c）做功行程　d）排气行程

1. 进气行程

如图 1-4a 所示，进气门打开、排气门关闭，旋转的曲轴带动活塞从上止点向下止点运动，气缸内容积增大，压力降低而形成真空，将可燃混合气吸入气

进气行程
（汽油机）

3

缸。由于进气系统的阻力，进气终了时气缸内气体的压力略低于大气压，为 0.075 ～ 0.09MPa，温度为370 ～ 400K。示功图上的曲线 ra 表示进气行程，位于大气压力线之下。它与大气压力线纵坐标之差，即为活塞对应于各位置时的真空度。

2. 压缩行程

如图 1-4b 所示，为使吸入缸内的混合气迅速燃烧，释放出更多的热量，使发动机产生更大的功率，必须在混合气燃烧前对其进行压缩，使其容积变小、温度升高。为此，进气终了前便进入压缩行程。在此行程中，进、排气门均关闭，曲轴推动活塞由下止点向上止点移动完成该行程。示功图上，曲线 ac 表示压缩行程。活塞到达上止点时压缩行程结束，混合气被压入活塞上方及燃烧室中。此时，混合气压力高达 0.6 ～ 1.2MPa，温度可达 600 ～ 700K。

压缩行程（汽油机）

发动机的压缩比大，则混合气燃烧迅速、发动机发出的功率大、经济性就好。压缩比过大，会导致爆燃和表面点火等不正常的燃烧现象，造成发动机过热、功率下降、油耗增大等一系列不良后果。因此在提高汽油机压缩比时，必须防止爆燃和表面点火现象的发生。

3. 做功行程

如图 1-4c 所示，在压缩行程接近终了时，火花塞产生电火花点燃混合气，此时进、排气门仍关闭。混合气的迅速燃烧，使缸内气体温度和压力迅速升高，最高压力可达 5 ～ 9MPa，最高温度可达 2200 ～ 2800K。在高温高压气体作用力的推动下，活塞向下止点运动，活塞下移通过连杆使曲轴旋转运动，产生转矩而做功。发动机至此完成了一次将热能转变为机械能的过程。示功图上的 cb 表示做功过程。在做功终了时的 b 点，压力下降为 0.3 ～ 0.5MPa，温度降为 1300 ～ 1600K。

做功行程（汽油机）

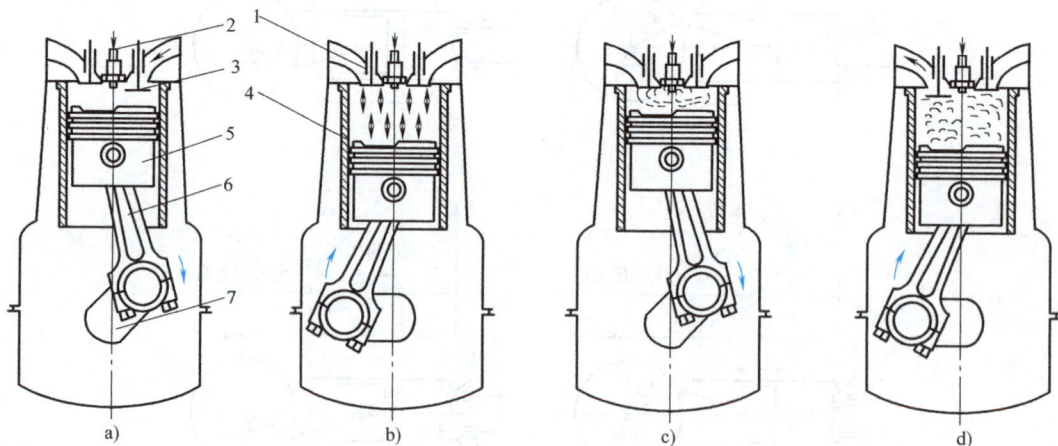

图 1-4　四冲程汽油机的工作原理

a）进气行程　b）压缩行程　c）做功行程　d）排气行程

1—排气门　2—火花塞　3—进气门　4—气缸　5—活塞　6—连杆　7—曲轴

4. 排气行程

如图 1-4d 所示，混合气燃烧后成为废气，应从气缸内排出，以便下一个工作循环得以进行。当做功行程接近终了时，排气门打开，进气门仍然关闭，因废气压力高于大气压力而自动排出，此外，当活塞越过下止点上移时，靠活塞的推挤

排气行程（汽油机）

作用强制排气。活塞到上止点附近时，排气行程结束。示功图上曲线 br 表示排气行程。排气终了时，缸内压力为 0.105 ~ 0.115MPa，温度为 900 ~ 1200K。至此发动机完成一个工作循环，接着又开始进入下一个工作循环。

三、四冲程柴油机的工作原理

四冲程柴油机（压燃式发动机）和汽油机一样，如图 1-5 所示。每一个工作循环都需经历进气行程、压缩行程、做功行程和排气行程。但由于柴油机用的燃料是柴油，其黏度比汽油大，不易蒸发，自燃温度却比汽油低，故可燃混合气的形成及点火方式都与汽油机不同，柴油机采用压燃点火方式。

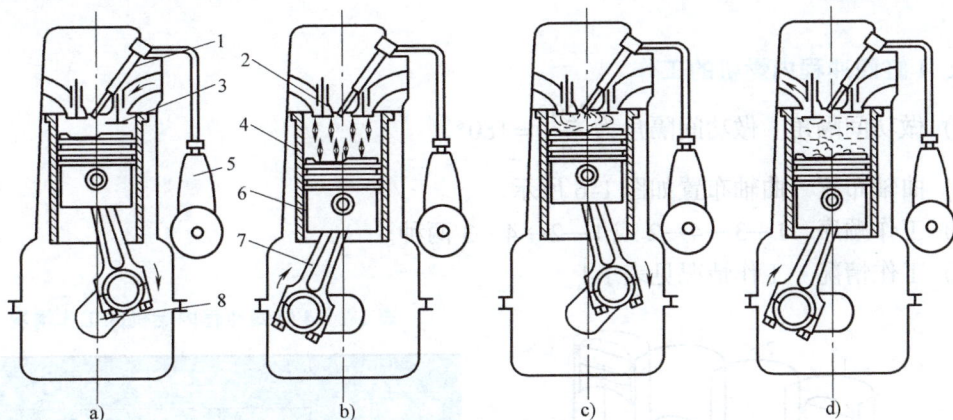

图 1-5　四冲程柴油机的工作原理

a）进气行程　b）压缩行程　c）做功行程　d）排气行程

1—喷油器　2—排气门　3—进气门　4—气缸　5—喷油泵　6—活塞　7—连杆　8—曲轴

1. 进气行程

如图 1-5a 所示，不同于汽油机的是柴油机进入气缸的不是可燃混合气，而是纯空气。

2. 压缩行程

如图 1-5b 所示，由于柴油机压缩比高，压缩终了时的温度和压力都比汽油机高，压力可达 3 ~ 5MPa，温度可达 800 ~ 1000K。

3. 做功行程

如图 1-5c 所示，此行程与汽油机有很大的差异，第一阶段，在柴油机压缩行程终了前，喷油泵经喷油器将高压柴油呈雾状喷入气缸内的高温、高压空气中，迅速汽化，与空气形成混合气，此时气缸内的温度远远高于柴油的自燃温度（约 500K），柴油便立即自行着火燃烧；第二阶段，边喷油边燃烧，气缸内压力、温度急剧升高，推动活塞下行做功。

此行程中，瞬时压力可达 5 ~ 10MPa，瞬时温度可达 1800 ~ 2200K；做功终了时压力为 0.2 ~ 0.4MPa，温度为 1200 ~ 1500K。

4. 排气行程

如图 1-5d 所示，此行程与汽油机基本相同。排气终了时，气缸压力为 0.105 ~ 0.125MPa，温度为 800 ~ 1000K。

四冲程发动机的工作特点：

1）每一个工作循环，曲轴转两圈（720°），每一个行程曲轴转半圈（180°），进气行程是进气门开启，排气行程是排气门开启，其余两个行程进、排气门均关闭。

2）4个行程中，只有做功行程对曲轴产生旋转动力，其他3个行程是做功行程的辅助行程，没有辅助行程就没有做功行程。

3）发动机由静止到连续运转的循环状态，必须有外力使曲轴旋转完成进气，压缩（火花塞点火）后，完成做功行程，并依靠曲轴和飞轮储存的能量便可自行完成以后的行程（以后的工作循环发动机无需外力就可以自行完成）。

单元三　内燃机的工作原理

一、4缸四冲程内燃机的工作

（1）做功间隔角　做功间隔角为 $\dfrac{720°}{4} = 180°$。

（2）曲轴布置　曲轴布置如图1-6所示。

（3）工作顺序　1—3—4—2 或 1—2—4—3 两种。

（4）工作情况　工作情况见表1-1。

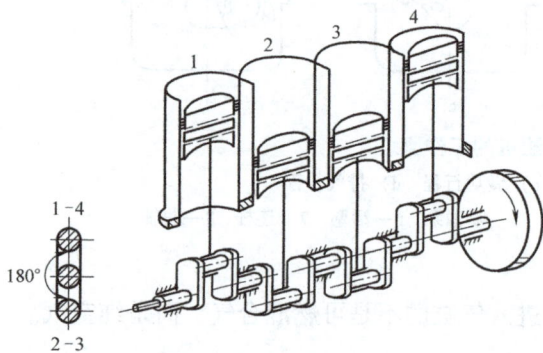

图1-6　直列式4缸四冲程内燃机曲轴布置图

表1-1　4缸四冲程内燃机的工作情况

曲轴转角	工作顺序　1-3-4-2			
	1缸	2缸	3缸	4缸
0°～180°	做功	排气	压缩	吸气
180°～360°	排气	吸气	做功	压缩
360°～540°	吸气	压缩	排气	做功
540°～720°	压缩	做功	吸气	排气

二、6缸四冲程内燃机的工作

（1）做功间隔角　做功间隔角为 $\dfrac{720°}{6} = 120°$。

（2）曲轴布置　曲轴布置如图1-7所示。

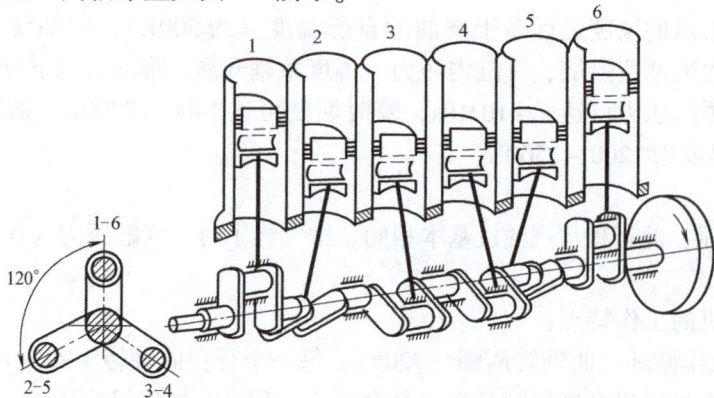

图1-7　直列式6缸四冲程发动机曲轴布置图

（3）工作顺序　1—5—3—6—2—4 或 1—4—2—6—3—5 两种。

（4）工作情况　工作情况见表1-2。

表1-2　6 缸四冲程内燃机的工作情况

曲轴转角	工作顺序 1—5—3—6—2—4					
	1缸	2缸	3缸	4缸	5缸	6缸
0°~60°			吸气	做功	压缩	
60°~120°	做功	排气				吸气
120°~180°			压缩	排气		
180°~240°		吸气			做功	
240°~300°	排气					压缩
300°~360°			做功	吸气		
360°~420°		压缩			排气	
420°~480°	吸气					做功
480°~540°			排气	压缩		
540°~600°		做功			吸气	
600°~660°	压缩					排气
660°~720°		排气	吸气	做功	压缩	

单元四　发动机的总体结构

发动机是由许多机构和系统组成的复杂机器。现代汽车发动机的结构形式很多，即使是同一类型的发动机，其具体构造也是有很大差异的；但就其总体功能而言，基本上都是由如下的机构和系统组成的：曲柄连杆机构、配气机构、供给系、点火系、冷却系、润滑系和起动系。下面通过一些典型的汽车发动机的结构实例来分析发动机的总体构造。

如图 1-8 所示为一汽奥迪 100 型轿车用 4 缸四冲程汽油机的结构。

1. 曲柄连杆机构

曲柄连杆机构主要由气缸体与曲轴箱组、活塞连杆组、曲轴飞轮组三部分组成。其中，气缸体与曲轴箱组由气缸体 17、曲轴箱、气缸盖 31、气缸套、气缸垫及油底壳 36 等组成；活塞连杆组由活塞 37、活塞环、活塞销 33、连杆总成 39 等组成；曲轴飞轮组由曲轴 1、飞轮 35、扭转减振器、平衡重等组成。有的发动机将气缸分铸成上、下两部分，上体称为气缸体、下体称为曲轴箱。气缸体是发动机各机构、各系统的装配基体，其本身的许多部分又分别是曲柄连杆机构、配气机构、燃料供给系、冷却系和润滑系的组成部分。气缸盖和气缸体的内壁共同组成燃烧室的一部分，是承受高温、高压的机件。它的功用是将燃料燃烧时产生的热能转变为活塞往复运动的机械能，再通过连杆将活塞的往复运动变为曲轴的旋转运动而对外输出动力。

2. 配气机构

配气机构主要由进气门 27、排气门 25、挺柱、推杆、摇臂、凸轮轴 29 以及凸轮轴正时

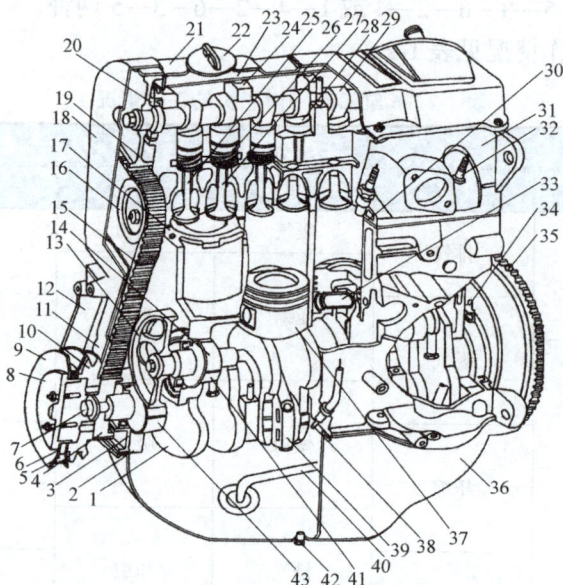

图1-8 一汽奥迪100型轿车4缸四冲程汽油机的结构

1—曲轴 2—曲轴轴承盖 3—曲轴前端封油挡板 4—曲轴正时齿轮 5—压缩机传送带 6—调整垫片 7—正时齿轮拧紧螺栓 8—压紧盘 9—压缩机曲轴带 10—水泵、电动机曲轴带轮 11—正时齿轮下罩盖 12—压缩机支架 13—中间轴正时齿轮 14—中间轴 15—正时齿轮传送带 16—偏心轮张紧机构 17—气缸体 18—正时齿轮上罩盖 19—凸轮轴正时齿轮 20—凸轮轴前端油封 21—凸轮轴罩盖 22—机油加油口盖 23—凸轮轴机油挡油板 24—凸轮轴轴承盖 25—排气门 26—气门弹簧 27—进气门 28—液压挺柱总成 29—凸轮轴 30—气缸密封垫片 31—气缸盖 32—火花塞 33—活塞销 34—曲轴后端封油挡板 35—飞轮 36—油底壳 37—活塞 38—油标尺 39—连杆总成 40—机油集滤器 41—中间轴轴瓦 42—放油螺栓 43—曲轴主轴瓦

齿轮19（由曲轴正时齿轮4驱动）等组成。它的功用是使可燃混合气及时充入气缸并及时从气缸排出废气。

3. 供给系

供给系主要由汽油箱、汽油泵、汽油滤清器、空气滤清器、进气管、排气管、排气消声器等组成。它的功用是把汽油和空气混合成合适的可燃混合气供入气缸以供燃烧，并将燃烧生成的废气排出发动机体外。

4. 点火系

点火系主要由蓄电池、发电机、断电器（与分电装置等组合成分电器）、点火线圈和火花塞等组成。它的功用是保证在规定时刻及时点燃气缸中被压缩的混合气。

5. 冷却系

冷却系主要由水泵、散热器、风扇、分水管、气缸体放水阀以及气缸体和气缸盖内铸出的空腔（水套）等组成，它的主要功用是把受热机件的热量散到大气中去，以保证发动机的正常工作。

6. 润滑系

润滑系主要由机油泵、集滤器、限压阀、润滑油道、机油粗滤器、机油细滤器和机油冷却器等组成。它的功用是将润滑油以一定的压力送到相对运动的零件表面，以减少它们之间

的摩擦阻力，减轻机件的磨损，同时起到冷却摩擦零件、清洗零件摩擦表面的作用。

7. 起动系

起动系主要由起动机及其附属装置组成，它的功用是使静止的发动机起动并转入正常运转状态。

单元五　发动机的性能评价指标

发动机的有效指标是以曲轴输出功率为基础的指标，用来评价发动机的设计与制造水平，它比指示指标更有实用价值。

一、发动机的动力性指标

1. 有效功率 P_e

发动机曲轴所输出的功率称为有效功率 P_e。它是发动机台架试验中，用测得的数据计算出来的。

2. 有效转矩 M_e

由发动机曲轴输出的转矩称为有效转矩 M_e。

3. 平均有效压力 p_e

发动机单位气缸工作容积输出的有效功称为平均有效压力 p_e。

二、发动机的经济性指标

1. 有效热效率 η_e

循环的有效功与所消耗燃料的热量之比称为有效热效率 η_e。

2. 有效燃料消耗率 g_e

单位有效功所消耗的燃油量称为有效燃油消耗率 g_e。通常以每输出 $1kW \cdot h$ 的有效功的耗油量表示。

三、发动机其他性能评定指标

发动机除要求具有良好的动力性、经济性和较高的强度外，还必须具有良好的排气清净性、较低的噪声度、较小的振动和可靠的低温起动性。

1. 排气品质

发动机排放的有害气体对大气形成极大的污染，危害人类健康与动植物生长。发动机的排放品质受到各国日趋严格的排放法规限制。

2. 噪声

汽车产生的噪声对人的生活及环境的影响极大，必须严格控制。汽车的噪声主要来自发动机。

发动机的噪声主要由气体的噪声、燃烧噪声和机械噪声三部分组成。

3. 起动性

发动机的起动性能是其质量的重要考核指标之一，尤其是对柴油机。我国有关标准规定，在不采用特殊低温起动措施的条件下，汽油机在 $-10℃$、柴油机在 $-5℃$ 以下的气温环境下，接通起动机 $15s$ 内，发动机应能顺利起动，自行运转。

单元六 内燃机产品和型号编制规则

为了便于内燃机的生产管理与使用，我国于 2008 年对内燃机名称和型号的编制方法重新进行了审定，颁布了国家标准 GB/T 725—2008《内燃机产品名称和型号编制规则》。

内燃机的型号是由阿拉伯数字（简称数字）、汉语拼音字母或国际通用的英文缩略字母组成的。它是区别内燃机的不同规格和特点的主要标志；国家制定了统一的标准。为了避免字母重复，可借用其他汉语拼音字母或国际通用的英文缩略字母，但不得用其他文字或代号。例如，工厂可根据机器特征选用一个字母表示机器特征符号，若工厂还需选用其他字母时，必须经主管部门批准，不得擅自选用。

GB/T 725—2008《内燃机产品名称和型号编制规则》适用于往复式内燃机，作为命定产品名称和型号的统一规定。

内燃机产品名称均按其所采用的燃料命名，如汽油机、柴油机、双燃料发动机等。

内燃机型号应能反映内燃机的主要结构特征及性能。内燃机型号依次分为四个部分：第一部分、第二部分、第三部分和第四部分。其排列顺序及符号规定如下：

第一部分	第二部分			第三部分			第四部分
制造商代号或系列符号	缸数 气缸布置形式符号	冲程形式符号	缸径符号	结构特征符号	用途特征符号	燃料符号	区分符号

（1）第一部分　由制造商代号或系列符号组成。本部分代号由制造商根据需要选择相应的 1~3 位字母表示。

（2）第二部分　由表示缸数、气缸布置形式符号、冲程形式符号和缸径符号组成。

1）气缸数用 1~2 位数字表示。

2）气缸布置形式符号按照表 1-3 规定。

表1-3　气缸布置形式符号

符　　号	含　　义	符　　号	含　　义
无符号	多缸直列或单缸	H	H 形
V	V 形	X	X 形
P	卧式		

注：其他布置形式符号见 GB/T1883.1。

3）冲程形式为四冲程时符号省略，二冲程用 E 表示。

4）缸径符号一般用缸径或缸径行程数字表示，也可用发动机排量或功率数字表示。其单位由制造商自定。

（3）第三部分　由结构特征符号、用途特征符号组成。其符号分别按表 1-4、表 1-5 的

规定。燃料符号见表1-6。

表1-4　结构特征符号

符　号	结构特征	符　号	结构特征
无符号	冷却液冷却	Z	增压
F	风冷	ZL	增压中冷
N	凝气冷却	DZ	可倒转
S	十字头式		

表1-5　用途特征符号

符　号	用　途	符　号	用　途
无符号	通用型及固定动力（或制造商自定）	J	铁路机车
		D	发电机组
T	拖拉机	C	船用主机、右机基本型
M	摩托车	CZ	船用主机、左机基本型
G	工程机械	Y	农用三轮车（或其他农用车）
Q	汽车	L	林业机械

注：内燃机左机和右机的定义按 GB/T 726 的规定。

表1-6　内燃机常用燃料符号

符　号	燃料名称	备　注
无符号	柴油	
P	汽油	
T	天然气（煤层气）	管道天然气
CNG	压缩天然气	
LNG	液化天然气	
LPG	液化石油气	
Z	沼气	各类工业化沼气（农业有机废弃物、城市有机垃圾等），允许用 1~2 个字母的形式表示。如："ZN"表示农业有机废弃物产生的沼气
W	煤矿瓦斯	浓度不同的瓦斯允许用 1 个小写字母的形式表示，如"Wd"表示低浓度瓦斯
M	煤气	各类工业化煤气如焦炉煤气、高炉煤气等，允许在 M 后加 1 个字母区分媒气类型
S SCZ	柴油/天然气双燃料 柴油/沼气双燃料	其他双燃料用两种燃料的字母表示
M	甲醇	
E	乙醇	
DME	二甲醇	
FME	生物柴油	

注：1. 一般用 1~3 个拼音字母表示燃料，亦可用成熟的英文缩写字母表示。
　　2. 其他燃料允许制造商用 1~3 个字母表示。

（4）第四部分　区分符号。同系列产品需要区分时，允许制造商选用适当的符号表示。第三部分与第四部分可用"－"分割。举例如下：

G12V190ZLD　表示12缸、V型、四冲程、缸径190mm、冷却液冷却、增压中冷、发电用（G为系列代号）。

492Q/P-A　表示4缸、直列、四冲程、缸径92mm，冷却液冷却、汽车用（A区分符号）。

12V190ZL/T　表示12缸、V型、四冲程、缸径190mm、冷却液冷却、增压中冷、燃气为天然气。

G12V190ZLS　表示12缸、V型、四冲程、缸径190mm、冷却液冷却、增压中冷、燃料为柴油/天然气双燃料（G为系列代号）。

8E150G-1　表示8缸、直列、二冲程、缸径150mm、冷却液冷却、船用主机、右机基本型（1为区分代号）。

单元七　汽车维修设备、工具与量具

在汽车维修中，正确地选用汽车维修设备、常用及专用工具或量具是保证维修质量，减轻人工劳动强度，提高工作效率的重要保证。

一、常用工具设备

在汽车维修中，维修设备是不可少的。它包括维修用地沟、汽车举升设备、总成拆装、运送设备与工作台架等。

1. 维修用地沟

维修用地沟相似于"举升"汽车的一种设备，由于地沟建造费用低、安全可靠，在小型汽车修理厂中使用较多。

2. 汽车举升设备

汽车举升设备常用汽车举升机，如图1-9所示。根据汽车举升机传动方式的不同，可将其分为液压传动举升机、气压传动举升机、机械传动举升机和液压-气压传动举升机四种。

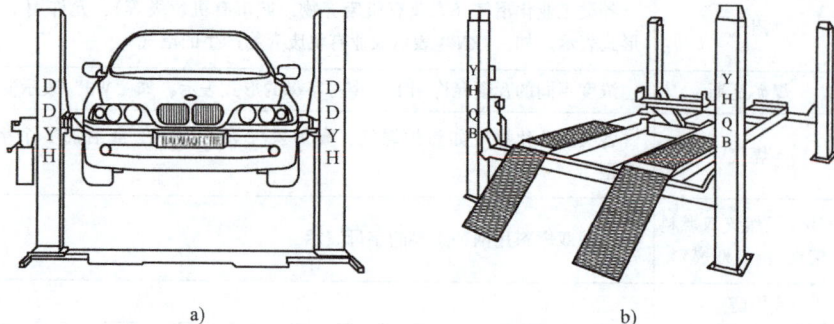

a)　　　　　　　　　　　　　　　b)

图1-9　汽车举升机

a）双柱液压举升机　b）四柱液压举升机

液压传动举升机是应用压缩液体（主要是矿物油）作为介质，通过液压缸传递动力和运动的举升机。

气压传动举升机是用压缩空气作介质，通过气压缸传递动力和运动的举升机。

机械传动举升机的动力装置是电动机或其他动力转换装置，如电动-液压转换装置，它通过机械组件（丝杆螺母、钢丝绳绞盘和链条齿轮等）传递动力和运动。

液压-气压传动举升机分为单柱塞式和双柱塞式两种。

二、汽车维修工艺设备

汽车维修工艺设备即直接用来完成维修工艺所用的设备，如汽车专修机械设备、检验仪器、试验台及清洗设备等。

1. 清洗与润滑设备

汽车清洗与润滑设备主要有：汽车外部清洗机、零件清洗机、积炭清洗设备、滤清器清洗机、润滑油加注器、齿轮油加注器、润滑脂加注器和轴承油脂加注器等。

2. 修理工艺设备

汽车修理工艺设备主要有：镗缸机、磨缸机、磨气门机、磨气门座机和气门座铰刀等。

3. 检查调整设备

汽车检查调整设备主要有：发动机功率测试仪、发动机油电路试验仪、气门密封试验仪、高压油泵与喷油器试验台、机油泵试验台、弹簧试验仪、磁力探伤仪、万能电气试验台、仪表与灯具修试台、制动阀与气室修试台、前轮定位测试仪、转向盘转动量与转矩检验仪、前灯光束检验仪和制动检验仪等。

4. 拆装、紧固设备

汽车拆装、紧固设备主要有：轮胎螺母拆装机、钢板弹簧U形螺栓螺母拆装机、各种风动扳手、轮胎轮辋拆装机和手提式液压拉压器等。

三、常用维修机具

汽车维修作业中，常用的维修机具有台虎钳、砂轮机和台钻等。

1. 台虎钳

台虎钳装置在工作台上，是一种夹持工件的工具。其规格按钳口的长度分为：75mm、100mm、125mm、150mm和200mm等几种。常用的是回转式和固定式两种，如图1-10所示。

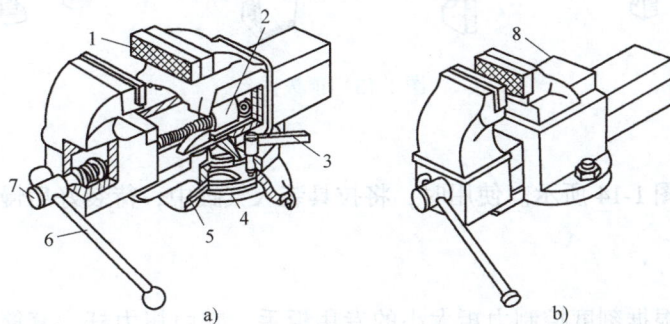

图1-10　台虎钳
a) 回转式台虎钳　b) 固定式台虎钳
1—钳口　2—固定螺母　3—转盘扳手　4—夹紧盘　5—转盘座　6—手柄　7—螺杆　8—砧座

2. 砂轮机

砂轮机可用来磨去工件或材料的毛刺、锐边等，主要由砂轮、电动机和机体等组成，如图 1-11 所示。砂轮机通常装有中号及细号两个砂轮，供工作中选用。

3. 台钻

台钻是一种小型钻床，一般用来钻孔径 16mm 以下的工件，其外形如图 1-12 所示。台钻的灵活性大，使用方便，可适用于钻孔的需要。

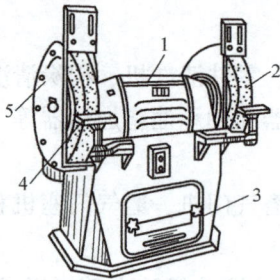

图 1-11　砂轮机

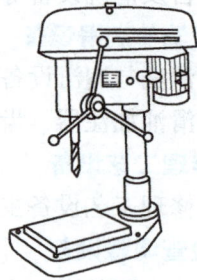

图 1-12　台钻

1—电动机　2—砂轮　3—机座　4—托架　5—防护罩

四、专用工具

1. 顶拔器

顶拔器（又称拉马）是一种拆卸工具，如图 1-13 所示。它可用来拉出齿轮、带轮和轴承等，不仅能迅速拆卸零件，而且不致损坏零件。

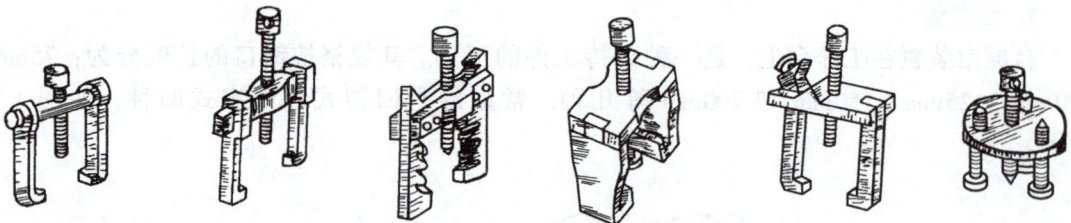

图 1-13　顶拔器

2. 气缸套拉具

气缸套拉具如图 1-14 所示。使用时，将拉具装入气缸中，待装好后慢慢旋紧螺母 1，即可将气缸套拉出。

3. 扭力扳手

扭力扳手是可根据刻度控制力矩大小的专用扳手，它由扭力杆、套筒头和刻度盘组成，如图 1-15 所示。

凡是对螺母、螺栓有明确力矩要求的（如气缸盖、飞轮、曲轴与连杆的螺栓、螺母等）都要使用扭力扳手。在拧紧时指针可以表示出力矩数值的大小。

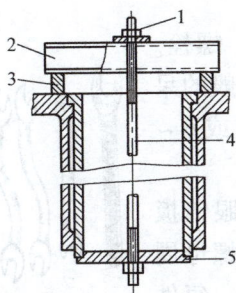

图 1-14　气缸套拉具

1—螺母　2—拉具支板　3—拉具支承套
4—丝杠　5—拉具托板

图 1-15　扭力扳手

4. 活塞环装卸钳

活塞环装卸钳是用来拆卸或安装活塞环的专用工具，如图 1-16 所示。

使用时，应先将活塞环装卸钳的环卡卡入活塞环的端面开口处，并使其与活塞环贴牢，然后轻握手柄，慢慢收缩将活塞环张开，便可将活塞环自环槽内取出或装入。

5. 气门弹簧钳

气门弹簧钳是用来拆装气门弹簧的专用工具。其构造由固定脚、活动脚和调整手柄等组成，如图 1-17 所示。

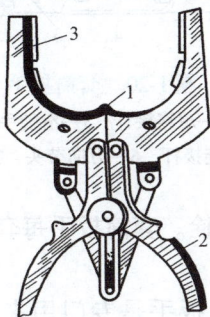

图 1-16　活塞环装卸钳

1—活塞环口支承面　2—手柄　3—活塞环外张支承面

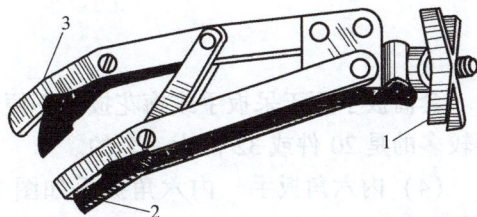

图 1-17　气门弹簧钳

1—旋转手柄　2—固定支点　3—弹簧座卡钳

使用时，先将上、下两钳脚收拢，插在气门弹簧下端，然而转动操纵手柄，使两钳脚张开，压缩气门弹簧，取下锁块，再反向转动操纵手柄，使活动脚回到原位，即可取下气门和弹簧。

五、常用工具

1. 扳手

扳手是一种用来拆装各种螺母、螺栓的工具，常用的有呆扳手、梅花扳手、套筒扳手、内六角扳手、活扳手和管钳扳手等。

活扳手是以其全长（mm）来定规格的；呆扳手、梅花扳手和套筒扳手是以被扳动螺母、螺栓的对边尺寸（mm）来定规格的。

（1）呆扳手 呆扳手用来紧固或拆卸标准规格的螺母、螺栓。按其形状的不同可分为双头和单头扳手，如图1-18所示。一般的呆扳手通常是8、10、12件为一套，它的适用范围是6～24mm或6～32mm。每件上呆扳手上都标有尺寸数据。

（2）梅花扳手 梅花扳手如图1-19所示。梅花扳手（眼镜扳手）的特点是扳转力大，工作可靠不易滑脱，适用于螺栓或螺母周围空间狭小的场合。它的适用范围是5.5～27mm或6～32mm。每件梅花扳手上都标有尺寸数据。

（3）套筒扳手 套筒扳手由一套尺寸不同的套筒头、一根弓形的快速手柄、万向节头、棘轮手柄、长连接杆、短连接杆和套筒手柄等组成，如图1-20所示。

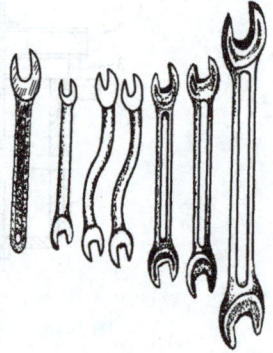

图1-18 呆扳手

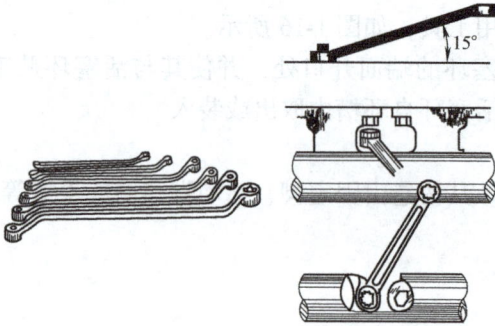

图1-19 梅花扳手

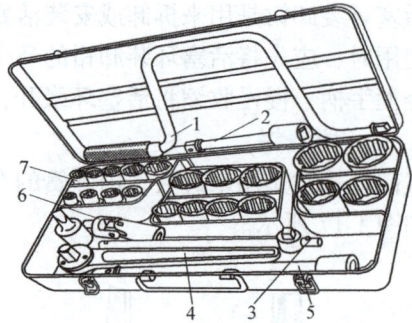

图1-20 套筒扳手

1—快速手柄 2—短连接杆 3—滑动手柄 4—棘轮手柄
5—长连接杆 6—万向节头 7—套筒

套筒扳手用于呆扳手或梅花扳手不便于拆装的螺母、螺栓。套筒扳手每套件数不同，用得较多的是20件或32件为一套的。

（4）内六角扳手 内六角扳手如图1-21所示。内六角扳手是专门用来拆装内六角螺栓的。

（5）活扳手 活扳手如图1-22所示。它可根据螺母、螺栓的规格调节开口宽度，因此凡在开口宽度尺寸内的螺母、螺栓拆装都适用。

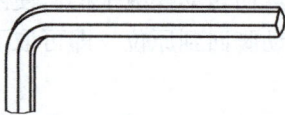

图1-21 内六角扳手

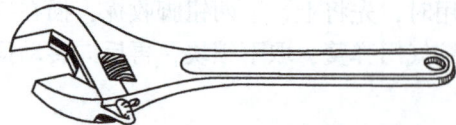

图1-22 活扳手

2. 钳子

钳子是用来夹持、扭弯及剪断小工件的工具。它的种类很多，汽车上常用的有克丝钳、鲤鱼钳和尖嘴钳等，如图1-23所示。

（1）克丝钳　克丝钳（图1-23a）可用来夹持或折断金属薄板及剪断金属丝，分为铁柄和绝缘柄两种。克丝钳的规格有150mm、175mm和200mm三种。

（2）鲤鱼钳　鲤鱼钳（图1-23b）可用来夹持扁形或圆柱形工件，有两档尺寸，可以放大或缩小使用，其规格有165mm和200mm两种。

（3）尖嘴钳　尖嘴钳（图1-23c）可在狭小的工作环境夹捏细小工件，拔出开口销等。尖嘴钳有铁柄和绝缘柄两种，其规格有130mm、160mm、180mm和200mm四种，一般常用130mm和160mm两种。

钳子的使用方法及注意事项如下：

1）使用前（后）应擦净其油污，以免工作时工件滑脱。

2）弯断或弯折小的工作物时，应先将其夹牢。

3）不能用钳子代替扳手松紧螺母、螺栓，以免损坏其棱角和平面。

4）不能用钳子代替锤子或用钳柄代替撬棒，如图1-24所示。此外，也不可用钳子夹持过热的物件，以免损坏或退火。

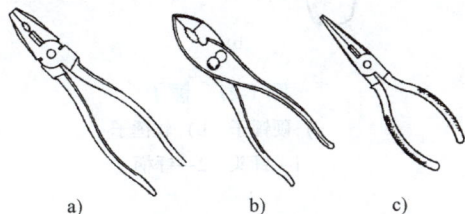

图1-23　钳子
a）克丝钳　b）鲤鱼钳　c）尖嘴钳

图1-24　错误操作

3. 旋具

旋具是一种用来旋松或紧固带有槽口螺钉的工具，根据用途不同，可将其分为标准旋具、重级旋具、"十"字形旋具和"一"字形旋具四种，如图1-25所示。其规格以长度来表示，一般在50～350mm范围内。

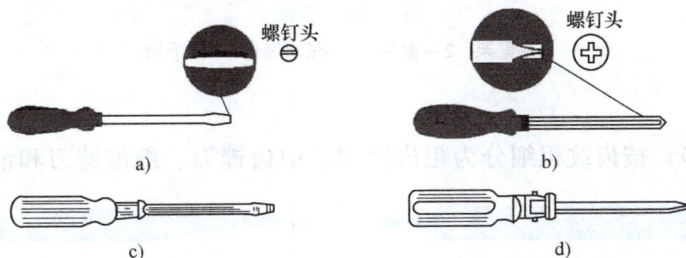

图1-25　旋具
a）"一"字形胶柄圆杆旋具　b）"十"字形胶柄方杆旋具
c）"一"字形木柄圆杆旋具　d）"十"字形木柄方杆旋具

4. 冲子

冲子用来冲出钻孔时的起始中心或冲出铆钉、销子等。在汽车维修中，常用来打记号及在制作填料时冲出孔眼。通常用的冲子有尖头冲、平头冲和空心冲三种，如图1-26所示。

5. 锤子

锤子（图1-27）是进行凿切、矫正、铆接和装配等工作时的敲击工具。它由锤头和锤柄两部分组成。锤子的规格是根据锤头的重量（kg）来标定的，锤头规格一般有：0.25kg、0.50kg、0.75kg、1.00kg、1.25kg和1.50kg六种。

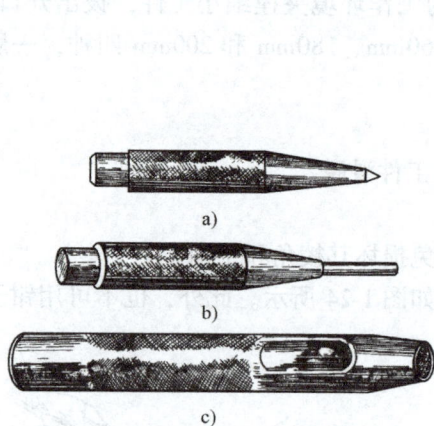

图1-26　冲子

a）尖头冲　b）平头冲　c）空心冲

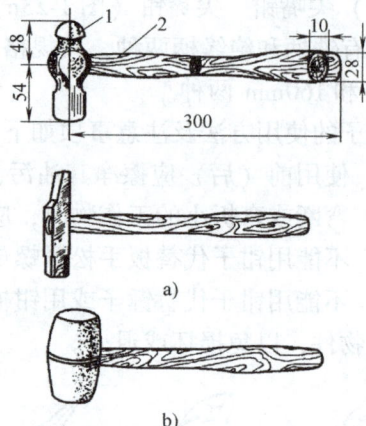

图1-27　锤子

a）硬锤子　b）软锤子

1—锤头　2—锤柄

6. 手锯

手锯用来锯断材料或在工件上据槽。手锯由手柄、锯架和锯条等组成，如图1-28所示。

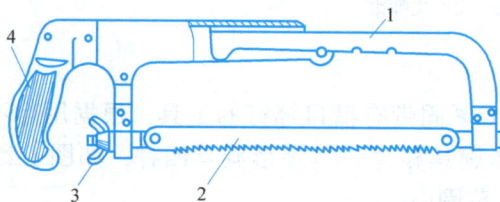

图1-28　手锯

1—锯架　2—锯条　3—张紧螺母　4—手柄

7. 锉刀

锉刀（图1-29）按齿纹粗细分为粗齿锉刀、中齿锉刀、细齿锉刀和油光锉刀四种。齿

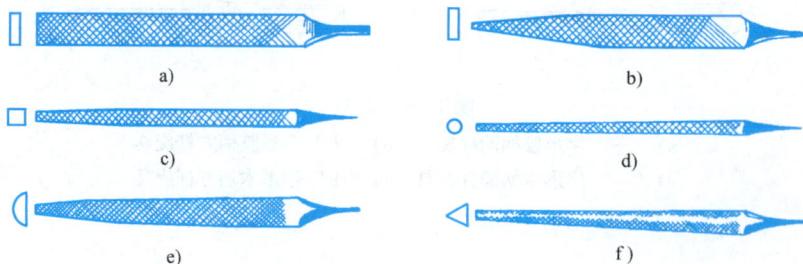

图1-29　锉刀的形状

a）齐头扁锉　b）尖头扁锉　c）方锉　d）圆锉　e）半圆锉　f）三角锉

纹的粗细是以每10mm内锉纹的条数分的，锉纹在每10mm长度中条数越多，则齿纹越细。

六、常用量具与夹具

在汽车维修中，通常需要用量具、夹具对零件的磨损及配合状况进行检查，以确定其可用程度。现主要介绍游标卡尺、千分尺、百分表、量缸表、塞尺的使用方法。

1. 游标卡尺

游标卡尺是一种精度比较高的常用量具。它可用来测量零件的长度、宽度、深度和内外圆直径等。根据游标分度值的不同，游标卡尺分为0.10mm、0.05mm和0.02mm等数种。游标卡尺的规格有125mm、200mm、300mm、500mm和1000mm等。

游标卡尺的结构如图1-30所示。它是由带有刻度的尺身、可以滑动的游标、固定卡脚、活动卡脚、深度尺和固定螺钉等组成。固定卡脚同尺身是一体的，活动卡脚同游标是一体的，固定螺钉用来固定游标。上卡脚测量内表面，下卡脚测量外表面。有的精密游标卡尺，在游标的后端装有微动游框（矩板），用来做精密调整。

2. 外径千分尺

外径千分尺的结构如图1-31所示。它是一种精密量具，主要用来测零件的外径尺寸，比游标卡尺精度高，使用方便、准确。

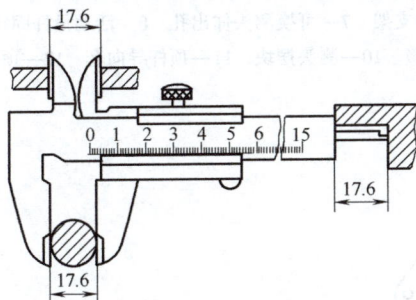

图 1-30　游标卡尺的结构

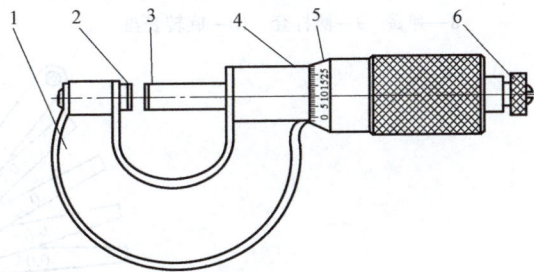

图 1-31　外径千分尺的结构

1—尺架　2—固定测杆　3—活动测杆　4—固定套管
5—刻度套管　6—测力装置

其规格以测量范围划分，有0 ～ 25mm、25 ～ 50mm、50 ～ 75mm、75 ～ 100mm、100 ～ 125mm和125 ～ 150mm等。一般的测量精度通常在0.01mm，所以实际上是百分尺。

3. 百分表

百分表（图1-32）是一种测量精度较高的量具，常用来测量零件的平面度、圆度、同轴度和平行度等。它的测量精度为0.01mm。其规格以测量范围划分，一般有0 ～ 3mm、0 ～ 5mm、0 ～ 10mm、30 ～ 50mm和50 ～ 160mm等几种。

4. 量缸表

量缸表（图1-33）用来测量气缸的圆度、圆柱度和磨损情况，是维修测量不可缺少的量具。

5. 塞尺

塞尺用来测量或校验两平行接合面之间的间隙，如检验气门间隙和活塞环开口间隙等。如图1-34所示，它是由一组厚薄不等的薄钢片组成的，每片都有两个平行的测量面。各片上均刻有厚度数字。厚度为0.03 ～ 0.10的塞尺，其每片厚度相差0.01mm；厚度为0.1 ～ 1.0mm的塞尺，其每片厚度相差0.05mm。塞尺的长度有50mm、100mm和200mm三种。

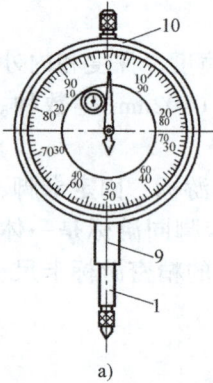

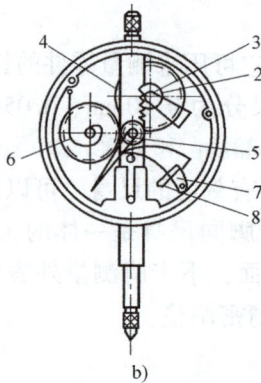

图 1-32 百分表

1—测杆 2—主动齿轮 3—主动齿轮固定架 4—小表针
齿轮 5—大表针齿轮 6—游丝弹簧 7—测杆回位块
8—弹簧 9—测杆套 10—旋转表盘

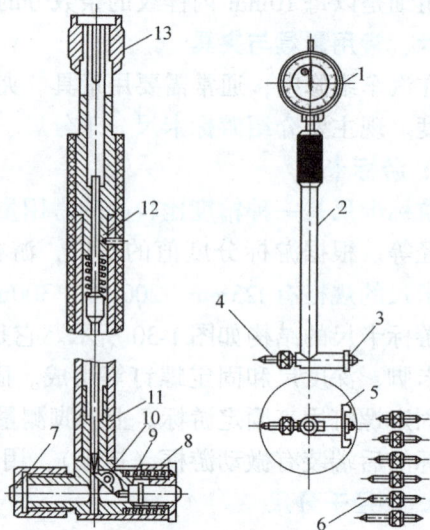

图 1-33 量缸表

1—百分表 2、13—表架 3—测头 4、6—可换量杆
5—定位支架 7—可换测头伸出孔 8—活动量杆固定座
9—弹簧 10—测头摆块 11—顶杆导向套 12—顶杆

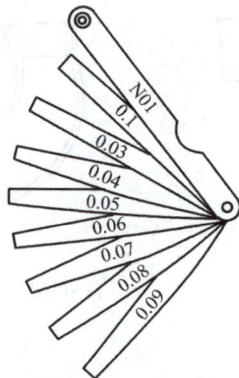

图 1-34 塞尺

技能单一　CA6110 型柴油发动机的解体与观察

一、CA6110 型柴油发动机总成的解体

（一）技术要求

1）为了保证在解体过程中零件不受损坏和刮伤，要使用合适的专用工具。

2）解体前应彻底清洗外部灰尘和油污。

3）为了保证零件装复后恢复到原始工作状态，对无须更换又易于装错位置的零件，在适当的位置上打上标记或配挂标签。

4）与各缸相关的零件，应按其装配关系妥善保管好；对其他的零件，应选择适当地方分别摆放好，以备清洗、检测、装配。

5）对个别零部件在解体或清洗后难以确认损伤原因的，要做好记录，以备进行综合故障分析。

(二) 总成的解体与检查

1. 拆卸气缸盖总成

气缸盖总成的解体如图 1-35 所示。松开气缸盖罩盖螺栓 35，取下气缸盖罩盖 37 和气缸盖罩盖密封垫 38，松开摇臂轴支架螺栓 33 和气缸盖螺栓 34，取下摇臂轴总成 39，取出推杆，松开气缸盖螺栓 34，将气缸盖 5 与机体分开，用专用工具（俗称气门拿子）取出气门锁块 30 和气门弹簧上座及气门外弹簧 28 和气门内弹簧 27，取下气门油封，取出气门弹簧下座，抽出进气门 11 和排气门 9。

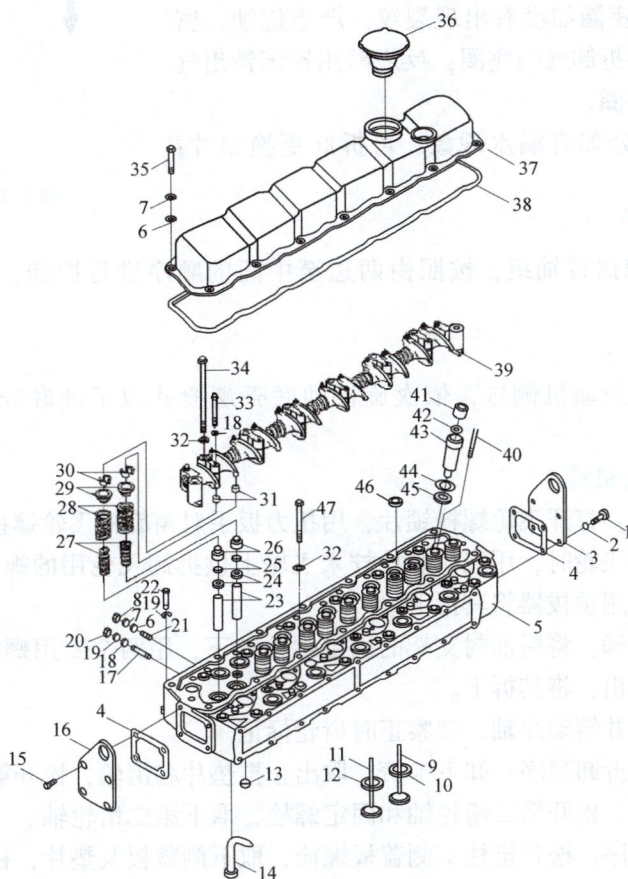

图 1-35 气缸盖总成的解体

1、35—螺栓 2、7、18—垫圈 3—气缸盖后吊耳 4—衬垫 5—气缸盖 6、19—弹簧垫圈 8、20—螺母 9—排气门 10—排气门座 11—进气门 12—进气门座 13、46—碗形塞片 14—喷水管总成 15—前吊耳螺塞 16—气缸盖前吊耳 17—双头螺栓 21—双头螺栓 22—缸盖紧固螺栓 23—气门导管 24—气门弹簧下座 25—气门导管密封圈弹簧 26—气门导管挡油罩 27—气门内弹簧 28—气门外弹簧 29—气门弹簧座 30—气门锁块 31—气门杆盖 32—气缸盖螺栓垫圈 33—摇臂轴支架螺栓 34、47—气缸盖螺栓 36—气缸盖罩盖加机油口塞 37—气缸盖罩盖 38—气缸盖罩盖密封垫 39—摇臂轴总成 40—喷油器紧固双头螺栓 41—防尘套 42—喷油器密封垫 43—喷油器套 44—O 形密封圈 45—垫片

解体注意事项：

1）在气缸盖拆下前，应先把喷油器拆下来，避免把喷油器碰坏或使喷油孔堵塞。

2）在清除气缸盖或气缸体平面残余密封垫片时，不要刮伤气缸盖底平面和气缸体上平面，以免影响装配的密封性。

3）拆卸气门时，应用专用工具将气门弹簧压缩，取出气门锁块后，即可拆下气门，如图1-36所示。

4）气门油封拆卸时，如有老化、裂纹等损伤应进行更换。

5）若喷油器套没有出现漏水、漏气现象，一般不需拆卸；反之需用专用工具进行拆卸。

6）进、排气门座圈如没有出现裂纹，严重烧蚀，密封带明显下沉，不要拆卸气门座圈；反之需用镗床镗出气门座圈，更换新的座圈。

7）左、右吊耳处如有漏水现象，可拆卸更换垫片；反之不必拆卸。

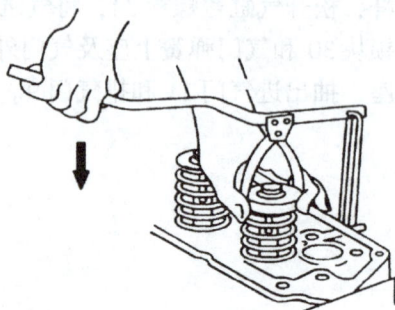

图 1-36　气门的拆卸

2. 拆卸摇臂轴组

用扭力扳手拆卸摇臂轴组，按照由两边至中间的顺序进行拆卸，与拆卸气缸盖同时进行。

3. 拆卸油底壳

拆卸的顺序：将发动机侧置，依次旋松油底壳螺栓并取下油底壳，拆卸集滤器和机油泵。

4. 拆卸齿轮传动机构

拆卸飞轮的顺序：打开飞轮螺栓锁片，用扭力扳手对角旋松飞轮螺栓，然后用其他工具旋下飞轮螺栓，取下飞轮时，用飞轮螺栓拧入飞轮上供拆卸飞轮用的螺孔内，把飞轮顶出；若需要拆卸齿圈，可用顶拔器将其拆下。

曲轴后油封的拆卸：将后油封支架的固定螺栓拧下，用两个专用螺栓拧入支架拆卸孔，将后油封支架向外顶出，将其拆下。

拆卸飞轮壳体，并转动曲轴，观察正时齿轮标记。

惰轮及惰轮轴的拆卸顺序：卸下卡簧，取出止推垫片和惰轮，松开第一惰轮轴的固定螺栓，取下第一惰轮轴，松开第二惰轮轴和固定螺栓，取下第二惰轮轴。

凸轮轴的拆卸顺序：松开挺柱室侧盖板螺栓，取下侧盖板及垫片，松开止推凸缘固定螺栓，抽出凸轮轴及其凸轮轴正时齿轮总成。抽凸轮轴及其凸轮轴正时齿轮总成时，应用手在机体挺柱室内拖起凸轮轴慢慢地抽出，一般不要拆下凸轮轴正时齿轮。如确需要拆卸时，则应先在凸轮轴中心孔处拧入一个螺栓后用顶拔器拉出正时齿轮。

5. 拆卸活塞连杆组

拆卸顺序：旋转曲轴，使将要拆卸的活塞连杆组转至下止点的位置，用扭力扳手松开连杆大端盖螺母（交叉分次进行），取下连杆大端盖和连杆轴承，用木棒将活塞连杆组推出。再将连杆大端盖按原始方位组装在一起，以避免与其他连杆大端盖弄混。按相同拆卸顺序拆卸所有的活塞连杆组。

活塞环的拆卸：用活塞环卡钳依次拆下第一道气环，第二道气环和组合油环。

活塞销的拆卸：用卡簧钳子取下卡环，推出活塞销，使连杆和活塞分离。虽然活塞和活塞销是间隙配合，但间隙很小，也可用专用工具将销冲出。

曲轴带轮（减振器）的拆卸：松开曲轴带轮的螺母，拧入锥套拆卸工具，将锥套拉出，曲轴带轮便可拆下。

曲轴前油封的更换：松开前油封座固定螺栓，取下前油封座和前油封，即可更换新的前油封。

曲轴的拆卸：松开主轴承盖的螺栓（应以从两边向中间的顺序进行拆卸，轴承盖的螺栓要交叉分次旋松），拆下主轴承盖，按序摆放，取出曲轴，取下推力轴承片，再将主轴承盖装回原始位置（注意主轴承盖朝前方向的标记）。

6. 拆卸润滑系及外部零件总成

拆下主油道调压阀；拆下离心式机油滤清器；拆下机油泵；拆下柴油细滤器；拆下喷油泵。

机油冷却器的拆卸：松开机油冷却器盖板螺栓，取下冷却器盖和垫片，松开螺母，取出冷却器芯子，松开旁通阀体，取出挡圈、柱塞、弹簧、密封圈。

二、CA6110 型柴油发动机的观察

CA6110 型柴油机是该系列中的基本型，主要用于 6～9t 车及其变型车，CA6110 型柴油机为六缸直列、水冷、四冲程直接喷射式，柴油机的结构如图 1-37 所示。

1. 燃烧室与喷油器

燃烧室置于活塞顶部，为"ω"形，喷油器通过喷油器套管装在气缸盖上。为了加强对喷油器的冷却散热，喷油器套管选用导热性能良好的黄铜制成；为了保证清洁防尘，喷油器套管上端采用 O 形橡胶圈密封。

2. 配气机构

CA6110 型柴油发动机的配气机构为顶置式气门。

1）进、排气门采用耐热钢制成，并且进行了热处理，以提高使用寿命。

2）采用旋向不同的内外气门弹簧。

3）摇臂采用 45 钢精密锻造而成，并进行了淬火处理。摇臂轴为圆管形，两端各压入 1 个堵盖密封。润滑油在轴管内流动以润滑各摩擦副等零件。

4）挺柱的外圆为鼓形，与凸轮接触端为平面，与推杆配合处为球形凹坑。

5）为了提高配气机构的刚性，凸轮轴的位置较高，推杆较短，保证了高速运转时的可靠性。

6）凸轮轴下面设置一个高位油室。凸轮轴

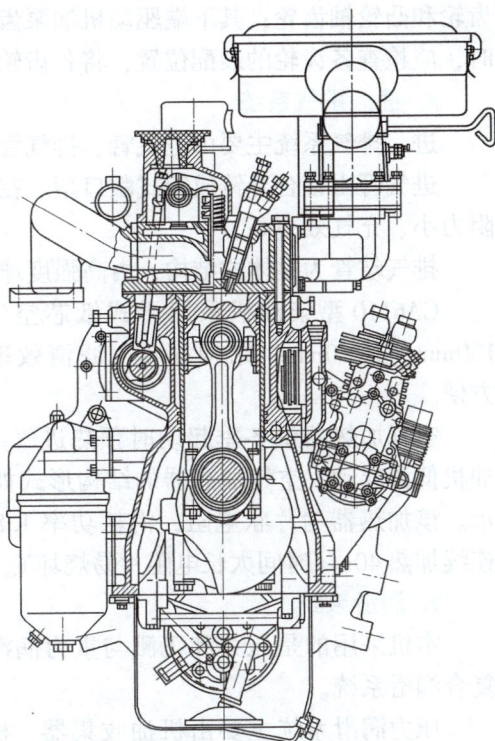

图 1-37　CA6110 型柴油发动机结构图

每转一圈凸轮均能接触一次润滑油，保证了凸轮的充分润滑，提高了凸轮轴的使用寿命。

3. 缸体与缸套

1）缸体为整体铸造，呈龙门结构。

2）缸套采用硼磷合金铸铁制成。

4. 活塞与活塞环

活塞采用共晶硅铝合金铸造，裙部由桶形截面和可变椭圆截面组成拖鞋式。活塞销采用全浮式结构，其装配位置相对于活塞中心偏移 1.5mm。

每个活塞装三道活塞环。第一道为单面梯形桶面气环；第二道为外锥面内切口扭曲式气环；第三道是带有螺旋弹簧膨胀式组合油环，如图 1-38 所示。

5. 曲柄连杆机构

1）连杆与轴瓦。连杆锻造成"工"字形断面。小头活塞销孔内压有铜铝合金衬套；轴瓦为铜铝合金钢背轴瓦，表面镀铅锡合金或铜锡合金，以利于曲轴的磨合。

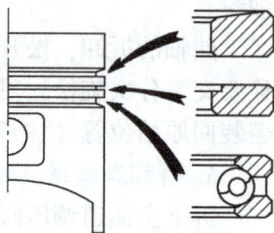

图 1-38　活塞环

2）曲轴与轴瓦。曲轴为球铁整体铸造或合金钢锻造成形，由七道主轴承支承在缸体上。曲轴后端以过盈配合装有曲轴正时齿轮，用于驱动其他正时齿轮和机油泵，曲轴主轴瓦的材质与连杆轴瓦相同。上瓦设有油孔和油槽。曲轴的后端最后一道轴颈装有止推瓦片，用以保证曲轴的轴向间隙。

3）正时齿轮系。正时齿轮系安装在发动机后端。曲轴齿轮由定位销保证其装配位置的准确度，压装在曲轴上。轮系的驱动：由曲轴齿轮通过惰轮驱动空气压缩机（高压油泵）齿轮和凸轮轴齿轮；其下端驱动机油泵齿轮；每个齿轮上都刻有正时装配记号；在拆装轮系时，应检查各齿轮的装配位置，将各齿轮标记对准即可。

6. 进、排气系统

进、排气系统主要由进气管、排气管、空气滤清器及空气加热器等组成。

进气管由铝合金铸成箱式敞口型。在进气口处装有进气预热装置，重量轻、结构紧凑、阻力小、充气效率高。

排气歧管为整体式结构，由高强度球墨铸铁铸成。

CA6110 型柴油机采用干式纸芯空气滤清器；滤芯型号为 K2712，外径 270mm，高 120mm，宽 50mm，结构简单，滤清效率高，保养方便。

空气加热器供冬季起动时预热进气用，便于柴油机低温起动。空气加热器的结构形式如图 1-39 所示。该加热器为片状电阻，消耗功率 1.8kW，允许连续加热 40s（时间太长电阻片易烧坏）。

7. 润滑系统

本机采用的是压力和飞溅与重力润滑相结合的复合润滑系统。

压力润滑系统主要由机油收集器、机油泵、机油粗滤器、离心式机油滤清器、机油冷却器、主油

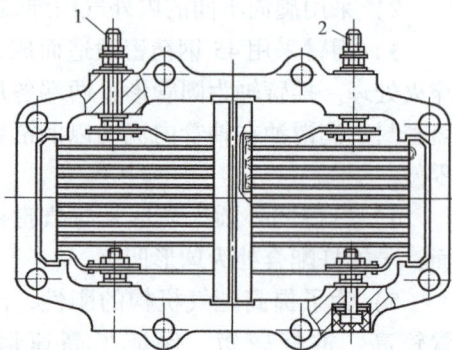

图 1-39　空气加热器

1—接地线　2—接预热器线

道限压阀和指示灯组成。

8. 冷却系统

冷却系统以水泵为动力使冷却液在机体内进行强制性循环。主要由水泵、风扇总成、散热器、节温器等组成。

9. 燃油供给系

燃油供给系是保证柴油机良好工作的重要部分，燃油供给系的完善程度和技术状况对柴油机的动力性、燃料经济性、使用可靠性和对环境的污染影响极大。

如图1-40所示，燃油供给系一般由燃油箱、粗滤器、输油泵、细滤器、低压油管、喷油泵、高压油管、喷油器、回油管等组成。

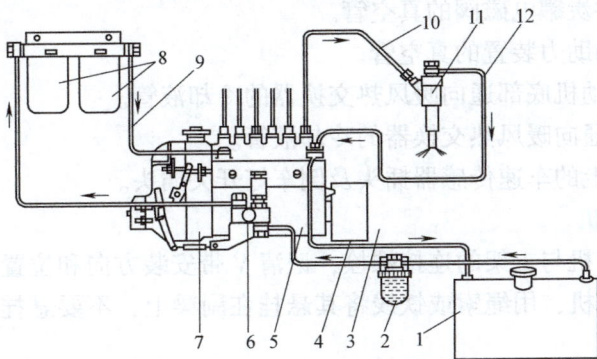

图1-40　柴油机燃油供给系示意图

1—燃油箱　2—粗滤器　3—连接器　4—提前器　5—喷油泵　6—输油泵　7—调速器
8—低压油管　9—细滤器　10—高压油管　11—喷油器　12—回油管

10. 电源及起动系统

本机采用6-QA-100S型蓄电池，两蓄电池串联，每只蓄电池的容量为100A·h，系统标称电压为24V，单线制，负极搭铁。

技能单二　**AJR型发动机的拆装**

一、AJR型发动机总成的拆卸

1. 整体结构观察

观察桑塔纳2000GSi型汽车发动机在车上的布置及与车身、车架的连接方式；确定拆卸方法与步骤。

2. 拆卸蓄电池

1）关闭点火开关，拆下蓄电池连接线。

2）取下蓄电池，拆下蓄电池支架。

3. 拆下散热器

1）在发动机下放置一个容器。

2）旋开冷却液储液罐盖，松开散热器下水管夹箍，拔下散热器下水管，放出冷却液；拔下散热器左侧的热敏开关插头，松开散热器上水管夹箍，拔下散热器上水管。

3）断开电动风扇与散热器的连接线，拆下电动冷却风扇和散热器。

4. 拆下各连接导线和管路

1）拔下空气流量计的电线插头。

2）拔下活性炭罐电磁阀的电线插头。

3）从空气滤清器上取下活性炭罐电磁阀。

4）拆下空气滤清器至节气门控制器之间的空气管路。

5）拆下空气滤清器罩盖。

6）拔下燃油分配管上的供油管和回油管（注意：燃油系统内是有一定压力的，在打开系统之前应先在开口处用抹布盖住，然后小心地松开接头泄去油压）。

7）松开节气门拉索。

8）拔下通向活性炭罐电磁阀的真空管。

9）拔下通向制动助力装置的真空管。

10）拔下位于发动机底部通向暖风热交换器的冷却液管。

11）拔下气缸盖通向暖风热交换器的冷却液管。

12）拔下变速器上的车速传感器插头及倒车灯开关插头。

5. 拆下空调压缩机

1）松开空调压缩机与支架的连接螺栓，记清 V 带安装方向和位置，取下 V 带。

2）移开空调压缩机，用绳索或铁线将其悬挂在副梁上，不要悬挂在制冷剂管道上，且不可打开空调管路。

6. 拆下转向油泵

1）用专用工具顺时针扳动张紧轮，用销钉固定张紧轮。

2）记清 V 带安装位置与顺序，从发电机上取下 V 带。

3）取出销钉，拆下张紧轮。

4）拆下动力转向油泵，将其固定在发动机舱内的一侧，并将动力转向油泵用绳索或铁线固定在相应位置，且不可松开油管。

7. 拆下发动机

1）拆下前排气管。

2）拔下起动机电线，从变速器壳体上拆卸起动机。

3）拆下所有发动机与车身的连接螺栓，拆除搭铁线。

4）用千斤顶或托架托住变速器，用吊车吊住发动机。

5）拆下发动机与变速器的紧固螺栓。

6）拆卸发动机与车架相连的连接螺栓。

7）检查是否有连接件或连线，如无连接，吊出发动机。

二、观察 AJR 型发动机整体结构

1）将发动机安放在拆装架或平台上，抽出发动机机油，清洗发动机外部。

2）观察各部件及附件在发动机上的安装位置与连接方式，如图 1-41 所示。

三、AJR 型发动机解体

1. 拆卸各部件及附件

1）拆下发电机。

2）拆下节温器盖，取出节温器。

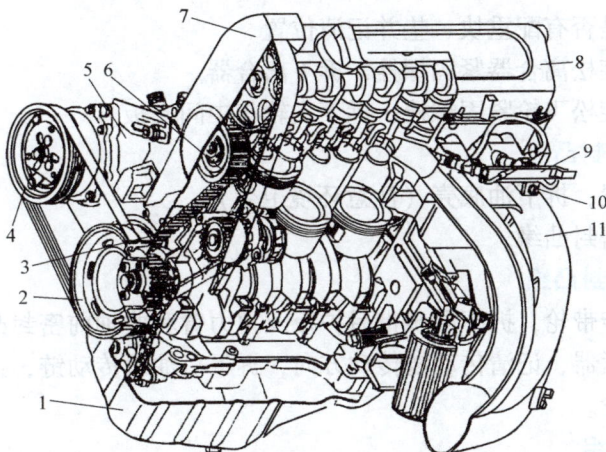

图 1-41 AJR 型发动机剖面图

1—油底壳 2—曲轴 V 带轮 3—转向助力泵驱动轮 4—空调压缩机 V 带轮 5—空调压缩机 6—同步带张紧轮
7—同步带上防护罩 8—气门室罩盖 9—供油管总成 10—油压调节器 11—进气总管

3）拆下进、排气歧管和支架。

4）拆下供油管及油压调节器和喷油器。

5）拆下机油滤清器。

2. 拆下同步带

1）摇转曲轴，使曲轴 V 带轮上的上止点标记与同步带下防护罩上的上止点标记对正。

2）拆下同步带上的防护罩。

3）检查凸轮轴同步带轮上的标记是否与后防护罩上的标记对正。

4）拆下曲轴 V 带轮。

5）拆下同步带中间和下防护罩。

6）检查曲轴同步带轮的安装标记，将同步带安装方向位置做上标记。

7）松开半自动张紧轮；拆下同步带。

8）拆下半自动张紧轮。

3. 拆下气门罩盖

1）拆下同步带后护罩，拆下水泵总成。

2）拔下高压线（注意与分电器的连接位置），拆下火花塞。

3）拆下气门罩盖。

4. 拆下气缸盖

1）检查凸轮轴轴向间隙并记录。

2）按序（先 1、5、3 道，后 2、4 道）拆下凸轮轴轴承盖，记好方向、位置。

3）取下凸轮轴，取出液压挺柱（注意摆放顺序应与凸轮轴位置一一对应）。

4）按序（从两端向中间）、分次、对角旋松气缸盖紧固螺栓，取出固定螺栓。

5）取下气缸盖，不要磕碰工作面。

6）注意气缸垫安装方向，取下气缸垫。

5. 拆下飞轮

1）检查离合器是否有配重块、垫并记清位置。

2）对角、分次旋松离合器紧固螺栓，拆下离合器。

3）对角、分次旋松飞轮紧固螺栓，拆下飞轮与中间支板。

6. 拆下曲轴后密封凸缘

1）将发动机倒置，拆下油底壳（注意环境卫生）。

2）拆下曲轴后密封凸缘。

7. 拆下曲轴前密封凸缘

1）拆下曲轴同步带轮，拆下同步带后护板及扭力臂和曲轴前密封凸缘总成。

2）拆下链条张紧器，记清传动链传动方向，拆下机油泵传动链，拆下机油泵。

3）拆下曲轴链轮。

8. 拆卸活塞连杆组

1）清除各缸缸口积炭，检查各连杆大端轴向间隙并记录。

2）拆卸活塞连杆组。

① 摇转曲轴，使待拆的活塞连杆组处于下止点。

② 拆下连杆螺栓，取下连杆瓦盖；摇转曲轴使该缸活塞处于上止点位置，用木棒抵在连杆大端接合面上，将活塞连杆推出气缸。

③ 记清活塞连杆安装方向及缸号，检查连杆大端与瓦盖配对记号并装合一起。

④ 用同样方法拆下其他各活塞连杆组，按序摆放好，不要磕碰。

9. 拆下曲轴

1）检查曲轴轴向间隙并记录。

2）检查各主轴瓦盖是否有位置标记，无标记应做好标记。

3）按序（从两端向中间）拆下主轴瓦盖紧固螺栓，取下主轴瓦盖，观察安装方向并按序摆放好。

4）抬下曲轴立置于安全的地方。

5）取出止推瓦片，放好不要磕碰。

四、AJR 型发动机结构观察

清洗发动机各零部件及油道，进行零部件的结构观察。

结构观察包括观察各组成部分及润滑油路、冷却水路；拆装机油泵、水泵及机油滤清器，观察其组成及结构特点；进行节温器试验。

观察结束后，清点工具并清理场地。

模块二 曲柄连杆机构

1) 能解释曲柄连杆机构与机体零件的功用、形式及结构特点;
2) 能辨认机体零件与曲柄连杆机构的缺陷,分析产生损伤的原因,确定修复方法;
3) 能进行气缸盖、机体平面变形的检验;
4) 气缸与活塞的鉴定;
5) 气缸套的正确拆装;
6) 能正确进行活塞连杆组各部件的检验与选配;
7) 正确进行活塞连杆组的组装;
8) 活塞连杆向气缸内正确安装。

单元一 概述

曲柄连杆机构的功用是将曲轴的旋转运动变成活塞的往复直线运动或将活塞的往复直线运动变成曲轴的旋转运动。把燃气作用在活塞顶上的力转变为曲轴的转矩以向外输出机械能,该机构是往复活塞式内燃机将热能转化为机械能的主要机构。

如图 2-1 所示,曲柄连杆机构由以下三部分组成。

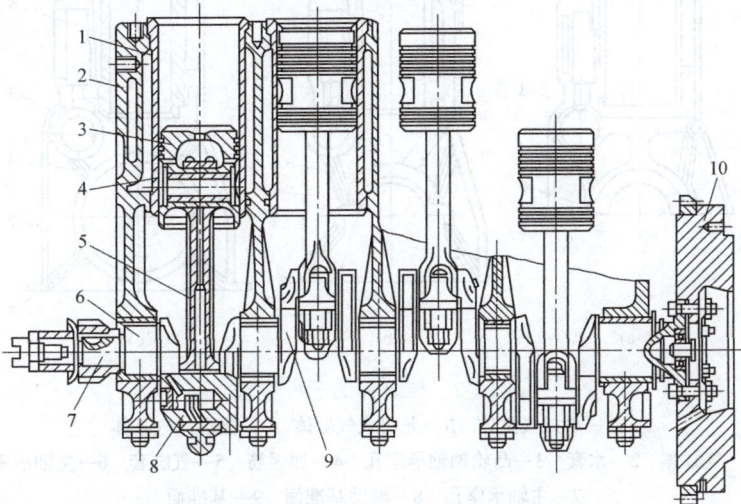

图 2-1 活塞连杆及曲轴飞轮组的组成

1—气缸套 2—气缸体 3—活塞 4—活塞销 5—连杆 6—曲轴主轴颈 7—曲轴 8—连杆轴颈 9—曲柄 10—飞轮

（1）机体组 主要包括气缸体、曲轴箱、气缸套、油底壳等机件。

（2）活塞连杆组 主要包括活塞、活塞环、活塞销和连杆等机件。

（3）曲轴飞轮组 主要包括曲轴、飞轮和扭转减振器等机件。

单元二 机体组

机体组包括气缸体、气缸套、气缸垫、气缸盖和油底壳等主要零件。将这些零件用螺栓、螺母连接成一个整体，构成内燃机的总成基础部分，其他的机构和系统装在其内部或外部构成内燃机总成。

一、气缸体

气缸体与曲轴箱制成一体统称为机体，机体内根据缸数加工有垂直孔，用于装气缸套。气缸体与气缸套形成冷却内燃机的冷却水套，铸有冷却水孔，为增强机体的刚度铸有加强筋。在曲轴箱内还加工有主轴承座孔，在气缸体内加工有凸轮轴套安装孔、挺柱孔、油道孔和水道孔等。为满足各部件的安装，机体加工有安装平面，上平面装气缸垫和气缸盖，下平面装油底壳，前、后平面分别安装正时齿轮或飞轮壳，左、右平面分别装有机油粗滤器和机油细滤器等。

发动机的曲轴轴线与气缸体下平面在同一平面上的称为一般式气缸体，如图2-2a所示。这种气缸体的特点是便于机械加工，但刚度较差，曲轴前后端的密封性较差，多用于中小型发动机。发动机的曲轴轴线高于曲轴箱下平面的则称为龙门式气缸体，如图2-2b所示。这种气缸体的特点是结构刚度和强度较好，密封简单可靠，维修方便，但工艺性较前者复杂。

隧道式气缸体的主轴承孔不分开，如图2-2c所示。这种气缸体的特点是其结构强度比龙门式的更高，主轴承的同轴度易保证，但不便于拆装。

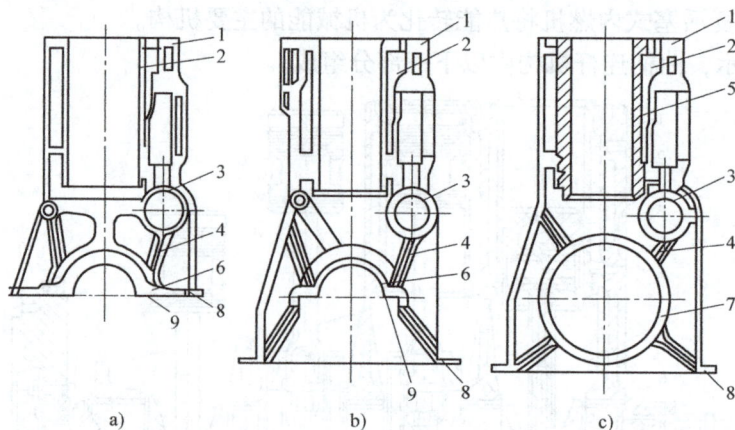

图2-2 气缸体的三种形式

a）一般式气缸体 b）龙门式气缸体 c）隧道式气缸体

1—气缸体 2—水套 3—凸轮轴轴承座孔 4—加强筋 5—气缸套 6—主轴承座

7—主轴承座孔 8—辅助基准面 9—基准面

二、气缸盖与气缸垫

1. 气缸盖

气缸盖的主要功用是封闭气缸上部，并与活塞顶部和气缸壁一起形成燃烧室。

气缸盖内部有与气缸体相通的冷却水道，并有进、排气门座及气门导管孔和进、排气通道，有燃烧室、火花塞座孔（汽油机）或喷油器安装孔（柴油机），上置凸轮轴式发动机的气缸盖上还有用以安装凸轮轴的轴承座等。

图 2-3 所示为捷达轿车 EA827 型发动机的气缸盖分解图。

在多缸发动机中，气缸盖的布置形式有各自独立的，每个气缸盖只覆盖一个气缸，称为单体气缸盖；能覆盖部分（两个以上）气缸的气缸盖称为块状气缸盖；能覆盖全部气缸的气缸盖则称为整体气缸盖。采用整体气缸盖可以缩短气缸中心距和发动机的总长度，其缺点是刚性较差，在受热和受力后容易变形而影响密封；损坏时需整体更换。整体式气缸盖多用于缸径小于 113mm 的发动机上。缸径较大的发动机常采用单体气缸盖或块状气缸盖。

气缸盖由于结构复杂，一般采用合金铸铁或铝合金铸成。铝合金的导热性优于铸铁，有利于提高压缩比，以适应高速高负荷强化汽油机散热及提高压缩比的需要。铝合金气缸盖的缺点是刚度低，使用中易变形等。

图 2-3 捷达轿车 EA827 型
发动机的气缸盖分解图

1—气缸盖 2—气缸垫 3—机油反射罩
4—气缸盖罩 5—压条 6—气门罩垫
7—加油盖

2. 气缸垫

气缸垫的作用是保证燃烧室及气缸的密封。气缸垫应满足如下要求：

1）在高温、高压燃气的作用下有足够的强度，不易损坏。

2）耐热和耐腐蚀，即在高温、高压燃气或有压力的机油和冷却液的作用下不烧损或变质。

3）具有一定的弹性，能补偿接合面的平面度，以保证密封。

4）拆装方便，耐高温高压，使用寿命长等。

目前汽车发动机采用的气缸垫结构如下：

应用最多的是金属-石棉气缸盖衬垫，如图 2-4a、b 所示。石棉中间夹有金属丝或金属屑，且内夹铁皮或外包铜皮。水孔和燃烧室周围另用镶边增强，以防被高温燃气损坏。这种衬垫压紧厚度为 1.2～2mm，有很好的弹性和耐热性，其厚度和质量的均匀性较差。

如图 2-4c、d 所示，有的发动机采用在石棉中心用编织的钢丝网或有孔钢板为骨架，两面用石棉胶粘剂压成气缸盖衬垫。近年来，国内正在试验采用膨胀石墨作为衬垫的材料。

有的汽车发动机采用金属片叠加作为气缸盖衬垫，如红旗轿车发动机即采用如图 2-4e 所示的钢板衬垫。这种衬垫在需要密封的气缸孔和水孔、油孔周围冲压出一定高度的凸纹，利用凸纹的弹性变形实现密封。

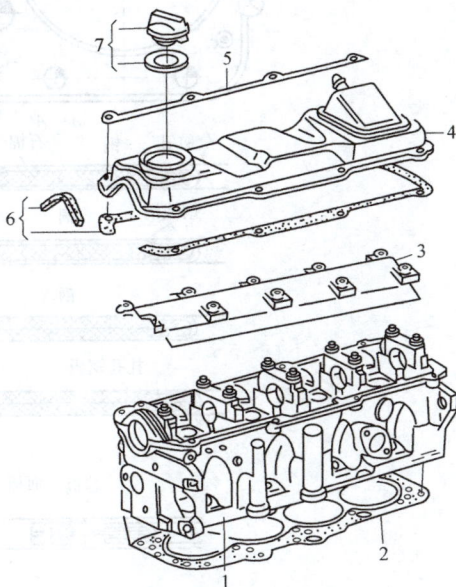

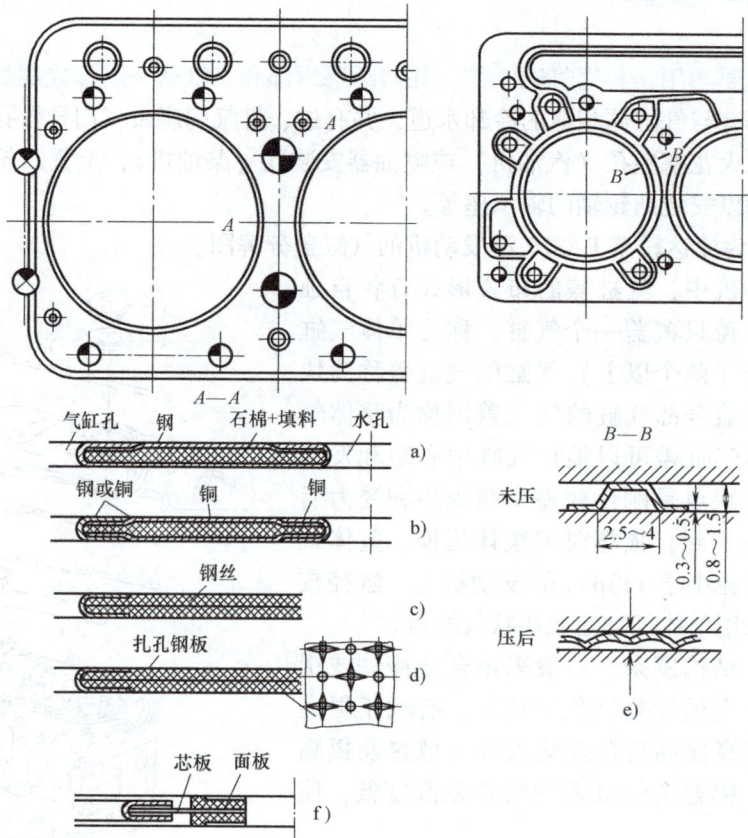

图 2-4　气缸盖衬垫结构

a)、b)、c)、d) 金属-石棉板　e) 冲压钢板　f) 无石棉衬垫

如图 2-4f 所示，有的发动机采用了较先进的加强型无石棉衬垫结构，在气缸口密封部位采用五层薄钢片组成，并设计成正圆形，没有石棉夹层，从而消除了气囊的产生，在油孔和水孔处均包有钢片护圈以提高密封性。安装气缸盖衬垫时，应注意安装方向。一般衬垫卷边的一面朝向气缸盖，光滑面朝向气缸体安装。也可根据标记或文字要求进行安装，如衬垫上的文字标记 "TOP" "OPEN" 表示朝上，"FRONT" 表示朝前。

气缸盖用螺栓紧固在气缸体上，在拧紧螺栓时必须按由中央对称地向四周扩展的顺序分几次进行，并用扭力扳手按出厂规定的拧紧力矩值拧紧，以免损坏气缸盖衬垫或发生泄漏的现象。如果气缸盖由铝合金制成，则最后必须在发动机冷态下进行，这样能增加发动机热机状态时密封的可靠性，铸铁气缸盖应在发动机工作一段时间，发动机有一定温度时进行一次重新拧紧，以保证发动机工作的可靠性。

三、油底壳

油底壳的主要作用是储存机油并封闭曲轴箱。油底壳受力很小，一般采用薄钢板冲压而成，油底壳的形状取决于发动机的总体布置和机油的容量。在有些发动机上，为了加强油底壳内机油的散热，采用了铝合金铸造的油底壳，在壳的底部还铸有相应的散热肋片。

为了保证在发动机纵向倾斜的同时确保机油泵能吸到机油，对应机油泵的油底壳部位一般较深。油底壳内还设有挡油板，防止汽车振动时油面波动较大。油底壳底部装有放油塞。一般放油塞中镶有磁铁，能吸附机油中的金属粉屑，以减少发动机运动零件的磨损及堵塞油路。

单元三　活塞连杆组

如图 2-5 所示，活塞连杆组由活塞、活塞环、活塞销、连杆等机件组成。

一、活塞

活塞的功用是承受燃气压力，并将此力通过活塞销、连杆、曲轴和飞轮对外做功；活塞同气缸与气缸盖形成燃烧室；吸入、压缩和排出气体，传出部分热量，以及将燃烧产生的热通过活塞及活塞环传给气缸壁，起到散热的作用。

活塞的结构如图 2-6 所示，它分为头部、防漏部、销座部和裙部。

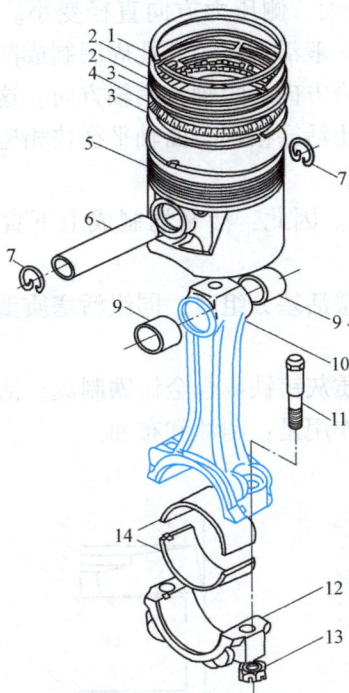

图 2-5　活塞连杆组

1、2—活塞环　3—油环刮片　4—油环衬套　5—活塞
6—活塞销　7—活塞销卡环　8—连杆组　9—连杆衬套
10—连杆　11—连杆螺栓　12—连杆盖
13—连杆螺母　14—连杆轴承

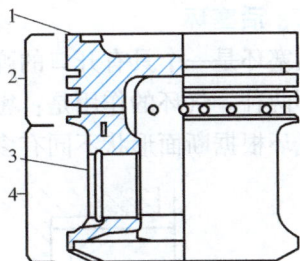

图 2-6　活塞的结构

1—活塞顶　2—活塞头
3—活塞销座　4—活塞裙部

头部：头部的形状与燃烧室有直接关系，随燃烧室不同形状各异，有平顶、凸顶和凹顶的。

为便于选配和安装，在活塞顶标有尺寸、质量分组和安装箭头等标记。同组活塞重量差不得大于10g。

防漏部：防漏部制有环槽，用以安装气环和油环，气环多为2~3道，油环多为1道。环槽内装有气环与油环，气环装在上部，油环装在下部。气环数减少，可降低活塞高度和减小活塞质量，有利于内燃机转速的提高，以改善其动力性和经济性。活塞顶至第一环槽之间的环岸，称为火力岸。

在此岸上一般制有隔热环槽，用以减小此部与缸壁间隙，增加节流，以减轻第一道环的热负荷和机械负荷。在增压柴油机的活塞第一环槽中铸有高镍铸铁环架，以提高活塞的使用寿命。

销座部：用以装配活塞销，将活塞受力传给连杆。为降低活塞销与座孔的压力，减轻磨损，支承面应尽可能大些，也就是孔径与支承长度要大些，销座与顶部增设加强筋相连。

裙部：也称为导向部，在活塞往复运动中起导向作用，并承受侧压力。目前，一些发动机为防止活塞换向时产生拍击和磨损，使活塞销孔中心线与活塞轴线不相交，向侧压力方向偏移1~2mm。因此，该活塞安装时，特别要注意安装标记的方向。

活塞在工作中由于裙部受侧压力及销座承受活塞方向上的轴向力，使销座部位增强变厚，导致受热后变形量大等，且沿销轴方向直径增大，侧压力方向直径变小。如不采取措施，活塞在工作时将拉伤缸壁，甚至卡缸。所以，一般活塞将销座孔周围制成凹陷部，作为膨胀余地，也有将活塞制成椭圆的，其长轴为侧压力方向，短轴为销轴方向。这种活塞也称为椭圆活塞。为减小活塞质量，缩短活塞长度，防止活塞裙部与曲轴平衡块相碰，沿活塞销方向将销座以下裙部切除。同时，可降低摩擦阻力。

活塞由于沿高度方向受热不同，膨胀量也不同。因此，活塞均制成上下直径不一的锥形，即活塞顶部直径小于活塞裙部的直径。

活塞裙部的内壁，可去除部分金属量，用来调整活塞分组时，同组活塞质量差一致。

二、活塞环

活塞环是一个具有开口的弹性圆环，一般用优质灰铸铁或合金铸铁制成。活塞环有气环和油环两种。气环的作用是：密封和导热；油环的作用是：刮油和布油。

气环根据断面形状不同有多种，如图2-7所示。

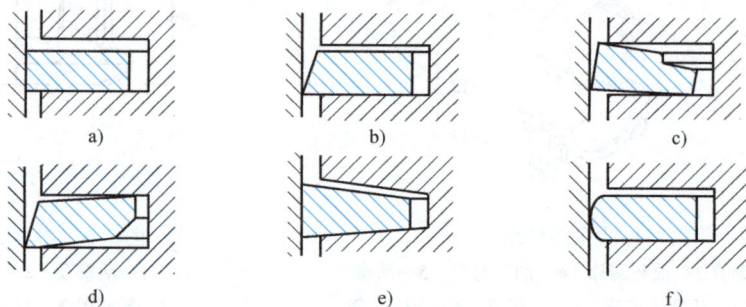

图2-7　活塞环的断面形状

a) 矩形环　b) 锥形环　c) 正扭曲内切环　d) 反扭曲内切环　e) 梯形环　f) 桶形环

（1）矩形环　也称为平环，多用于发动机第一道环，为满足各道环的使用寿命趋于相同，其表面多采用多孔镀铬，多孔可储油，改善润滑条件，镀铬可增加硬度，耐磨。

（2）锥形环　其断面为梯形，此环装入气缸后与缸壁呈线接触，比压大，易磨合，具

有刮油作用，并防止机油窜入气缸，安装时必须注意方向。

（3）扭曲环　在矩形断面的内侧或外侧去除部分金属，也称为内切口和外切口。此环装入气缸后随活塞的运动产生扭转，其作用与锥形环一样，广泛用于二、三道环，安装时要注意方向，内切口朝上，外切口朝下。

（4）梯形环　其断面呈梯形。环槽也制成梯形断面，环在环槽中内外移动时，环在环槽中的间隙发生变化，将槽中的焦状油挤出，防止焦环故障。

（5）桶形环　其表面呈桶形。装入气缸壁呈线接触，活塞在上、下止点换向运动时，产生倾斜，桶形环将沿缸壁微量移动，且活塞上下运动时均有油楔作用，所以，此种环易磨合、磨损小，广泛用于内燃机的第一道气环。

活塞环装入气缸后两端面的距离称为端间隙（开口间隙），其作用是防止环受热膨胀后卡缸造成断环。但端间隙也不能过大，过大会导致弹力下降，密封不良。端间隙第一道环最大，依次减小，这是因为气缸工作温度所致。

活塞环装入环槽中，活塞环的一边贴紧环槽一侧，另一侧留有的间隙称为边间隙。其作用是防止活塞和活塞环受热后活塞环被活塞环槽夹住，失去弹力。边间隙一般为：第一、二道环是 0.18 ~ 0.22mm，最大不能超过 0.6mm；第三道环是 0.08 ~ 0.13mm，最大不能超过 0.5mm。间隙过大会使活塞环泵油增加，导致烧机油。

气环的泵油作用如图 2-8 所示，随着活塞在气缸内上下往复运动，气环第二密封面（边间隙）经常变化，进入活塞环与活塞环槽间隙中的机油不断地被挤入气缸，这种现象称为气环的泵油作用。减小环的边间隙，能减少泵油量，但也难以完全消除这种不利作用。

为此，用油环将气缸壁的机油刮掉，使气环的泵油作用得不到过多的可泵机油。

油环又称刮油环。其作用是刮下气缸壁上多余的机油，避免过多的机油进入气缸烧掉，造成浪费、污染环境和使气缸内积炭增加；同时还能使气缸壁上的机油均布，改善气缸壁的润滑条件。

油环的外圆切有环槽，目的是增加油环对气缸壁的比压。如图 2-9 所示，油环铣有回油孔，目的是防止刮油时活塞环与壁面间的油压升高，将活塞环推离气缸壁面，破坏刮油作用，为确保油环的刮油作用，在活塞的油环槽内部和油环槽下部均制有通道，且布置合理的回油孔。

油环有两种：一种是整体式油环，另一种是组合式油环。目前，中小型汽油机用组合式油环。图 2-10a 所示为整体式油环，图 2-10b 所示为组合式油环，弹簧既是径向弹簧又是轴向弹簧。其轴向弹力将上、下刮片压向环槽，

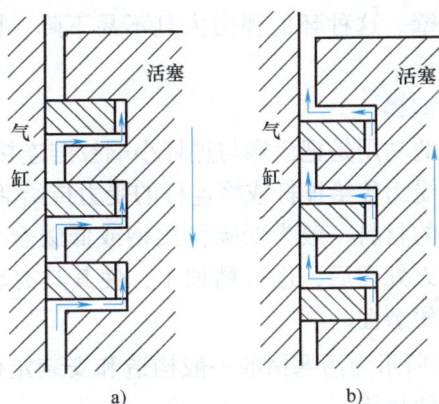

图 2-8　气环的泵油作用
a）活塞下行　b）活塞上行

矩形气环的泵油作用

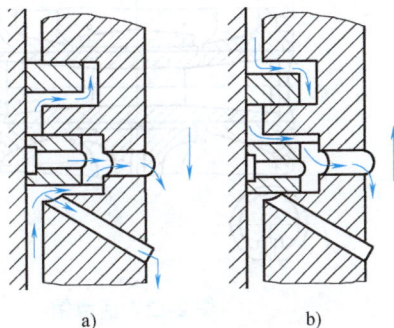

图 2-9　油环的布油和刮油
a）活塞下行　b）活塞上行

径向弹力增强刮片对缸壁的压力。此环安装时，应先安撑簧片，立面朝外，对接的上、下切口在内，然后装上、下两片刮片环，且三者的开口互相错开。图2-10c所示为普通胀簧油环，由油环体和油环衬簧组成，多用于柴油机。

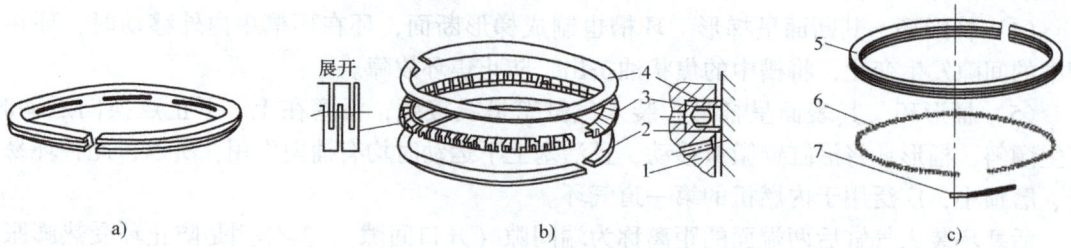

图2-10　油环

a）整体式油环　b）组合式油环　c）普通胀簧油环

1—上刮片　2、6—衬簧　3—下刮片　4—活塞　5—油环体　7—锁口钢丝

图2-11所示为三片双簧式组合油环，由上两片刮片环、下一片刮片环、轴向强力环和径向强力环组成。轴向强力环将上、下刮片环压向环槽，径向强力环将刮片环压向气缸壁。这种环的弹力大且不易下降，因此，性能佳、寿命长。

三、活塞销

活塞销的功用是把活塞与连杆小端铰链连接在一起，并把活塞的受力传给连杆或将连杆的受力传给活塞。

活塞销的材料一般为低碳优质钢或低碳合金钢，表面经渗碳淬火处理后，进行精加工，使其具有较高的强度、刚度和耐磨性。

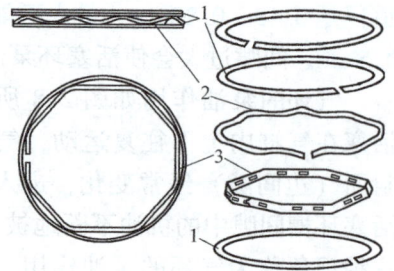

图2-12所示为活塞销的一般构造和安装定位方式。为减小质量、增加抗弯强度，活塞销制成空心的短管。

活塞销的形状如图2-13所示。

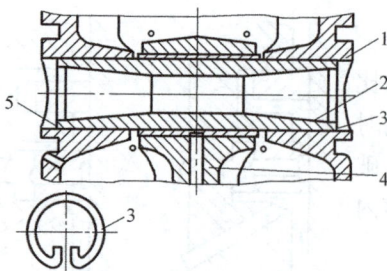

图2-11　三片双簧式组合油环

1—扁平环　2—波形环　3—衬环

图2-12　活塞销

1—活塞　2—活塞销　3—卡簧
4—连杆　5—铜套

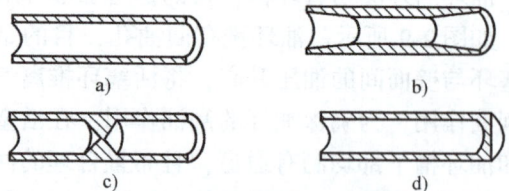

图2-13　活塞销的形状

a）圆柱形孔销　b）端部呈锥形扩展
c）中间封闭形　d）单侧封闭式

活塞销与活塞、连杆的连接一般都采用全浮式，使活塞销的磨损均匀。为防止活塞销轴向窜动，在活塞销的座孔两端卡簧槽中装有弹性卡簧。由于活塞销和销孔是摆动摩擦，油膜不易形成，所以其配合间隙较小，活塞销与铜套间隙一般是 0.025～0.048mm，活塞销与座孔的配合早期采用过渡配合，装配时应把活塞放在油或水中加热到 100℃ 左右，将活塞销推入孔中。目前由于材料品质的提高，活塞销与座孔大多采用间隙配合，给维修、安装工作带来了极大的方便。

四、连杆

连杆的功用是连接活塞与曲轴，再变活塞的往复直线运动为曲轴的旋转运动或变曲轴的旋转运动为活塞的往复直线运动中传递动力。连杆采用中碳钢或中碳铬钢模锻、调质，经机械加工而成。

如图 2-14 所示，连杆结构分小端、杆身和大端三部分。小端孔中压装铜套，活塞销与铜套的润滑有两种：一是压力润滑，连杆杆身钻有油道孔，将油压入活塞销与铜套摩擦表面；二是集油润滑，在连杆小头制有集油孔或槽，把飞溅的机油集在集油孔或槽中渗入摩擦表面。

杆身做成"工"字形断面，既减小质量又有足够的抗弯强度。大端孔中装有轴承（瓦），与曲轴的连杆轴颈相配合安装。大端的切分面有两种：一是平切式，即连杆大端沿着与杆身轴线垂直的方向切开，多用于汽油机；二是斜切式，斜切式切分面一般与杆身轴线成 45°或 60°夹角，其目的是便于活塞连杆组向气缸中安装。斜切后会使连杆螺栓产生剪切应力，为此，必须使连杆大端盖有可靠的定位，其主要定位方法有：止口定位、套筒定位和锯齿定位等形式，如图 2-15 所示。斜切式多用于卧式柴油机和大型柴油机，其目的是便于连杆大端螺栓（螺母）的拆卸与安装。

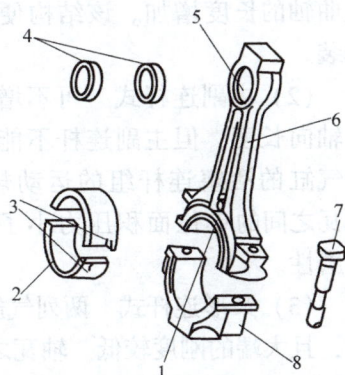

图 2-14　连杆组件

1—连杆大端　2—连杆轴承　3—止推凸唇
4—衬套　5—连杆小端　6—连杆杆身
7—连杆螺栓　8—连杆盖

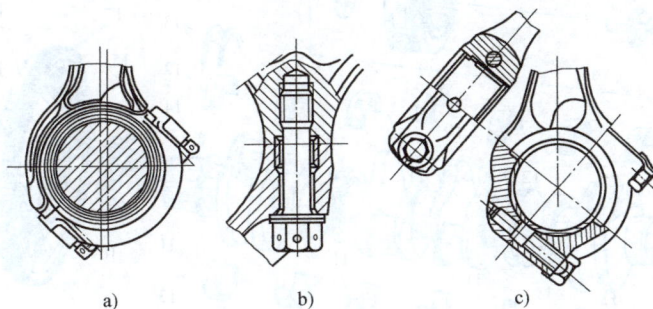

a)　　　　　b)　　　　　c)

图 2-15　斜切口连杆大端的定位方式

a）止口定位　b）套筒定位　c）锯齿定位

连杆大端是配对加工的，装配中没有互换性，且必须按方向安装，故在其侧面打有配对标记和质量分组标记。大端盖一般用两根连杆螺栓紧固，大端为平切式的，一般用螺栓外圆柱面定位，连杆螺栓或螺母必须可靠锁定。否则，产生松动就会酿成重大机械事故。其锁定方法有：锁片法、开口销法、锥螺纹法、螺母开槽法、变螺距法、螺纹胶法、螺纹镀层法以及采用高强度精制螺栓等。为防止连杆瓦转动和轴向窜动，在大端切分面处加工有定位舌槽与瓦片上的凸舌相配合。

V型发动机连杆结构通常有三种，如图2-16所示。

（1）并列连杆式 连杆可以通用，两列气缸的活塞连杆组的运动规律相同，但曲轴的长度增加。该结构便于拆卸与安装。

（2）主副连杆式 可不增加发动机的轴向长度，但主副连杆不能互换，两列气缸的活塞连杆组的运动规律不同。轴瓦之间的单位面积压力小了，提高了耐磨性。

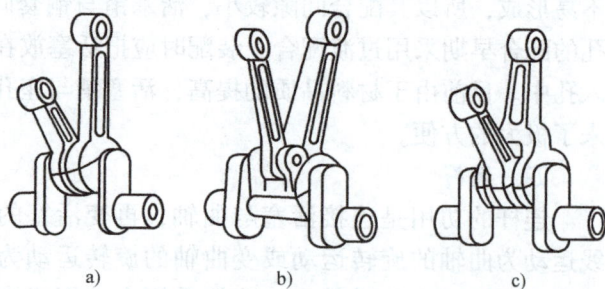

图2-16 V型发动机连杆示意图
a）并列连杆式 b）主副连杆式 c）叉形连杆式

（3）叉形连杆式 两列气缸的活塞连杆组的运动规律相同，但叉形连杆的制造工艺复杂，且大端的刚度较低。轴瓦之间的受力均衡，提高了工作的平衡性。

单元四 曲轴飞轮组

曲轴飞轮组主要由曲轴、扭转减振器、飞轮、带轮、正时齿轮等组成，如图2-17所示。

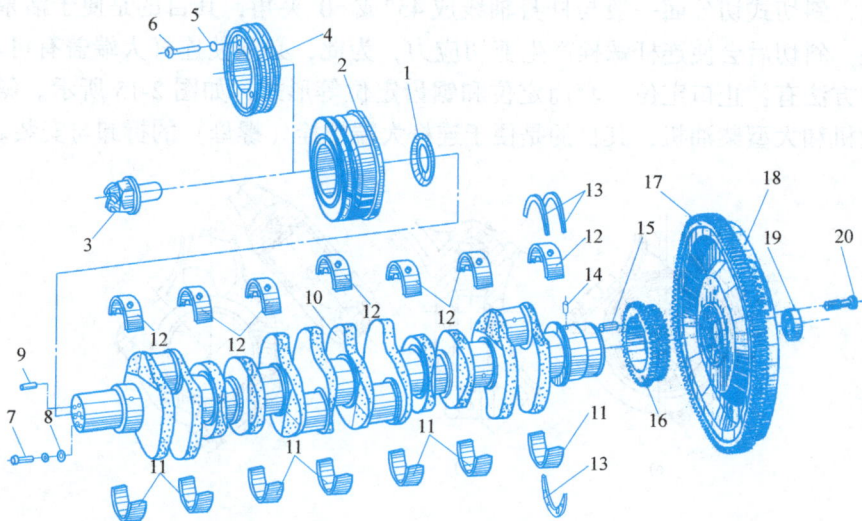

图2-17 曲轴飞轮组

1—曲轴挡油片 2—减振器总成 3—起动爪 4—前带轮 5—弹簧垫圈 6—六角头螺栓 7—减振器螺栓 8—减振器螺栓垫圈 9—定位销 10—曲轴 11—下主轴瓦 12—上主轴瓦 13—推力轴承片 14—正时齿轮定位销 15—飞轮定位销 16—曲轴齿轮 17—飞轮齿环 18—飞轮 19—滚动轴承 20—飞轮螺栓

一、曲轴

曲轴的功用是承受连杆传来的力，并将此力转化成曲轴旋转的力矩，然后通过飞轮输出

旋转的力矩。另外，还用来驱动发动机的配气机构及其他辅助装置（如发电机、风扇、水泵、机油泵、转向助力油泵等）。

在发动机工作中，曲轴受到旋转质量的离心力，周期性变化的气体压力和往复惯性力的共同作用，使曲轴承受弯曲与扭转载荷，为了保证工作可靠，要求曲轴具有足够的刚度和强度，各工作表面要耐磨，有良好的润滑，且必须达到动平衡的要求。

曲轴一般由主轴颈、连杆轴颈、曲柄、平衡重、前端轴和后端法兰部分组成。一个连杆轴颈和它两端的曲柄及相邻两个主轴颈构成一个曲拐。

曲轴的曲拐数取决于气缸的数目和排列方式。直列式发动机曲轴的曲拐数等于气缸数；V型发动机曲轴的曲拐数等于气缸数的一半。

按照曲轴的主轴颈数，可以把曲轴分为全支承曲轴和非全支承曲轴两种。在相邻的两个曲拐之间，都设置一个主轴颈的曲轴，称为全支承曲轴；否则称为非全支承曲轴。因此，直列式发动机的全支承曲轴，其主轴颈总数（包括曲轴前端和后端的主轴颈）比气缸数多一个。V型发动机的全支承曲轴，其主轴颈总数比气缸数的一半多一个。曲轴支承形式如图2-18所示。

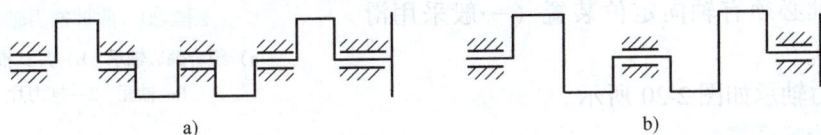

图2-18　曲轴支承形式
a）全支承式　b）非全支承式

全支承曲轴的优点是可以提高曲轴的刚度，并且可以减轻主轴承的载荷。其缺点是曲轴的加工表面增多，主轴承数增多。柴油机多采用全支承曲轴。

连杆大端为整体式的某些小型汽油机或采用滚动轴承作为曲轴主轴承的发动机必须采用组合式曲轴（图2-19），即将曲轴的各部分分段加工，然后用螺栓组合成整体。

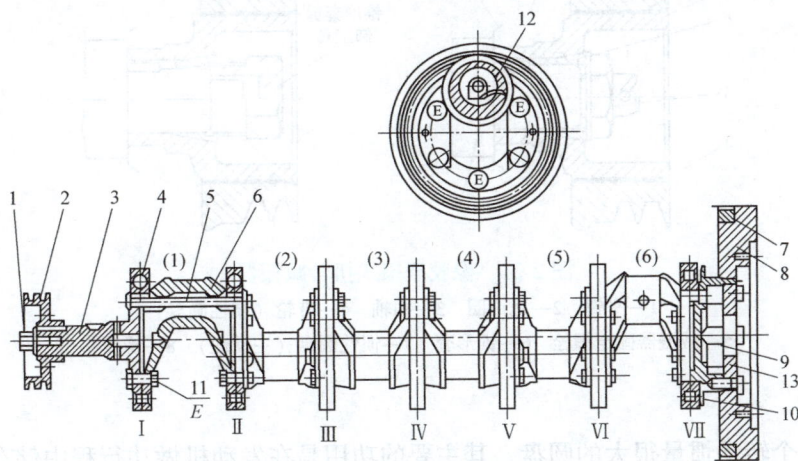

图2-19　组合式曲轴
1—起动爪　2—带轮　3—前端轴　4—滚动轴承　5—连杆螺栓　6—曲柄
7—飞轮齿圈　8—飞轮　9—后端凸缘　10—挡油圈　11—定位螺钉　12—油管　13—锁片

曲轴上的平衡重用来平衡曲轴的离心力和离心力矩，有时还用来平衡一部分活塞连杆组的往复惯性力。

平衡重有的与曲轴制成一体，有的单独制成后再用螺栓固定在曲轴上，称为装配式平衡重。曲轴无论有无平衡重，都必须进行动平衡试验，对不平衡的曲轴常在其偏重的一侧钻孔，根据要求除掉部分质量。

曲轴前端是第一道主轴颈之前的部分，该部分装有驱动配气凸轮轴的正时齿轮，驱动风扇和水泵的带轮等。为了防止机油沿曲轴轴颈外漏，在曲轴前端上还装有一个甩油盘（注意其安装方向）。

曲轴后端是最后一道主轴颈之后的部分，即安装飞轮用的法兰。

曲轴作为转动件，必须与其固定件之间有一定的轴向间隙。而在发动机工作时，曲轴经常受到离合器施加于飞轮的轴向力作用而有轴向窜动。曲轴轴向窜动会导致连杆等各零件的相对位置变化，因此曲轴必须有轴向定位装置（一般采用滑动推力轴承）。

曲轴推力轴承如图 2-20 所示。

图 2-20 曲轴推力轴承

a）组合翻边轴承 b）片式推力轴承

1—轴瓦 2—推力片

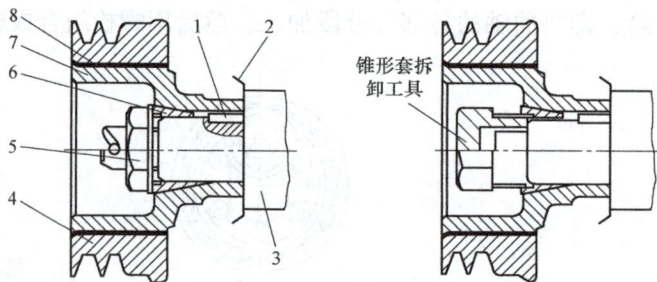

二、扭转减振器

曲轴在旋转时，会产生扭转振动，它会使发动机的功率受到损失，正时齿轮式链条磨损增加，严重时甚至将曲轴扭断。为了消减曲轴的扭转振动，一般发动机在曲轴的前端装有扭转减振器。

汽车发动机最常用的扭转减振器是摩擦式扭转减振器，多为橡胶式扭转减振器，如图 2-21 所示。

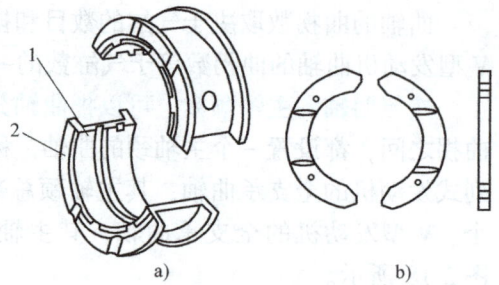

图 2-21 橡胶摩擦式扭转减振器

1—平键 2—甩油圈 3—曲轴 4—带轮（惯性圆盘）

5—减振器固定螺栓 6—锥形套 7—惯性圆盘（主动毂） 8—橡胶垫

三、飞轮

飞轮是一个转动惯量很大的圆盘，其主要的功用是在发动机做功行程中储存能量，用以在其他行程中克服阻力，带动曲柄连杆机构越过上、下止点，保证曲轴的旋转角速度和输出转矩尽可能均匀，并使发动机有可能克服短时间的超负荷，此外，飞轮又往往用作摩擦式离合器的驱动件。

飞轮多采用铸铁制造，当轮缘的圆周速度超过50m/s时，要采用强度较高的球墨铸铁或铸钢制造。

飞轮外缘上压有一个齿圈，可与起动机的驱动齿轮啮合，供发动机起动用。飞轮上通常刻有第一缸的发火正时标记，以便于查找压缩上止点，调整气门间隙和供油时间，如图2-22所示。

飞轮与曲轴装配后应进行动平衡试验，否则在旋转时因质量不平衡而产生离心力，将引起发动机振动并加速主轴承的磨损。为了在拆装时不破坏它们的平衡状态，飞轮与曲轴之间应有严格的相对位置，用固定销或不对称螺栓予以保证。

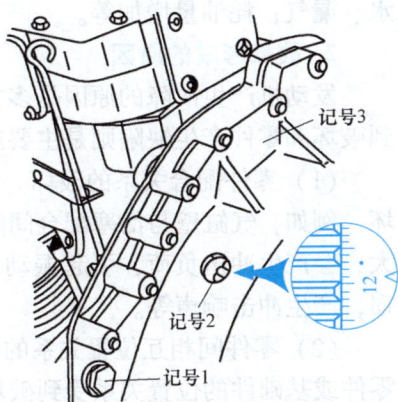

图2-22 发动机发火正时记号

单元五 发动机维修的基本知识

发动机在使用过程中，随着工作时间的增加，会出现故障。研究、掌握发动机零件的变化规律及其原因，适时、合理地进行维护与修理，对于降低运输成本、确保安全、延长发动机使用寿命具有重要意义。

一、零件、合件、组件及总成

发动机是由许多零件装配组合而成的。零件与零件的组合可构成合件、组件和总成等。它们各自具有一定的作用，彼此之间有一定的配合关系。将它们有机地组合在一起，便成为一台完整的发动机。

1. 零件

零件是发动机最基本的组成单元。它是由某些材料制成的不可拆卸的整体，如活塞。

2. 合件

合件是由两个或两个以上的零件装合成一体，起单一零件作用的单元，如连杆总成。

3. 组件

组件是由若干个零件或合件组装成一体，零件与零件之间有一定的运动关系，尚不能起单独完整机构作用的装配单元，如活塞连杆组。

4. 总成

总成是由若干零件、合件或组件装合成一体，能单独起一定机构作用的装配单元，如高压油泵总成。

二、零件故障及其原因

组成发动机的各零件、合件、组件、总成之间都有着一定的相互关系，在其工作过程中，这种关系会发生变化，使其技术状况变坏，使用性能下降。使用、调整不当和零件的自然恶化是产生此种现象的原因。

1. 故障的概念

发动机零件的技术状况，在工作一定时间后会发生变化，当这种变化超出了允许的技术范围，而影响其工作性能时，即称为故障。例如，发动机动力下降、起动困难、漏油、漏

水、漏气；耗油量增加等。

2. 故障形成的原因

发动机产生故障的原因是多方面的，但零件、合件、组件、总成之间的正常配合关系受到破坏和零件产生缺陷则是主要的原因。

（1）零件配合关系的破坏　零件配合关系的破坏，主要是指间隙或过盈配合关系的破坏。例如，气缸壁与活塞配合间隙增大，会引起窜机油和气缸压力降低；轴颈与轴瓦间隙增大，会产生冲击负荷，引起振动和敲击声；滚动轴承外环在轴承孔内松动，会引起零件磨损，产生冲击响声等。

（2）零件间相互位置关系的破坏　零件间相互位置关系的破坏，主要是指结构复杂的零件或基础件的位置关系受到破坏（如发动机机体变形，轴承孔沿受力方向偏磨等），造成有关零件间的同轴度、平行度、垂直度等超过允许值，从而产生故障。

（3）零件、机构间相互协调性关系的破坏　汽油机点火时间的过早或过晚，柴油机各缸供油量不均匀，气门开、闭时间过早或过晚等，均属于协调性关系的破坏。

（4）零件间连接松动和脱开　零件间连接松动和脱开，主要是指螺纹连接及焊、铆连接松动和脱开。例如，螺纹连接件松脱、焊缝开裂、铆钉松动和铆钉的剪断等，都会造成故障。

（5）零件的缺陷　零件的缺陷，主要是指零件磨损、腐蚀、破裂、变形引起的尺寸、形状及外表质量的变化。例如，活塞、气缸壁的磨损，气缸体、气缸盖的裂纹，连杆的扭弯，气门弹簧弹力的减弱和油封橡胶材料的老化等。

（6）使用、调整不当　发动机由于结构、材质等特点，对其使用、调整、维修应按规定进行；否则，将造成零件的早期磨损，破坏正常的配合关系，导致损坏。

综上所述，不难得出产生故障的原因：一是使用、调整、维修不当造成的故障，这是经过努力可以避免的人为故障；二是在正常使用中零件缺陷产生的故障。这种故障到目前为止，人们尚不能从根本上消除它，是零件的一种自然恶化过程。此类故障虽属不可避免，但掌握其规律，是能设法减少其危害的。

三、零件的磨损及其特性

发动机在正常使用过程中，随着工作时间的增加，它的技术状况会逐渐变坏，表现出功率下降，燃料消耗增加，发出不正常响声，甚至操纵装置失灵等。产生这些现象的原因很多，主要是由于发动机各运动配合的零件，在相对运动中表面相互摩擦，造成接触面的磨损，破坏了正常的配合间隙，导致发动机技术性能的变坏。

（一）零件的摩擦与磨损

零件的磨损是指配合件在工作过程中相互摩擦，使其表面尺寸、形状和表面质量发生变化，这种变化称为磨损。在配合件中，相对运动的两零件表面间存在着摩擦。零件磨损的直接原因是摩擦力对其表面的破坏。

1. 摩擦

（1）摩擦的概念及其影响　两个相互配合的零件，在外力作用下发生相对运动并在其配合面间产生切向阻力的现象称为摩擦。这个切向阻力称为摩擦力。

摩擦的影响主要有以下几个方面：

1）摩擦消耗大量能量。

2）摩擦产生磨损，使机器一批一批报废，造成经济上的严重损失。

（2）摩擦的种类　摩擦按运动形式可分为滑动摩擦和滚动摩擦。

摩擦按润滑情况可分为干摩擦、液体摩擦、边界摩擦和混合摩擦。

2. 磨损

发动机零件的磨损不是孤立的，是和它周围的其他因素相关联的，零件的磨损除与摩擦的类型有关外，还与零件的材料、相对运动速度和受力、润滑质量等条件有关。磨损的形式通常有机械磨损、磨料磨损、粘附磨损、腐蚀磨损和疲劳磨损。

由于发动机零件所处的工作条件不同，引起磨损的主要原因也不完全一样，但实践证明，其磨损增长的规律却是相似的，即具有共同的磨损特性。由实验得出的零件磨损特性曲线如图 2-23 所示。

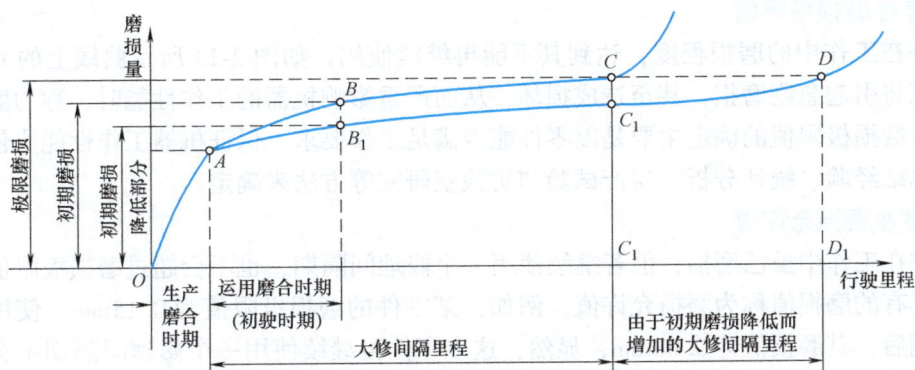

图 2-23　零件的磨损曲线图

（二）零件的磨损特性

如图 2-23 所示，随着汽车行驶里程的增加，零件的磨损也随之增加。其磨损过程大致分为以下三个阶段。

1. 磨合阶段

磨合阶段包括生产磨合和运用磨合（初驶磨合）两个阶段，即图 2-23 中的曲线 OB 段。这一阶段的磨损量大，曲线上升得快。其原因主要是：①新的或重新修过的零件表面比较粗糙，加工后几何形状和装配位置等存在一定偏差，致使配合件的接触面积减小，单位面积压力增大。润滑油被挤出而产生干摩擦或半干摩擦；②新的配合件表面的凹凸部分相互嵌合，在相对运动时大量的金属屑被磨落混入润滑油中，形成磨料磨损，使磨损加剧；③由于摩擦作用的加剧，零件表面还将产生很高的热量，使机油黏度下降，造成润滑不良，使磨损加剧。

2. 正常工作阶段

如图 2-23 所示，曲线 BC 段即为正常工作阶段。这段曲线上升比较平滑，是由于零件已经磨合，其工作表面凸出的部分已被磨合平滑，凹陷部分由于塑性变形而填平，零件配合表面已达到适合的光洁程度，润滑条件也随之改善，因而磨损程度明显减慢。

3. 加速磨损阶段

如图 2-23 所示，曲线 C 点以后为加速磨损阶段。这段曲线从 C 点向右开始剧烈上升，其原因是配合件之间的配合间隙已达到最大允许极限，间隙过大，机件运转的冲击负荷增大，润滑油膜难以维持，使零件磨损急剧增加。此时若不及时调整、维修，而是继续行驶，将会造成零件的迅速损坏。

综上所述，根据零件的磨损规律，为了延长零件的使用寿命，在使用中应尽量减小磨合阶段的磨损，如图2-23中下面一条曲线所示，这样就可以使零件的使用时间相应延长，从而增长了正常工作时间，增加了大修间隔里程。减缓磨合阶段的方法有：机件装配后先采用无负荷磨合；进入使用期后的初驶阶段减轻负荷；在磨合阶段采用优质润滑油；在磨合阶段加强调整、紧固和维护工作等。如新车或大修后的汽车都规定有磨合期，并对磨合期的使用有具体规定，目的就是为了延缓磨合阶段的磨损。

（三）零件磨损极限值与允许值

在发动机修理中，正确确定零件磨损极限值及允许值，对零件的使用寿命和预防故障有着重要意义。

1. 零件磨损极限值

零件在工作中的磨损程度，达到其不能再继续使用，如图2-23所示曲线上的 C 点，如继续使用将引起急剧磨损，甚至造成损坏，从而严重影响机器的工作性能时，称为磨损极限值。零件磨损极限值的确定主要是以零件能否满足工作要求、保证机器工作性能为依据。通常采用总结经验、统计分析、生产试验和实验室研究等方法来确定。

2. 零件磨损允许值

零件在工作中虽已磨损，但若继续使用一个修理间隔期，也不会超过磨损极限值，则此零件已具有的磨损值称为磨损允许值。例如，某零件的磨损极限值为0.15mm，使用一个修理间隔期后，其磨损值为0.08mm，显然，这个零件再继续使用一个修理间隔期不会超过磨损极限值，则零件已有的磨损值（0.08mm）即为磨损允许值。

四、零件的分类

零件经检验后，应根据汽车修理技术标准的要求，结合修理单位的具体情况，将零件分为堪用、待修和报废三类。

1. 堪用零件

堪用零件是符合大修技术标准要求，不需要修理，而能继续使用的零件。

2. 待修零件

待修零件是经修理后能达到大修技术标准要求的零件。

3. 报废零件

报废零件是已损坏，不能修复、无法修复或没有修理价值的零件。

技能单一　气缸的检修

气缸的检查一般包括两项内容：一项是外观检查，检查气缸的机械损伤、表面质量和化学腐蚀程度等；另一项是用内径量缸表检测气缸的磨损量、圆度、圆柱度和间隙。

1. 测量方法

（1）安装百分表　将百分表安装在表杆的上端，使表的两头与表杆上端接触，并使表有一定的压缩量，使小表针指向0.5左右，并将百分表头固定在表杆上。

（2）选择千分尺　根据所测量气缸套的公称尺寸选择合适的千分尺，将千分尺校正好，调整到气缸套的公称尺寸数值，并锁定千分尺。

（3）选择量杆　根据所测量的数值选择合适的量杆。

（4）校表　用调整好的千分尺，量取测杆与接杆端的尺寸，并使测杆有1mm左右的压缩量，即小表针指向"1"左右，否则可通过改变量杆的接杆长度予以调整。

（5）测量部位　一般在气缸轴向上选取三个截面（图2-24），即 S_1—S_1（活塞在上止点时，第一道环所对应的气缸壁位置），S_2—S_2（活塞在上止点时，活塞裙部所对应的气缸壁位置，即气缸中部），S_3—S_3（活塞在下止点时，活塞裙部所对应的气缸壁位置，一般距气缸下边缘 10 ~15 mm 处）。

（6）测量读数　如图2-25所示，测量时手应握住绝热套，把量缸表整体倾斜放入气缸被测处，使量缸表整体向直立方向摆动，表针摆动停止，或指针左右摆动相等（在气缸中心线与测杆垂直）即为所读数值。如果指针正好对"0"处，则与被测缸径相等，当指针顺时针方向离开"0"位，则缸径小于公称尺寸，如逆时针方向离开"0"位，则读数大于公称尺寸，记录下所测得的三个截面不同方向上的数值。

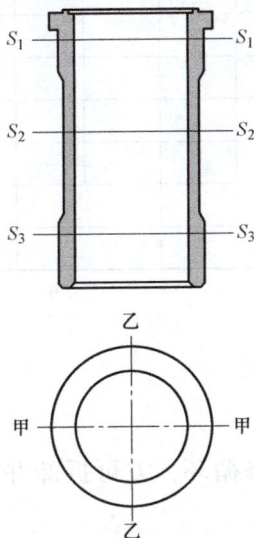

图2-24　气缸的测量部位

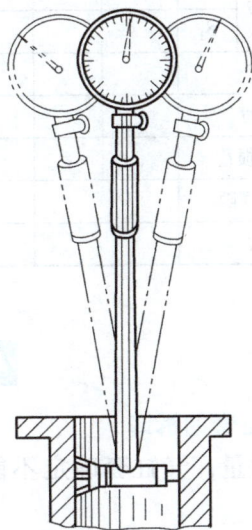

图2-25　量缸表测量法

2. 最大磨损量与间隙的计算

在所测得的数值中（一般取 S_1—S_1 位置）最大的直径与公称尺寸之差（或三个截面不同方向上的最大直径与公称尺寸之差），为气缸套的最大磨损量。

在剖面 S_2—S_2 侧压方向所测取的直径值与活塞裙部所测得的直径值之差，为缸套与活塞的配合间隙。

3. 圆度与圆柱度的计算

（1）气缸的圆度　气缸的圆度值以同截面两个方向（甲、乙）测得差值的一半计。取其三个横截面上的最大值为该气缸的最大圆度值。

（2）气缸的圆柱度　气缸的圆柱度值以同一方向三个横截面上的最大与最小差值的一半计。取其两个方向测得的最大值为该气缸的最大圆柱度值。

4. 气缸修理尺寸的确定（干式气缸）

当气缸磨损超过允许的极限时，应确定气缸的修理尺寸进行修理，并选配与气缸修理尺寸相适应的活塞、活塞环，以恢复气缸的正确几何形状和正常的配合间隙。

修理尺寸是指零件表面通过修理形成符合技术要求的大于原始设计公称尺寸的新尺寸。

气缸的修理尺寸通常通过计算方法来确定。

修理尺寸等于气缸最大磨损直径与加工余量之和。其数值再与标准修理尺寸对照，以选出合理的修理级别。测得的数值记录至表2-1中。

表2-1 活塞与气缸修理鉴定表

发动机型号 (单位：mm)

项目 \ 缸序			第一缸		第二缸		第三缸		第四缸		第五缸		第六缸	
			甲	乙	甲	乙	甲	乙	甲	乙	甲	乙	甲	乙
活塞直径（　）														
气缸	直径（　）	S_1												
		S_2												
		S_3												
	圆度													
	圆柱度													
	最大磨损量													
活塞与气缸间隙														
处理意见														

鉴定人 年 月 日

技能单二 气缸套拆装

一、气缸套的拆卸

1）经测量，气缸套确定不能继续使用到下一个大修循环，方可拆卸并更换新的气缸套。

2）使用拉缸器拆卸气缸套，选择圆托盘，把拉缸器总成安装到需拆卸的气缸套上，注意下端的圆托盘不能抵在缸体上，以免损坏缸体，然后进行操作，把气缸套从机体上拉出。

二、气缸套的安装

1）清除水套内的水垢，清除气缸套台肩下平面与机体气缸套安装孔上平面阻水圈环槽内的水垢和杂物。

2）试装气缸套。在不装阻水圈的情况下，将气缸套装入机体气缸套安装孔内，应能转动气缸套但无过大的晃动量。气缸套凸出机体上平面的高度应在0.08～0.21mm（一般用深度卡尺或平尺加塞尺配合测量）。如果凸出量高度不够，可在气缸套台肩下加垫薄铜皮环来调整。同一机体上的气缸套高度差不应超过0.03mm。

3）安装阻水圈。检查阻水圈是否是合格产品（特征是粗细均匀无裂纹，表面平整光滑），将阻水圈装入槽内，不准扭卷和损伤，应沿整个圆周均匀凸出环槽。

4）气缸套安装前应确认圆度方向，用钢字码在气缸套短轴方向的缸沿做标记，表示安装方向及安装位置。该方向应位于侧压力方向。

5）安装气缸套。用肥皂水涂阻水圈表面及气缸套下部的外表面，将气缸套按所做标记

分别压入安装孔内。检查阻水圈是否被挤出或剪损,如果被挤出或剪损应更换阻水圈重新安装。检查气缸套是否变形,若圆度或圆柱度误差超过 0.03mm,应卸下气缸套,查明原因,重新安装。

6) 复查各气缸套凸出高度及高度差。

三、气缸套安装后的检查

更换后的气缸套应进行质量检查,并将结果填入气缸修理鉴定表中。对维修后的气缸套技术要求如下:

1) 气缸套直径应在修理尺寸的公差范围内,其圆度与圆柱度误差应在标准范围内。气缸套下部(50~80mm 处)圆度误差应小于 0.005mm。

2) 气缸套的中心偏斜,在 100mm 长度内不得超过 0.05mm。

3) 气缸套装入后,应进行水压试验。一般在 0.3~0.5MPa 的压力下,阻水圈处没有漏水现象。

技能单三　连杆衬套的铰削、连杆的检验与校正

一、连杆衬套的铰削

活塞销与连杆衬套的配合一般是通过铰削、镗削或滚压来完成的,其配合要求是:在常温下,汽油机的活塞销与连杆衬套的间隙 0.005~0.010mm,且要求活塞销与连杆衬套的接触面积在 75% 以上;中大型柴油机活塞销与连杆衬套的间隙,一般为 0.03~0.05mm。

连杆衬套铰削的步骤:

(1) 选择铰刀　按活塞销的实际尺寸选用铰刀,将铰刀的刀杆垂直地夹在台虎钳的钳口上。

(2) 调整铰刀　将连杆衬套孔套入铰刀上,一手托住连杆大端,一手压住连杆小端,以铰刀刃露出衬套上面 0.3~0.5mm 作为第一刀的铰削量为宜。

(3) 铰削　铰削时,一只手托住连杆大端均匀用力扳转,另一只手将小端向下略施压力,铰削时应保持连杆轴线垂直于铰刀轴线,以防铰偏,如图 2-26 所示。当衬套下平面与切削刃相平时停止铰削,将连杆下压退出以免铰偏或衬套起棱。然后在铰削量不变的情况下,再将连杆翻转 180°铰削一次,铰刀的铰削量以调整铰刀的螺母转过 60°~90°为宜。

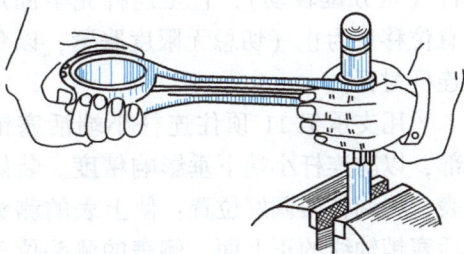

图 2-26　连杆衬套的铰削

(4) 试配　每铰削一次都要用相配的活塞销试配,以防铰大。当用手掌力能将活塞销推入衬套 1/3~1/2 时停铰,用木锤将活塞销打入衬套内,并夹持在台虎钳上按连杆工作摆动方向扳转连杆,如图 2-27 所示。然后压出活塞销,视衬套的痕迹适当修刮。

活塞销与连杆衬套的配合通常也有凭感觉判断的,即以拇指力能将涂有机油的活塞销推过衬套为符合要求,如图 2-28 所示;或将涂有机油的活塞销装入衬套内,连杆与水平面倾斜成 45°,活塞销应能依靠其自重缓缓下滑。此外,活塞销与连杆衬套的接触面积应在 75% 以上。

图2-27　活塞销与连杆衬套的试配修整

图2-28　检验活塞销与连杆衬套的配合

二、连杆的检验与校正

连杆的检验与校正采用连杆校正仪进行。该检验校正仪适用于中小型发动机连杆产生的弯曲、扭曲及其双重变形的检验和校正。

1. 技术数据

1）心轴可调范围：38～51.5mm，51～66mm。

2）外形尺寸长×宽×高：550mm×300mm×340mm。

3）滑板移动距离：140mm。

4）工作台面与心轴中心高：75mm。

5）误差：弯曲≤0.03mm，扭曲≤0.05mm。

2. 连杆扭曲及弯曲的检验

连杆衬瓦加工完毕后，装配好活塞销，如图2-29所示，将连杆大端轴孔穿入心轴1置于胀块2的中部，边旋升心轴胀块边轻动连杆（全方位轻动），直至连杆完全固定，没有位移量为止（切忌无限度胀紧，以免损坏连杆衬瓦）。

用支承架11顶住连杆小端活塞销孔下部，以防连杆小端下垂影响精度。装好百分表，将调整架调好位置：使上表的测头位于活塞销轴线的正上面，侧表的测头位于活塞销轴线的侧面，即两个表的测头垂直指向活塞销的轴线。将两表刻度盘归零，用滑板手柄8轻推滑板，使表的测头置于活塞销最末端，此时上表显示值为连杆扭曲量、侧表显示值为连杆弯曲量。

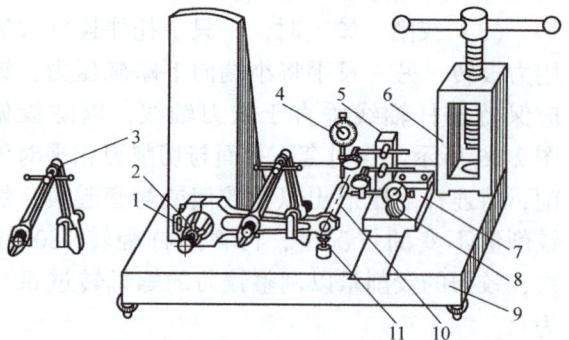

图2-29　连杆校正仪

1—心轴　2—胀块　3—扭曲架　4—百分表　5—调整架
6—衬瓦压力架　7—滑板　8—滑板手柄　9—工作台
10—活塞销　11—支承架

3. 连杆扭曲及弯曲的校正

连杆扭曲的校正如图2-30所示，保持在上述检验状态不变，装上扭曲架旋紧钩爪螺母（扭曲架安装一正一反，根据连杆扭曲方向确定扭曲架左右钩爪位置），边旋紧校正顶丝边观察表针的变化，直至表针归零并根据扭曲量适当校有一定的过盈量（由于材料的弹性后

效应作用，卸荷后连杆有复原的趋势），对于变形量较大的连杆，校正后必须进行时效处理。

连杆弯曲的校正如图2-31所示，根据连杆的弯曲方向装上弯曲架，边旋紧校正顶丝边观察表针的变化，直至表针归零并根据弯曲量适当校有一定的过盈量，在校正负荷下保持一定时间。

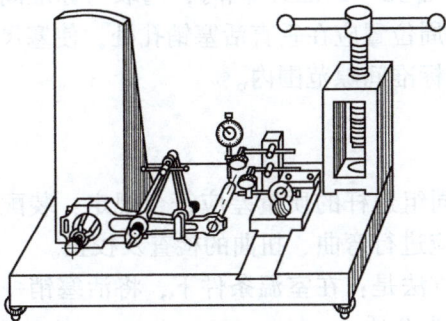

图2-30　连杆扭曲的校正　　　　　　　　　图2-31　连杆弯曲的校正

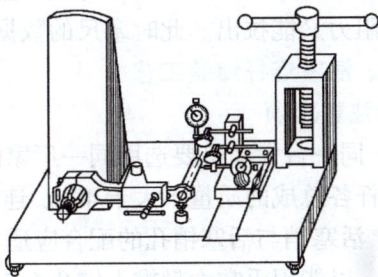

4. 注意事项

1）检验前，调整工作台的四个支脚，使各支脚支承力均匀，以保证工作台的平衡和精度。

2）保持工作台及心轴无锈蚀现象。

3）检验连杆时要确保表头固定可靠、调整架碟形螺母紧固可靠并无松动现象，心轴和胀块应无杂物，以免影响精度。

4）连杆弯曲量≥0.3mm时，不应再做校正，这是由于其内应力过大，即使校好，装入发动机后仍会变形，而且还会损坏设备。

技能单四　活塞连杆的组装

一、活塞的选配

当磨损的活塞超过使用限度，不能修复再用时，应当更换新活塞。汽油机选配活塞应以气缸的修理尺寸为依据，即气缸加大到哪一级修理尺寸。活塞的修理分级尺寸与气缸相同，加大的尺寸数字，一般都刻在活塞顶上。

选配时应注意下列要求：

1）为保证材料、性能、质量和尺寸的一致性，要求同一台发动机必须选用同一厂家成组的活塞，不得拼凑。

2）同一台发动机上同一组活塞的直径差不得大于0.020mm。

3）同一台发动机内各活塞的质量差不得超过活塞质量的3%。如果同一组活塞仅质量不符合规定，可车削活塞裙部内壁下部向上20mm的部位来修正。

4）活塞裙部的圆度和圆柱度应符合规定要求，既不能太大，也不能太小。汽油机活塞裙部的圆柱度误差为0.005~0.015mm，最大不得超过0.025mm。活塞的圆度误差一般为0.10~0.20mm。

5）由于活塞头部壁较厚、质量大，工作时温度比裙部高，所以在设计或制造时，头部与裙部的直径有差异，以防活塞头部热胀后而"卡死"在缸内，提高活塞环工作的可靠性。

6）活塞销座孔两内端面与连杆小端之间的间隙，一般均应保持在2mm左右。

7）为了获得活塞与气缸的正确配合，应测定气缸与活塞的间隙。除用外径千分尺和内径百分表（量缸表）外，还可采用塞尺检查。用塞尺检查时，应先清洗活塞和气缸壁，再将不带活塞环的活塞倒置于气缸内，低于气缸上平面15～20mm；同时，选取与标准间隙相同厚度的塞尺塞在活塞的裙部与气缸壁之间，其圆周位置应在垂直活塞销孔处，使塞尺具有适当的阻力又能拉出。此时塞尺的数据应在该机的标准间隙范围内。

二、活塞连杆组装工艺

1. 注意事项

1）同一台发动机要选用同一厂家的连杆，其同组连杆的质量差应符合规定：装配好的活塞连杆各总成的质量不大于40g。连杆在组装前应进行弯曲、扭曲的检查及校正。

2）活塞销与活塞销孔的配合应适宜。其检查方法是：在室温条件下，将活塞销一端插入座孔，以能用手掌力量推入销孔1/2左右深度内为合适。

3）连杆瓦与连杆轴颈的配合间隙应符合要求。

4）活塞连杆组装时应注意安装方向：连杆杆身向前标记（小凸起），应与活塞顶向前标记（箭头）对正。

2. 活塞连杆组装步骤

1）清洗。将活塞连杆彻底清洗干净。尤其是连杆杆身有油道及连杆大端有喷油孔的，应用细钢丝（注意不要划伤油道）逐一清理油道、油孔中的污垢，冲洗后用压缩空气吹净。

2）加热。活塞需加热的，一般是将活塞放入水中、油中或放入恒温箱中加热，最高温度不得超过100℃。不允许用火烧的方法来加热活塞。先将活塞放入冷水中，让活塞温度随水温的逐渐升高而升高，以达到所需温度。由于工艺与材质的提高，目前使用的活塞可不需加热直接安装。

3）涂油。将活塞销及衬套均匀涂上机油。

4）组装。将加热的活塞，迅速擦净销孔，随即将连杆小端伸入活塞内（注意安装方向），装上导向销，然后用拇指将活塞销推入销孔及连杆衬套中直至另一端销孔的锁环槽内端面。锁环嵌入环槽中的深度，相当于锁环钢丝直径的2/3。

三、检查

1）当活塞温度逐渐降至常温后，测量其裙部尺寸，应满足其与该气缸的配合间隙。否则，可用木锤敲击使其满足与该气缸的配合间隙。

2）活塞连杆组的质量差应在规定范围内。

技能单五　活塞连杆组的安装

将待安装的零、部件清洗干净，将零、部件上有互相运动的表面涂上机油。

一、检查偏缸

1）将已装好的气缸套及曲轴的机体侧置在工作平台上，用木方平稳垫牢。

2）将不带活塞环的活塞连杆组，按原定气缸标记装入气缸内，保证安装方向正确。将下瓦片装在相应的连杆盖上，同连杆大端及上瓦片一起安装在连杆轴颈上，并使连杆配对记

号或瓦片定位槽在同侧。按规定力矩分次拧紧连杆螺母。

3）转动曲轴，逐个气缸检查活塞在上、下止点和气缸中部时活塞头部前、后两个方向上与气缸壁的间隙，其差不应大于 0.1mm，否则说明有"偏缸"现象，应进行校正。

4）拆下各活塞连杆组，并对"偏缸"的活塞连杆组进行重新校正。

二、活塞环的检查

1. 检查活塞环

（1）活塞环弹性的检查　活塞环弹性可在专用检验器上进行检验，其弹力应符合规定。

（2）活塞环漏光度的检查　一般对平环进行漏光度检查时，漏光部位不应超过两处，每处漏光弧长不得超过 25°，在同一环上漏光总和不得超过 45°，且光隙不超过 0.02mm，在开口处左、右 30°范围内不允许漏光。扭曲环可适当放宽。

（3）活塞环的端间隙检查　将活塞环装入相应的气缸时开口处两端应有一定的间隙，这个间隙称为端间隙。如端间隙过小允许在环的端面用平锉修复。检查方法如图 2-32 所示。

（4）活塞环的背隙和边间隙的检查　背隙是指活塞与环装入气缸后，在活塞环背部与活塞环槽部的间隙。通常以槽深与环宽之差来确定，即活塞环一般应低于环槽 0.20～0.35mm，以免工作中在气缸内卡住。

边间隙是指活塞环与槽平面的上下间隙。边间隙过大将影响活塞的密封作用，导致机油窜入气缸，过小会卡死在环槽内，所以要求边间隙要符合规定。如图 2-33 所示，测量检查时，如边间隙过小可在平板上面铺上 0 号砂纸研磨。

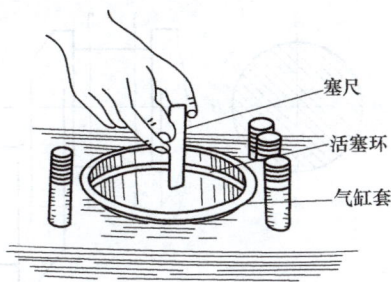

图 2-32　活塞环端间隙检查

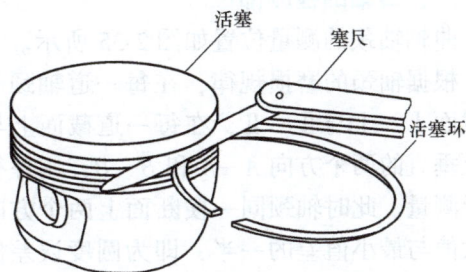

图 2-33　活塞环边间隙检查

2. 安装活塞环

1）活塞环在组装时，应按指定的气缸及活塞的环槽进行选配，不可错装。

2）活塞环容易折断，因此不可将开口张得过大，应用专用装卸钳来安装，如图 2-34 所示。

3）装活塞环时应由下而上安装，先油环后气环。

4）各环应注意安装方向。扭曲环内切口朝上，外切口朝下。第一道气环大多数是镀铬的平环，没有方向性要求，但环面上有记号或文字，应将记号或文字朝上安装。

5）在安装组合式油环时应注意：钢片组合油环的两钢片开口应错开 180°；螺旋弹簧胀圈式油环，其弹簧胀圈接头与油环开口要错开 180°。

6）活塞环安装后，用手转动活塞环应灵活，如有卡阻现象应排除。

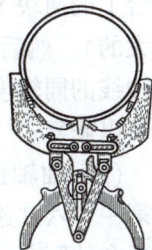

图 2-34　活塞环的拆装工具

三、活塞连杆组装入气缸套

1）清洗。将待装部件清洗干净，均匀涂上机油。

2）转动曲轴。将待安装的连杆轴颈转到下止点的位置。

3）布置活塞环的开口方向。将一、二道气环的开口方向错开180°，且开口方向要避开活塞销轴方向和侧压力方向（使开口方向位于销轴与侧压力方向45°夹角处）。将油环开口方向与其错开90°。如有第三道气环，其开口方向与油环开口错开180°。

4）装活塞连杆组。将活塞连杆组按正确位置和方向使连杆全部及活塞的2/3装入气缸（活塞裙部有油环的除外）。

5）将活塞连杆组推入气缸。用活塞环卡箍压紧活塞环，用木棒将活塞推入气缸。

6）安装连杆瓦盖。用双手拉动连杆大端将大端及上瓦片靠在连杆轴颈上。将连杆瓦盖与下瓦片一起按正确方向与连杆大端及上瓦片装合在一起。

7）拧紧连杆螺母。按规定力矩，分次拧紧连杆螺母。

8）检查。用锤子或铜棒沿曲轴轴向前、后敲击连杆瓦盖，连杆应能前后移动。转动曲轴数圈，曲轴应转动灵活，确定无误再按同样方法安装其他活塞连杆组。

9）全部活塞连杆组装后，转动曲轴数圈，其转动阻力应正常。确定无任何问题后，锁止各连杆螺母或螺栓。

技能单六 曲轴的检测

一、曲轴的检测部位

曲轴轴颈的测量位置如图2-35所示。

根据轴颈的磨损规律，在每一道轴颈上选取两个截面Ⅰ—Ⅰ与Ⅱ—Ⅱ，在每一道截面上与曲柄平行及垂直的两个方向A—A和B—B，用外径千分尺进行测量。此时轴颈同一横断面上两个方向测得的最大值与最小值差的一半，即为圆度误差值。轴颈在纵断面上测得的两个截面上最大数值与最小数值差的一半即为圆柱度误差值。

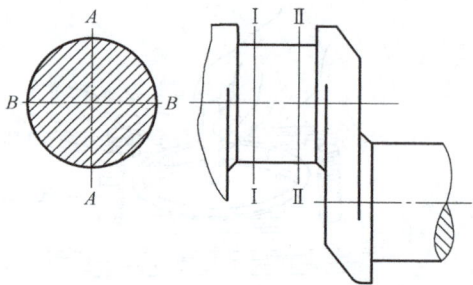

图2-35 曲轴轴颈的测量位置

二、曲轴弯曲、扭曲的检测

（1）曲轴弯曲的检查 曲轴弯曲变形后，曲轴主轴颈的同轴度误差增大，将曲轴置于平台上的两块V形块上，再将百分表测头抵在中间的主轴颈上（通常此道轴颈的变形量是最大的），然后转动曲轴一周，此时百分表指针所示的最大摆差，即为该轴颈对前后两主轴颈轴线的同轴度误差，该数值一般应不大于0.15mm，否则应校正，高于该值可结合磨削轴颈予以修复。

（2）曲轴扭曲的检查 曲轴扭曲检验时，可将曲轴置于平台上的两块V形块上，然后将第一、六缸连杆轴颈转到水平位置，用百分表分别测量第一缸连杆轴颈和第六缸连杆轴颈至平台的距离，两个连杆轴颈至平台的高度差即为曲轴的扭曲量。

（3）轴颈的测量 用外径千分尺测量轴颈的直径尺寸，按测量结果算出圆柱度和圆度误差值。测得的数值记录至表2-2曲轴与曲轴瓦修理鉴定表中。

表 2-2　曲轴与曲轴瓦修理鉴定表

发动机型号　　　　　　　　　　　　　　　　　　　　　　　　（单位：mm）

项目	顺序		一道		二道		三道		四道		五道		六道		七道	
			甲	乙	甲	乙	甲	乙	甲	乙	甲	乙	甲	乙	甲	乙
主轴颈	直径（　）	1														
		2														
	圆度															
	圆柱度															
	磨损量															
主轴瓦	直径（　）	1														
		2														
	圆度															
	圆柱度															
	与轴间隙															
连杆轴颈	直径（　）	1														
		2														
	圆度															
	圆柱度															
	磨损量															
连杆瓦	直径（　）	1														
		2														
	圆度															
	圆柱度															
	与轴间隙															

处理意见：

鉴定人：　　　　　　　　　　　　　　　　　　　　　　　　　　年　　月　　日

气缸、主轴颈、连杆轴颈圆度、圆柱度修理参数见表 2-3。

表 2-3　气缸、主轴颈、连杆轴颈圆度、圆柱度修理参数　　（单位：mm）

项　　目		圆度	允许	极限	圆柱度	允许	极限
气缸	汽油机	0.005	0.012	0.10~0.125	0.010	0.025	0.35~0.55
	柴油机	0.005	0.020	0.10~0.125	0.012	0.025	0.50~0.80
主轴颈	汽油机	0.005	0.075~0.20	0.25	0.004	0.075~0.20	0.25
	柴油机	0.005	0.10~0.18	0.30	0.005	0.10~0.18	0.30
连杆轴颈	汽油机	0.003	0.01	0.05	0.003	0.01	0.05
	柴油机	0.003	0.10	0.05	0.003	0.10	0.05

三、连杆轴承、曲轴轴承的选配

发动机的曲轴轴承一般采用薄壁、双金属的滑动轴承（瓦），只有少数汽车或采用组合式曲轴的使用滚动轴承。双金属轴承的内圆有 0.25～0.50mm 厚的一层减摩合金（巴氏合金、铜铝合金或高锡铝合金等），有利于形成油膜、减小摩擦阻力，同时可以提高导热性、抗压性和抗疲劳性。

1. 轴承常见的损伤和原因

曲轴或连杆作用于轴承上的压力、离心惯性力等多变载荷，是轴承磨损、损坏的主要原因，润滑不良、机油不清洁、温度过高、配合间隙过大或过小、曲轴轴颈磨损后几何尺寸精度的下降、表面粗糙等加剧了轴承的磨损和损坏。长期非正常的运转引起疲劳是产生疲劳裂纹和块状脱落的重要原因。曲轴轴承损坏的主要现象有合金磨损、刮伤或划伤、裂纹、脱落及烧蚀等。

2. 选配要求

（1）检查轴承座孔（包括连杆大端孔） 薄壁轴承刚度较低，其内孔的几何形状和尺寸精度在很大程度上取决于轴承座孔的精度。选配时应先检查轴承座孔是否符合技术要求。

检查时先将轴承盖按规定的力矩紧固螺栓，再用内径量表测量内孔的直径，检查圆度、圆柱度。圆度和圆柱度误差不得大于 0.025mm。

（2）检测轴承的预紧力 轴承的预紧力大小应适度，预紧力过大，将引起轴瓦变形、挤裂或使合金脱落，螺栓或螺母产生屈服变形等损伤，预紧力过小，会导致配合间隙变大，加速轴承磨损和螺栓的松退。

预紧力是通过轴承盖的紧固螺栓和螺母实现的。厂家对紧固力矩的大小均有规定。

（3）选择轴承的过盈量 轴承和座孔采用过盈配合，目的是使轴承座孔与轴承具有一定的贴合度，把轴承的外圆表面紧密地贴合在轴承座孔的内圆面上，以保证轴承在轴承座孔内受力后不致使间隙变化。

过盈量的大小取决于轴承与轴承座孔的加工精度。

为实现轴承在轴承座孔内的过盈量，轴承在自由状态下并非正圆，其曲率半径大于轴承座孔的半径，如图 2-36 所示，当轴承装入轴承座孔内，上、下两片瓦均应高出轴承座孔平面一定距离，此距离称为瓦片的高出量（h）。轴承与座孔过盈配合的过盈量就是以高出量（h）来衡量的。一般过盈量

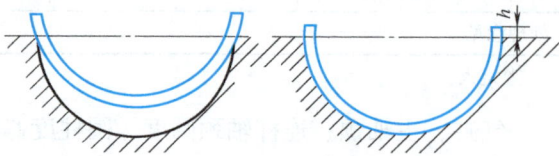

图 2-36　轴承装入轴承座孔的要求

的推荐数据：汽油发动机，轴颈在 $\phi 55～\phi 65mm$ 时，h 值为 0.03～0.07mm。

（4）选择配合间隙 曲轴轴颈与轴承配合间隙的正确选择，是保证发动机正常运转，延长使用寿命的重要条件。其大小与轴承的减摩材质、机油性能、润滑条件、发动机的负荷大小及特征、轴承和轴颈的加工精度、表面质量等有关。其数值一般是厂家试验后规定的。为保证修理质量，必须严格按厂家规定的数据执行，不得任意修改。

3. 轴承的选配

（1）轴承的直接选配 轴承的直接选配也称为成品轴承的选配。目前许多生产厂家将轴承配件直接加工到各级修理尺寸，不留镗、铰、刮削余量。修理时，只需将曲轴轴颈修磨到与之相配合的修理尺寸即可。

将曲轴轴颈与轴承擦干净，在主轴颈或连杆轴颈上放置一根塑料间隙条，如图 2-37 所示。将轴承或连杆盖按原规定位置安装，以规定力矩拧紧螺母或螺栓，如图 2-38 所示。

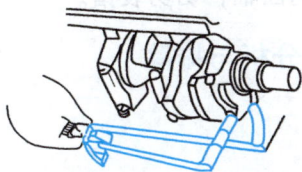

图 2-37　在曲轴颈上放置塑料间隙条　　　　　图 2-38　拧紧曲轴轴承的螺栓

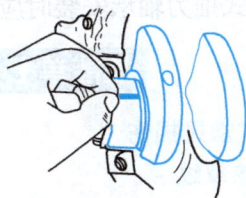

拆下轴承盖，将间隙条包装袋上印有宽度的尺寸（测量规）与压过的间隙条比对的宽度值，即为该轴颈与轴承的配合间隙，如图 2-39 所示。

目前，发动机曲轴轴承和连杆轴承是不用修刮的。发动机在分解连杆时应进行连杆轴承轴向间隙的检查，方法如图 2-40 所示。要求连杆的轴向间隙不得超过 0.37mm 。

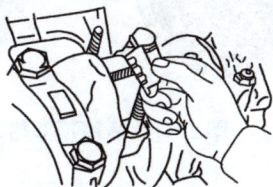

图 2-39　用测量规检查轴承间隙　　　　　图 2-40　检查连杆轴承轴向间隙

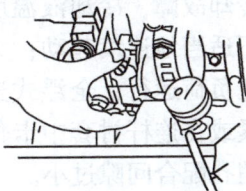

（2）加大轴承的选配　根据曲轴连杆轴颈的磨损情况，确定连杆轴颈的修理尺寸（按修理尺寸标准）。根据连杆轴颈确定的修理尺寸选择轴承。新轴承的背面有供选择的尺寸标记，如果没有标记或修理尺寸级别与轴承的厚度不符，可通过测量轴承厚度，再用标准核定其修理尺寸级别。

检查选配的轴承有无裂纹和其他机械损伤，尺寸是否符合修理尺寸级别。用选配法将轴承装入连杆大端轴承座孔中，接合面积不得小于 85%，轴承的榫舌与轴承座孔的凹槽应吻合牢固，轴承两端的 h 值应符合标准。

组装连杆轴承，安装连杆端盖，按规定力矩拧紧螺栓，用手指推轴承无松旷现象为合格。如有松动，应重新进行选择，确认轴承选择合格后，按规定力矩，拧紧连杆螺栓或螺母。

4. 推力轴承的修配

曲轴的轴向间隙是靠推力轴承来保证的，常用曲轴推力轴承的形式有单片式和组合式两种。单片式还可以分为半圆形和圆形。组合式推力轴承是将主轴承和推力轴承铸造加工为一体，利用轴承的翻边为止推凸缘。

选择推力轴承时应注意以下几点：

1）检查气缸体主轴承座孔的支承端面是否平整，端面相对于主轴承的摆差不应大于 0.02mm。

2）推力轴承与轴承座的接合面底板应平整无变形，合金层应结合得牢固可靠。

3）推力轴承的轴向间隙可用撬杠将曲轴撬向前或后靠紧一端，然后用塞尺测量其间隙，也可用百分表抵在曲轴的某一端，撬动曲轴，检验曲轴的轴向窜动量，其值应符合规定值。

4）单片式推力轴承安装时应注意将有合金层的面朝向曲轴，切勿装错。

技能单七 曲柄连杆机构故障分析与排除

一、活塞常见损伤

1. 顶部热裂纹

现象：活塞顶面，主要在燃烧室边缘出现裂纹，如图 2-41 所示。

原因：喷油量过大；超负荷运行；发动机负荷波动大，负荷波动频繁；增压压力过高。

2. 四点划伤

现象：活塞销孔两侧裙部拉伤，如图 2-42 所示。

原因：冷却故障，冷却液温度过高或过低；超负荷运行；不适当地连续起动；大负荷工作后马上停车；长期低负荷运行；全浮式连接活塞销，销与销孔配合过紧或在连杆衬套中卡住；半浮式连接活塞销，销与销孔配合间隙过小。

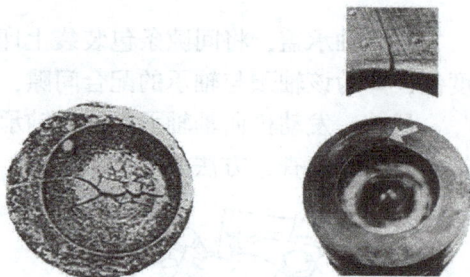

图 2-41 活塞顶部热裂纹

3. 活塞倾斜运行

现象：活塞推力面出现倾斜磨痕，其结果可能导致窜油、窜气、不均匀磨损和发动机敲击声，如图 2-43 所示。

原因：曲柄连杆机构中的个别件出现变形、扭曲、不均匀磨损或曲轴窜动。

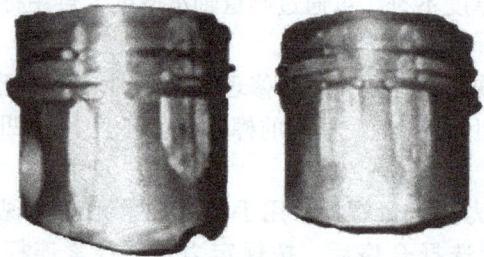

图 2-42 活塞四点划伤

图 2-43 活塞倾斜运行

4. 环岸损坏

现象：环岸损伤或断裂，如图 2-44 所示。

原因：喷油或点火正时不当（过早）；燃料不合要求，十六烷值或辛烷值低；积炭严重，压缩比增大；环与环槽严重磨损，侧间隙过大；活塞环断裂撞击环岸；不正确装配或更换活塞环时没有修去缸肩，使环岸受力过大；在低温下频繁冷起动。

5. 活塞销孔周围损伤

现象：销孔周围出现抛击状（类似熔化状）的损伤痕迹，气缸壁相应被损伤，如图 2-45 所示。

图 2-44 活塞环岸损坏

图 2-45 活塞销孔周围损伤

原因：该损伤是由活塞销挡圈脱落或断裂所引起的，其原因可能是：安装了旧的、受损的挡圈；挡圈在槽中刚度不够或位置不对；连杆弯曲；曲轴轴向间隙过大；连杆轴颈或曲轴回转中心与气缸不垂直等。

6. 活塞顶烧穿、局部烧蚀

现象：活塞顶面烧熔甚至烧穿，或在活塞顶边缘及火力岸出现局部蜂窝状烧蚀坑，如图 2-46 所示。

原因：喷油器故障，如喷射不良，喷油量过大，喷油器安装不当等；喷油或点火过早；非正常燃烧，如爆燃、早火、激爆等；燃烧压力过大；超负荷运行；使用燃油不当（辛烷值或十六烷值低）。

7. 气门顶撞活塞

现象：活塞顶受气门撞击形成深坑。工作中，气门连续高频率地撞击活塞顶部，会造成气门断裂，或活塞破碎，如图 2-47 所示。

图 2-46 活塞顶烧穿、局部烧蚀

图 2-47 气门顶撞活塞

原因：配气相位紊乱，或气门间隙调整不正确。

8. 裙部拉伤

现象：活塞裙部一侧或两侧出现大面积拉伤，如图 2-48 所示。

原因：气缸变形或缸垫损坏；冷却系统故障，冷却不良；缺机油、机油不洁或品质不好；怠速转速过低；长期大负荷运行或超负荷运行；不适当地连续冷起动或起动后马上加大负荷；新活塞与气缸未良好磨合立即投入大负荷运行。

9. 销孔内侧压裂

现象：销孔内侧出现裂纹，严重时裂纹沿销座扩展至活塞顶部，如图 2-49 所示。

原因：供油量过多；点火或供油提前角过大；不适宜的燃油；增压压力过高；超负荷运行等因素引起过大机械负荷将销孔压裂。

10. 活塞裙部破裂

现象：活塞推力面开裂甚至破损，如图 2-50 所示。

原因：喷油点火提前角过大；燃油不合适（十六烷值或辛烷值过低）；气缸活塞磨损过度，配缸间隙增大过多。

图2-48　活塞裙部拉伤　　　图2-49　活塞销孔内侧压裂　　　图2-50　活塞裙部破裂

11. 活塞头部损伤

现象：活塞头部环岸至顶面区域烧伤或拉伤，活塞环粘结，如图2-51所示。

原因：喷油或点火定时不当（过早或过迟），长期超负荷运行使发动机过热；循环供油量过多；冷却系统故障、传热不良；润滑不良或机油品质不好；环槽积炭太多，环粘结或折断；进气系统故障，进入的空气不洁。

12. 活塞顶撞缸盖

现象：活塞顶部变形、顶面有缸盖气门口凸台，如图2-52所示。活塞顶受到缸盖连续撞击，会造成顶部变形，甚至活塞破碎。

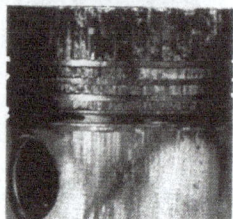

图2-51　活塞头部损伤　　　　　图2-52　活塞顶撞缸盖

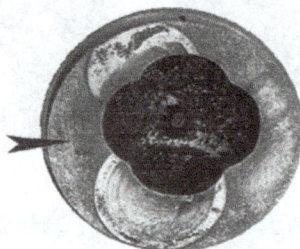

原因：活塞顶部余隙过小，或曲柄连杆机构故障造成活塞行程加长。

13. 活塞拉缸

现象：气缸内表面或活塞表面拉毛或拉出沟槽。

原因：缸套与活塞或活塞环装配间隙过小，润滑不足；活塞裙边有毛刺、砂粒附着表面；润滑油变质或有杂质；节温器失效，造成发动机温度过高；超载、超速行驶，发动机长期大负荷运转；活塞环断裂；连杆弯曲，使活塞一侧压紧气缸，产生单边拉缸。

排除：保证装配质量。室温在20℃时取拉力为10～20N，气缸间隙为0.05～0.07mm；清除活塞毛刺及表面上的磨粒；保证良好润滑，按要求选用优质机油；更新节温器；按规定的装载量，避免发动机长时间大负荷运转；更新活塞环；检查连杆，校正或更换连杆。

二、曲轴常见损伤

（一）小头端

1. 键槽破损

现象：键槽侧面缺损并有严重挤伤痕迹，如图 2-53 所示。

原因：使用非标准键；起动爪拧紧力不足；带轮-减振器内孔大；带轮-减振器内锥套失效。

2. 前端断裂（小头端断裂）

现象：靠近小头端方向的曲柄断开，如图 2-54 所示。

原因：带轮-减振器总成失效（减振效果差，减振橡胶破损或脱出，带轮平衡差）；小头端负荷增加，如加长带轮或在原带轮上叠加带轮等；使用了假冒带轮-减振器。

3. 小头轴颈表面损伤

现象：小头轴颈处有划痕，呈凹凸不平，手感较明显，如图 2-55 所示。

| 图 2-53 曲轴键槽破损 | 图 2-54 曲轴前端断裂 | 图 2-55 曲轴小头轴颈表面损伤 |

原因：齿轮没有采用加热装配，加热拆卸；选错曲轴型号后，齿轮仍用了冷装拆等不正确的方法。

（二）大头端

1. 法兰盘端面或螺栓孔损坏

现象：飞轮螺栓孔缺损，端面磨损变形，严重时，法兰端面也出现划痕，如图 2-56 所示。

原因：没有按规定的顺序和力矩拧紧螺栓；飞轮锁片没有安装，造成螺栓松动；飞轮与曲轴接触平面有磨损；使用不合格螺栓，连接力矩不足。

2. 大头端凸缘破损

现象：大头端凸缘局部或整圈脱落，如图 2-57 所示。

原因：齿轮没有采用加热装配、拆卸，如用锤敲打过量等；漏装齿轮定位销。

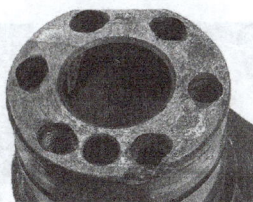

| 图 2-56 曲轴法兰盘端面或螺栓孔损坏 | 图 2-57 曲轴大头端凸缘破损 |

（三）与机体装配部位

1. 止推轴颈侧面异常磨损

现象：止推面出现拉痕，严重时会造成止推面磨出凹环，如图2-58所示。

原因：装错止推片、装反止推片或紧固不牢。

2. 化瓦、烧瓦

现象：轴瓦出现拉痕，合金层熔化脱落，轴颈表面拉伤严重，如图2-59所示。

图2-58　曲轴止推轴颈侧面异常磨损

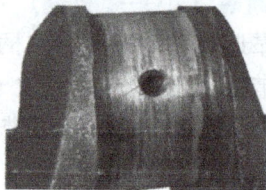

图2-59　曲轴化瓦、烧瓦

原因：

1）润滑方面。使用机油牌号与适用温度不正确或机油质量差；油底壳内机油量不足，导致润滑不良；机油太脏或机油滤清器失效；机油进水和汽油变稀，造成润滑不良。

2）油路方面。机油压力过低或油道不畅通。

3）装配方面。轴颈与轴瓦研合间隙过大或过小，无法形成油膜；轴瓦与轴颈的配合接触面没有达到规定的要求；轴承孔变形；选用轴瓦材料有误。

4）使用方面。没有经过磨合运行；机体内冷却液温度过高等。

3. 曲轴疲劳断裂

现象：曲轴断口在疲劳区，断口表面光亮，有摩擦痕迹，出现呈沙滩状的疲劳纹，如图2-60所示。

原因：

1）装配方面。选用高强度螺栓有误，增压与不增压使用了相同螺栓；没有按规定的顺序和力矩拧紧螺栓，螺栓松动。

2）相关件方面。化瓦、抱瓦；减振器总成的损坏引起曲轴自身扭转振动；机体主轴承孔同轴度误差过大或轴瓦间隙过

图2-60　曲轴疲劳断裂

大；各缸工作不均衡，活塞连杆组的组合质量偏差过大，飞轮偏摆过大等引起的曲轴受力不均。

3）使用方面。工作严重超重、超负荷或运行时的不正确操作（如起步太猛等）；轴颈磨损超过磨损极限，引起疲劳强度下降。

4. 烧瓦、化瓦引起的曲轴断裂

现象：轴颈烧瓦、化瓦严重，致使曲轴运转有阻，造成断裂；轴颈表面有明显拉痕；轴颈局部变黑，断口疲劳纹理不明显，如图2-61所示。

原因：烧瓦、化瓦没有及时停车。

5. 异常断裂

现象：断口无疲劳纹，如图2-62所示。

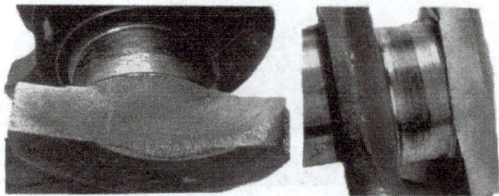

图2-61　烧瓦、化瓦引起的曲轴断裂

原因：曲轴受外力一次性冲击而致断裂。

6. 异常磨损

现象：目测轴颈表面并无异常，但手感凹凸不平，如图 2-63 所示。

图 2-62　曲轴异常断裂　　　　　　　　图 2-63　曲轴异常磨损

原因：机油压力不足；轴颈与轴瓦之间装配间隙不当；润滑不良：机油内杂质太多或机油道内杂质没有清洗干净；相关件异常：机油滤芯、空气滤芯没有及时更换或清洗。

三、轴瓦常见损伤

（一）轴瓦使用要点

轴瓦作为发动机中的滑动轴承对于动力相当于熔丝对于电路，使用得正确与否，关系到发动机的使用寿命长短。为了保证其得到正确使用，需注意以下事项：

1）购买前应注意选择轴瓦的规格。

2）装配前必须清洁相关部件。

3）检查相关的孔径、轴颈尺寸，以保证装配间隙。

4）在检查装配间隙时，瓦背上严禁垫纸片、铜片等；轴瓦内圆合金面严禁刮削。

5）机油必须符合国家标准的要求。

6）应防止任何条件下长时间超负荷行驶。

7）若遇以下情况，请勿装机使用：自由弹张量较小，以致装入轴承座孔中轴瓦松动；轴瓦高出量低于瓦座对接面；压紧状态下其贴合面 <85%。

（二）轴瓦损伤现象与特征

1. 划伤

现象：工作表面沿旋转方向出现数条较深的划痕，如图 2-64 所示。

原因：在轴瓦润滑间隙中侵入了硬质颗粒，主要是由机油带入的，或因装配时清洁工作不佳而混入。

改进措施：检查滤清效果；装配时严格进行清洁工作。

2. 钢背烧伤

现象：钢背表面呈现大面积发暗区，如图 2-65 所示。

原因：轴瓦与轴承座孔贴合不佳，热量不能及时散出。

改进措施：严格控制贴合质量；检查过盈量是否足够；检查轴承座孔刚度是否足够。

3. 侵蚀磨损

现象：油孔、油槽边缘呈现冲刺状磨痕，如图 2-66 所示。

原因：机油润滑质量不佳。

改进措施：检查滤清效果。

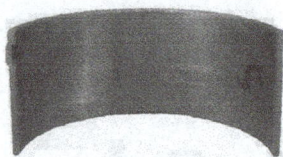

图 2-64 轴瓦划伤

图 2-65 轴瓦钢背烧伤

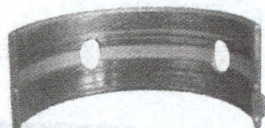

图 2-66 轴瓦侵蚀磨损

4. 磨粒磨损

现象：工作表面主要承载区呈现大面积沿旋转方向的细微擦痕，如图 2-67 所示。

原因：机油润滑质量不佳，允许通过异物颗粒度太大或机油受到污染。

改进措施：提高滤清效果；及时更换机油。

5. 混合摩擦磨损

现象：工作表面局部区域呈现比较光滑的磨痕，轴承间隙加大，如图 2-68 所示。

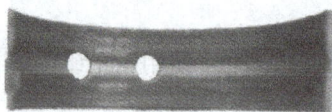

图 2-67 轴瓦磨粒磨损

图 2-68 轴瓦混合摩擦磨损

原因：油膜承载力不够，油膜厚度太薄；长时间过载；频繁起动、制动。

改进措施：合理选配轴瓦，保证配合间隙；避免超载；规范行车。

6. 龟裂

现象：合金层表面出现网状裂纹，如图 2-69 所示。

原因：轴承过载；轴承工作温度太高，由于变形或其他原因，轴承工作表面载荷分布不均，产生局部峰值压力。

改进措施：检查有无引起温度过高的因素，加强轴承的冷却效果；检查轴承间隙。

7. 弹张量消失

现象：轴瓦使用后拆下测量，发现自由弹张量减小甚至消失，如图 2-70 所示。

原因：轴承过热；配合过盈量太大。

改进措施：检查过盈量是否太大；检查轴承是否发生过热现象。

8. 腐蚀

现象：工作表面呈大面积麻点，瓦面发黑，严重者大块剥落，如图 2-71 所示。

原因：机油长期工作后变质；气缸中燃气泄入曲轴箱，污染了油底壳中的机油。

改进措施：及时更换机油；采用耐腐蚀添加剂。

图 2-69 轴瓦龟裂

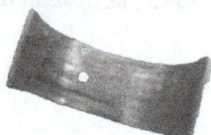

图 2-70 轴瓦弹张量消失

图 2-71 轴瓦腐蚀

9. 气蚀

现象：轴瓦表面呈点状、斑状剥落痕迹，边缘清晰，如图 2-72 所示。

原因：轴具有激烈的向心运动区域，机油不能及时补充增大的润滑间隙，引起瞬时低压，机油混入气泡或内部气体析出形成气泡。

改进措施：改善主轴的动平衡；提高机油质量，加入防泡沫添加剂或采用防泡沫性能较好的机油。

10. 咬胶

现象：合金层熔化，工作表面呈现大面积沿圆周方向被拖动的沟痕，油孔、油槽以及瓦背边缘有合金熔化铺开的痕迹，轴颈表面也粘焊着轴承合金，如图 2-73 所示。

原因：轴承过载；断油；剧烈的磨料磨损及发热；间隙过小，轴承发热卡死；机油黏度太低；瓦背贴合不好，热量不能及时散出。

改进措施：提高油膜的承载能力；选择合适的配合间隙；保证贴合度。

11. 剥落

现象：合金层呈片状剥落，剥落区底面呈碎粒状，如图 2-74 所示。

图 2-72　气蚀　　　　　图 2-73　轴瓦咬胶　　　　　图 2-74　轴瓦合金层剥落

原因：轴承过载；轴承工作温度太高；由于变形或其他原因，轴承工作表面载荷分布不均，产生局部峰值压力。

改进措施：检查有无引起温度过高的因素，加强轴承的冷却效果；检查轴承间隙。

12. 脱壳剥落

现象：合金层呈片状剥落，剥落区底部露出钢背的清晰的接合面，如图 2-75 所示。

原因：合金层复合质量不佳。

改进措施：提高合金层复合质量。

13. 轴瓦中部偏磨

现象：轴瓦中部出现磨损，如图 2-76 所示。

原因：轴颈母线呈现股形凸出；轴承座孔边缘刚性不足，负荷主要由轴瓦中部承受。

改进措施：提高轴颈的加工精度。

图 2-75　轴瓦脱壳剥落　　　　　图 2-76　轴瓦中部偏磨

14. 轴瓦一侧偏磨

现象：轴瓦一侧边缘呈现磨损痕迹，如图 2-77 所示。

原因：轴颈、轴承座产生倾斜变形或有加工误差。

改进措施：提高轴颈和轴承座孔的加工精度。

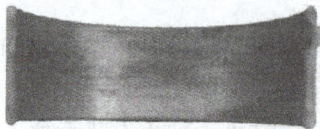

15. 轴瓦两侧偏磨

现象：轴瓦两侧边缘呈现磨损痕迹，如图 2-78 所示。

原因：轴颈圆柱度不符合要求，母线中凹，负荷集中在轴瓦边缘区域。

改进措施：提高轴颈的加工精度。

图 2-77　轴瓦一侧偏磨　　　　图 2-78　轴瓦两侧偏磨

四、发动机不能起动或排气管冒黑烟

1. 故障现象

现象一：发动机不能起动或排气管冒黑烟。

现象二：起动机运转正常，发动机不能正常运转。

现象三：机油消耗大；排气冒蓝烟。

2. 故障分析

活塞环无弹力或断裂，导致发动机不能起动、排气管冒黑烟等故障发生。

3. 故障排除

发动机出现上述故障时，在简单排除其他故障的前提下，将活塞环无弹力或断裂视为主要原因进行判断；经判断确定后解体发动机，拆下活塞环，清洗或更换以排除故障。

五、缸套的早期磨损

1. 故障现象

发动机工作不到大修间隔，气缸压力便下降至 0.59～0.64MPa，燃料消耗增加，机油消耗严重。

2. 故障分析

1）气缸套严重磨损。

2）机油变质、润滑不良，机油中含有杂质。

3）空气滤芯失效，灰尘进入气缸，导致气缸壁磨损加重。

4）长时间超负荷运行，导致发动机温度过高，高温气体腐蚀气缸壁。

5）活塞环开口间隙过小，导致活塞环断裂，使气缸壁刮伤。

3. 故障排除

1）检修或更换节温器，使其作用正常，保持发动机在最佳的温度工作。

2）换用优质的机油。

3）更换空气滤清器滤芯，确保进气清洁。

4）按规定装载，按要求行驶，避免发动机过热，减少腐蚀磨损。

5）更换新的活塞环，活塞环间隙准确。

模块三　内燃机的配气机构

📖 学习目标

1）能解释配气机构的功用、形式、气门间隙、配气相位、主要零件的构造及结构特点、基本理论知识；

2）会正确检查、调整发动机的气门间隙；

3）能正确检查配气相位，并准确分析影响配气相位的因素；

4）能正确铰修气门座，进行气门与气门座的研磨、气门密封性的检查，能正确操作气门研磨机。

单元一　配气机构的作用与分类

一、配气机构的作用

配气机构是控制发动机进气和排气的装置，其作用是按照发动机的工作循环和发火次序的要求，定时开启和关闭各缸的进、排气门，以便在进气行程使尽可能多的可燃混合气（汽油机）或空气（柴油机）进入气缸，在排气行程将废气快速排出气缸。配气机构是发动机的两大核心机构之一，其结构和性能的优劣直接影响发动机的总体性能。

二、气门式配气机构

四冲程发动机采用气门式配气机构。气门式配气机构由气门组和气门传动组构成。其结构形式多种多样，一般按气门布置形式的不同，可分为侧置气门式和顶置气门式两大类；按照凸轮轴布置形式的不同，可分为下置式、中置式和上置式凸轮；按曲轴与凸轮轴间的传动方式不同，可分为齿轮传动、链传动和同步带传动三种方式；按照发动机每缸气门数量的不同，可分为双气门、3气门、4气门、5气门配气机构，每缸超过双气门的发动机称为多气门发动机。

（一）气门的布置形式

1. 侧置气门式配气机构

侧置气门式配气机构如图3-1所示。

这种结构形式的配气机构出现较早，具有结构简单、造价低、维修方便等优点。但由于其气门侧置造成燃烧室结构不紧凑且进、排气阻力大，导致发动机动力性较差、经济性不高。目前，这种配气机构已经淘汰。

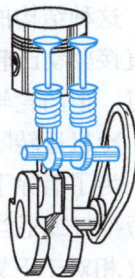

图3-1　侧置气门式配气机构

2. 顶置气门式配气机构

顶置气门式配气机构如图 3-2 所示。

（1）结构特点 气门安装在气缸盖中，处于气缸的顶部，进、排气阻力小，采用半球形、楔形或盆形燃烧室，燃烧室结构紧凑，压缩比高，改善了燃烧过程，减少了热量损失，提高了热效率。因而，有利于提高发动机的动力性和经济性。

（2）工作原理 发动机工作时，曲轴通过正时齿轮驱动凸轮轴旋转，当凸轮的凸起部分顶起挺柱时，挺柱推动推杆一起上行，作用于摇臂上的推动力驱使摇臂绕摇臂轴转动，摇臂的另一端压缩气门弹簧使气门下行，打开气门，如图 3-3a 所示。随着凸轮轴的继续转动，当凸轮的凸起部分转过挺柱时，气门便在气门弹簧张力的作用下上行，关闭气门，如图 3-3b 所示。

配气机构的
功用与组成

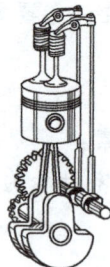

图 3-2　顶置气门式配气机构

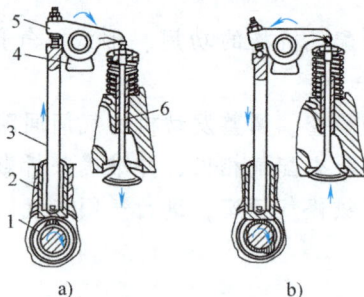

配气机构
的工作

图 3-3　配气机构的工作原理图
a）气门开启　b）气门关闭
1—凸轮轴　2—挺柱　3—推杆
4—摇臂轴支座　5—摇臂　6—气门

因为四冲程发动机每完成一个工作循环，曲轴旋转两周，各缸的进、排气门各开启一次，此时凸轮轴只旋转一周。为此，曲轴与凸轮轴间的传动比应为 2：1。

（二）凸轮轴的布置形式

根据凸轮轴在机体中安装位置的不同，凸轮轴的布置形式分为下置式、中置式和上置式三种。

凸轮轴的三种布置形式均可用于顶置气门式配气机构。

下置凸轮轴与中置凸轮轴的比较如下：

1. 下置凸轮轴、顶置气门式配气机构

下置凸轮轴、顶置气门式配气机构的结构形式如图 3-2 所示。

这种结构的凸轮轴位于曲轴箱中部，距离曲轴较近，曲轴通过一对正时齿轮或经中间齿轮直接驱动凸轮轴。其传动方式简便，且有利于发动机整体布置，这是下置式凸轮轴的突出优点。但凸轮轴与气门相距较远，气门传动组的零部件较多，特别是细而长的推杆容易变形，冷机运转噪声大，往复运动质量大。

为了消除下置凸轮轴存在的上述缺陷，有些凸轮轴的安装位置偏移到了气缸体的上部，缩短推杆或适当加长挺柱来驱动摇臂，这种形式称为凸轮轴中置式，有的书中称为高位凸轮轴（相对于下置凸轮轴而言），其结构形式如图 3-4 所示。

凸轮轴上移后，由于凸轮轴与曲轴间的距离增大，已不可能直接采用正时齿轮来传动，需增加中间齿轮（惰性轮）或采用链传动方式。

2. 上置凸轮轴、顶置气门式配气机构

上置凸轮轴、顶置气门式配气机构的结构形式如图3-5所示。

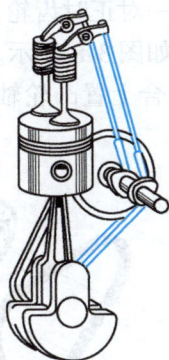

图3-4 凸轮轴中置式结构

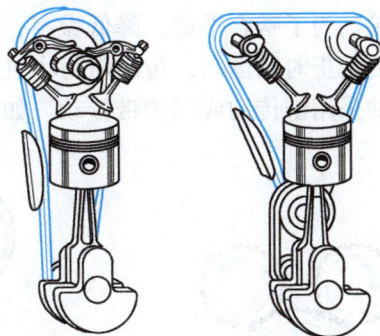

图3-5 上置凸轮轴、顶置气门式配气机构

（1）结构特点 凸轮轴和气门均布置在气缸的顶部，气门装在气缸盖之中，凸轮轴则安装在气缸盖的上部。凸轮轴直接通过摇臂驱动气门，凸轮轴与气门之间没有挺柱和推杆等中间传动机件，使配气机构往复运动质量减小。因而，此结构多用于高速发动机。

由于凸轮轴与曲轴相距较远，必须采用链传动或同步带传动的方式来取代齿轮传动。

（2）工作原理 发动机工作时，曲轴通过链条或同步带驱动凸轮轴旋转。在进气行程开始时，进气凸轮凸起部分开始推动摇臂绕摇臂轴转动，摇臂的另一端则克服气门弹簧的弹力推动气门离开气门座圈下行，使进气门打开；随着凸轮轴的继续旋转，当凸轮的凸起部分转过摇臂时，气门在气门弹簧弹力的作用下上行而落座，使进气门关闭。同样，在排气行程，由凸轮轴上的排气凸轮驱动排气门打开。四冲程发动机上置凸轮轴式配气机构的工作原理如图3-6所示。

上置凸轮轴的另一种形式是用凸轮轴来直接驱动气门，去掉了摇臂机构，使气门传动机构更简单。其结构形式如图3-7所示。

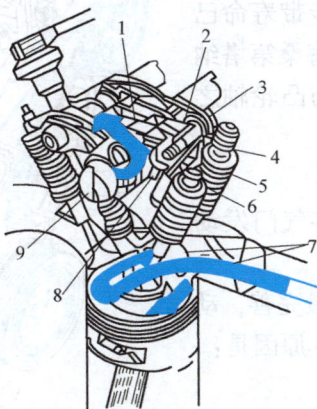

图3-6 凸轮轴上置式配气机构的工作原理

图3-7 凸轮轴直接驱动式配气机构

1—正时板 2—中间摇臂 3—次摇臂 4—同步活塞 A
5—同步活塞 B 6—正时活塞 7—进气门
8—主摇臂 9—凸轮轴

（三）凸轮轴的传动方式

曲轴与凸轮轴之间的传动方式有齿轮传动、链传动和同步带传动三种方式。凸轮轴下置式、中置式配气机构大多采用圆柱形正时齿轮传动。一般只需要一对正时齿轮，必要时可增设中间齿轮。为了啮合平稳，降低噪声，多采用斜齿圆柱齿轮，如图3-8所示。

齿轮传动正时精度高，传动阻力小且无需张紧机构，但不适合上置凸轮轴式配气机构。上置凸轮轴采用链传动或同步带传动，如图3-9、图3-10所示。

图3-8　正时齿轮传动

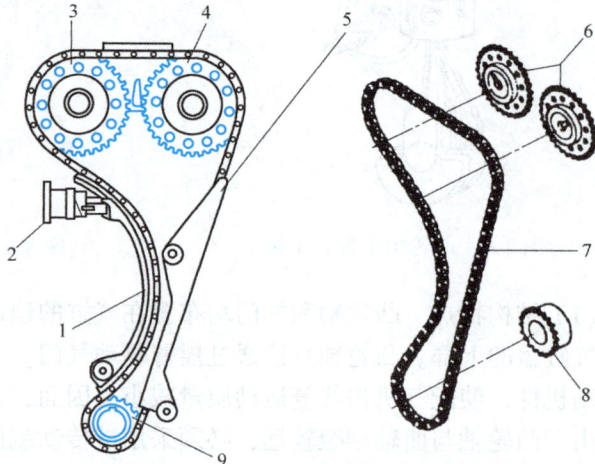

图3-9　链传动

1—链条张紧导板　2—链条张紧器　3—进气凸轮轴链轮
4—排气凸轮轴链轮　5—链条导板　6—凸轮轴链轮
7—链条　8、9—曲轴链轮

链传动的可靠性和耐久性不如齿轮传动。其传动性能主要取决于链条的制造质量。同步带传动与链传动相比传动平稳，噪声小，不需要润滑，且制造成本低，广泛应用于中小型发动机上。同步带一般用氯丁橡胶制成，中间夹有玻璃纤维和尼龙线，以增加强度。随着材料性能的提高和制造工艺的改进，同步带寿命已提高到10万km以上。一汽捷达EA827型发动机、上海桑塔纳等车型均采用同步带传动。无论哪种传动方式，曲轴与凸轮轴之间均必须保证2∶1的传动比。

（四）多气门发动机配气机构

多气门发动机主要有3气门、4气门和5气门等多气门发动机配气机构，其气门排列形式如图3-11所示。

在多气门发动机中，4气门发动机配气机构的技术最完善，动力性和经济性最好，使用最广泛，目前处于主流地位。其原因是：

1）气门数量的增加提高了发动机的进、排气效率。

2）单个气门尺寸缩小，重量减轻，有利于发动机高速运转。

3）可以将火花塞布置在燃烧室的中心位置，能够改善燃烧过程，提高压缩比，有利于提高发动机的功率和降低燃油消耗量。

4）多气门发动机配气机构一般采用上置双凸轮轴式结构。

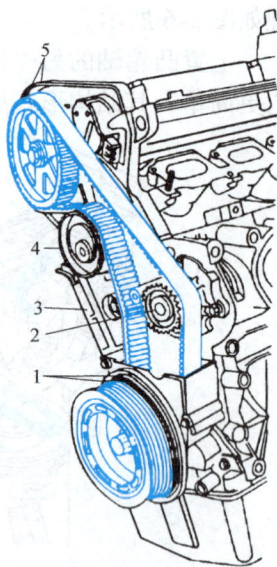

图3-10　同步带传动

1、5—配气正时标记　2—水泵
3—张紧器　4—张紧轮

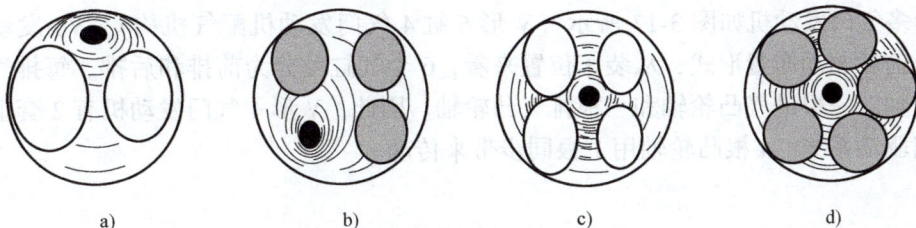

图 3-11　发动机气门排列形式
a) 双气门　b) 3 气门　c) 4 气门　d) 5 气门

其结构形式如图 3-12 所示，双凸轮轴的传动方式如图 3-13 所示。

上置双凸轮轴驱动方式有两种：直接驱动方式和摇臂驱动方式。

图 3-14 所示为日本丰田公司 2Z-GE 型直列 6 缸、上置双凸轮轴、4 气门、凸轮轴直接驱动进、排气门式配气机构结构。

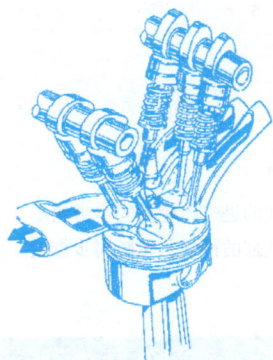

图 3-12　双凸轮轴式结构　　图 3-13　双凸轮轴传动方式　　图 3-14　直接驱动式配气机构
1—排气道　2—排气凸轮轴
3—进气凸轮轴　4—进气道

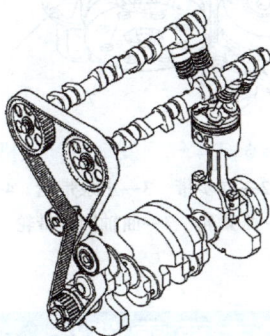

图 3-15 所示为日本丰田公司 B20A 直列四缸、上置双凸轮轴、4 气门配气机构布置形式，凸轮轴通过摇臂间接地驱动气门运动，因而称为摇臂驱动式。

一汽大众捷达王轿车引进国外先进技术，率先在国内市场上推出了国产 4 缸 20 气门（每缸 5 气门）发动机，结构形式如图 3-16 所示。

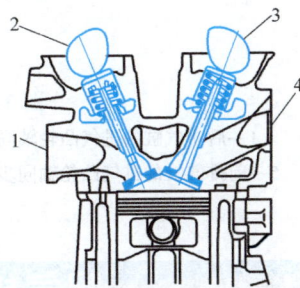

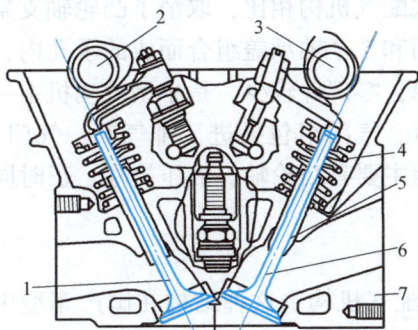

图 3-15　摇臂驱动式配气机构
1—排气门　2—排气凸轮轴　3—进气凸轮轴
4—气门弹簧　5—气门导管　6—进气门　7—气缸盖

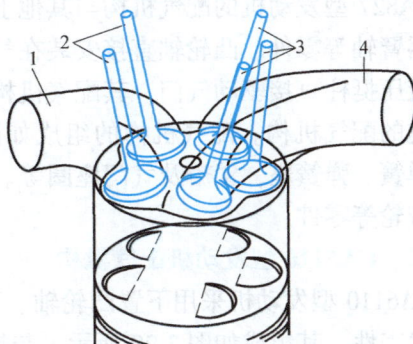

图 3-16　5 气门结构形式
1—排气道　2—排气门　3—进气门　4—进气道

V形多气门发动机如图3-17所示（V形6缸4气门发动机配气机构）。V6发动机采用前横置、前轮驱动布置形式，从装车位置来看，6个气缸可分为前排和后排。每排气缸装有两根凸轮轴，一根进气凸轮轴和一根排气凸轮轴。因此，V形4气门发动机有2套上置双凸轮轴气门驱动系统。4根凸轮轴用1根同步带来传动。

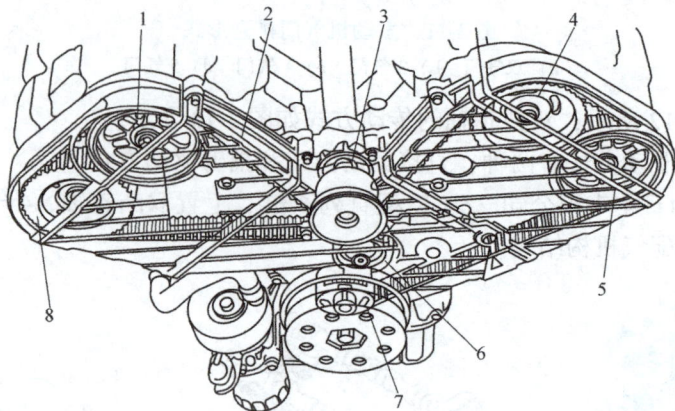

图3-17 V形6缸4气门发动机配气机构结构图

1—后排气缸的进气凸轮轴同步带轮 2—同步带 3—水泵带轮 4—前排气缸的进气凸轮轴同步带轮
5—前排气缸的排气凸轮轴同步带轮 6—张紧轮 7—曲轴同步带轮 8—后排气缸的排气凸轮轴同步带轮

单元二 配气机构的主要零部件

配气机构通常由气门组和气门传动组两部分组成。下面以EA827型发动机和CA6110型发动机为例介绍配气机构的组成及其主要零部件。

一、EA827型发动机配气机构

EA827型发动机，采用同步带驱动的单根上置凸轮轴、单列顶置气门、液压筒形挺柱、直顶式配气机构，如图3-18所示。

EA827型发动机的配气机构与其他上置凸轮轴式配气机构相比，取消了凸轮轴支架、摇臂和摇臂轴等零件。凸轮轴直接安装在气缸盖上平面和5个轴承盖组合而成的承孔内，凸轮通过液压挺柱直接驱动气门。其配气机构的组成简单，零部件较少，是小型发动机中一种较为先进的配气机构。配气机构的组成如图3-19所示。气门组包括进、排气门，气门导管，气门弹簧、弹簧座，锁瓣及气门座圈等。气门传动组主要有凸轮轴、液压挺柱、正时同步带和齿带轮等零件。

二、CA6110型发动机配气机构

CA6110型发动机采用下置凸轮轴、顶置气门式配气机构。这种结构在国产车型中有一定的代表性，其组成如图3-20所示。与捷达EA827型发动机配气机构相比，其传动机构差异较大，它主要由正时齿轮、凸轮轴、挺柱、推杆、摇臂、摇臂轴、气门间隙调整螺钉等零部件组成。

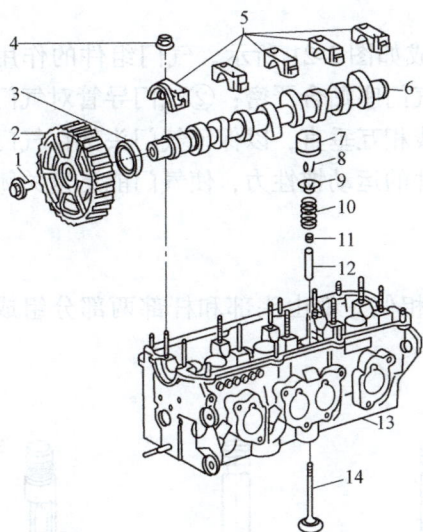

图 3-18　凸轮轴与气门的分解图

1—10N·m 螺栓　2—同步带轮　3—油封　4—25N·m 螺母
5—凸轮轴承盖　6—凸轮轴　7—液压挺杆　8—气门锁瓣
9—气门弹簧座　10—气门弹簧　11—气门油封
12—气门导管　13—气缸盖　14—气门

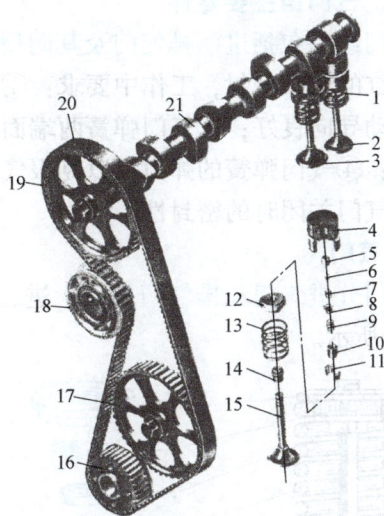

图 3-19　配气机构的组成

1、13—气门弹簧　2—排气门　3—进气门　4~10—液压挺杆
11—气门锁瓣　12—气门弹簧座　14—气门油封
15—气门　16—曲轴齿轮　17—水泵齿轮
18—张紧轮　19—凸轮轴齿轮
20—同步带　21—凸轮

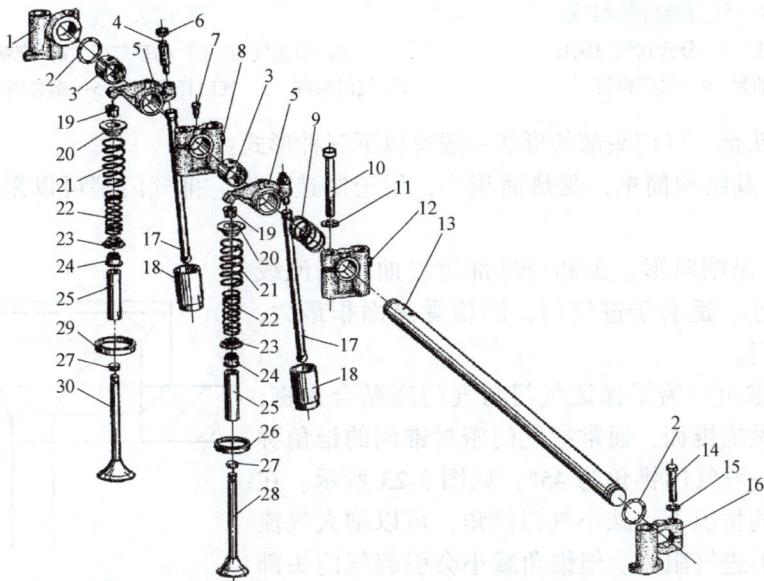

图 3-20　CA6110 型发动机配气机构

1—摇臂轴前支架　2—波形弹簧（摇臂轴）　3—气门摇臂衬套　4—调整螺栓（气门摇臂）　5—气门摇臂
6—锁紧螺母（气门摇臂调整螺栓）　7—定位螺钉（摇臂轴支架）　8—摇臂轴支架　9—定位弹簧（摇臂轴）
10、14—六角头螺栓　11、15—平垫圈　12—摇臂轴支架（中）　13—摇臂轴总成　16—摇臂轴后支架
17—推杆总成　18—挺杆　19—气门锁块　20—气门弹簧座　21—气门外弹簧　22—气门内弹簧　23—气门弹簧下座
24—气门导管密封圈总成　25—气门导管　26—排气门座　28—排气门　29—进气门座　30—进气门

三、气门组主要零件

气门组件包括进、排气门及其附属零件。其组成如图 3-21 所示。气门组件的作用是实现对气缸的可靠密封，工作中要求：①气门头部与气门座贴合严密；②气门导管对气门杆的往复运动导向良好；③气门弹簧两端面与气门杆轴线相互垂直，以保证气门头部在气门座上不偏斜；④气门弹簧的弹力足以克服气门及其传动件的运动惯性力，使气门能迅速关闭，并能保证气门关闭时的密封性。

1. 气门

气门分进气门和排气门两种。进、排气门结构相似，都由头部和杆部两部分组成，如图 3-22 所示。

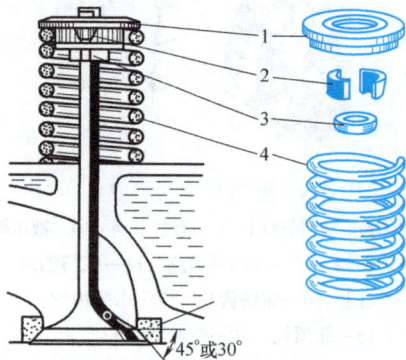

图 3-21　气门组件的组成

1—弹簧座　2—分开式气门锁片
3—油封　4—气门弹簧

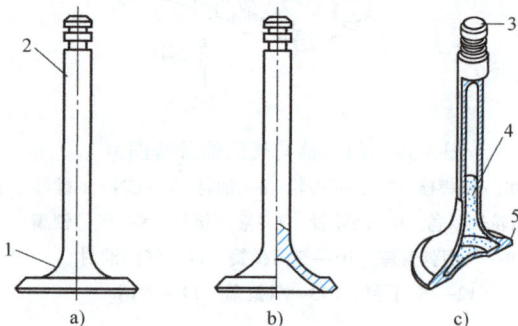

图 3-22　气门

a）平顶气门　b）凹顶气门　c）充钠排气门
1—气门头部　2—气门杆部　3、5—镶装硬合金　4—充钠

（1）气门头部　气门头部的形状一般有以下三种形式：

1）平顶。其结构简单，受热面积小，便于制造。进、排气门都可以采用，目前应用最多。

2）凹顶。呈喇叭形，头部与杆部过渡曲线呈流线形，进气阻力小，适合于进气门，凹顶受热面积最大，不宜用于排气门。

（2）气门锥角　为了保证气门与气门座贴合紧密，将气门密封面做成锥面，通常把气门密封锥面的锥角称为气门锥角。一般气门锥角为 45°，如图 3-23 所示。在气门升程一定的情况下，减小气门锥角，可以增大气流通道断面，减小进气阻力。但锥角减小会引起气门头部边缘厚度变薄，致使气门的密封和导热性变差。

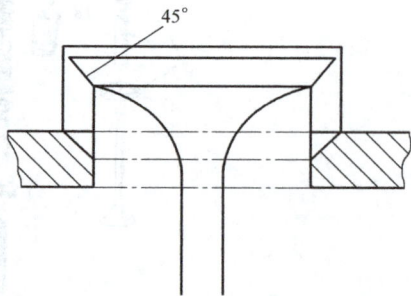

图 3-23　气门锥角

气门与气门座密封锥面相接触时形成的环状密封带（也称为接触带），应位于气门密封锥面的中部，其宽度应符合厂家的设计要求。接触带过窄散热效果差，影响气门通过接触面向气门座圈传递热量；过宽则会降低接触面上的比压值，使气门的密封性下降。

为了保证气门与气门座间密封良好，需经过配对研磨，形成连续、均匀、宽度符合要求的接触环带，研磨后的气门不能互换。

（3）气门杆部　气门在导管中上下运动，靠气门杆部起导向和传热作用。因而，对气门杆部表面加工精度和耐磨性有比较高的要求，使气门与气门导管之间有合理的间隙，以保证精确导向和排气时不沿导管间隙泄漏废气。气门杆尾端的形状取决于气门弹簧座的固定方式。如图 3-24 所示，锁瓣式固定方式在气门杆尾端切有环槽用来安装锁瓣。

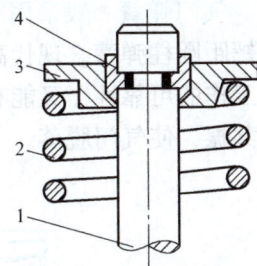

为了保证在高温条件下工作可靠，要求气门必须有足够的强度、刚度，耐磨损、耐高温，不易变形，且重量要尽可能地轻。因此，一般进气门采用合金钢（如铬钢或镍铬钢）制作，排气门则采用特种耐热合金钢（如硅铬钢等）制作。气门的密封锥角均为 45°，为了提高气门寿命，在气门密封锥面上堆焊了一层铬镍钴高强度合金，如图 3-25 所示。

图 3-24　气门杆尾端形状与
弹簧座的固定方式

1—气门杆　2—气门弹簧
3—弹簧座　4—锁瓣

2. 气门导管

气门导管的作用是对气门运动的导向作用，以保证气门做上下往复运动时不发生径向摆动，准确落座，与气门座正确贴合；同时起导热作用，将气门杆的热量经气门导管传给缸盖及水套。

气门导管用耐磨性和导热性较高的材料制作，以过盈配合方式压入气缸盖。一般在导管的上端装有骨架式橡胶气门油封。为了防止导管在使用过程中松动脱落，有的发动机在气门导管的中部加装定位卡环，如图 3-26 所示。

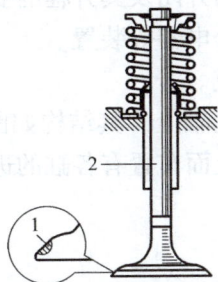

图 3-25　气门密封锥面的高强度合金

1—焊接的硬质合金　2—气门

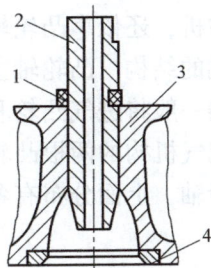

图 3-26　气门导管

1—卡环　2—气门导管　3—气缸盖　4—气门座

3. 气门座

气门座有两种：一种是在气缸盖上直接镗削加工而成的；另一种是用合金铸铁或奥氏体钢单独制作成气门座圈，用冷缩法镶入气缸盖中，如图 3-27 所示。镶入式气门座导热性差，加工精度要求高，如果镶入时公差配合选择不当，高温下工作易脱落，容易导致重大机械事故。

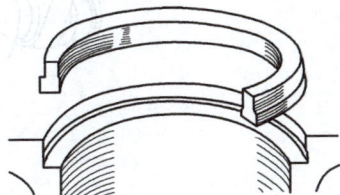

图 3-27　气门座圈

4. 气门弹簧

气门弹簧的作用是关闭气门，靠弹簧张力使气门压在气门座上，克服气门和气门传动组件所产生的惯性力，防止各传动件彼此分离而不能正常工作。

气门弹簧一般采用圆柱形螺旋弹簧，如图 3-28 所示。为了防止弹簧发生共振，可采用变螺距圆柱弹簧。现代高速发动机多采用同心安装的内、外气门弹簧，这样既提高了气门弹簧工作的可靠性，又能有效地防止共振的发生。安装时，内、外弹簧的螺旋方向相反，以防止共振，使气门脱落。

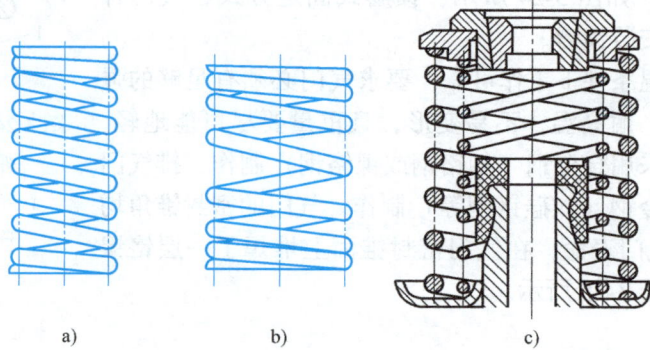

图 3-28　气门弹簧
a）等螺距圆柱弹簧　b）变螺距圆柱弹簧　c）双弹簧

四、气门传动组主要零部件

气门传动组主要包括：凸轮轴及其传动机构、挺柱、推杆和摇臂等零部件。

1. 凸轮轴

凸轮轴是气门传动组中的主要部件，其作用是控制气门的开闭及其升程的变化规律。下置凸轮轴式汽油机，还依靠凸轮轴来驱动汽油泵、机油泵和分电器等装置。

（1）凸轮轴的结构　凸轮轴主要由凸轮和轴颈两部分组成。

单根凸轮轴一般将进气凸轮和排气凸轮布置在同一根凸轮轴上，其结构如图 3-29 所示。双上置凸轮轴配气机构的两根凸轮轴，一根是进气凸轮轴，上面布置有各缸的进气凸轮；另一根是排气凸轮轴，上面分布有各缸的排气凸轮。

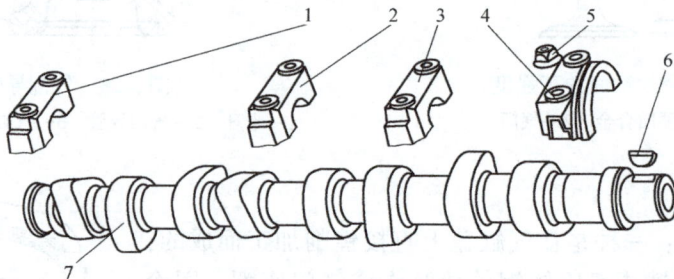

图 3-29　单凸轮轴的结构
1~4—轴承盖　5—螺母　6—半圆键　7—凸轮

气门的开闭时刻及其升程变化规律主要取决于控制气门的凸轮外部轮廓曲线。凸轮轮廓形状如图 3-30 所示，O 为凸轮旋转中心（也是凸轮轴的轴心），E 为凸轮的基圆，$\overarc{AB}$ 和 $\overarc{DE}$ 为过渡段，$\overarc{BCD}$ 为凸轮的工作段。当凸轮按图中箭头方向转至 A 时，挺柱不动，气门关闭；凸轮转过 A 点后，挺柱开始上移，到达 B 点时，气门间隙消除，气门开始开启；凸轮转到 C

点时，气门升程（开度）最大；到 D 点时气门关闭。$\overset{\frown}{BCD}$ 工作段所对应的夹角，称为气门开启持续角。

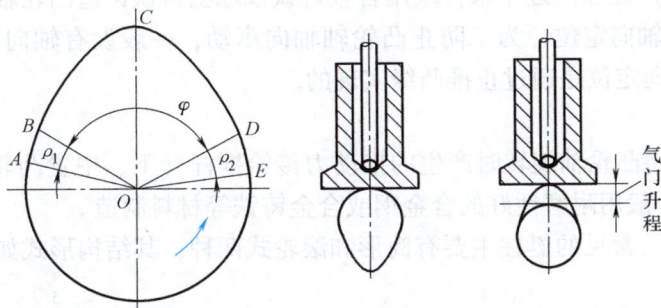

图 3-30　凸轮轮廓形状

凸轮轮廓 $\overset{\frown}{BCD}$ 段的形状，直接决定了气门的升程及其升降过程的运动规律。

凸轮轴上各缸同名凸轮相对角位置的排列与凸轮轴的转动方向、各缸的工作顺序和做功间隔角有关。4 缸发动机凸轮轴顺时针转动（从前向后看）的工作顺序为 1—3—4—2，做功间隔角为：720°/4 = 180°（曲轴转角），由于曲轴与凸轮轴间的传动比为 2∶1，所以表现在凸轮轴上同名凸轮间的夹角则为 180°/2 = 90°，如图 3-31 所示。6 缸发动机凸轮轴逆时针转动，工作顺序为 1—5—3—6—2—4，做功间隔角为 720°/6 = 120°（曲轴转角），则同名凸轮间的夹角为 120°/2 = 60°，同名凸轮位置排列如图 3-32 所示。

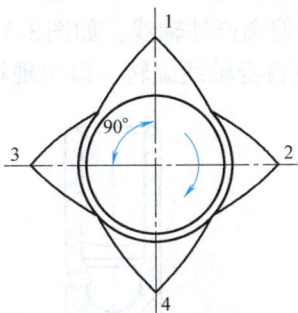

图 3-31　4 缸发动机同名凸轮位置排列

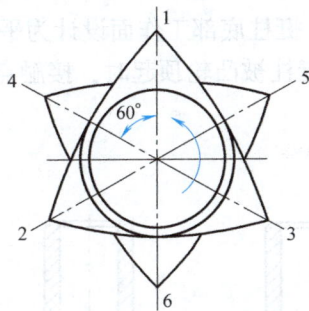

图 3-32　6 缸发动机同名凸轮位置排列

同一气缸进、排气（异名）凸轮间的相对角位置排列取决于凸轮轴的转动方向和发动机的配气相位。按照四冲程发动机工作原理来分析，排气和进气相差一个行程，即曲轴转角 180°，反映到凸轮轴上排气凸轮和进气凸轮间的相对角位置为 180°/2 = 90°。但由于气门早开晚闭，且进、排气门早开角与晚闭角不等，造成了凸轮间的夹角不再是 90°，一般都大于 90°。

凸轮轴轴颈用以支承凸轮轴，轴颈数量取决于凸轮轴的支承方式。

1）全支承。对应每个气缸间均设有一道轴颈，支承点多，能有效防止凸轮轴变形对配气相位的影响。

2）非全支承。每隔两个或多个气缸设置一个轴颈，工艺简单，成本降低，但支承刚性较差。由于装配方式的不同，轴颈的直径有的相等，有的则从前向后逐级缩小，以便于安装。

凸轮轴一般用优质钢模锻而成，并对凸轮和轴颈工作表面进行高频淬火（中碳钢）或渗碳淬火（低碳钢）处理。近年来，改用合金铸铁或球墨铸铁铸造凸轮轴的越来越多。

（2）凸轮轴的轴向定位　为了防止凸轮轴轴向窜动，一般设有轴向定位装置。图3-33所示的凸轮轴的轴向定位是通过止推凸缘实现的。

2. 挺柱

挺柱的作用是将凸轮轴旋转时产生的推动力传给推杆（下、中置凸轮轴）或气门（上置凸轮轴）。挺柱一般用耐磨性好的合金钢或合金铸铁等材料制造。

（1）普通挺柱　常见的挺柱主要有筒形和滚轮式两种，其结构形式如图3-34所示。

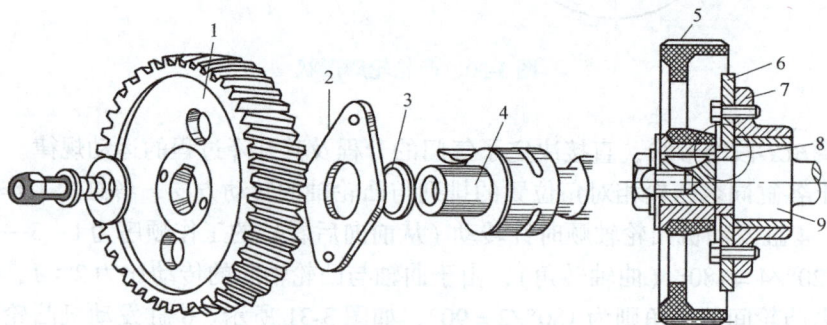

图3-33　凸轮轴的轴向定位

1、5—正时齿轮　2、6—止推凸缘　3、8—止推座　4、9—凸轮轴　7—气缸体

通常，挺柱底部工作面设计为平面，使两者的接触点偏离挺柱轴线，如图3-35所示。工作中，当挺柱被凸轮顶起时，接触点间的摩擦力使挺柱绕自身轴线旋转，以实现均匀磨损。

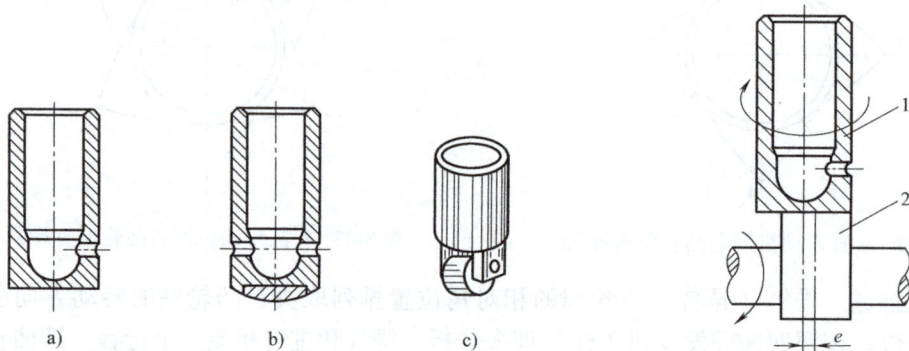

图3-34　普通挺柱

a）筒形平面　b）筒形球面　c）滚轮式

图3-35　挺柱与凸轮的偏置

1—筒形平面挺柱　2—凸轮

e—偏置距

筒形挺柱重量较轻，一般和推杆配合使用。滚轮式挺柱结构较为复杂，但其与凸轮间的摩擦阻力小，适合于中速大功率柴油机。

挺柱可直接安装在气缸体一侧的导向孔中，或安装在可拆卸的挺柱架中。

（2）液压挺柱　采用预留气门间隙的方法，可以解决气门传动组件受热膨胀可能给气

门工作带来的不利影响。但气门间隙的存在，会使配气机构在发动机工作温度较低时，导致气门间隙变大，出现撞击而产生噪声。为了消除这一弊端，有些中小型发动机采用了液压挺柱。

1）液压挺柱的作用。液压挺柱可自动补偿气门间隙，并具有以下优点：

①取消了调整气门间隙的零件，使结构简单；②不需调整气门间隙，简化了装配后的调整过程；③消除了由气门间隙引起的冲击和噪声，减轻了气门传动组件之间的摩擦。

2）液压挺柱的构造。如图3-36所示，挺柱体1内装有柱塞4，柱塞4上端压有球座3作为推杆的支承座，同时将柱塞内腔堵住。柱塞弹簧6用来将柱塞经常压向上方，卡簧2用来对柱塞限位。柱塞下端单向阀架5内装有碟形弹簧8，用以关闭单向阀7。

3）液压挺柱的工作原理。当气门关闭时，机油经挺柱体和柱塞上的油孔压进柱塞腔 A 内，并推开单向阀充入挺柱体腔 B 内。柱塞便在挺柱体腔内油压及柱塞弹簧6的作用下上行，与气门推杆压紧，整个配气机构不存在间隙。但此压力远小于气门弹簧张力，气门不会被打开只是消除间隙。与此同时，挺柱体腔 B 内油液已充满，单向阀7在碟形弹簧8的作用下关闭。

当凸轮转到工作面使挺柱上推时，气门弹簧张力便通过推杆作用在柱塞上，由于单向阀7已关闭，柱塞4便推压挺柱体腔 B 内油液使压力升高，由于液体的不可压缩性，挺柱便像一个刚体一样推动气门开启。在此过程中，由于挺柱体腔内油压较高，在柱塞与挺柱体的间隙处，将有少许油液泄漏而使"挺柱缩短"，但不致影响正常的工作。当凸轮转到非工作面时，解除了对推杆的推力，使挺柱腔内油压降低。于是，主油道的油压将再次推开单向阀，向挺柱体腔内充油，以补充工作时的泄漏，并且此油压又和柱塞弹簧6一起使柱塞上推，如此使配气机构无间隙地工作。

图3-36　液力挺柱

1—挺柱体　2—卡簧　3—球座
4—柱塞　5—单向阀架
6—柱塞弹簧　7—单向阀
8—碟形弹簧
A—柱塞腔　B—挺柱体腔

由此可知，若气门、推杆受热膨胀，挺柱回落后向挺柱体腔内的补油过程便会减少补油量（工作过程中），或使挺柱体腔内的油液从柱塞与挺柱体间隙中泄漏一部分（停车时），从而使挺柱自动"缩短"。因此可不留气门间隙而仍能保证气门关闭。相反，若气门、推杆冷缩，则向挺柱体腔内的补油过程，便会增加补油量（工作过程中），或在柱塞弹簧作用下将柱塞上推，吸开单向阀向挺柱体腔内补油（停车时），从而使挺柱自动"伸长"，因此仍能保持配气机构无间隙传动。

采用液力挺柱，可消除配气机构中的间隙，减小各零件的冲击载荷和噪声，同时凸轮轮廓可设计得比较陡些，气门开启和关闭更快，以减小进、排气阻力，改善发动机的换气，提高发动机的性能（特别是高速性能）。

一汽奥迪发动机上采用的液力挺柱如图3-37所示。其工作原理与上述液力挺柱基本相同，其结构特点是：

1）采用倒置的液力挺柱，直接推动气门的开启。

2）挺柱体是由上盖和圆筒，经加工后再用激光焊接成一体的薄壁零件。

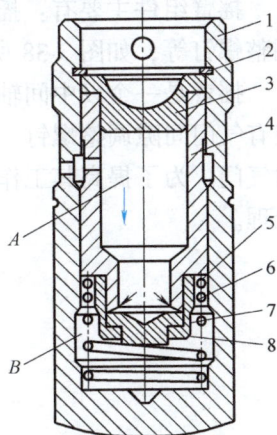

3）单向阀采用钢球、弹簧式结构。

3. 推杆

下置凸轮轴配气机构中有细而长的推杆，推杆的作用是将挺柱传来的凸轮推动力传递给摇臂机构。

4. 摇臂

摇臂的作用是将推杆或凸轮传来的力改变方向后传给气门，使其开启。

摇臂组件主要有：摇臂、摇臂轴、支承座、气门间隙调整螺钉等，如图3-38所示。

摇臂是一个以中间轴孔为支点的双臂杠杆，短臂一侧装有气门间隙调整螺钉，长臂一端有一圆弧工作面用来推动气门。为了提高其工作寿命，长臂圆弧工作面需经淬火处理。

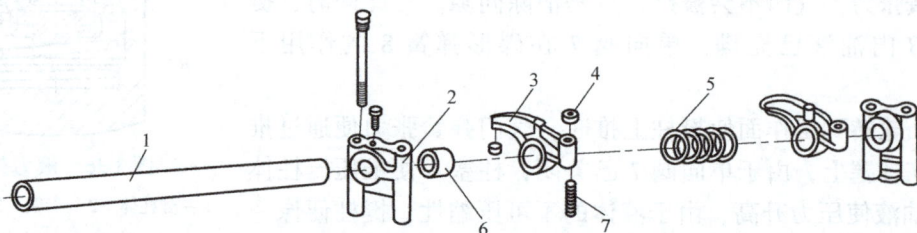

图3-37 一汽奥迪发动机液力挺柱

1—高压油腔 2—缸盖油道 3—量油孔
4—斜油孔 5—柱塞油孔 6—球阀
7—低压油腔 8—键形槽 9—凸轮轴
10—挺柱体 11—柱塞焊缝 12—柱塞
13—油缸 14—补偿弹簧
15—缸盖 16—气门杆

图3-38 摇臂组件

1—摇臂轴 2—支座 3—摇臂 4—锁紧螺母 5—定位弹簧 6—衬套 7—气门间隙调整螺钉

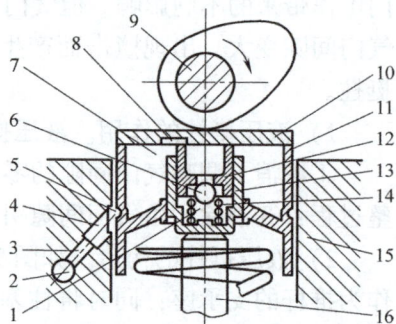

单元三 气门间隙

发动机工作中，气门及其传动件将因温度升高而膨胀。如果气门及其传动件之间，在冷态时无间隙或间隙过小，则在热态下，气门及其传动件受热膨胀势必引起气门关闭不严，造成发动机在压缩和做功行程中的漏气，会使发动机功率下降。为了消除上述现象，通常在发动机冷态装配时，在气门及其传动机构中留有适当的间隙，以补偿气门受热后的膨胀量。这一预留间隙称为气门间隙，如图3-39所示。

气门间隙的大小一般由发动机制造厂家根据试验确定。一般冷态下，进气门间隙为0.25~0.30mm，排气门间隙为0.30~0.35mm。间隙过小，发动机在热态下可能

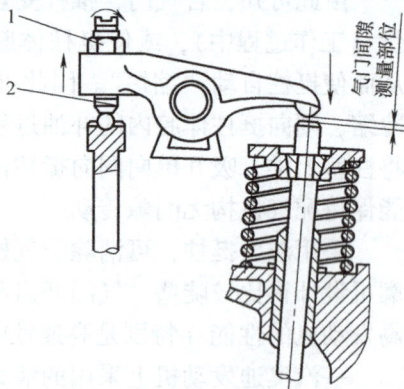

图3-39 气门间隙

1—气门间隙调整螺钉的锁紧螺母
2—气门间隙调整螺钉

会发生漏气现象，导致功率下降，甚至烧损气门；间隙过大，传动零件之间将产生撞击，噪声增大，且使气门开启持续时间减少，导致进气量减少和排气不彻底。

单元四　配气相位

配气相位是指进、排气门的实际开闭时刻，通常用曲轴转角来表示。图3-40所示是以曲轴转角绘制的配气相位图。

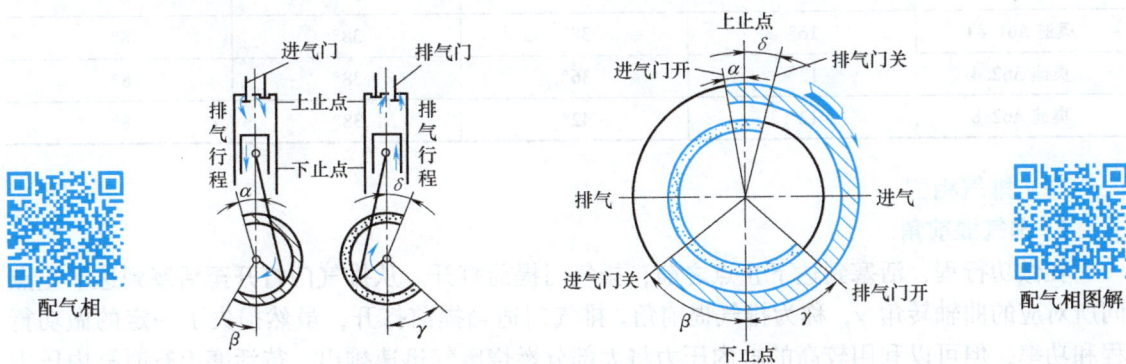

配气相

配气相图解

图3-40　配气相位图

前面在介绍四冲程发动机工作原理时，为了便于理论分析与阐述，简单地把进、排气过程分别看作是在活塞的一个行程即曲轴旋转180°内完成的。实际上，由于发动机转速较高，一个行程所占时间很短，例如当四冲程发动机以3000r/min的转速运转时，一个行程的时间仅0.01s，况且凸轮驱动气门开启也需要一个过程，气门全开的时间就更短了。在这样短的时间内难以做到进气充分，排气彻底。为了改善换气过程，气门的开启和关闭时刻已不在上、下止点处，采用提前打开和迟后关闭来延长进、排气时间，使发动机的实际进、排气行程所对应的曲轴转角均大于180°。

一、进气相位

1. 进气提前角

在排气行程接近终了，活塞到达上止点之前，进气门便提前开启。从进气门开启到活塞到达上止点间所对应的曲轴转角 α，称为进气提前角。进气门提前开启，保证了进气行程开始阶段气门已有较大的开度，有利于提高充气量。 α 角一般为10°~30°。

2. 进气迟后角

活塞到达进气下止点后开始上行（压缩行程开始），上行一段，关闭进气门。从活塞到达下止点至进气门关闭所对应的曲轴转角 β，称为进气迟后角。进气门迟后关闭能够充分利用进气行程结束前缸内存在的压力差和较高的气流惯性继续进气。活塞经过下止点后，随着活塞的上行，气缸内的压力逐渐增大，进气气流速度也逐渐减小，从理论上讲，当气缸内外压力差消失，流速接近为零时，关闭进气门，此时对应的 β 角最佳。若 β 角过大，会引起进气倒流现象。 β 角一般为40°~70°。从以上分析可知，若进气门持续开启时间用曲轴转角来表示，则进气持续角应为 $180°+\beta+\alpha$。

常见车型配气相位参数见表3-1（仅供参考）。

表3-1 发动机配气相位参数一览表

型 号	进气门开（上止点前）(α)	进气门关（下止点后）(β)	排气门开（下止点前）(γ)	排气门关（上止点后）(δ)
CA6110	30°	54°	70°	28°
6102Q	14°	50°	56°	16°
CA6113	30°	54°	70°	28°
奥迪 A61.8	16°	38°	38°	8°
奥迪 A61.8T	16°	38°	38°	8°
奥迪 A62.4	12°	36°	38°	8°
奥迪 A62.8	12°	42°	38°	8°

二、排气相位

1. 排气提前角

在做功行程，活塞到达下止点之前，排气门提前打开。从排气门打开至活塞到达下止点间所对应的曲轴转角 γ，称为排气提前角。排气门适当提前打开，虽然损失了一定的做功行程和功率，但可以利用较高的缸内压力将大部分燃烧废气迅速排出，待活塞上行时缸内压力已大幅下降，可以使排气行程所消耗的功率大为减少。此外，高温废气提前排出也有利于防止发动机过热。γ 角一般为 40°~80°。

2. 排气迟后角

活塞越过排气上止点，延迟一定时刻后再关闭排气门。从活塞到达上止点到排气门关闭所对应的曲轴转角 δ，称为排气迟后角。δ 角一般为 10°~30°。由于活塞到达上止点时，气缸内的压力仍高于外部大气压，且废气气流有一定的惯性，适当延迟排气门关闭时刻可以利用此压力和气流惯性使废气排出得更干净。

若排气门开启持续时间用排气持续角表示，排气持续角应为 $180° + \gamma + \delta$。

三、气门的叠开

如图3-40可知，由于进气门在上止点前开启，而排气门在上止点后关闭，则在上止点附近，会出现同一段时间内进、排气门同时开启，进气道、燃烧室、排气道三者相通的现象，这种现象通常称为气门叠开。对应的曲轴转角（$\alpha + \delta$）称为气门叠开角。气门叠开期间进、排气门的开度均比较小，且由于进气气流和排气气流的惯性较大，短时间内不会改变流向，因而只要气门叠开角选择适当，就不会出现废气倒流入进气管和新鲜气体随废气排出的现象。若选择不当，叠开角过大，发动机小负荷运转时，则会出现上述现象，致使发动机换气质量下降。

合理的配气相位由制造厂家根据发动机结构和性能要求的不同，通过反复试验来确定。

单元五　发动机的换气过程

发动机的进气过程和排气过程，统称为换气过程。其任务是将废气尽可能排除干净，吸

入更多的新鲜混合气或空气，使发动机尽可能发出大的功率与转矩。

一、四冲程发动机的换气过程

（一）换气过程

发动机工作时，上一循环排气门开启至下一循环进气门关闭的全过程，称为四冲程发动机的换气过程。它约占410°～480°曲轴转角。根据气体流动的特点，换气过程可分为自由排气、强制排气和进气三个阶段。

1. 自由排气阶段

排气门开始开启到气缸内压力接近于排气管内压力的阶段，称为自由排气阶段。此阶段一般在下止点前开始，一般开启40°～80°的排气提前角。在排气门开始开启的初期，气缸内压力大于排气管压力2倍以上的排气状态，称为超临界流动状态。此时，通过排气门口的废气流速，达到该状态下的声速。当排气温度为600～900℃时，可达500～600m/s。废气以声速流过排气门口后突然膨胀，产生特殊的噪声。所以，排气系统须装有消声器。

当气缸内压力与排气管压力之比下降到2倍以下时，称为亚临界状态。此阶段废气流过排气门口的速度低，不会产生特殊的噪声。

在全负荷、高转速情况下，需要排出的废气量大，排气的时间更短。为使缸内压力及时减小，减小排气阻力，要求高转速下排气门提前开启角度要大。因此，转速高的发动机总是比转速低的发动机排气门提前开启角度大。

2. 强制排气阶段

上行的活塞将废气强制排出的阶段，称为强制排气阶段。如果排气门在活塞到达上止点时关闭，在活塞接近上止点时，排气门的开度已经很小，这会增大排气阻力，使气缸内残余废气量增加，且增加排气所消耗的功。因此，排气门一般迟闭10°～35°的曲轴转角，即排气迟后角。整个过程的持续时间相当于曲轴转角230°～290°。

3. 进气阶段

在强制排气的后期，活塞处于上止点前某一曲轴转角时，进气门就开始打开；当活塞到达上止点，进气行程开始时，进气门已有较大的开启面积，可使新鲜气体顺利充入气缸。当进气行程结束，活塞到下止点后某一曲轴转角，进气门才关闭。其目的是利用气流的惯性与压力差继续向气缸内充气，增加充气量。整个进气过程持续时间相当于曲轴转角230°～290°。气门叠开期间进气管、气缸、排气管连通起来，可以利用气流压力差和惯性清除缸内废气，增加进气量。非增压发动机的气门重叠角为20°～60°曲轴转角。若气门叠开角过大，可能会引起废气倒流入进气管的现象。将非增压发动机进气门、排气门的实际开闭时刻用相对于上、下止点位置的曲轴转角的环形图来表示，称为配气相位图，如图3-41所示。

（二）换气损失与泵气损失

1. 换气损失

换气损失分为排气损失和进气损失两部分，如图3-42所示。

（1）排气损失　从排气门提前打开到进气行程开始，缸内压力达到进气管内压力前循环功的损失，称为排气损失，它可以分为：

1）自由排气损失。由于排气门提前打开，排气压力线从 b' 点开始偏离理论循环膨胀线而引起膨胀功的减少，用图中面积 W 表示。

2）强制排气损失。活塞将废气推出所消耗的功，用图中面积 Y 表示。

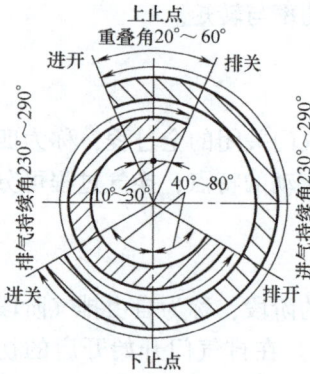

图 3-41　非增压发动机的配气相位图

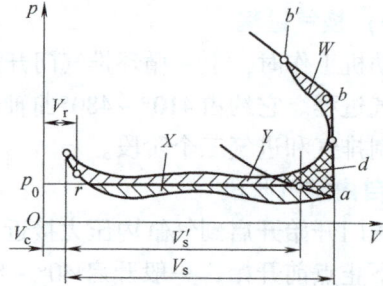

图 3-42　四冲程发动机的换气损失

W—自由排气损失　Y—强制排气损失
X—进气损失　$X + Y - d$—泵气损失

若排气提前角增大，则面积 W 增大，而面积 Y 相应减小；反之，若排气提前角减小，则 W 减小，Y 增大。最有利的面积是使（$W + Y$）为最小，则排气损失最小。

（2）进气损失　进气过程中克服进气系统的阻力所消耗的功，称为进气损失，用图中面积 X 表示。它比排气损失小，进气损失与排气损失之和，即为换气损失，用面积（$W + X + Y$）表示。

2. 泵气损失

泵气损失是换气损失的一部分，用面积（$X + Y - d$）表示。

二、四冲程发动机的充气效率

换气过程常用的评价指标有：循环充量、充气效率和单位时间充量。

1. 循环充量 ΔG

每循环实际进入气缸内的新鲜充量的质量，称为循环充量 ΔG。循环新气充量大，才可能使循环的最高压力提高，作用于活塞的推力增大，从而使发动机获得较大的输出转矩。所以，循环新气充量大，是发动机转矩提高的必要条件。但是，循环充量不能用来评定不同工作容积发动机换气过程的好坏，只能在相同工作容积下进行比较。即两台发动机工作容积相同时，若其中一台在相应转速下的循环充量大，则该发动机的进气系统设计的更合理。

2. 充气效率（充气系数）η_v

实际进入气缸的充量 ΔG 与大气状态下充满气缸工作容积的新鲜空气量 ΔG_0 之比，称为充气效率 η_v。

所谓进气状态是指机器所在地的大气状态（非增压机型）和增压器压气机出口的气体状态（增压机型）。

充气效率 η_v 是评价发动机换气过程完善程度的指标，它不受气缸容积的影响。

充气效率 η_v 的一般范围：汽油机为 $0.75 \sim 0.85$；柴油机为 $0.75 \sim 0.9$。

可见，大气状态下能充入气缸工作容积的空气量 ΔG_0 是常数，与发动机转速无关。因此，充气效率随转速 n 变化的趋势与循环充量 ΔG 随转速 n 变化的趋势相同。

3. 单位时间充量 G

单位时间内进入气缸内的新鲜充量的质量，称为单位时间充量 G。单位时间充入的新鲜空气量与发动机有效功率紧密相关。汽油机单位时间充量越大，单位时间内燃烧的气体数量

越多，单位时间内做的功越多，因而功率越大；柴油机单位时间充量越大，单位时间内喷入气缸的柴油量可以相应增加，因而功率也可以提高。显然，发动机的功率首先取决于单位时间充量的大小。

单位时间充量 G 及循环充量 ΔG 随转速 n 变化的趋势如图 3-43 所示。

采用较浓的混合气（$\alpha < 1$），转速高，循环充量大（充气效率大），循环热转换为指示功的效率高，发动机机械损失小，才能使发动机的有效功率大；同样，采用较浓的混合气，充气效率、指示效率、机械效率的乘积大，才能使发动机的转矩大。

图 3-43　单位时间充量 G 及循环充量 ΔG 随转速 n 变化的曲线

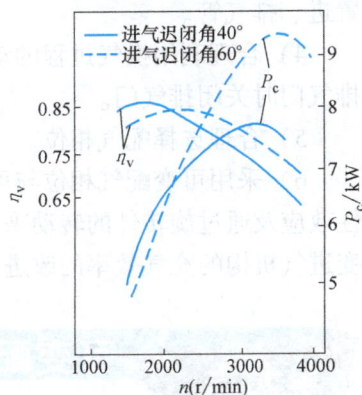

三、影响充气效率的主要因素

充气效率增大，使发动机的功率及转矩增大，分析影响充气效率的因素，具有重要的意义。影响因素主要有以下几个方面：

1. 转速和配气相位的影响

图 3-44 所示为进气门迟闭角对充气效率和有效功率的影响。图中的实线为进气门迟闭角为 40° 时的曲线，虚线为迟闭角改为 60° 时的情况。可见，在低转速时，由于 η_v 在 60° 迟闭角时下降了，所以有效功率较低；高转速时，由于 η_v 增加，所以有效功率提高。

2. 负荷的影响

汽油机在一定转速下，负荷（阻力矩）减少，节气门开度要相应减少，进气流动的阻力增大，使循环充量、充气效率及单位时间充量均下降。

柴油机在一定转速下，负荷减少，循环充量、充气效率、单位时间充量基本不变，只是循环喷入燃烧室内的燃油量相应减少。

图 3-44　进气门迟闭角对充气效率和有效功率的影响

3. 空气滤清器的影响

使用空气滤清器是为了减少进入气缸的灰尘，减少发动机气缸的磨损。因而空气滤清器应经常维护，即滤清效果好又不致进气阻力过大，否则充气性能会下降，使发动机的功率及转矩下降，并使油耗增加。

4. 压缩比的影响

提高压缩比，燃烧室的容积相对减小，残余废气量相对下降，吸气开始时废气膨胀占有的体积小，废气对新气的加热相对减少，从而使充气效率提高。

5. 进气管的影响

进气管要有足够的通道断面，拐弯处应有较大的圆角，管内表面应光滑而无积炭，安装时进、排气接口垫应对准，这有利于提高充气效率。

6. 进气加热的影响

汽油机的进、排气管常铸成一体，以利用排气管加热进气管，这对汽油的蒸发有利。但

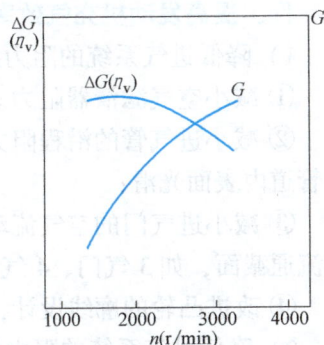

加热过多又会使空气的密度下降较大，使充气系数降低。有的汽油机在排气管内装有阀，用来调节对进气管的加热程度。

柴油机的进气管内没有燃油的蒸发问题，不需要进气加热，所以进气管和排气管是分开的。

四、提高发动机充气效率的措施

1）降低进气系统的阻力损失，提高进气终了的压力。具体的措施有：

① 减小空气滤清器阻力。空气滤清器性能的影响较大；

② 减小进气管的沿程阻力和局部阻力，如加大通道面积、减少弯道和截面的突变，保持管道内表面光滑；

③ 减小进气门的空气流动阻力，如加大进气门直径以增加流通能力；增加气门数以增加流通截面，如3气门、4气门、5气门等；

④ 改进凸轮的廓线设计，加大进气门开启时间与截面。

2）降低排气系统的阻力损失，主要减小排气门、排气道与排气管的阻力，从而减少缸内残余废气。

3）减少进气过程中高温对零件工作质量的影响，维持发动机冷却系技术状况良好，分置进、排气管。

4）合理利用换气过程的动态效应，在压缩波到达进气门时关闭进气门，在膨胀波到达排气门时关闭排气门。

5）合理选择配气相位。

6）采用可变配气相位与可变进气系统，以提高气门的流通能力。如利用波动效应、惯性效应及通过旋转件的转动来改变进气管长度和容积的可变进气系统；如惯性增压式电控可变进气机构的充气效率的改进。

单元六　可变配气相位与气门升程电子控制

常见的双气门机构与4气门机构的配气正时主要考虑提高发动机的有效功率和转矩，但在发动机怠速运转时，动力性急剧下降，燃油经济性很差。为避免此种现象，有些汽车采用一种可变配气相位与气门升程的电子控制（VTEC）机构，来控制进气时间与进气量，从而使发动机输出不同的输出功率。本田汽车的VTEC结构如图3-45所示。

1. 结构

装有VTEC机构的发动机每个气缸都配置有两个进气门和两个排气门。它的两个进气门有主次之分，即主进气门和次进气门。每个进气门均由单独的凸轮通过摇臂来进行驱动。驱动主、次进气门的凸轮分别称为主、次凸轮。与主、次进气门接触的摇臂分别称为主、次摇臂。主、次摇臂之间设有一个特殊的中间摇臂，它不与任何气门直接接触。3个摇臂并列成一排，均可在摇臂轴上转动。凸轮轴上铸有3个

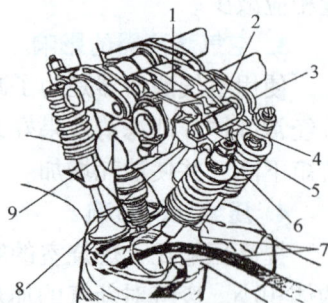

图3-45　本田汽车的VTEC机构

1—正时板　2—中间摇臂
3—次摇臂　4—同步活塞 *B*
5—同步活塞 *A*　6—正时活塞
7—进气门　8—主摇臂　9—凸轮

不同升程的凸轮分别与主摇臂、次摇臂和中间摇臂相对应，分别称为主凸轮、次凸轮和中间凸轮，如图3-46所示。其中，中间凸轮的升程最大，它是按发动机4气门同时工作时能够输出最佳功率的要求而设计的，主凸轮升程小于中间凸轮，它是按发动机低速工作时单气门开闭要求设计的，次凸轮的升程最小，最高点稍微高于基圆，其作用只是在发动机怠速运转时，通过次摇臂稍微打开次气门，以免燃油集聚在次进气门处。中间摇臂的一端和中间凸轮接触，另一端在低速时可自由运动。3个摇臂在靠近气门一端均有一个油缸孔。油缸孔中都安置有利用油压控制的活塞，它们依次为正时活塞、主同步活塞、中间同步活塞和次同步活塞。

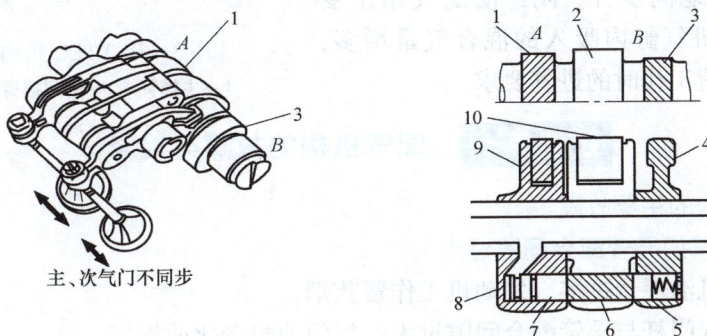

主、次气门不同步

图3-46　VTEC机构低速工作时

1—主凸轮　2—中间凸轮　3—次凸轮　4—次摇臂　5—次同步活塞　6—中间同步活塞B
7—主同步活塞A　8—正时活塞　9—主摇臂　10—中间摇臂

2. 工作原理

VTEC机构是采用一根凸轮轴上设计两种（高速型和低速型）不同配气正时和气门升程的凸轮，利用液压进行切换的装置。高、低速的切换是根据发动机的转速、负荷、冷却液温度及车速监测，由ECU进行计算处理后将信号输出给电磁阀来控制油压而进行切换的。

VTEC不工作时，正时活塞和主同步活塞位于主摇臂缸内，和中间摇臂等宽的中间同步活塞位于中间摇臂油缸内，次同步活塞和弹簧一起则位于次摇臂油缸内。正时活塞的一端和液压油道相通，液压油来自工作油泵，油道的开启由ECU通过VTEC电磁阀控制。VTEC电磁阀控制原理如图3-47所示。

在发动机低速运行时，ECU无指令，油道内无油压，活塞位于各自的油缸内，因此各个摇臂均独自上下运动。于是主摇臂紧随主凸轮开、闭主进气门，以供给低速运行时发动机所需混合气，次凸轮则迫使次摇臂轻微起伏，轻微开、闭次进气门，中间摇臂虽然随着中间凸轮大幅度运动，但是它对于任何气门不起作用。此时发动机处于单进双排工作状态，吸入的混合气不到高速时的一半。由于仍然是所有气缸参与工作，所以发动机运转十分平稳。

VTEC油压开关
VTEC电磁阀
流动方向
油压
ECM
车速信号
发动机负荷
转速信号
水温信号

图3-47　VTEC电磁阀控制原理

如图3-48所示，当发动机高速运行时，即发动机转速在2300～2500r/min、车速在5km/h以上、冷却液温度在-5℃以上，发动机负荷达到一定程度时，发动机控制单元ECU

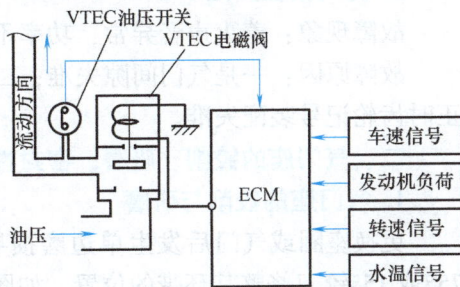

就会向 VTEC 电磁阀供电以开启工作油道，于是工作油道中的压力油就推动活塞移动，压缩弹簧，这样主摇臂、中间摇臂和次摇臂就被主同步活塞、中间同步活塞和次同步活塞串联为一体，成为一个同步活动的组合摇臂。由于中间凸轮的升程大于另外两个凸轮，而且凸轮转角提前，故组合摇臂随中间摇臂一起被中间凸轮驱动，主、次气门都大幅度地同步开、闭，使配气相位变化，从而使发动机气缸内吸入的混合气量增多，满足发动机全负荷工作时的进气要求。

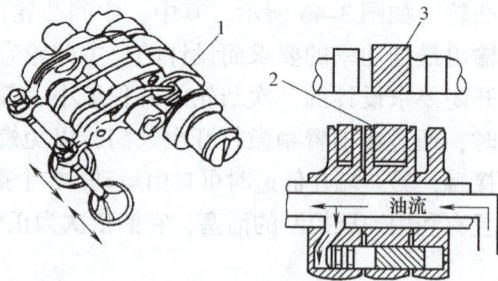

图 3-48　VTEC 机构高速工作时

1—主摇臂　2—中间摇臂　3—中间凸轮

技能单一　配气机构的故障与检修

一、配气机构的主要故障

1. 气门杆与气门导管配合间隙过大

故障现象：机油耗量过多，发动机工作冒蓝烟。

故障原因：气门杆与导管配合间隙过大，气门油封老化或损坏。

2. 正时齿轮打齿

故障现象：正时齿轮有异响，柴油机工作声音异常或熄火。

故障原因：一是螺栓螺母松退掉入正时齿轮室；二是正时齿轮材质不佳导致正时齿轮的损坏；三是凸轮轴与轴套配合间隙过大。导致正时齿轮啮和位置变化。

3. 气门间隙变化

故障现象：气门间隙过大或过小，发动机工作声音异常，并伴随气门拍击声。

故障原因：摇臂轴严重磨损，摇臂总成紧固螺栓松动或气门间隙调整螺钉松退。

4. 配气相位失准

故障现象：着火声音异常，功率不足，油耗增加。

故障原因：一是气门间隙失准；二是正时齿轮磨损严重；三是凸轮高度磨损严重；四是正时齿轮记号装配失准。

二、气门座的铰削、研磨、密封性检查和配气机构的调整

1. 气门座的铰削与研磨

更换座圈或气门后发生单边磨损导致密封性变差，可用 45° 铰刀铰修环带的宽度，用 75° 或 15° 铰刀修整其环带的位置，如图 3-49 所示。

铰修后的气门座与涂有研磨砂的气门配对研磨。气门研磨有机械研磨和手工研磨两种方法，其研磨要领是一镦、二蹭、三旋转。研磨好的气门与气门座应有一条连续乌色环带。

研磨好的气门，应进行密封性能检查。其检查方法有两种：一是将贴合面擦净，在气门大端锥面上沿纵向均匀地画上 6~8 条细铅笔线，用力把气门压在气门座上并旋转 1/8 转，然后抽出气门检查，如铅笔线都有被擦掉的痕迹，则证明气门密封良好。二是将擦净贴面的气门组装在气缸盖上，注入煤油，在 2min 内不渗

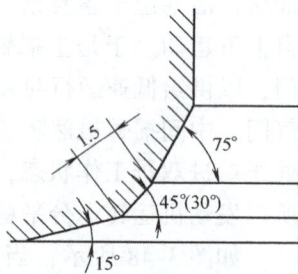

图 3-49　气门座的锥角

漏，则说明气门密封良好，否则就应重新研磨气门。

2. 气门间隙的检查与调整

按规定力矩紧固气缸盖、重新组装配气机构或出现气门脚响声时，均应检查、调整气门间隙。气门间隙调整有两种方法：一是逐缸调整法，此方法较麻烦。调整步骤是：首先上紧摇臂座螺母，然后找出某缸压缩行程上止点，即可检查、调整该缸两只气门。再按发动机工作顺序，摇转一个做功间隔角，即 4 缸发动机 180°、6 缸发动机 120°，调整下一个工作缸的两只气门，依此类推调完为止。二是两次调整法：先找出第一缸压缩行程上止点，根据发动机的机工作顺序（4 缸发动机一般为 1—3—4—2；6 缸发动机一般为 1—5—3—6—2—4）；依据"全排空进、全排排空进进"排序进行调整，这样可以不去考虑进、排气门的排序情况。

气门的规定间隙有发动机冷态时间隙和发动机热态时间隙之分，如 CA6110 型柴油机冷态间隙：进气门为 0.30mm，排气门为 0.35mm。其热态间隙：进气门为 0.25mm，排气门为 0.30mm。

第一次调整完毕后，摇转曲轴 360°，再调整剩下的气门。

对于有减压机构的柴油机，在调整气门前，必须把减压机构手柄放在工作位置上。调完气门间隙后再复查一次，达到规定值后安装气门罩盖。

3. 配气相位的检查

配气相位失准会导致内燃机工作不稳、冒烟和功率下降等。在使用过程中除装配失误外，因配气机构一些零件的磨损也会改变配气相位。因此，内燃机必须定期检查配气相位。

配气相位的检查方法有两种：一是动态检查法，即内燃机着火运转时测定配气相位，这种检查需要一定设备；二是静态检查法，即内燃机静止时，用百分表和角度盘来检查配气相位。角度盘可以固定在曲轴前端或后端，亦可随曲轴旋转，并在角度盘附近机体上做一固定指针，百分表装在磁力表架上，把表架放在气缸盖上平面，百分表头抵在被测气门弹簧座上。

检查前要把气门间隙、凸轮轴轴向间隙调整到标准值，然后再找出 1 缸排气上止点，移动指针与刻度盘上的"0"相对；百分表头与进气门弹簧座相抵。

旋转曲轴，观察气门的移动及百分表指针停止的瞬间，此时指针在刻度盘指示的刻度值即是进气门打开的提前角。顺转内燃机曲轴，在下止点后也是在百分表指针刚停止的瞬间，立刻停转内燃机，此时指针在刻度盘上指示的刻度值减去 180°即是进气门关闭的迟后角。

将所测数值与该机规定值相比较，通过偏差的大小进行分析，找出原因并加以维修。如进气门开启角提前或迟后，关闭角相应提前或迟后，这种现象主要是因为正时齿轮装配记号失准、齿轮磨损严重、齿侧间隙过大、凸轮轴与凸轮轴齿轮之间滚键等。进气开启角迟后，关闭角相应提前，这种现象的主要原因是凸轮轴磨损严重，凸轮高度不够，应更换凸轮轴。

三、气门下陷量的检查与维修

气门座经多次铰削和研磨后直径增大，而气门修磨后直径减小，气门将下沉。这样会使内燃机压缩比下降。因此，在内燃机修理过程中，必须检查气门的下陷量，如图 3-50 所示。

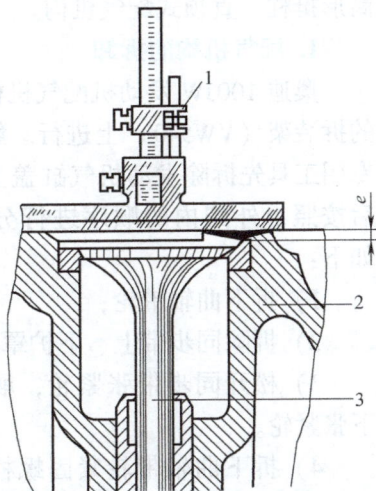

图 3-50　气门下陷量的检查

1—深度游标尺　2—气缸盖　3—气门

当下陷量超出规定值时，应重新换座圈或镗孔下座圈进行修复。镗孔下座圈时应注意以下几点：其一要选用与母体金属材料相近的金属材料制作镶圈；其二是过盈量要合适，过大会损伤座圈，过小会松动，冷态下一般采用 0.05~0.15mm 过盈量，热态下一般采用 0.20~0.25mm 过盈量。零件表面加工粗糙度值较低时采用过盈量小值，反之采用大值。

技能单二　配气机构的结构观察

一、观察的步骤

配气机构靠凸轮驱动，旋转的曲轴齿轮带动凸轮轴正时齿轮旋转，凸轮轴上按工作次序排列的凸轮，依次推动挺杆，推杆通过调整螺钉顶起摇臂的一端，则另一端推动气门下行，气门开启，按各缸工作次序，进、排气门依次打开或关闭，完成发动机的相应行程。由于曲轴正时齿轮齿数是凸轮轴正时齿轮齿数的 1/2，所以，曲轴每转两圈，凸轮轴转一圈，即发动机完成了一个工作循环 4 个行程。

凸轮轴的轴向定位由凸轮轴前端止推凸缘限制，凸缘用两个螺栓固定在缸体上，凸缘与凸轮轴第一轴颈面的距离，就是凸轮轴的轴向间隙。

挺柱是中空桶形的，安装在机体的挺柱孔中内。在凸轮轴旋转运动中，凸轮顶面将带动挺柱体上下运动，由于凸轮与挺柱为偏置所以挺柱同时做旋转运动，使挺柱底平面磨损均匀。

摇臂轴支承在各摇臂轴支架上，每个支架分别用一个缸盖螺栓和一个支架螺栓固定在气缸盖上。为了防止摇臂轴在工作时转动，摇臂后端的球头螺钉作为气门间隙的调整螺钉。

气门组由气门、气门弹簧、气门弹簧座、气门锁块、气门导管等组成。气门导管上装有气门油封，防止机油从导管的配合间隙中被吸入气缸内，造成积炭而影响工作。气缸盖上镶有气门座圈。

二、配气机构的拆装

奥迪 100JW 发动机配气机构，采用同步带驱动的单根上置凸轮轴、单列顶置气门、液压筒形挺柱、直顶式配气机构。

1. 配气机构的拆卸

奥迪 100JW 发动机配气机构解体应在专用的拆装架（VW540）上进行。解体时，应使用专用工具先拆除发动机气缸盖上的各附件，然后按照由外到内的顺序进行分解。具体步骤如下：

1）拆下曲轴带轮；

2）拆除同步带上、下护罩。

3）松开同步带张紧轮，取下同步带，拆下张紧轮。

4）拆下曲轴带轮紧固螺栓，拆下曲轴带轮，如图 3-51 所示。

5）拆下中间轴齿轮紧固螺栓，拆下中间

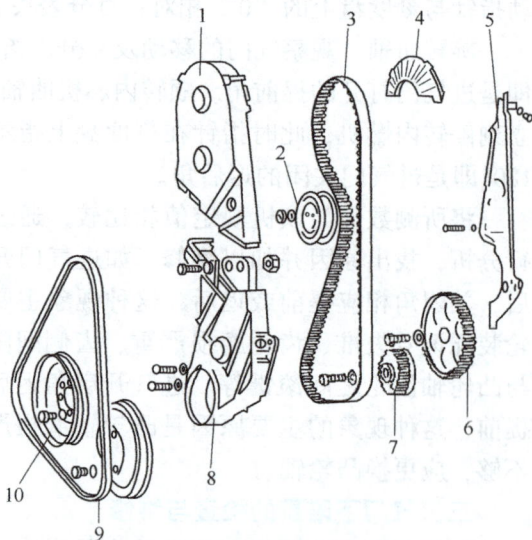

图 3-51　同步带传动分解

1—同步带上护罩　2—张紧轮　3—同步带　4—同步带护板
5—同步带后盖板　6—惰轮　7—同步带链轮
8—同步带下护罩　9—V 带　10—V 带轮

轴齿轮。

6）拆下气门罩盖的紧固螺母，取下加强条、气门罩盖、挡油罩及密封衬垫。

7）按顺序拆下缸盖紧固螺栓，取下气缸盖。

8）先松1、3、5道轴承盖螺母，再松2、4道轴承盖螺母，取下轴承盖及凸轮轴，轴承盖按顺序排列或打上装配标记，不得错乱。

9）取出液压挺柱，按顺序排列或在内壁上做出标记。

10）用专用工具压下气门弹簧，取出气门锁片、气门弹簧座、气门弹簧、气门油封及气门，各组件按顺序摆放好，不得错乱。

2. 配气机构的装配

按拆卸时的逆顺序操作，并注意下列事项：

1）装配前必须对零部件进行清洗、检验。

2）气门组件、液压挺柱、凸轮轴轴承盖等部件必须按原位装入，不得装错。

3）各紧固件必须按规定顺序和拧紧力矩拧紧。

4）安装同步带时，必须使凸轮轴同步带轮上的标记与气门罩盖平面平齐。

技能单三　气门间隙的检查调整

检查调整气门间隙如图3-52所示。

1）拆下气门室罩盖。

2）检查并紧固气缸盖螺栓及摇臂轴支架螺栓。

3）找1缸压缩上止点。在摇转曲轴的同时观察1缸进气门由开到关后，从飞轮检视口观察上止点标记与飞轮壳上的指针对准，或观察曲轴扭转减振器上的"0"与指针对准，即为1缸压缩上止点。

4）按发动机工作顺序1—5—3—6—2—4，以"全、排、排、空、进、进"的对应气门进行调整。

5）摇转曲轴一周（至上止点标记）即为6缸压缩上止点，再检查调整另外的6个气门。

6）摇转曲轴一周，复查先调的6个气门。

7）再摇转曲轴一周，复查后调的6个气门。

8）装复气门室盖。

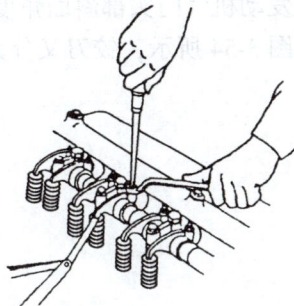

图3-52　检查调整气门间隙

技能单四　配气相位的检查

配气相位检查的操作步骤如下：

1）检查、调整好气门间隙。

2）将刻度盘安装在曲轴的前端。

3）在气缸盖平面上固定好百分表架，装上百分表，如图3-53所示。

4）摇转曲轴，准确找到第1缸上止点位置，将指针固定好，并使其对准刻度盘上的"0"位置。显然，第1缸的下止点为180°，其他各缸的上、下止点在刻度盘上的读数则可根据曲轴的形状准确找到，第4缸上、下止点时的读数与第1缸相同；第2、3缸上止点时的读数为180°，下止点时的读数为"0"。

5）检查某一气门的开闭时刻时，在该气门处于完全关闭状态下，将百分表测头抵在该气门弹簧座上，并使测头受到一定程度的压缩。缓慢转动曲轴，当百分表表针开始微动时，指针所指刻度盘上的读数与该缸相应止点位置时的读数差，即为气门开启提前角。继续转动曲轴，当百分表测头与弹簧座脱离接触后，再一次相抵时，观察百分表，当表针由摆动到完全停止摆动时，指针所指刻度盘上的读数与该缸另一止点位置时的读数之差，即为气门迟后关闭的角度。

6）为准确起见，可重复检查2～3次，取平均值。

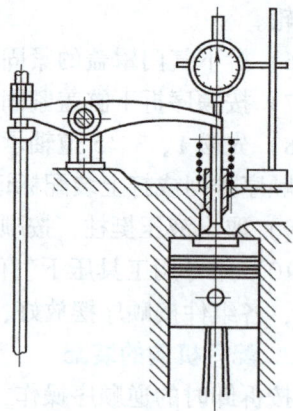

图3-53　配气相位的检查

技能单五　气门与气门座铰研

一、铰削气门座

1）根据气门头的直径和环带斜面的角度，选择一组合适的铰刀，并根据气门杆的直径选择合适的铰刀杆。铰刀杆以插入气门导管内能灵活转动而不松旷为宜。

2）根据进、排气门环带斜面的不同角度选择气门座铰刀，并将铰刀固定在铰刀杆上。发动机气门头部斜面角度一般为45°，每组气门铰刀有45°、15°和75°三种不同的角度，如图3-54所示，铰刀又分为精铰刀和粗铰刀两种。

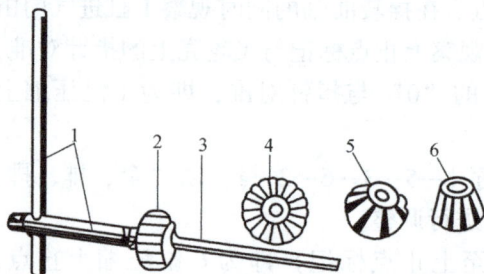

图3-54　气门座铰刀
1—刀杆与刀架　2—45°精铰刀　3—刀杆导向部分
4—15°铰刀　5—45°粗铰刀　6—75°铰刀

3）粗铰45°斜面，直到消除烧蚀的痕迹为止。气门座密封环带有硬化层时，可先用粗砂布垫在铰刀下面磨除硬化层，以防影响铰削的质量。

4）铰修气门座斜面宽度。用15°铰刀在气门座斜面上方缩小其宽度；用75°铰刀在气门座斜面下方缩小其宽度。气门座接触环带的位置应位于其斜面的中间并偏向于气门杆部。如环带偏向斜面上部，需加大15°斜面的铰削量进行修整。如环带偏向气门杆部，则需加大75°斜面的铰削量进行修整。

气门座斜面接触环带的宽度一般在2～2.5 mm之间。

5）精铰45°斜面。气门座的铰削顺序如图3-55所示。

6）铰削时注意尽量减小铰削量。在整个圆周上用力要均匀，铰刀不能倒转，磨损过大的气门导管必须更换。

a)   b)   c)   d)

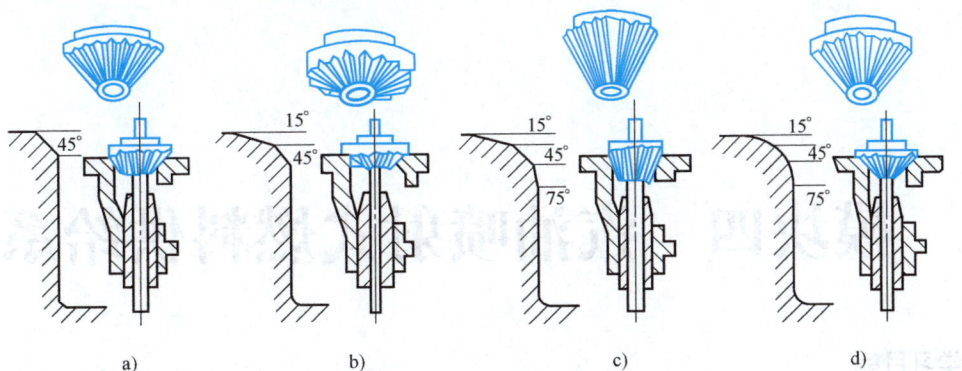

图 3-55 气门座的铰削顺序

二、手工法研磨气门

研磨气门应将气门、气门座、导管清洗干净。通过选配，应使各缸气门头下陷量趋于一致，并在气门头部平面做好位置记号，以免错乱。

1）在气门斜面上涂上一层气门砂，在气门杆上涂机油，将气门插入导管内，用粗砂研磨，后用细砂精磨。

2）使用气门捻子将气门上下往复并旋转进行研磨，以变换气门与座的磨合位置，保证研磨均匀，研磨时不要过分用力，以免将斜面环带变宽或磨出凹形槽痕。

3）当气门斜面与气门座斜面研出一条完整、乌洁的环带时，将气门砂洗净，在斜面上涂上机油，再研磨 3～5min 即可。

4）研磨好的接触环带应乌洁，接触宽度一般为 1.5～2.0mm。

5）检查气门与气门座的密封性。

① 画线法。用铅笔在气门密封环带上，沿圆周画出均布的若干条与母线平行的铅笔线。然后插入气门座内，按紧气门头并旋转 1/4～1/2 圈。取出气门，观察铅笔线被切断情况。如果铅笔线均被切断，则说明密封性良好；如果有部分线条被切断，说明密封性不好，有漏气的区域，需重新研磨气门，如图 3-56 所示。

② 渗油法。将研磨好的气门洗净，并安装好，将气缸盖倒置，然后在气门顶面上倒入煤油，若在 5min 内没有渗漏，即为良好；若有渗漏，说明密封性不好，需要重新研磨。

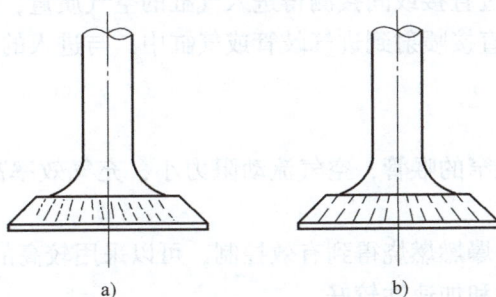

a)   b)

图 3-56 铅笔线被切断情况

a) 密封情况不良 　b) 密封情况良好

模块四 汽油喷射式燃料供给系

🖌 **学习目标**

1）能解释汽油喷射系统的分类及电控汽油喷射系统的组成、功用；
2）理解电控汽油喷射系统的构造及工作原理；
3）能够进行燃油喷射系统主要部件的拆装、检测及电喷发动机的故障诊断与检修。

单元一　汽油喷射系统概述

一、汽油喷射的基本概念

1. 汽油机燃料供给系的功用

汽油机所用的燃料是汽油。汽油在未输入气缸前，需先喷散成雾状（雾化和蒸发）并按一定的比例与空气混合形成均匀的混合气。这种按一定比例混合的汽油空气混合物，称为可燃混合气。可燃混合气中燃油含量的多少称为可燃混合气浓度。

汽油机供给系的功用是：根据发动机各种不同工况的要求，配制出一定数量和浓度的可燃混合气，供入气缸，使之燃烧做功。最后，供给系还应将燃烧产物——废气排至大气中。

2. 汽油喷射的基本概念

传统的汽油机燃料供给系统以化油器为主。化油器式发动机存在的主要缺点是充气效率较低、混合气质量分配不够均匀，从而影响发动机的动力性、经济性，同时，化油器式发动机的排放性能较差，不利于环保，因此，化油器式燃料供给系已被汽油喷射式燃料供给系取代。电控燃油喷射系统通过直接或间接测得进入气缸的空气质量，发动机控制器控制喷油器将一定数量和压力的汽油直接喷射到进气歧管或气缸中，与进入的空气在进气管或气缸中混合而形成可燃混合气。

二、汽油喷射的优点

1）进气管道中没有狭窄的喉管，空气流动阻力小，充气效率高，增加了发动机的功率和转矩。

2）进气温度较低而使爆燃燃烧得到有效控制，可以采用较高的压缩比。

3）发动机的冷起动性和加速性较好。

4）可对空气与燃油的混合比与点火提前角进行精确的控制，使发动机在任何工况下都处于最佳的工作状态，对过渡工况的动态控制更是传统化油器式发动机无法实现的。

5）多点汽油喷射系统可使发动机各缸混合气的分配更均匀、合理。

6）可节省燃料并减少废气中的有害成分（具有急减速断油功能）。

采用汽油喷射系统的发动机与传统的化油器式发动机相比，可使发动机的功率提高5%～10%，油耗降低5%～10%，有害排放减少15%～20%。

三、汽油喷射系统的类型

汽油机燃料喷射系统种类较多，归纳起来有下列几种分类。

（一）按喷射装置的控制方式分类

按喷射装置控制方式的不同可将汽油喷射系统分为机械控制式（K型）、机电结合控制式（K-E型）和电子控制式（EFI型）三类。其中前两种已被电子控制式取代。

电子控制式（EFI型）汽油喷射系统如图4-1所示。该系统通过各种传感器监测发动机的运行状态参数（转速、空气流量、大气压力、进气温度、冷却液温度、排气中的氧含量等），发动机ECU对相关参数进行分析、比较、计算后，发出控制喷油量和点火时刻等多种执行指令，通过对喷油时间长短（喷油脉宽）的调节来控制喷油量，实现对混合气空燃比的精确控制。

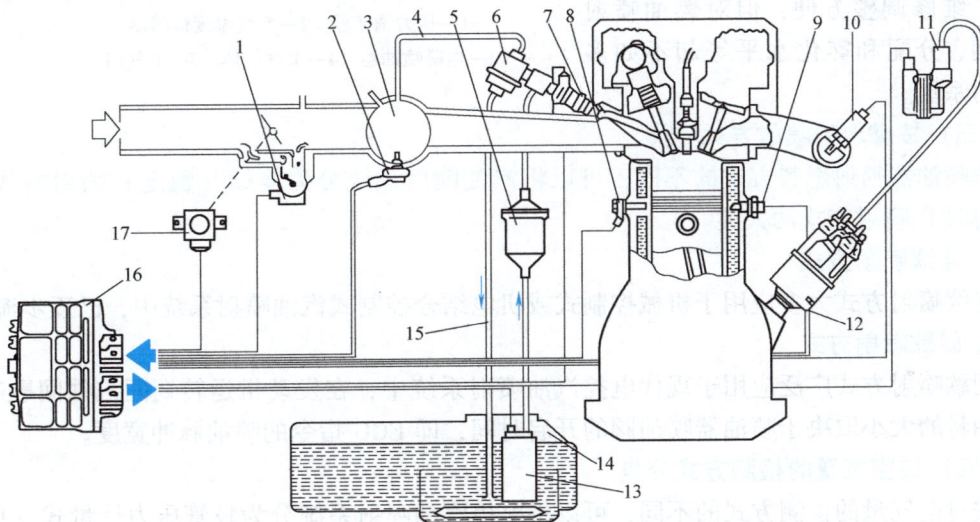

图4-1　电子控制式汽油喷射系统

1—怠速稳定阀　2—进气压力、进气温度传感器　3—空气缓冲平衡箱　4—油压调节器控制管路
5—汽油滤清器　6—油压调节器　7—喷油器　8—爆燃传感器　9—冷却液温度传感器　10—氧传感器
11—点火线圈　12—霍尔传感器　13—汽油泵　14—汽油箱　15—燃油回油管
16—发动机控制单元（ECU）　17—节气门开度传感器

（二）按喷油器的布置方式分类

按喷油器布置方式的不同，可以将汽油喷射系统分为多点喷射和单点喷射两种。多点喷射又分为进气道喷射和气缸内喷射。

1. 多点喷射

多点喷射的特点是在每个气缸分别安装各自的喷油器，每一气缸所需的喷油量分别由各自的喷油器供给。为了提高发动机的冷起动性能，通常还在进气歧管前的进气道内加装冷起动喷嘴，提高发动机的冷起动性能。

进气道喷射可以采用低压供油方式，并将喷油器装在进气歧管靠近进气门的位置。气缸内喷射需采用高压供油方式（一般为3.0～4.0MPa），才能将燃料通过喷油器直接喷入气缸。由于汽油黏度低，高压喷射困难多，对供油装置要求高，成本高。目前四冲程汽油机多采用进气道喷射。

2. 单点喷射

单点喷射是指在节流阀体上安装一只或两只喷油器，如图4-2所示，向进气歧管中喷油形成燃油混合气，进气行程时，燃油混合气被吸入气缸内。这种喷射系统因喷油器位于节流阀体上集中喷射，故又称节流阀体喷射系统（TBI）。其特点是采用很低的喷油压力（只有0.1MPa），降低了对泵油系统各零部件的要求，成本低，结构简单，维修调整方便；但对燃油喷射的控制、分配和雾化水平等却不如多点喷射系统。

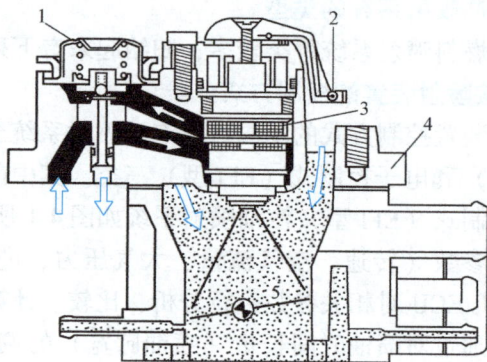

图 4-2　中央喷射单元的构造

1—压力调节器　2—空气温度传感器
3—电磁喷油器　4—节气门体　5—节气门

电子控制单点汽油喷油系统

（三）按燃料的喷射方式分类

按喷油器喷射燃料方式的不同，可以将汽油喷射系统分为连续（稳定）喷射方式和间歇（脉冲）喷射方式两大类。

1. 连续喷射方式

连续喷射方式大多应用于机械控制式或机电结合控制式汽油喷射系统中，已逐步淘汰。

2. 间歇喷射方式

间歇喷射方式广泛应用于现代电控汽油喷射系统中，在发动机运转期间汽油间歇喷射，其喷油量的大小取决于喷油器喷油阀的开启时间，即ECU指令的喷油脉冲宽度。

（四）按空气量的检测方式分类

按对空气量的检测方式的不同，可以将电控汽油喷射系统分为歧管压力计量式（D型）和空气流量计量式（L型）两种。

1. D型电控汽油喷射系统

该系统通过进气歧管绝对压力传感器检测进气歧管绝对压力，来间接测量发动机吸入的空气量。由于进气流在进气管内的压力波动，该方法的测量精度较差。

2. L型电控汽油喷射系统

该系统通过空气流量计检测空气流量，来测量发动机吸入的空气量，实现对空燃比的精确控制。空气流量计对空气流量的检测又可分为体积流量型和质量流量型。

（1）体积流量型　采用翼片式（叶片式）空气流量计或卡门旋涡式空气流量计。即通过计量气缸充气的体积量，将该物理量转变成电信号输送至电子控制单元（ECU），电子控制单元（ECU）依据空气流量计、进气温度传感器、大气压力传感器等相关数据计算出与该体积的空气相适应的燃油质量，以控制混合气空燃比在最佳值。德国博世（Bosch）公司将这种类型的电控汽油喷射系统称为L-Jetronic系统，如图4-3所示。

（2）质量流量型　采用热线式空气流量计或热膜式空气流量计。采用这种方法计量空

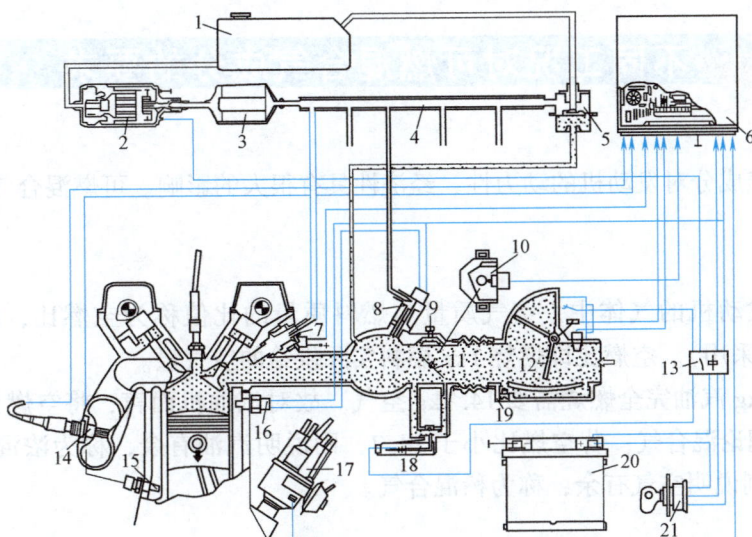

图 4-3　L 型电控汽油喷射系统（体积流量型）

1—燃油箱　2—汽油泵　3—滤清器　4—供油总管　5—压力调节器　6—电控单元　7—喷油器　8—冷起动阀
9—急速调节螺钉　10—节气门位置传感器　11—节气门　12—空气流量计　13—继电器组　14—氧传感器
15—发动机温度传感器　16—温度时间开关　17—分电器　18—补充空气阀　19—急速混合器调节螺钉
20—蓄电池　21—点火开关

气的电控汽油喷射系统，直接测量进入气缸内空气的质量，将该空气的质量转换成电信号，输送给电子控制单元作为控制空燃比的主要数据。Bosch 公司的 LH-Jetronic 系统即为热线式电控汽油喷射系统，如图 4-4 所示。

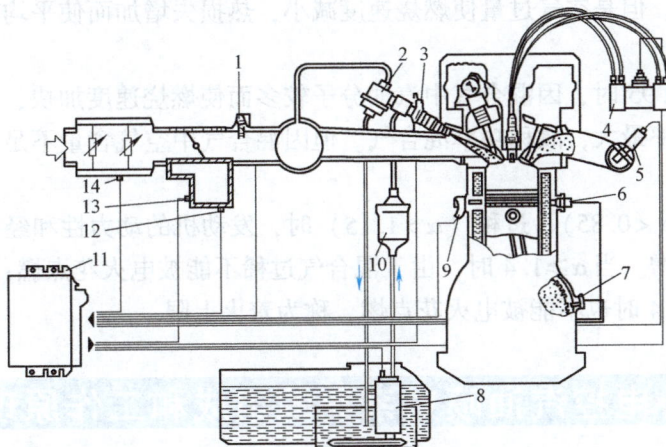

图 4-4　L 型电控汽油喷射系统（质量流量型）

1—进气温度传感器　2—油压调节器　3—喷油器　4—点火线圈　5—氧传感器　6—冷却液温度传感器　7—转速传感器
8—电动燃油泵　9—爆燃传感器　10—汽油滤清器　11—电子控制单元（ECU）　12—节气门控制器
13—急速电动机（与节气门控制单元一体）　14—热线式空气流量计

　　采用此系统提供给电控单元的空气质量流量的绝对值，不需要再对其进行进气真空度的修正，也就不需要再设置进气管压力传感器来测试空气的真空度。

单元二　不同工况对可燃混合气成分的要求

可燃混合气成分对发动机的动力性、经济性具有很大的影响。可燃混合气的成分通常有三种表示方法。

1. 空燃比

实际吸入发动机的气体中，空气质量与燃料质量的比值称为空燃比，用符号 R 表示（多为欧美国家采用）。空燃比即燃烧 1kg 燃料实际供给的空气量。

理论上，1kg 汽油完全燃烧需要 14.7kg 空气。故对汽油机而言，将空燃比为 14.7 的可燃混合气称为理论混合气；若空燃比小于 14.7，则说明汽油有余，称为浓混合气；若空燃比大于 14.7，则说明空气有余，称为稀混合气。

2. 燃空比

空燃比的倒数称为燃空比，用符号 λ 表示，即 $\lambda = 1/R$（λ 为日本工业标准 JIS 多采用）。

3. 过量空气系数

燃烧 1kg 燃料实际供给的空气质量与理论上 1kg 燃料完全燃烧所需的空气质量之比称为过量空气系数，用符号 α 表示。

根据上述定义，$\alpha = 1$ 的可燃混合气即为理论混合气；$\alpha < 1$ 的可燃混合气为浓混合气；$\alpha > 1$ 的可燃混合气则为稀混合气。

当 $\alpha = 1.05 \sim 1.15$ 时，可使所有的汽油分子获得足够的氧气而完全燃烧，经济性最好，故称为经济混合气。但是空气过量使燃烧速度减小，热损失增加而使平均有效压力和发动机的功率略有下降。

当 $\alpha = 0.85 \sim 0.95$ 时，因混合气中汽油分子较多而使燃烧速度加快，热损失减小，最高压力高，输出的功率最大，故称功率混合气。但因混合气中空气含量不足，致使其燃烧不完全，经济性较差。

混合气过浓（$\alpha < 0.85$）、过稀（$\alpha > 1.15$）时，发动机的动力性和经济性均不理想，即功率下降，油耗剧增。当 $\alpha \geqslant 1.4$ 时，由于混合气过稀不能被电火花点燃；当 $\alpha = 1.4$ 时，称为着火下限；$\alpha = 0.4$ 时也不能被电火花点燃，称为着火上限。

单元三　电控汽油喷射系统的组成和工作原理

尽管汽油发动机电子控制系统类型繁多，但它们都具有相同的控制原则：以电子控制单元（ECU）为控制核心，以空气流量计和发动机转速为控制基础，以喷油器、点火器和怠速空气调整阀等为控制对象，保证获得与发动机各种工况相匹配的最佳混合气和点火时刻。相同的控制原则决定了各类电控系统具有相同的组成和类似的结构。发动机电子控制系统一般由空气供给系统、燃油供给系统和电子控制系统三部分组成。

一、空气供给系统

空气供给系统的功用是控制并测量吸入发动机的空气量，提供可燃混合气形成所需的空气。它主要由空气滤清器、空气流量计、节气门体、进气总管、进气歧管和急速空气阀等组成。

以 L 型汽油喷射系统为例，发动机在运行时，空气流量由节气门控制。经空气滤清器过滤，由空气流量计计量后，通过节气门体进入进气总管，再分配到各进气歧管内，空气与喷油器喷出的汽油混合后被吸入气缸内燃烧。

如图 4-5 所示，在发动机冷却液温度较低时，为加快暖机过程，急速空气阀加大旁通空气通道的开度，以满足快怠速时所需较多的空气量，空气绕过节气门直接进入进气总管。随着发动机冷却液温度的升高，急速空气阀调节的旁通空气通道开度逐渐减小，旁通空气量也随之减小，发动机转速逐渐降低至正常怠速。

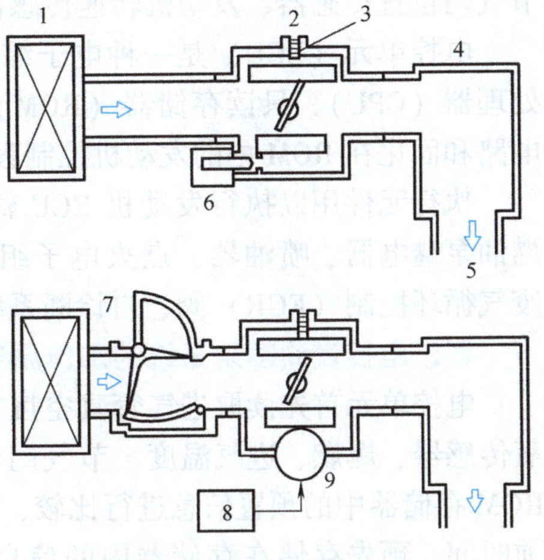

图 4-5　急速及快怠速控制

1—空气滤清器　2—节气门体　3—急速调整螺钉
4—进气总管　5—进气歧管　6—急速空气阀
7—空气流量计　8—ECU　9—急速控制阀

二、燃油供给系统

燃油供给系统的功用是供给气缸燃烧所需的汽油。它主要由燃油泵、燃油滤清器、燃油脉动阻尼器、喷油器、燃油压力调节器和输油管道等组成如图 4-6 所示。

燃油由燃油泵从油箱中泵出，经燃油滤清器滤去除燃油中的杂质，进入供油总管，总管中的油压由压力调节器调节，脉动阻尼器消除喷油时产生的微小脉动，确保喷油量精确。喷油器根据发动机 ECU 的指令，开启喷油阀，将适量的燃油喷入各进气歧管或进气总管中。

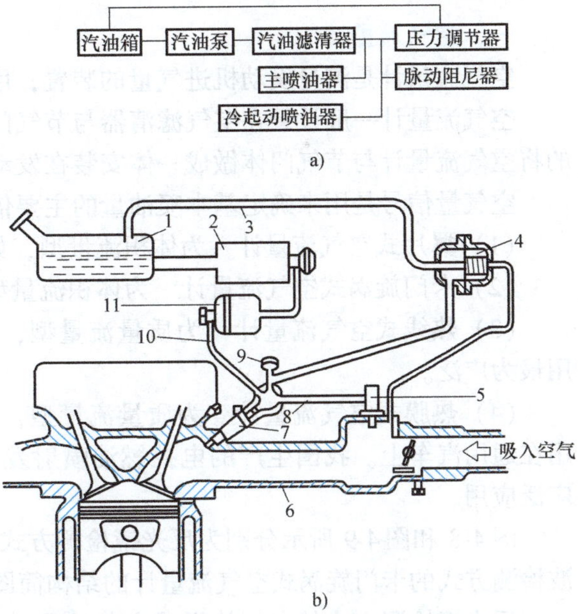

三、电子控制系统

电子控制系统的功用是根据发动机运转状况和车辆运行状态确定汽油的最佳喷射量和点火时刻等。该系统主要由传感器、电控单元（ECU）和执行元件（执行器）组成。

传感器用以监测发动机的实际运行状况，将发动机各种工况下的运行参数转变为电信号输送到电控单元（ECU）。传感器主要有：空气计量传感器、进气温度传

a)

b)

图 4-6　燃油供给系统

a）系统框图　b）系统构成图（MPI）

1—汽油箱　2—汽油泵　3—回油道　4—汽油压力调节器
5—冷起动喷油器　6—各缸进气歧管　7—喷油器
8—输油管　9—汽油脉动阻尼器
10—进油管　11—汽油滤清器

感器、大气压力传感器、进气歧管绝对压力传感器、曲轴位置传感器、凸轮轴位置传感器、节气门位置传感器、发动机转速传感器、氧传感器、爆燃传感器等。

电控单元（ECU）是一种电子综合控制装置，是电子控制系统的核心。它主要由中央处理器（CPU）、只读存储器（ROM）、随机存储器（RAM）、输入和输出接口电路、驱动电路和固化在 ROM 中的发动机控制程序等组成。

执行元件用以执行发动机 ECU 输出的各种控制指令。执行器主要有：燃油泵继电器、喷油器、点火电子组件（点火器）、怠速控制（ISC）阀、废气循环控制（EGR）阀、自诊断系统、故障备用程序和仪表等。

电子控制单元

四、电控汽油喷射系统的工作原理

电控单元首先读取进气管真空度（进气流量）、发动机转速、冷却液温度、大气压力、氧传感器、爆燃、进气温度、节气门位置等传感器输入的信息，然后将这些信息与储存在 ROM 存储器中的预置信息进行比较，进而确定在这种状态下发动机所需的供油量和点火提前时间。预先存储在存储器内的信息是由发动机优化数据实验获得的。进气歧管真空度（或进气量）和发动机转速是主要参数，电控单元根据主要参数可以确定在此工况下的基本燃油供给量和基本的点火时刻。其他几个参数为修正参数，对基本量起修正作用。

单元四　空气供给系主要装置的结构与工作原理

一、空气流量计

空气流量计是测量发动机进气量的装置，用于 L 型汽油喷射系统中。

空气流量计一般设置在空气滤清器与节气门体之间，也有的安装在空气滤清器上，还有的将空气流量计与节气门体做成一体安装在发动机上。

空气量信号是用来确定基本喷油量的主要依据之一。按其结构形式可分为以下四种。

（1）翼片式空气流量计　为体积流量型，如图4-7所示。

（2）卡门旋涡式空气流量计　为体积流量型，三菱和丰田汽车上用得较多。

（3）热线式空气流量计　为质量流量型，目前应用最为广泛。

（4）热膜式空气流量计　为质量流量型，大多应用在通用汽车上。我国生产的电控燃油喷射发动机也广泛应用。

图4-8 和图4-9 所示分别为反光镜检测方式和超声波检测方式的卡门旋涡式空气流量计的结构简图。

反光镜检测方式的卡门旋涡式空气流量计是把涡流发生器两侧的压力变化，通过导压孔引向薄金属制成的反光镜表面，使反光镜产生振动，反光镜振动时将发光管投射的光反射给光电管，对反射信号进行检测，即可求得旋涡的频率。

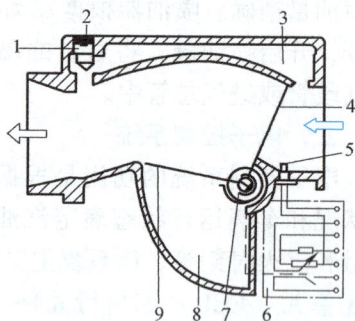

图4-7　翼片式空气流量计的结构示意图

1—CO 调整螺钉　2—密封垫　3—旁通空气道
4—翼片　5—空气温度传感器　6—电位计
7—回位弹簧　8—缓冲室　9—缓冲板

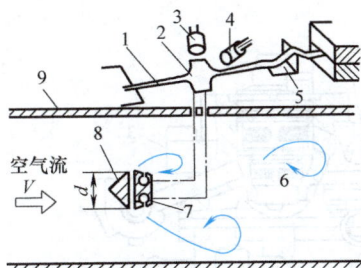

图 4-8　卡门旋涡式空气流量计
（反光镜检测方式）的结构简图

1—支承杆　2—反光镜　3—LED　4—光电管
5—板簧　6—卡门旋涡　7—导压管
8—涡流发生器　9—管路

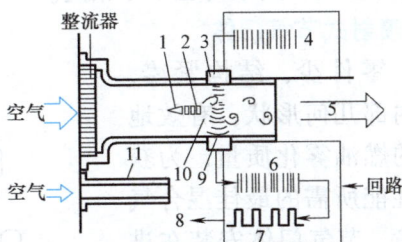

图 4-9　卡门旋涡式空气流量计（超声波
检测方式）的结构简图

1—涡流发生器　2—涡流稳定板　3—信号发生器
4—超声波发生器　5—通往发动机　6—与涡流
对应的疏密声波　7—整形矩形波（脉冲）
8—接计算机　9—接收器　10—卡门涡旋
11—旁通通路

卡门涡流式空
气流量计（一）

卡门涡流式空
气流量计（二）

超声波检测方式的卡门旋涡式空气流量计是利用卡门旋涡引起的空气密度变化而引起超声波的振幅、频率及相位变化进行测量的。在空气流动方向的垂直方向安装超声波发生器和信号发生器，在其对面安装超声波接收器。从信号发射器发出的超声波因受卡门旋涡造成的密度变化的影响，到达接收器时使其振幅、相位和频率发生变化，接收器经整形、放大后形成与涡流数目相对应的矩形脉冲信号输送给发动机 ECU，发动机 ECU 据此对比、计算出实际进气量。

涡流式空气流量计的响应较快，并且具有进气阻力小、无磨损、测量精度高等优点，但成本较高，多用在高档轿车上。

二、进气歧管绝对压力传感器

D 型 EFI 系统通过进气管压力和发动机转速推算发动机进气量。用绝对压力传感器测定进气管压力。

进气歧管绝对压力传感器种类较多，根据信号产生原理不同，可分为半导体压敏电阻式、电容式、膜盒传动的可变电感式和表面弹性波式等，其中电容式和半导体压敏电阻式在发动机电控系统中应用较为广泛。

半导体压敏电阻式传感器利用的是半导体的压敏效应，其具有尺寸小、精度高、成本低和响应性、再现性、抗振性好等优点。其结构如图 4-10 所示，它是由压力转换元件和把转换元件输出信号进行放大的混合集成电路等构成的。

三、节气门体

节气门体的主要功用是通过改变节气门开度的大小，来改变进气道截面积，控制发动机运转工况，通过节气门位置传感器检测发动机的负荷。因燃油供给方式的不同，对发动机怠

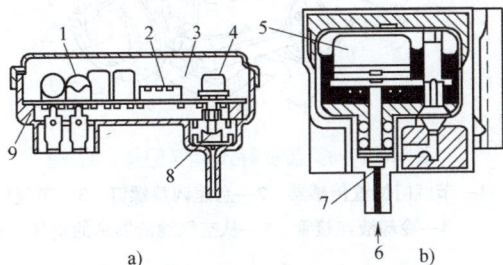

图 4-10　半导体压敏电阻式进气压力传感器

1—EMI 过滤器　2—混合集成电路　3—真空室
4、5—压力转换元件　6—连接管
7、8—滤清器　9—外壳

速控制方式不同等原因，其结构也不尽相同。

（一）单点喷射式节气门体

结构特点：零件少，结构紧凑，有一个全新的内部几何形状，有效地改善了喷油器的燃油雾化质量，为获得改善发动机性能所需的最佳混合气提供有效的保障。节气门体安装在进气管上。其结构如图4-11所示。

（二）多点喷射式节气门体

图4-12所示为多点喷射式节气门体结构。

（三）整体式节气门体

整体式节气门体的结构如图4-13所示，主要由节气门位置传感器、怠速节气门位置传感器、怠速开关、怠速直流电动机以及一套齿轮驱动机构组成。其中节气门位置传感器、怠速节气门位置传感器为线性输出型传感器，怠速开关为开关式输出型传感器。发动机怠速不能人工调整，只能通过电控系统故障诊断仪的基本设定功能进行怠速设定。

图4-11　单点喷射系统节气门体结构

1—进气温度传感器　2—喷油器　3—上体　4—燃油进口
5—热水接口　6—再循环电磁阀　7—下体　8—节气门位置传感器
9—怠速执行器　10—热水接口　11—回油口　12—压力调节器

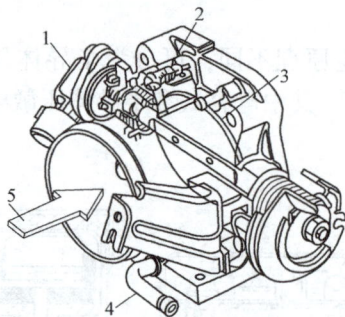

节气门位置传感器用于检测节气门开度信号，判断发动机的各种运行工况，发动机控制单元依据该信号进行各工况下的燃油量和点火正时的控制。如果控制单元没有得到节气门位置传感器信号，控制单元将根据发动机转速和空气流量信号计算出一个替代值。此时发动机即处于应急运转状态（故障模式运转）。故障信号以故障码的形式储存，通过电控系统诊断仪或人工提取的方法可读取出来。

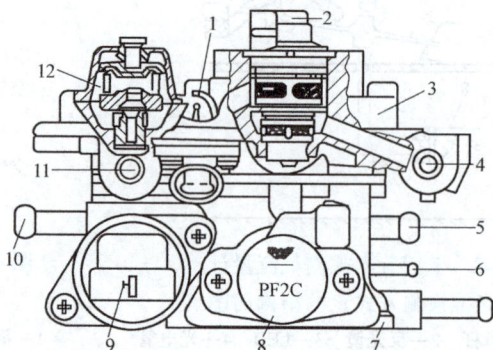

图4-12　多点喷射式节气门体的结构

1—节气门位置传感器　2—怠速调整螺钉　3—节气门
4—冷却液连接管　5—从空气滤清器来的空气

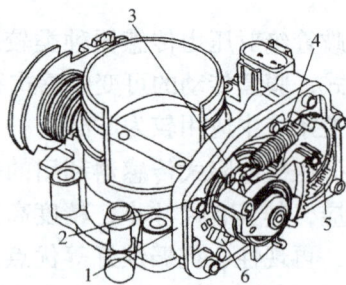

图4-13　捷达都市先锋发动机节气门体

1—整体式怠速稳定装置　2—怠速开关　3—怠速节气门
位置传感器　4—应急弹簧　5—怠速电动机
6—节气门位置传感器

怠速节气门位置传感器（电位计）如图4-14所示。它与怠速直流电动机连接在一起，其输出信号的变化只受怠速直流电动机控制。当发动机进入怠速工况时，节气门在怠速直流电动机的驱动下动作，传感器将阻值变化转换为相应的电信号输送给发动机控制单元ECU，

发动机控制单元 ECU 根据此信号确定怠速节气门的位置，使发动机随怠速负荷的变化稳定运行。

怠速开关如图 4-15 所示。它与节气门主驱动轴直接连接，是触点式开关。当节气门主驱动装置复位时，触点开关闭合，ECU 检测到发动机已进入怠速工况，根据该信号及此时发动机的负荷来调节供油量和发动机转速。如果此信号中断，控制单元 ECU 将对节气门位置传感器及怠速节气门位置传感器提供的数据进行比较。根据这两个传感器的输入信号来判断节气门是否处于怠速状态。

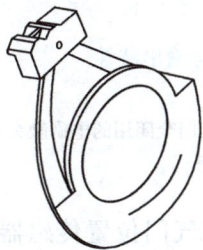

图 4-14　怠速节气门电位计　　　　　　　　　　　图 4-15　怠速开关

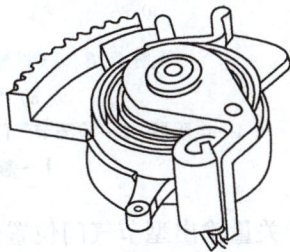

在节气门体内还装有怠速直流电动机，它是一个受电控单元控制的电动机，在怠速调节范围内通过齿轮传动机构来操纵节气门动作。当发动机怠速运转时，如冷却液温度较低、空调或动力转向的使用等原因导致发动机负荷增大，为使发动机怠速稳定，怠速电动机经传动机构驱动节气门，使其开度增大来增加发动机的进气量，以满足在怠速工况下负荷增加的要求。反之，怠速减载时，在该电动机的作用下，使节气门的开度减小，以满足发动机正常怠速工况要求，保证发动机怠速运行稳定。如果电动机执行功能失灵或电动机发生故障，通过回位弹簧将节气门拉到规定的怠速运行开度。故障码将储存怠速故障。

这种整体式的节气门体取消了节气门的旁通通道，怠速调节直接在节气门上进行。减少了零件数目，减少了漏气的可能性，使怠速故障发生率降低。

（四）节气门体主要组成部件的结构和工作原理

1. 节气门位置传感器

节气门位置传感器安装在节气门体上，可以同时把节气门开度、怠速、负荷等信号转换成电压信号输入发动机控制单元 ECU 中，控制单元可以根据发动机的各种典型工况对其喷油量及点火提前角进行最佳控制。节气门位置传感器有线性输出和开关量输出两种类型。

（1）线性输出型节气门位置传感器　线性输出型节气门位置传感器的结构如图 4-16a 所示。在传感器上安装了两个与节气门联动的电刷触头，其中一个电刷触头在印制电路基片上的滑片电阻上滑动，利用电阻值的变化，测得与节气门开度对应的线性输出电压，根据输出的电压值，可知节气门的开度。另一个电刷触头在节气门关闭时与怠速触点 IDL 接触。IDL 信号主要给 ECU 提供怠速信号，用于断油控制和点火提前角修正。节气门的开度输出信号 V_{TA} 则使 ECU 对喷油量进行控制。随着节气门开度的增大，节气门开度输出电压线性增大，如图 4-16b 所示。

图 4-17 所示为整体式节气门体节气门位置传感器，其设置在整体式怠速稳定装置中，直接连在节气门轴上，是一个环形电阻。当节气门位置改变时，落在节气门电阻上的滑动臂随之改变位置，使输出电阻值发生变化，随时向 ECU 提供全部调节范围内的节气门位置的信号。

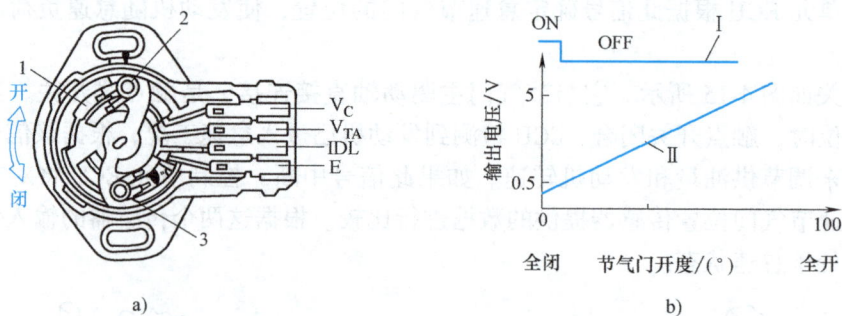

图 4-16 线性输出型节气门位置传感器结构与输出特性

a）传感器结构 b）传感器输出特性

1—电阻器 2—检测节气门开度用的电刷触头 3—检测节气门全闭用的电刷触头

Ⅰ—怠速触点信号 Ⅱ—节气门开度信号

（2）开关量输出型节气门位置传感器 开关量输出型节气门位置传感器由一个可动触点和两个固定触点（功率触点和怠速触点）构成，如图4-18a所示。可动触点可沿导向凸轮沟槽移动，导向凸轮由固定在节气门轴上的控制杆驱动。

节气门全闭时，可动触点与怠速触点接触，可检测节气门的关闭状态；当节气门开度达到50%以上时，可动触点与功率触点接触，可检测节气门大开度状态；在中间开度时可动触点与其他触点均不接触。这种传感器只能得到发动机典型工况信号。与线性输出型传感器相比，开关量输出型传感器具有结构简单，价格低廉等优点，但节气门开度的检测性差，其输出特性如图4-18b所示。

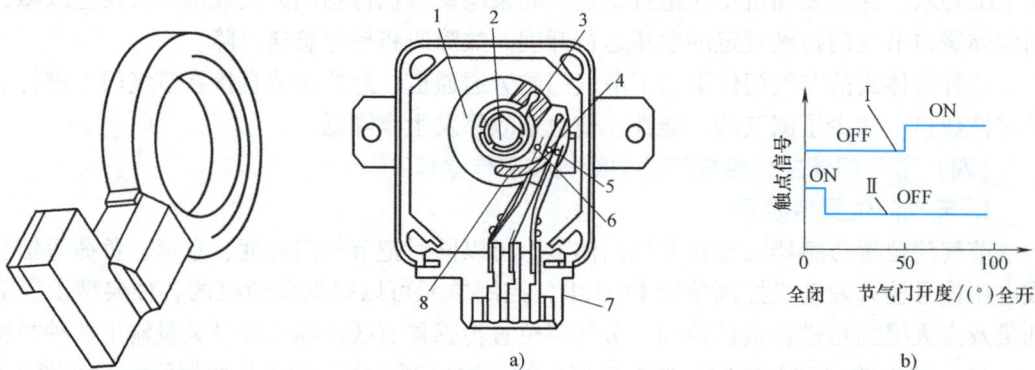

图 4-17 整体式节气门体节气
门位置传感器

图 4-18 开关量输出型节气门位置传感器的结构与输出特性

a）传感器的结构 b）传感器的输出特性

1—导向凸轮 2—节气门轴 3—控制杆 4—可动触点
5—怠速触点 6—功率触点 7—联动装置 8—导向凸轮槽

Ⅰ—功率触点输出信号 Ⅱ—怠速触点输出信号

2. 急速空气调整阀

急速空气调整阀的功用是：稳定发动机急速转速，降低汽车急速行驶时的燃油消耗量；在发动机急速运行时，若负荷增大，如接通空调、动力转向和液力变矩器等，需提高急速转速（快急速），防止发动机熄火。它是通过控制节气门旁通气道的方式来实现急速调整的。根据其结构特点可将其分为双金属片式、石蜡式、电磁式、旋转滑阀式和步进电动机式五种。

（1）双金属片式怠速空气调整阀 双金属片式怠速空气调整阀是发动机低温起动时、起动后暖车过程中，使辅助空气阀打开增加空气量的一种快怠速机构。它由绕有电热线的双金属片和空气旁通道遮门等组成，如图4-19所示。

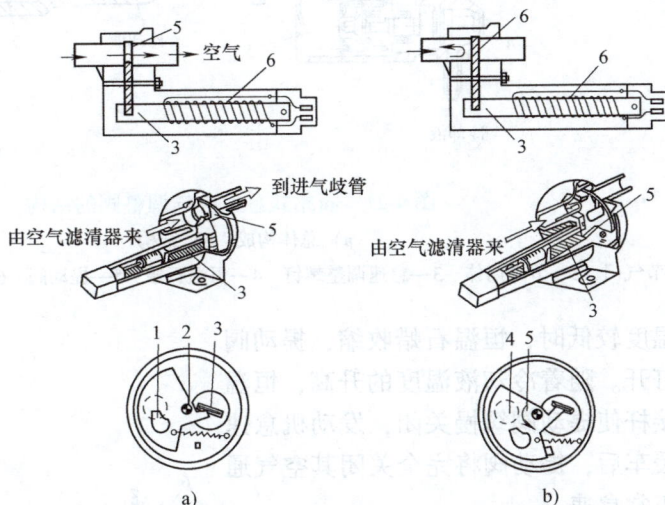

图4-19 双金属片式怠速空气阀的结构及工作原理
a）打开状态 b）关闭状态
1—转阀开口 2—支承销 3—双金属片
4—空气旁通道 5—转阀 6—电热丝

辅助空气阀的开口截面受遮门动作的控制，而遮门受双金属片的控制，双金属片根据温度变化而变形。它一般不安装在节气门体上，而是安装在发动机温度最敏感的部位，如图4-20所示。

发动机温度低时，遮门打开，此时因节气门关闭，从空气调整器流入额外的空气使吸入气缸的空气量增多，怠速变高，成为快怠速状态。

图4-20 双金属片式怠速空气阀安装示意图
1—空气阀 2—怠速调整螺钉 3—至发动机
4—节气门 5—来自空气滤清器

发动机起动后，电流通过点火开关使怠速空气调整阀的双金属片受热而慢慢将遮门关闭。空气的流入量减少，发动机的转速下降。暖车后，遮门完全关闭空气旁通道，恢复正常怠速运转。

遮门的初起开度取决于周围温度，之后随双金属片被电热线加热弯曲而变小。一般周围温度在-20℃以下时，遮门使旁通空气阀全开；而在60℃以上时，使旁通空气阀完全关闭。

（2）石蜡式怠速空气调整阀 石蜡式怠速空气调整阀根据发动机的冷却液温度控制空气旁通道截面积，控制力来自恒温石蜡随周围温度变化而产生热胀冷缩。为了简化结构，大多采用与节气门体加热共用的冷却液管路一体化结构，如图4-21a所示。图4-21b所示为石蜡式怠速空气调整阀的结构。

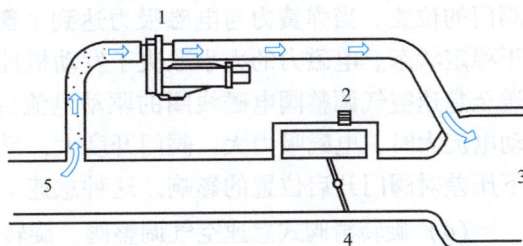

节气门体和石蜡
式辅助空气阀

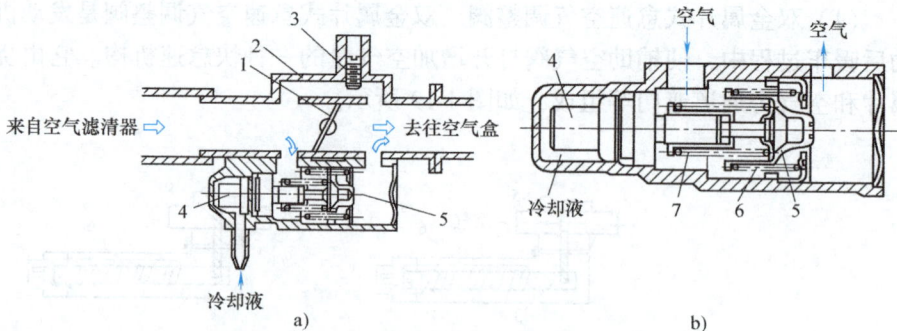

图 4-21　石蜡式怠速空气调整阀的结构

a）总体构成　b）结构

1—节气门　2—节气门体　3—怠速调整螺钉　4—恒温石蜡　5—提动阀　6—外弹簧　7—内弹簧

发机动冷却液温度较低时，恒温石蜡收缩，提动阀在弹簧6的作用下打开。随着冷却液温度的升高，恒温石蜡膨胀，推动连接杆使提动阀缓慢关闭，发动机怠速转速随之降低。当暖车后，提动阀将完全关闭其空气通道，发动机恢复至正常怠速。

（3）电磁式怠速空气调整阀　图 4-22 所示为电磁式怠速空气调整阀的结构，这是一种比例电磁阀的结构形式，由电磁线圈、阀轴及阀等主要部分组成。它利用电磁线圈产生的电磁吸力，使阀轴做轴向线位移，控制阀门的位置。当弹簧力与电磁吸力达到平衡时，阀门处于稳定状态。电磁力的大小取决于发动机控制单元 ECU 送至怠速空气调整阀电磁线圈的驱动电流的大小。当驱动电流大时，电磁吸力大，阀门开度大，反之，阀门开度则小。波纹管的作用是消除阀门上下压差对阀门开启位置的影响。这种怠速空气调整阀的优点是响应速度非常快。

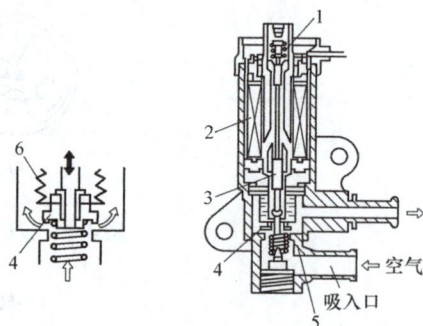

图 4-22　电磁式怠速空气调整阀

1—弹簧　2—电磁线圈　3—阀轴
4—阀　5—壳体　6—波纹管

（4）旋转滑阀式怠速空气调整阀　旋转滑阀式怠速空气调整阀在实际运行时，发动机控制单元 ECU 将检测到的怠速转速实际值与储存的设定目标值相比较，并随时校正送至怠速空气调整阀的驱动信号的占空比，以实现稳定的怠速运行。所谓占空比，是指发动机 ECU 输出的控制信号在一个周期内，通电时间与周期的比值。

图 4-23 所示为旋转滑阀式怠速空气调整阀。它由永久磁铁、电枢、旋转滑阀、螺旋回位弹簧和电刷等组成。旋转滑阀固装在电枢轴上，与电枢轴一起转动，控制流过通道的空气量。永久磁铁固装在外壳上形成磁场。电枢位于永久磁铁的磁场中，电枢铁心上绕有两组旋向相反的电磁线圈 L_1 和 L_2，当线圈 L_1 通电时，电枢带动旋转滑阀顺时针偏转，空气通道截面开大；线圈

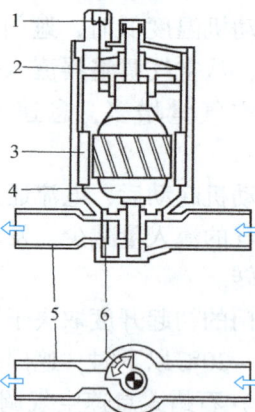

图 4-23　旋转滑阀式怠速空气调整阀

1—电插头　2—外壳　3—永久磁铁
4—电枢　5—空气旁通道　6—旋转滑阀

L_2 通电时，电枢带动旋转滑阀逆时针偏转，空气旁通道截面关小。L_1 和 L_2 的两端与电刷集电环相连，经电刷引出与发动机控制单元（ECU）相连接，如图4-24所示。

（5）步进电动机式怠速空气调整阀　步进电动机式怠速空气调整阀由永久磁铁构成的转子、励磁线圈构成的定子、把旋转运动变成直线运动的进给丝杆及阀门等部分组成。它利用步进转换控制，使转子可正转，也可反转，使阀芯上下运动以达到调整旁通空气道截面的目的。不同汽车公司所采用的步进电动机式怠速空气调整阀的结构形式略有差别，但其基本工作原理相同，如图4-25所示。

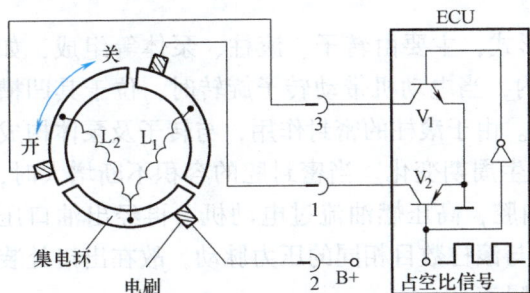

怠速步进电动机式空气调节器（一）

怠速步进电动机式空气调节器（二）

图4-24　旋转滑阀式怠速空气调整阀电路连接图
1—滑片　2—电刷

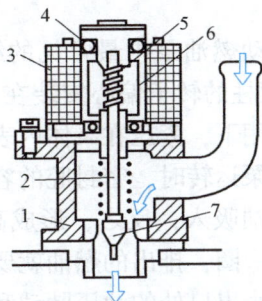

图4-25　步进电动机式怠速空气调整阀
1—阀座　2—阀轴　3—定子　4—轴承
5—进给丝杆　6—转子　7—阀芯

单元五　燃油供给系主要装置的结构与工作原理

一、电动燃油泵

电动燃油泵的作用是将油箱内的燃油吸出并通过喷油器供给发动机各气缸以满足发动机正常工作的需要。

根据电动燃油泵安装位置的不同，可将其分为内置式燃油泵和外置式燃油泵两种。内置式燃油泵将泵安装在燃油箱内；外置式燃油泵将泵安装在油箱之外的燃油管路中。内置式燃油泵不易发生气阻和漏油现象，对泵的自吸性能要求较低，且噪声小，故目前大多数电控汽油喷射系统（EFI）广泛采用内置式燃油泵。

电动燃油泵主要由泵体、永磁电动机、安全阀、单向阀和外壳等组成，其结构如图4-26所示。电动机通电时带动泵体转动，将燃油从吸油口吸入，经电动燃油泵内部，再从出油口压出，给燃油系统供油。由于流经电动燃油泵的内部，又可对永磁电动机的

电动燃油泵

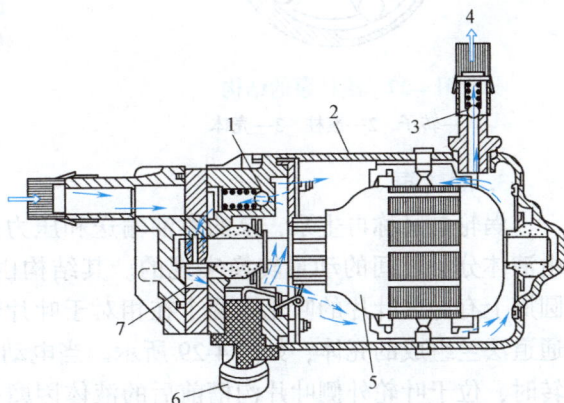

图4-26　电动燃油泵的结构
→正常的流动路线　⇢安全阀开启时的流动路线
1—安全阀　2—外壳　3—单向阀　4—出油口
5—永磁电动机　6—电插接器　7—进油口

电枢部分进行冷却，此种燃油泵又称为湿式燃油泵。

单向阀的作用是：防止燃油倒流，并可保持管路残余压力，使发动机下次起动方便，并防止由于温度较高时，油路产生气阻现象，影响发动热起动性能。若油泵输出压力超过400kPa时，安全阀自动打开，高压燃油可回至油泵的进油室，在油泵和电动机内循环，可避免由于油路堵塞而引起管路油压过高造成管路破裂或燃油泵损坏等现象。

泵体是电动燃油泵的主体，根据结构的不同，可分为滚柱泵、转子泵、涡轮泵和侧槽泵等形式。

1. 滚柱泵

滚柱泵是目前电动燃油泵中最常见的结构形式，主要由转子、滚柱、泵体等组成，如图4-27所示。装有滚柱的转子偏心安装在泵体内，当电动机带动转子旋转时，位于其凹槽内的滚柱在离心力作用下，紧压在泵体内表面上。由于滚柱的密封作用，与转子及泵体构成了多个密封腔。在油泵运转时，密封腔的容积发生周期变化。当密封腔的容积不断增大时，形成低压油腔，将燃油吸入；反之，形成高压油腔，高压燃油流过电动机，再经出油口压出。油泵的转子每转一圈，排出的燃油就要产生与滚柱数目相同的压力脉动，故在出口处装有油压缓冲器，以减小出口处的油压脉动和运转噪声。

2. 转子泵

转子泵主要由带外齿的主动齿轮、带内齿的从动齿轮和泵套等组成。主动齿轮偏心安装，由电动机带动旋转，由于齿轮啮合，而带动从动齿轮一起旋转。在从动齿轮和主动齿轮内外啮合的过程中，由内外齿所密封的腔室将发生容积大小的变化，在容积增大处设置进油口，容积减小处设置出油口，即可将汽油以一定的压力泵出，其原理与滚柱泵基本相同，如图4-28所示。

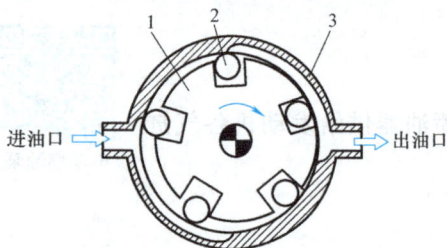

图4-27　滚柱泵的结构
1—转子　2—滚柱　3—壳体

转子泵的原理

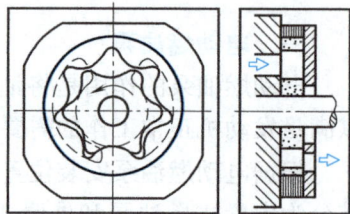

图4-28　转子泵结构

3. 涡轮泵

涡轮泵又称再生泵，泵的燃油输送和压力的建立完全是由液体分子之间的动量转换实现的。其结构由三部分组成：圆周上有许多叶片的叶轮和两个在相对于叶片部位开有合适通道法兰组成的壳体，如图4-29所示。当电动机驱动叶轮旋转时，位于叶轮外侧叶片沟槽前后的液体因摩擦作用产生压力差，将多个叶片沟槽的压力差循环叠加后使燃油升压，升压后的燃油通过电动机内部经单向阀从出油口压出。

涡轮泵泵油压力波动小，外形尺寸小，重量轻，工作可靠，但效率较低。在电控燃油喷射系统中一般不单独使用。

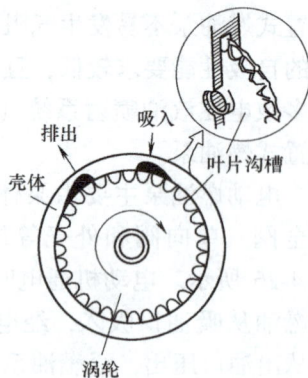

图4-29　涡轮泵的结构

上述几种泵体单独与电动机组成电动汽油泵时，也称单级泵。汽油在高温和低压时，易汽化形成气泡，导致供油量不足，因此在有些汽车的燃油系统中采用双级泵，即一个为低压泵，另一个为主输油泵，两者串联。低压泵用于分离蒸气，而主输油泵用于提高压力，两者合成为一个组件，由一只电动机驱动。图 4-30 所示为双级电动汽油泵。工作时，低压涡轮叶片泵从油箱内吸入汽油，再输入泵内的高压转子泵经加压后输出。

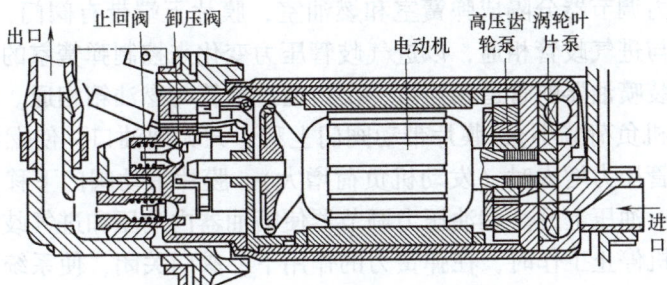

图 4-30 双级电动汽油泵

二、燃油滤清器

燃油滤清器安装在电动汽油泵出口一侧的高压油路中，功用是除去汽油中的固体杂质，防止燃油供给系堵塞和减少机件磨损。它一般是整体形的一次性产品，主要由壳体和滤芯等组成，如图 4-31 所示。

三、燃油脉动阻尼器

燃油脉动阻尼器的功用是减小因喷油器喷油时使油路油压产生的微小波动和降低噪声。它主要包括膜片和弹簧组成的减振机构，如图 4-32 所示。膜片将脉动阻尼器隔成膜片室和燃油室，膜片室内安装有弹簧，将膜片压向燃油室。当燃油压力增高时，膜片弹簧被压缩，使燃油室容积增大，减缓燃油压力的增加；反之，当燃油压力降低时，在弹簧力的作用下使燃油室容积减小，减缓燃油压力的降低。

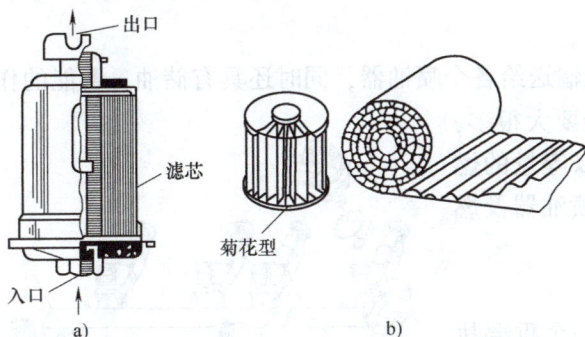

图 4-31 燃油滤清器
a）燃油滤清器的结构 b）滤芯

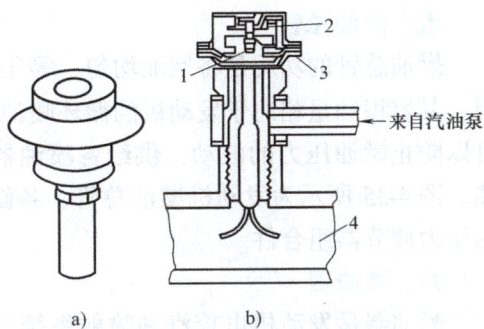

图 4-32 燃油脉动阻尼器
a）外观图 b）工作原理图
1—阀门 2—弹簧 3—膜片 4—输油管道

四、燃油压力调节器

发动机控制单元 ECU 对喷油量的控制是通过控制喷油器电磁线圈通电时间的长短来实现的。当燃油系统的绝对油压和喷油器喷口处的进气歧管的空气压力差不为定值时，即使喷油器电磁线圈的通电时间相同，喷油量也是不相同的。燃油压力调节器的功用是使发动机在任何工况下，燃油系统的绝对油压和进气歧管的空气压力之间的差值恒定不变，保证发动机控制单元ECU对喷油量的精确控制。燃油压力调节器的调节结果是使燃油系统的绝对油压与进气歧管空气压力的差值保持恒定不变，约为250kPa，如图4-33所示。

燃油压力调节器的结构如图4-34所示，主要由壳体、膜片、回油阀门和校正弹簧等组成。膜片将燃油压力调节器分隔成弹簧室和燃油室，膜片下端带有阀门，用以控制回油口。弹簧室通过通气管与进气歧管相通，以进气歧管压力变化来控制弹簧室的真空度。燃油压力调节器的入口与安装喷油器的管道相连接，出口通过油管与燃油箱相通。当节气门后进气管压力降低时（发动机负荷减小），膜片带动阀门上移，开大回油口，使燃油系统的绝对油压相应降低；当进气管压力增大时（发动机负荷增大），膜片带动阀门下移，回油口关小，如此使燃油系统的绝对油压上升。燃油压力调节器使喷油器内油压和进气歧管处空气压力差值保持恒定。当发动机停止工作时，在弹簧力的作用下，阀门关闭，使系统内保持一定的残余压力以利于发动机起动。

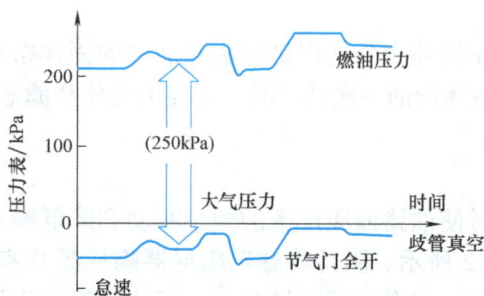

图4-33　绝对油压与进气管压力关系

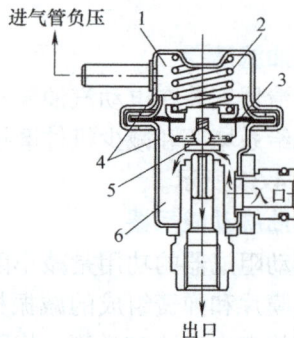

图4-34　燃油压力调节器的结构

1—弹簧室　2—弹簧　3—膜片
4—壳体　5—阀　6—燃料室

五、燃油总管

燃油总管的功用是将燃油均匀、等压地输送给各个喷油器，同时还具有储油、蓄能的作用。其容积油量相对于发动机的循环喷油量要大很多，可以防止燃油压力的波动，供给各喷油器以等量的燃油。图4-35所示为发动机燃油总管、各缸喷油器及燃油压力调节器组合件。

六、喷油器

喷油器是发动机电控汽油喷射系统的一个重要执行元件。它接收ECU传来的喷油脉冲信号，将一定量的汽油适时、准确地喷入进气管内（气缸内）。它是一种加工精度要求很高的精密零件，要求其动态流量范围稳定，在相当于6亿次喷射的使用寿命内，必须保持喷油器的动态流量范围稳定在±4%以内；抗堵塞、抗污染能力以及雾化性能好。

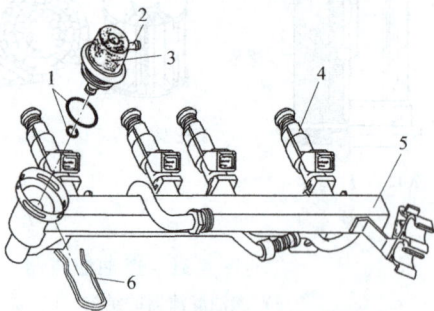

图4-35　燃油总管、各缸喷油器
及油压调节器组合件

1—O形密封圈　2—与进气歧管相连
3—燃油压力调节器　4—喷油器
5—燃油总管　6—卡簧

喷油器的分类方式：按用途可分为单点式喷油器和多点式喷油器；按燃油的送入位置可分为顶部供油和底部供油式；按喷油口形式可分为轴针式和孔式两种，孔式又可分为球阀式和片阀式等；按喷油器的驱动电路形式可分为低阻式（0.6～3Ω）和高阻式（12～17Ω）等。

1. 轴针式喷油器

轴针式喷油器主要由喷油器外壳、喷油嘴、针阀、套在针阀上的衔铁及电磁线圈等组成，如图4-36所示。电磁线圈无电流时，喷油器内的针阀被螺旋弹簧压在喷油器出口处的密封锥形阀座上。当发动机控制单元ECU发出喷油脉冲信号时，喷油器的电磁线圈电路被触发接通，电磁线圈产生磁场吸力，吸动衔铁带动针阀离开阀座上升约0.1mm，燃油从针阀和针阀座之间精密环形缝隙中喷出。为使燃油充分雾化，针阀前端采用喷油轴针。当喷油信号结束后，喷油器电磁线圈的电流被切断，电磁力迅速消失，在喷油器螺旋弹簧的作用下，针阀迅速回位，阀门关闭，喷油器停止喷油。喷油器吸动时间及下降时间为1～1.5ms。

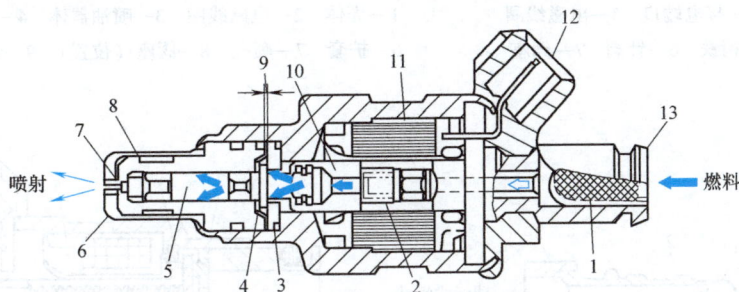

图4-36 轴针式喷油器的结构

1—滤清器 2—弹簧 3—调整垫 4—凸缘 5—针阀 6—壳体 7—喷口 8—阀体
9—行程 10—衔铁 11—电磁线圈 12—电插头 13—油管接头

轴针式喷油器的抗堵塞、抗污染能力较强，雾化性能较好。

一般燃油都经燃油总管分配到各喷油器，从顶部供油并在喷油器体内轴向流动，只有在针阀开启喷油时燃油才能流动。在发动机温度较高时，易产生气阻，影响汽车的热起动性能。在现代汽车上采用底部供油方式的喷油器日趋广泛，其结构如图4-37所示。

2. 球阀式喷油器

球阀式喷油器的结构如图4-38所示。其结构与轴针式的主要区别在于针阀的结构不同。球阀的针阀是由钢球、导杆和衔铁用激光束焊接成整体，质量（1.8g）只有普通轴针式的一半。为保证燃油密封性，轴针式必须有较长的导向杆，球阀具有自定心作用，无需较长的导向杆，所以球阀的针阀质量小，具有良好的密封性。其工作过程与针阀式相似。图4-39所示为同等级的球阀式阀针与轴针式阀针的比较。

3. 阀片式喷油器

阀片式喷油器的结构如图4-40所示。它与其他类型喷油器的最大区别在于只用一块0.5g的圆形阀片来代替针阀，并与孔式阀片组合成液压阀。由于阀片的运动惯量极小，有利于减少喷油器开启时的滞后时间，因而可以提高喷油器的计量精度，动态流量范围可高达20以上，工作噪声低，而且耐久性及抗堵塞能力等明显优于普通针阀式喷油器。

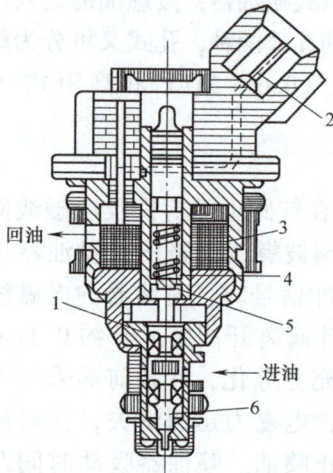

图 4-37　底部供油式电磁喷油器的结构

1—针阀体　2—接电端口　3—电磁线圈
4—弹簧　5—衔铁　6—针阀　7—阀座

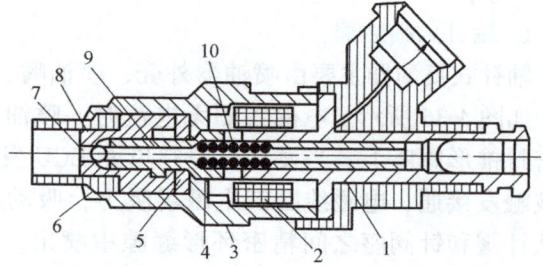

图 4-38　球阀式电磁喷油器的结构

1—壳体　2—电磁线圈　3—喷油器体　4—衔铁　5—挡块
6—护套　7—喷孔　8—阀座（位置）　9—针阀　10—弹簧

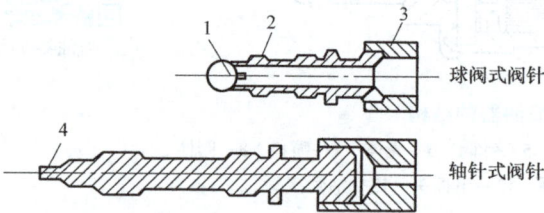

图 4-39　球阀式阀针与轴针式阀针比较

1—钢球　2—导杆　3—衔铁　4—轴针

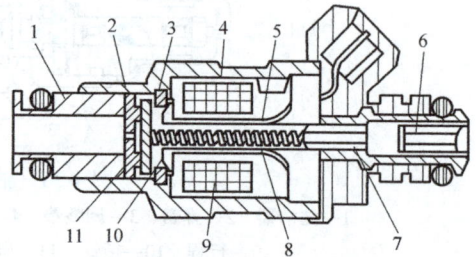

图 4-40　阀片式电磁喷油器

1—喷嘴套　2—阀座　3—挡圈　4—喷油器体
5—铁心　6—滤清器　7—调压滑套　8—弹簧
9—电磁线圈　10—限位圈　11—阀片

阀片式喷油器的工作情况如图 4-41 所示。当电磁线圈无电流通过时，阀片被螺旋弹簧

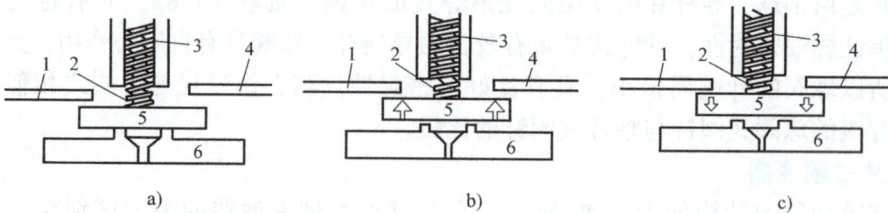

图 4-41　阀片工作情况

a) 阀片静止在阀片座上　b) 阀片抬离阀座直到抵住挡圈　c) 阀片离开挡圈落座

1、4—挡圈　2—弹簧　3—衔铁　5—阀片　6—阀座

压力和液体压力紧压在阀座上。当 ECU 发出喷油脉冲信号时，喷油器的电磁线圈立刻通电，产生磁场，在衔铁磁场力的作用下，阀片克服弹簧压力和液体压力的作用上移脱离阀座密封环，压力油从密封环中的计量孔喷出。待喷油信号结束后，喷油器电磁线圈的电流被切断，在螺旋弹簧和液体压力的作用下，阀片迅速回位，阀门关闭，喷油器停止喷油。

此外，在现代 4 气门发动机上广泛采用双孔式喷油器，如图 4-42 所示。在双孔式喷油器的头部加装一个可使流量严格均分化的双孔分流套，两股油束能同时将相同的燃油量分别喷入两个进气口中，有效地改善了 4 气门发动机的瞬时加速响应性能。

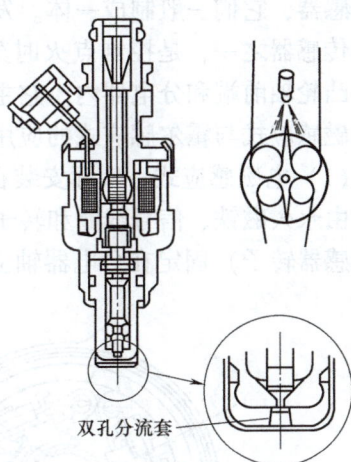

图 4-42　双孔式喷油器

单元六　电子控制系统

电子控制系统主要由电控单元（ECU）、传感器和执行元件（执行器）组成。

一、电子控制器

发动机电子控制器也称为发动机电控单元，简称发动机 ECU，它是一种电子综合控制装置，具有如下功能：接收传感器或其他装置输入的信息，并给传感器提供 2V、5V、9V、12V 不等的参考（基准）电压；将输入的信息转变为计算机所能接收的信号。存储、计算、分析处理信息；计算出输出值；存储相应车型的特点参数；存储运算中的数据、存储故障信息；运算分析功能；根据信息参数计算出执行命令数值；将输入与输出的信息与标准值对比，查出故障；输出执行命令；将计算机输出信号通过放大电路将信号放大，控制执行器工作或输出故障信息。

发动机 ECU 不仅用于控制燃油喷射系统；同时还具有点火提前角的控制、怠速控制、排放控制、进气控制、增压控制、故障自诊断、失效保护和备用控制系统等多项控制功能。

发动机 ECU 的基本组成如图 4-43 所示，主要由输入回路、A/D 转换器、微型计算机（微机）和输出回路等组成。

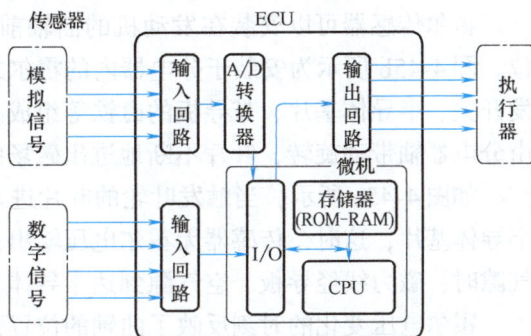

图 4-43　发动机 ECU 的基本组成

二、传感器

在空气供给系统和燃油供给系统中，已经介绍了多种传感器，下面介绍电控燃油喷射系统其他常见的传感器。

1. 发动机转速与曲轴位置传感器

发动机转速传感器用以检测发动机转速，曲轴位置传感器是检测活塞上止点及曲轴转角的传感器,它们一般制成一体。发动机转速与曲轴位置传感器是发动机电子控制系统中最主要的传感器之一,是控制点火时刻和喷油时刻不可缺少的信号,可安装在曲轴前端、飞轮上、凸轮轴前端和分电器内。它主要有电磁感应式、霍尔感应式和光电感应式等类型,其中以电磁感应式与霍尔感应式的应用较广。

(1)电磁感应式 实际安装在分电器内的电磁感应式传感器的结构如图 4-44 所示。它主要由永久磁铁、信号线圈和转子等组成。G 转子(曲轴位置传感器转子)和 Ne 转子(转速传感器转子)固定在分电器轴上,与分电器轴同步转动,信号线圈固定在分电器壳体上。

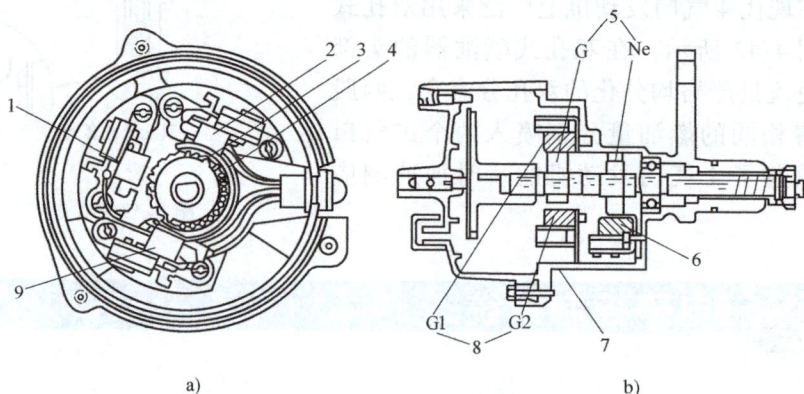

图 4-44 电磁感应式传感器

1、6—Ne 感应线圈 2—G1 感应线圈 3—Ne 转子 4—G 转子 5—G、Ne 转子
7—分电器 8—G1、G2 感应线圈 9—G2 感应线圈

(2)霍尔感应式 霍尔感应式传感器是利用霍尔效应原理,产生与曲轴转角相对应的电压脉冲信号进行工作的。如图 4-45a 所示,当电流 I 通过磁场中的半导体基片,且电流方向与磁场方向垂直时,在垂直于电流和磁场方向的半导体基片的横向侧面上产生一个与电流和磁场强度成正比的霍尔电压。

霍尔传感器可以安装在发动机的曲轴前端、凸轮轴后端、飞轮壳上、分电器内部等部位。图 4-45b 所示为安装于分电器内的霍尔式传感器结构图。它主要由开槽的触发叶轮、触发开关、半导体基片、带导板的磁铁等组成。触发叶轮的片数等于发动机的缸数,触发叶轮由分电器轴带动旋转,叶片不断地进出磁场的空气隙。

如图 4-45c 所示,当触发叶轮的叶片进入空气隙时,磁铁被叶片旁通,磁力线不能到达半导体基片,这时,传感器无霍尔电压输出;如图 4-45d 所示,当触发叶轮以其缺口对着空气隙时,磁力线经导板、空气隙到达半导体基片构成回路,这时传感器输出霍尔电压。

霍尔电压变化的时刻反映了曲轴的位置,单位时间内霍尔电压变化的次数可以反映发动机的转速。

(3)光电感应式 光电感应式传感器的结构如图 4-46 所示。它主要由发光二极管、光敏二极管、遮光盘和控制电路组成。它的安装位置在分电器内,或直接安装于凸轮轴轴端。发光二极管、光敏二极管和控制电路均固定在板座上,遮光盘则随分电器或凸轮轴转动,其边缘分布有 360 条缝隙,每转过一条缝隙对应凸轮轴 1° 转角,曲轴 2° 转角。同时还刻有表示 1 缸上止点位置的缝隙和 60°(6 缸发动机)或 90°(4 缸发动机)间隔的间隙。遮光盘位

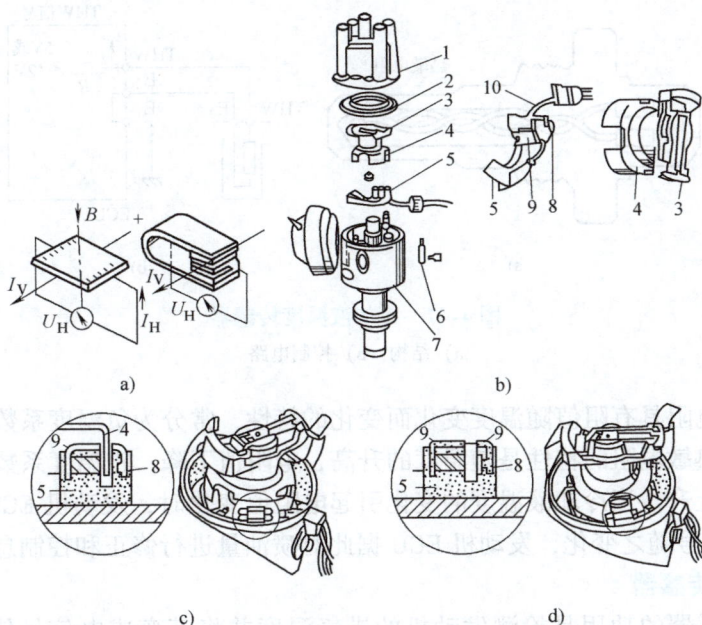

图 4-45　霍尔感应式传感器

a）霍尔效应原理图　b）霍尔传感器结构图　c）磁路被旁路　d）磁路通路

1—分电器盖　2—防尘罩　3—分火头　4—触发叶轮　5—触发开关　6—固定板　7—分电器外壳

8—半导体基片　9—带导板的磁铁　10—专用插座

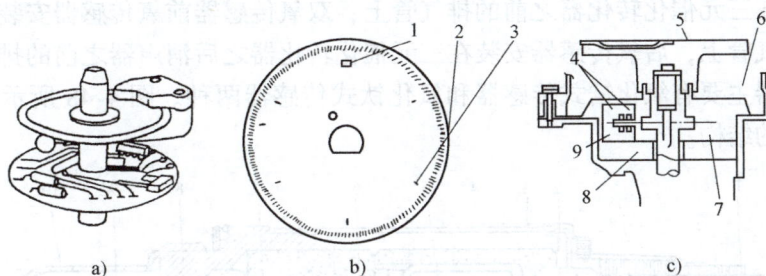

图 4-46　光电感应式传感器

1—第一记忆（120°标记）　2—1°标记　3—120°标记　4—发光二极管

5—分火头　6—防尘罩　7—切割板　8—线路基库　9—光敏二极管

于发光二极管和光敏二极管之间，当遮光盘的转动挡住发光二极管的光线时，光敏二极管截止，控制电路输出低电平；当缝隙对准发光二极管和光敏二极管时，光线照射到光敏二极管上，控制电路输出高电平。遮光盘转一圈，传感器上输出 360 个脉冲信号。此信号输入发动机 ECU 作为转速信号。而缝隙较宽的 1 缸上止点位置标记和 60°（或 90°）间隔缝隙所控制的电路将向 ECU 输入 1 缸上止点位置信号和缸序判别信号。

2. 冷却液温度传感器

冷却液温度传感器用于检测发动机冷却液温度。其信号输入发动机 ECU，使发动机 ECU 对基本喷油量进行修正，在怠速时，信号又是发动机 ECU 控制怠速控制装置的主要信号源。常见的冷却液温度传感器为热敏电阻式，其结构和控制电路如图 4-47 所示。

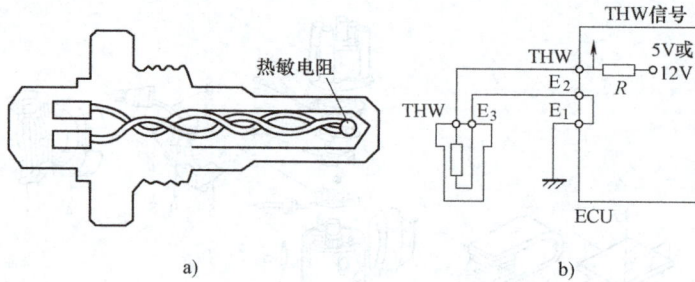

图 4-47　冷却液温度传感器

a) 结构　b) 控制电路

半导体热敏电阻具有阻值随温度变化而变化的特性，常分为负温度系数和正温度系数两种。负温度系数热敏电阻的特性是随温度的升高，电阻值下降；正温度系数的特性是随温度的升高，电阻值上升。当冷却液温度的变化引起电阻值变化时，发动机 ECU 检测到的 THW（冷却液温度）信号随之变化，发动机 ECU 据此对喷油量进行修正和控制怠速。

3. 进气温度传感器

进气温度传感器的功用是检测发动机的进气温度并将其变成电信号传给发动机 ECU，作为其电控系统控制功能的修正信号，以便对喷油量等进行修正，精确控制空燃比与点火时刻。进气温度传感器也常采用热敏电阻式，其结构原理与冷却液温度传感器相同。

4. 氧传感器

氧传感器通过检测发动机废气中氧的含量，向发动机 ECU 反馈混合气的浓度信息。单氧传感器安装在三元催化转化器之前的排气管上；双氧传感器前氧传感器安装在三元催化转化器之前的排气管上，后氧传感器安装在三元催化转化器之后消声器之前的排气管上，目前使用的氧传感器主要有氧化锆式传感器和氧化钛式传感器两种。图 4-48 所示为自加热二氧化锆型传感器的结构。

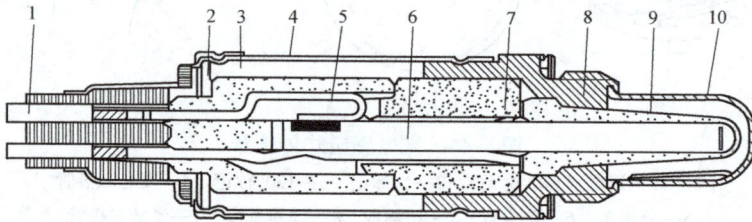

图 4-48　自加热二氧化锆型传感器的结构

1—接线　2—片簧　3—陶瓷管　4—防护套　5—加热元件引线　6—加热元件
7—连接件　8—传感器壳体　9—传感器活性陶瓷　10—防护套

氧传感器用于产生电压信号的敏感元件是二氧化锆（ZrO_2）。氧传感器敏感元件的内侧通大气，外侧通发动机排出的废气。当温度在 400℃ 以上时，敏感元件两侧的氧含量有较大的差异，两侧面就会产生一个电动势。敏感元件内侧因通大气而氧含量高，当混合气稀时，废气中的氧含量较多。敏感元件两侧的氧含量差异很小，产生的电动势也很小（0.1V 左右）；而当混合气过浓时，废气中氧的含量极少，敏感元件两侧氧浓度差异较大，产生的电动势也较大（0.8V 左右）。

传感器内部的加热器接 12V 电压，用于加热敏感元件，使其快速达到正常工作温度（300～850℃）。加热电阻一般为 5～7Ω。氧传感器的故障一般可用解码器测出，在无检测仪器时可以用手工闪码的方式进行诊断检查。

5. 爆燃传感器

发动机电子集中控制系统中已经广泛应用了点火时刻闭环控制的方法，有效地抑制了发动机爆燃现象的发生。爆燃传感器是这一控制系统中必不可少的重要部件，它的功用是检测发动机有无爆燃现象，并将信号送入发动机 ECU。爆燃传感器如图 4-49 所示。

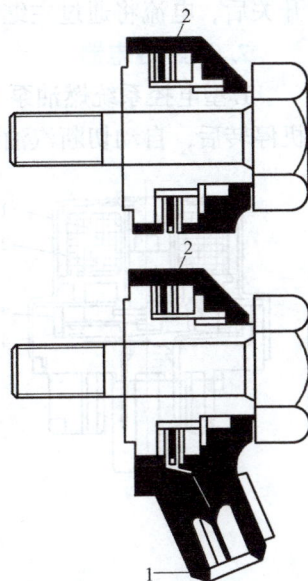

三、执行元件（执行器）

发动机电控系统的各种控制功能的实现，都是借助于各自的执行器来完成的。根据发动机电控系统具备的控制功能不同，各种车型上控制发动机的执行器也不相同。主要的执行器有：电动汽油泵、电磁喷油器、怠速控制调整阀、点火装置以及各类继电器等。这里主要介绍点火装置及继电器，其他执行器已在相关内容中做过介绍。

图 4-49　爆燃传感器

1—信号线　2—压电陶瓷

（一）点火装置

无分电器点火系统是在微机控制的基础上，将点火系统中的分电器总成用电子控制装置取而代之后制造而成的，又称为直接点火系。它利用电子分火控制技术将点火线圈的次级线圈直接与火花塞相连。即把点火线圈产生的高压电直接送给火花塞进行点火，实现了点火系全电子化的目标。

桑塔纳 2000Gsi 轿车 AJR 发动机、捷达王轿车发动机采用的是无分电器点火装置，主要由带点火模块的点火线圈、高压线、火花塞以及各种传感器组成，如图 4-50 所示。无分电器点火系统的优点是：无旋转件，无机械磨损，高压导线数量少，对无线电干扰小。

无分电器点火系统中的主要部件是点火线圈及点火模块。点火线圈及点火模块装在一个壳体里，固定在气缸体上。点火线圈的壳体上有各缸排序标识 A、B、C、D，对应的缸号分别是 1、2、3、4。1、4 缸共用一个点火线圈，2、3 缸共用一个点火线圈。点火模块根据电子控制单元指令控制点火线圈初级绕组的通、断电，从而使次级点火线圈在初级电流截断瞬间产生点火高压。

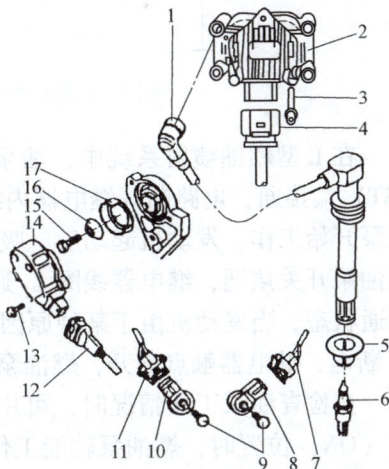

图 4-50　无分电器点火系统

1—分缸高压线　2—带点火模块的点火线圈
3—固定螺栓　4、7、11、12—连接插头
5—盖　6—火花塞　8、10—爆燃传感器
9、13、15—螺栓　14—霍尔传感器
16—垫片　17—霍尔传感器隔板

（二）继电器

1. 主继电器

主继电器是给电子控制系统各部分供电的继电器。主继电器的结构和电路如图 4-51 所示。接通点火

开关后，电流将通过主继电器线圈，使其触点闭合，接通电子控制系统各部分的供电电路。

2. 断路继电器

L 型电控系统燃油泵工作控制电路如图 4-52 所示。其中断路继电器的作用是：当发动机停转后，自动切断汽油泵的电源。

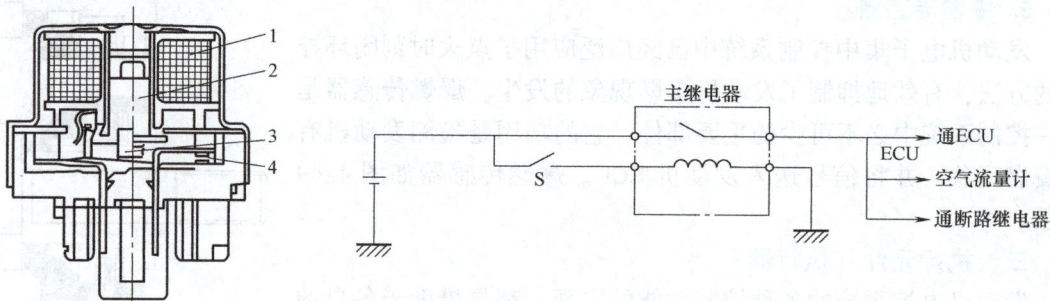

图 4-51　主继电器的构造及电路

1—线圈　2—可动铁心（柱塞）　3—垫片　4—触点

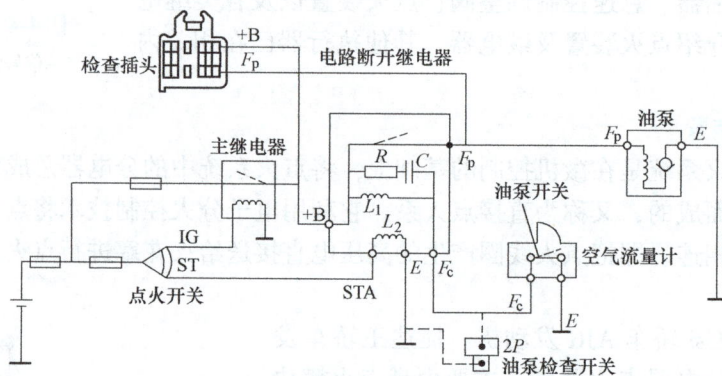

图 4-52　燃油泵控制电路（L 型 EFI 系统）

在 L 型燃油喷射系统中，油泵开关装在空气流量计内。发动机起动时，点火开关起动（ST）端接通，电路断开继电器内线圈 L_2 通电，继电器触点闭合，电源向油泵电动机通电，油泵开始工作。发动机起动后，吸入的空气流使空气流量计内的翼片转动，空气流量计内的燃油泵开关接通，继电器线圈 L_1 通电。这时，即使起动端（ST）断开，其继电器触点仍呈接通状态。当发动机由于某种原因停止转动时，空气流量计内的油泵开关断开，继电器线圈 L_1 断电，继电器触点断开，燃油泵停止工作。

在检查油泵工作情况时，可用跨接线连接插座内的 +B 和 F_p 端子，当点火开关位于接通（ON）位置时，燃油泵就能工作。

单元七　电控汽油喷射系统

一、燃油喷射的控制

燃油喷射的控制主要是指喷油正时控制和喷油量的控制。发动机 ECU 对喷油量的控制

主要是根据空气流量计检测的进气量和发动机转速确定基本喷油量，根据冷却液温度、进气温度、节气门开度、蓄电池电压等参数加以修正，最后确定喷油时间的长短（脉冲宽度）；根据曲轴位置传感器的信号确定喷油时刻，而获得该工况下的最佳空燃比。

二、点火系统的控制

现代汽车广泛采用计算机控制点火系统。计算机控制点火系统利用发动机转速、负荷、曲轴位置、冷却液温度、进气温度等传感器信号，由计算机选择或计算点火提前角，根据结果控制点火线圈中初级电流的通断，控制点火系统的工作。

三、辅助控制

现代汽车发动机的电子控制系统，除完成燃油喷射控制、点火控制外，还同时进行怠速控制和排放控制等多种控制功能。随着计算机控制功能的不断扩展，控制项目在不断增多。现将常见的控制项目介绍如下：

（一）怠速控制

怠速控制的实质是对怠速时充气量的控制、怠速时喷油量的控制。

怠速控制的方式因车型的不同而不同，一般内容有：起动控制、暖车（快怠速）控制、反馈控制、发动机转速变化的预控制、负荷增大时的怠速控制以及学习控制等。

怠速空气量的控制类型及方法因车型而异。对电控燃油喷射发动机来讲，目前可分为两种基本类型：一种是控制节气门旁通通道空气量的旁通空气道式；另一种是直接控制节气门关闭位置的节气门直动式。两种机构都是利用调节空气通路面积的方法来控制空气流量的。在节气门直动式怠速充气量控制中，必须克服沿节气门关闭方向增加的回位弹簧作用力，其响应性不如旁通空气道式。旁通空气道式是目前较常见的一种。

（二）排放控制

1. 油箱通风控制

为了防止汽油箱向大气中排放汽油蒸气而产生污染，现代轿车普遍采用了由发动机控制单元（ECU）控制的活性炭罐蒸发污染控制系统，如图4-53所示。

油箱中的燃油蒸气通过单向阀进入炭罐上部，空气从炭罐下部进入清洗活性炭。发动机工作时，ECU根据发动机的转速、温度、空气流量等信号，控制活性炭罐电磁阀的动作来控制排放控制阀上部的真空度，从而控制排放阀的开闭动作。当排放控制阀打开时，汽油蒸气通过阀中的定量孔吸入进气歧管，然后进入气缸烧掉。

2. 废气再循环系统

废气再循环（Exhaust Gas Recirculation，EGR），是用于净化NO_x的一种有效措施。它将一部分废气引入进气管，与新鲜空气混合后进入气缸燃烧。降低了燃烧室内的最高温度，使NO_x生成量减少。

EGR电子控制系统的主要功能就是选择NO_x排放量多的发动机运转范围，进行适量的EGR率控制。

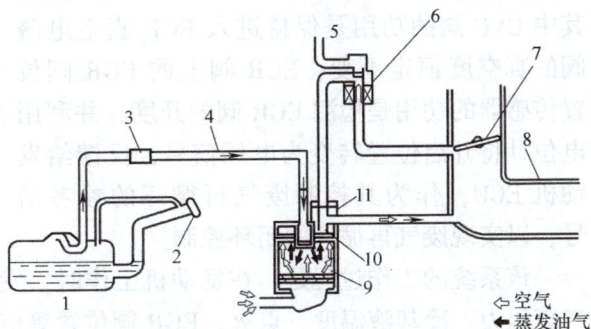

图4-53　活性炭罐蒸发污染控制装置

1—油箱　2—油箱盖附真空泄放阀　3—燃料单向阀　4—蒸气通气管路　5—接缓冲器　6—EGR炭罐控制电磁网　7—节气流孔　8—进气歧管　9—活性炭罐　10—定量排放小孔　11—排放控制阀

废气再循环的主要执行部件为废气再循环阀（EGR 阀），如图 4-54 所示。EGR 阀主要由膜片、回位弹簧、阀门和阀座等组成，膜片上方为真空气室，阀门与膜片连动。如图 4-54c 所示，它安装在进气歧管和排气歧管之间的特殊通道中，因此，控制 EGR 阀真空气室中的真空度，即可控制再循环废气量。

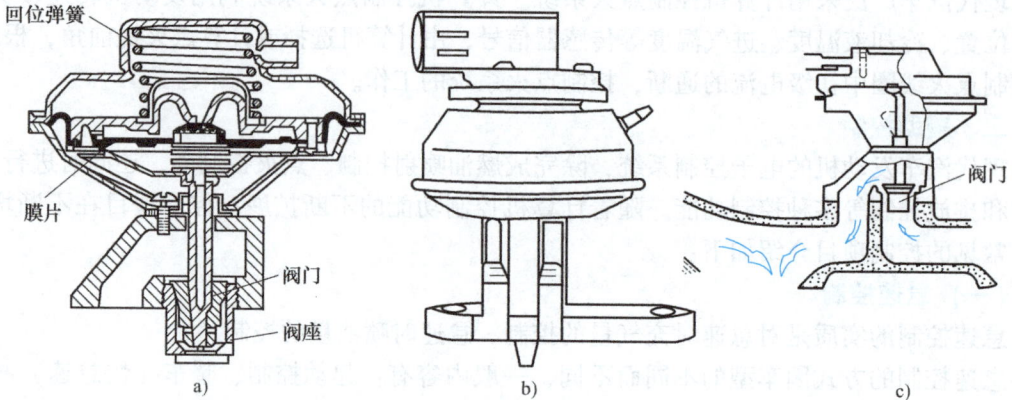

图 4-54　废气再循环阀

适时、适量的废气再循环可减少 NO_x 化合物的生成，过度的废气再循环会影响发动机的正常工作，特别是在怠速、低转速小负荷及发动机处于冷态运动时，再循环的废气将会明显影响发动机的性能，所以应根据发动机工况的变化自动控制废气是否参与再循环及参与再循环的废气量。这种自动控制通常都是由发动机 ECU 监测发动机的运行状态，通过电磁阀来控制 EGR 阀真空气室内的真空度来实现的。图 4-55 所示为一个废气再循环系统。它主要由 EGR 阀、EGR 真空电磁阀和 CVC 阀等组成。其中 CVC 阀的功用是保持进入 EGR 真空电磁阀的真空度恒定不变；EGR 阀上的 EGR 阀位置传感器的功用是检测 EGR 阀的开度，并利用电位计将开启位置转变为电压信号，反馈给发动机 ECU，作为其控制废气再循环的参考信号，以实现废气再循环的闭环控制。

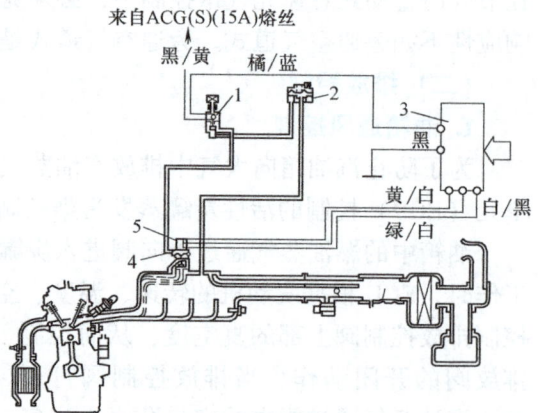

图 4-55　废气再循环系统

1—EGR 电磁阀　2—CVC 阀　3—ECU
4—EGR 阀　5—EGR 阀位置传感器

该系统的工作过程是：在发动机工作时，发动机 ECU 根据发动机转速、空气流量、进气管压力、冷却液温度、点火、EGR 阀位置等信号，控制 EGR 真空电磁阀的电磁线圈的通电时间的长短，控制进入 EGR 阀真空气室的真空度，来控制 EGR 阀的开度而改变参与再循环的废气量。

3. 三元催化转化器闭循环控制

三元催化转化器是一种能使 CO、HC 和 NO_x 三种有害成分同时得到净化的控制装置，

如图 4-56 所示。它装在消声器前面。

由于三元催化转化器要求发动机空燃比较精确地控制在理论空燃比附近的某一狭窄范围内，它常与电控喷油系统结合在一起使用。用氧传感器检测排气中的氧浓度，向发动机 ECU 输入一个排气中氧浓度变化的电信号，构成一个控制空燃比的反馈电路，使发动机混合气空燃比经常控制在理论空燃比附近而获得最佳的净化效果。

三元催化转化器由不锈钢外壳、载体和催化层三部分组成。载体分为氧化铝、多孔陶瓷和金属网三种。目前应用最多的为陶瓷载体。

图 4-56 三元催化转化器的结构
a）颗粒状态催化剂 b）裂体蜂窝状催化剂

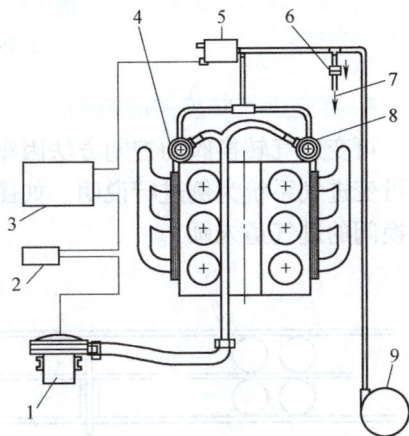

常用的催化剂为贵重金属和金属氧化物，近年来有的车采用稀土金属作为催化剂。贵重金属包括铂、钯、铑等。一个三元催化转化器中所含的贵重金属为 1～3g；金属氧化物包括氧化锰-氧化铜、氧化铬-氧化铜、氧化镍-氧化铜等。

一般催化转化器理想的使用温度为 400～800℃。温度过高，催化剂与载体层之间易烧结，产生过热老化，导致活化表面减少。当温度超过 1000℃时，会丧失催化功能。未燃烧的混合气进入反应器，易使催化反应器温度急剧升高，最高可达 1400℃。这样的温度足够使载体材料熔化。采用催化转化器的汽车，要注意保证点火系统工作的可靠性。

铅化物易堵塞载体通孔与催化层活化表面的孔隙，使有效面积减少。因此，采用催化装置的汽车必须使用无铅汽油。

4. 二次空气喷射（AIR）系统

二次空气喷射系统又称为空气管理系统，采用此系统的目的是进一步降低排气中的有害物及提高催化剂的氧化率。二次空气喷射系统的实质是将一定量的空气引入排气管中，使废气中的一氧化碳和碳氢化合物进一步燃烧，以减少一氧化碳和碳氢化合物的排放，是减少污染物排放的最早使用的办法，在采用催化转换器以后，这一方法仍然采用。

图 4-57 所示为奥迪 A6 轿车发动机二次空气系统（属选装）的工作原理图。在冷起动阶段，发动机控制单元 3 通过二次空气泵继电器 2 起动二次空气泵 1，使空气到达二次空气进气组合阀 4 和 8。此时，二次空气进气阀 5 起动，使真空作用到二次空气进气组合阀上，二次空气进气组合阀开启，将二次空气送到气缸盖排气通道中。

（三）可变进气控制

1. 可变进气系统的概念

可变进气系统是利用发动机工作时，进气管道进气动态效应来提高充气效率，以达到在发动机转速范围内增大发动机的转矩和功率的目的。常将进

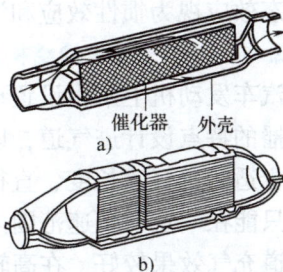

图 4-57 二次空气系统的工作原理

1—二次空气泵 2—二次空气泵继电器 3—发动机控制单元 4、8—二次空气进气组合阀 5—二次空气进气阀 6—单向阀 7—接进气歧管 9—真空罐

气动态效应视为惯性效应和波动效应共同作用的结果。

2. 可变进气系统的结构形式

汽车发动机上采用设置动力腔、谐振腔及各种结构形式的可变进气系统，按照气体压力波传播的特点设计进气道，以利用进气动态效应来提高充气效率。

合适的进气道长度、直径（横截面）与发动机转速有关。一个长度和截面固定的进气道，只能在一定的转速范围内有较好的动态效应和充气效果。一般在低速工作时，较细长的进气道充气效果较好，在高转速工作时，短而粗的进气道充气效果较好。如果采用长度可变的进气道，可使发动机在较大的转速范围内都会有较好的充气效果。在不同车型上采用的可变进气系统也不完全相同。

图 4-58 所示为奥迪 V6 发动机可变进气系统的进气歧管的形状。在发动机的进气歧管内设置进气转换阀，它受发动机 ECU 控制。

当发动机转速低于 4100r/min 时，每个气缸进气道中的转换阀门总是处于关闭位置，形成路径较长而截面较小的进气管道，如图 4-58a 所示。当发动机转速大于 4100r/min 时，进气道中的转换阀门开启，构成路径较短而截面较大的进气管道，如图 4-58b 所示。

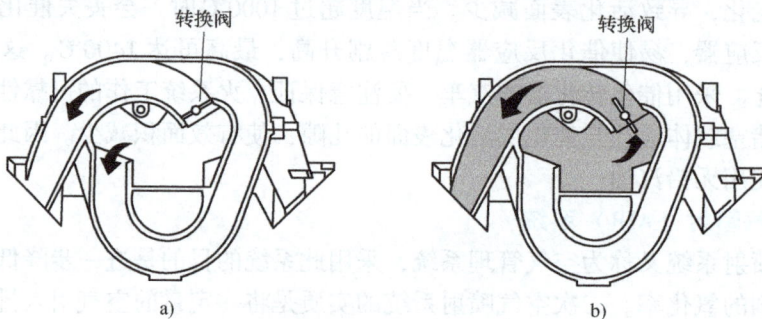

图 4-58 奥迪 V6 发动机可变进气系统
a）转换阀关闭时 b）转换阀开启时

3. 可变进气转换阀的控制

可变进气转换阀的控制方法因车型不同而有所差异，以日本丰田汽车公司采用的双进气管可变进气系统为例进行说明。如图 4-59 所示（图中只画带有转换阀的进气道，另一不带转换阀的进气道未画）。

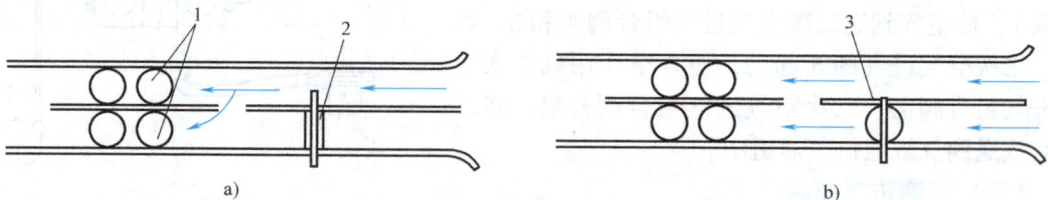

图 4-59 双进气管可变进气系统原理图
a）低转速时 b）高转速时
1—进气门 2—转换阀关闭 3—转换阀开启

图 4-59 中，进气道中的进气转换阀的关闭和开启，是由膜片执行器来完成的。执行器膜片室内的工作压力，则由三通电磁阀进行控制。三通电磁阀的工作受发动机 ECU 控制。

　　三通电磁阀不通电时，膜片式执行器与三通电磁阀的空气滤清器（通大气）之间的通路被关断（OFF），膜片执行器与真空罐之间形成通路（ON），此时真空罐的负压作用在执行器膜片室。当三通电磁阀通电时，膜片式执行器与空气滤清器（大气）之间形成通路（ON），而膜片式执行器与真空罐之间的通道则被关闭（OFF），此时大气压作用在执行器膜片室。

　　进气转换阀的控制过程是：当发动机中、低速（低于 5200r/min）工作时，三通电磁阀不通电，关闭执行器与空气滤清器之间的通路，开启执行器与真空罐之间的通路。此时储存在真空罐的进气歧管的负压，通过三通电磁阀作用到执行器的膜片室，吸力作用使执行器带动拉杆，关闭进气转换阀门，即关闭了各气缸中的一个进气道，如图 4-60a 所示。

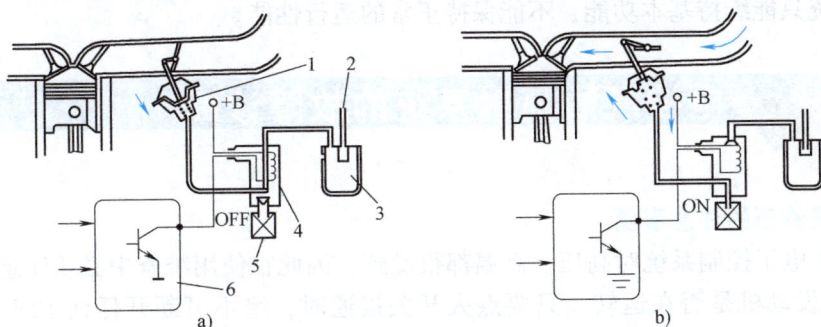

图 4-60　发动机可变进气控制系统原理图
a）中低速工作时　b）高转速工作时
1—膜片式执行器　2—至进气歧管（负压）　3—真空罐　4—三通电磁阀　5—滤清器　6—ECU

　　当发动机高速工作时（5200r/min 以上），ECU 输出控制信号，使驱动电路晶体管导通，三通电磁阀通电工作。三通电磁阀通电后，关闭执行器与真空罐之间的通路，开启执行器与空气滤清器之间的通路，此时空气滤清器进入的大气作用到执行器的膜片室，通过拉杆使进气转换阀打开，各气缸的进气通道扩大为两个，如图 4-60b 所示。

（四）故障自诊断系统

　　在现代汽车发动机的电子控制系统中，一般都设有故障自诊断系统。该系统在发动机运转过程中，可以监测发动机控制系统的工作情况，诊断其在工作中出现的故障。当系统出现故障时，ECU 的故障诊断电路将该故障以故障码的形式储存在发动机 ECU 中的 RAM 中，同时点亮设在仪表板上的发动机故障警告灯，提醒驾驶人应及时检修，自动起动后备系统。当用检测设备插入专用检测接口时，可将故障码或数据流读出来，即进行数据交流。这样可以快速排除故障。没有专用工具时，可以通过设在仪表板上的发动机故障诊断灯通过闪光码读出故障信息。

（五）安全保险功能和后备系统

1. 安全保险功能

　　安全保险功能是在 ECU 检测出故障后采取的一种保险措施。

　　当某些传感器或其电路出现故障时，如果发动机 ECU 仍继续按正常的方式控制发动机运转，可能使发动机或其他部件也出现问题。为了避免出现这种情况，当发动机 ECU 诊断出故障时，除前面提到的故障报警、内存故障码外，安全保障功能可以立即发挥作用。发动机 ECU 不再使用已经发生故障的传感器及其电路输入的信号，而采用存储器中预先存入的代用值来替代，使控制系统继续工作，确保车辆能继续行驶。对于个别重要的信号（发动机转速传感器、曲轴位置传感器）发生故障有可能危及发动机安全运行时，发动机 ECU 会立即采取强制性措施，切断燃油喷射，发动机停止运转，确保车辆安全。具有自诊断功能的发动机控制系统，一般都同时具有安全保险功能。

2. 后备系统

后备系统又称为后备功能。当 ECU 内的微处理器出现故障时，备用系统将接通备用集成电路（IC），用固定的信号（ECU 把燃油喷射和点火正时控制在预定水平上）控制发动机进入强制运行，作为一种备用功能使车辆继续行驶，以使驾驶人能将车辆开到检修厂进行维修。备用系统只能维持基本功能，不能保持正常的运行性能。

单元八　电控汽油喷射系统的故障诊断

一、故障诊断的注意事项

所有汽车电子控制系统对高压、高温都很敏感，因此在使用维修中必须注意以下几点：

1）无论发动机是否在运转，只要点火开关接通时，绝不可断开任何 12V 电气工作装置，以免某一线圈的自感作用，产生瞬时高压，损坏计算机和传感器。以下列举的是不能断开的部分电气装置：蓄电池的某一线缆、混合气控制电磁阀、步进电动机、电磁喷油器、二次空气喷射电磁阀、点火装置的导线、ECU 的 PROM（可编程序只读存储器）、ECU 的导线、鼓风机电动机导线插接器、空调离合器导线等。

2）跨接起动其他车辆或用其他车辆跨接起动本车时，必须先断开点火开关，然后装拆跨接线缆。

3）音响的扬声器不能装在靠近 ECU 的地方，以免扬声器的磁铁损坏 ECU 中的电路和电子元件。

4）在车身上使用电弧焊时，应首先断开计算机电源。在靠近 ECU 或传感器的地方进行车身修理作业时，应特别小心。

5）在装卸 PROM 时，操作人员应先将身体所带的静电消除，否则，操作人员身上的静电会损坏 ECU 电路。

6）如刮水器泄漏，应尽快修理，以免装在发动机舱下壁板上的 ECU 受潮而损坏。

7）除在测试程序中特殊说明外，应使用高阻抗的数字测试表（10MΩ 以上）测试。

8）维修人员进出车厢时，其身上的静电放电可能产生很高的电压，所以，对 ECU 控制的数字式仪表进行维修作业或靠近这种仪表时，应先将身上的静电释放后，再进行检查与修理。

二、故障诊断的基本原则

如果诊断排除一个可能涉及 ECU 的发动机故障，首先应该判定故障是否与 ECU 有关。如果发现发动机有故障，而警告灯并未被点亮，多数情况下，该故障可能与发动机 ECU 无关，就应该像发动机没有 ECU 一样，按照基本诊断程序进行检查。否则，可能遇到一个本来与 ECU 无关的简单故障，却去检查 ECU 的传感器、执行器和电路等，花费很多时间，而真正的故障反而没有找到。

在进行故障诊断与维修之前，应该阅读该车的维修手册。按维修手册的要求步骤进行诊

断，会收到事半功倍的效果。

三、故障诊断的一般程序

发动机 ECU 故障的诊断，应按步骤进行。故障诊断的程序一般按六个步骤进行，即客户信息搜集、目测检查、基本检查与调整、自诊断测试、疑难故障诊断和部件检修等。

（一）客户信息搜集

为了迅速地查找故障源，必须了解故障出现时的情形、条件、如何发生及是否已检修过等与故障有关的信息。认真倾听客户对故障现象的描述，尽管客户的描述可能被曲解或者不全面，也可能自相矛盾，但它有可能显示关键的信息。最好的做法是：在倾听客户的初步意见后仔细思考，对故障进行初步的诊断，随后询问一些有关的问题确定或否定初步诊断的结论，必要时对典型故障做一些记录。如允许，进行点火试验或发动机运转试验来验证故障判断的准确性。

（二）目测检查

目测检查是为了在进入更为细致的测试和诊断之前，解决一些一般性的故障因素。目测检查的内容主要包括以下几项：

1）拆检空气滤清器，检查滤芯及其周围是否被脏物堵塞。

2）检查真空软管是否有接错、破裂、老化或挤坏现象。

3）检查电控系统线束上的插接器是否错位、松动、断开、腐蚀，导线是否有破损、断路、短路等现象。

4）传感器和执行器有无明显损伤。

5）发动机运转时，检查进、排气歧管及氧传感器处是否有泄漏，排气是否顺畅，供油管油压是否正常。

（三）基本检查与调整

基本检查与调整主要包括基本怠速和基本点火正时的检查和调整。在进行基本检查时，发动机冷却液温度达到正常工作温度（为 80~100℃），同时，关闭车上所有附加电气装置，如空调、灯光、音响、除霜等。ECU 控制的直接点火系统（DIS），基本点火角度大多为固定式的，无须再做调整，只需做点火正时的检查。在通用公司、福特公司和丰田公司的某些车辆中，还需跨接诊断插头使系统进入场地维修模式状态，再实施基本检查。不同的车种，其进行基本检查的步骤不尽相同，具体的操作详见相应的维修手册。下面仅以丰田公司雷克萨斯（Lexus LS-400）车为例加以说明。

1. 基本怠速的检查

1）起动发动机使冷却液温度达到正常工作温度。

2）关掉所有附加电器装置。

3）关掉空调电源开关。

4）变速操纵杆置于"N"位位置。

5）如图 4-61 所示，连接转速表，转速表信号接柱接诊断插座的"IGO"插头，置转速表于"4缸"档。

6）检查怠速。正常范围：

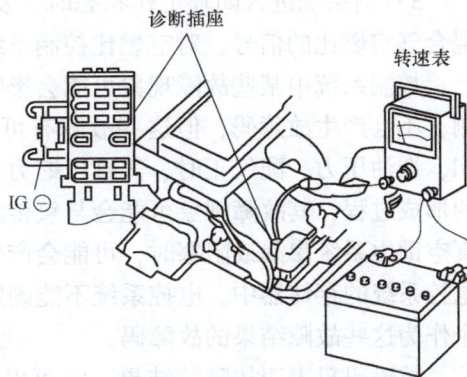

图 4-61　转速表的连接

600～700r/min（进气温度10℃以上）。

750～850r/min（进气温度低于10℃）。

7）若急速不在规定范围内，调节节气门位置调整螺钉。若仍不符合要求，按疑难故障诊断测试处理。

2. 基本点火正时的检查

1）起动发动机使冷却液温度达到正常温度。

2）变速杆置于"N"位位置。

3）使发动机转速稳定在急速转速。

4）用跨接线连接诊断插座的"TE₁"和"E₁"插头。

5）如图4-62所示，连接正时灯，将正时灯信号感应夹夹住6号高压线。

图 4-62　正时灯及跨接线的连接
1—诊断插座　2—SST（专用工具）

6）检查基本点火正时，正常范围：8°～12°。

7）若基本点火提前角不在规定范围，检查节气门是否完全关闭，节气门位置传感器的"IDL"和"E₂"接线柱是否相通以及进气门开启时间是否合适等。若上述三项均正常，以疑难故障测试处理。

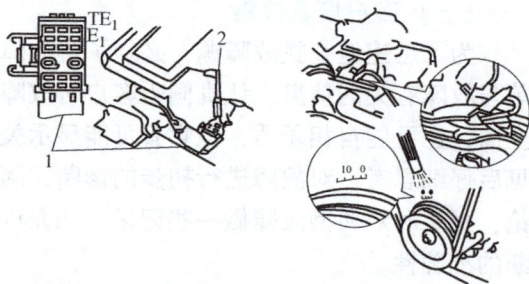

（四）自诊断测试

1. 故障的识别与存储

电子控制系统中的ECU通常都具有自诊断功能，内部大都存储有监测各个控制回路的测试程序及标准的判定数据集，用以监测控制系统各传感器和执行机构运行的技术状况。在发动机工作时，ECU将各装置的输入（输出）信号和CPU中已标定的标准数值范围进行比较，若输入信号不在范围内或符合故障标准，则ECU认定该装置所在的系统有故障发生，并将此故障以故障码的形式存入存储器内，同时将发动机警告灯点亮，维修人员可由此进行判断。发动机电子控制系统能探测到的故障通常有以下几点：

1）可以确认传感器输入控制单元的信号是否正常，传感器输入信号电路是否有短路、断路等。

2）能确认控制装置工作是否正常，控制回路线路中是否有断路、短路等故障。

3）当系统进入闭环工作状态时，发动机电子控制系统能确定氧传感器是否能正确反馈混合气空燃比的信号，对空燃比控制系统进行监控。

控制系统中某些故障现象可能会影响发动机的工作性能，而控制系统对此并没有进行监测，不会产生故障码，但这些故障有可能会引起发动机控制器以其他故障码形式输出。例如，燃油压力、配气正时、气缸压缩比、燃油喷油器等技术参数的变化，会直接影响混合气的形成过程，其故障现象可能会与氧传感器有关，氧传感器的故障码被存储或输出。当制动真空助力系统渗漏或阻塞时，可能会产生一个与进气歧管绝对压力传感器有关的故障码存入电控系统的存储器中。电控系统不能确定控制电路中插头松动或损坏的故障，但可能产生一个作为这些故障结果的故障码。

故障码只表明故障的结果，它可以指明故障的大致范围，不能直接确定故障的确切部位。获得故障码后，还需进一步检查，找出发生故障的部件和电路。

2. 故障码的读取方法

当维修人员想利用自诊断系统读取 ECU 中存储的故障码时，首先要进入故障自诊断系统的"读码"状态，由于汽车制造厂家的不同，进入故障自诊断读码程序的方法也有一定的差别。归纳起来大体上有以下几种：

（1）跨接导线读取法　利用故障自诊断系统读取故障码时，需要将"诊断输入插头（或端子）"和"搭铁插头"用跨接导线进行跨接，进入故障自诊断测试状态，读取 RAM 中存储的故障码。例如，丰田汽车公司生产的电控汽车。

（2）打开专用诊断开关读取法　在一些车上，设置有"按钮式诊断开关"，或在 ECU 控制装置上设置有"旋钮式诊断模式选择开关"（如日产汽车等），按压或旋转这些诊断开关，即可进入故障自诊断测试状态，进行故障码的读取。

（3）诊断开关功能的公用开关读取法　在一些汽车电子控制系统中，空调控制板面上的相关控制开关，可以兼作故障诊断开关：一般是将空调控制板面上的"WARM（加温)"／"OFF（关机)"两个按键同时按下一段时间，即可读取故障码。

（4）利用点火开关的约定操作程序读取法　在规定时间内将点火开关进行"NO—OFF—ON—OFF—ON"循环一次，即可使故障自诊断系统进入故障自诊断状态。美国克莱斯勒汽车公司生产的轿车电子控制系统即采用这种方法。

（5）利用加速踏板的约定操作程序读取法　在规定的时间内将加速踏板连续踩下 5 次，即可使故障自诊断系统进入故障自诊断状态。例如，宝马 300、500、700、800 和 M5 系列车型装备的 DME3.1 发动机电子控制即采用这种方法。

（6）利用专用检测仪读取法　各种汽车电子控制系统均配备有专用的故障检测仪（俗称解码器）。将该仪器与汽车电子控制系统故障检测插头（或插座）相连，便可直接进入故障自诊断测试状态，进行故障码的读取。大众汽车公司生产的汽车（如捷达、桑塔纳等）只能用专用检测仪才能读取故障码。

（7）利用 OBD-Ⅱ测试仪读取法　各汽车上的自诊断系统因其厂家、车型、生产年代的不同，它们的诊断插座、起动故障码的程序和进入诊断模式的方法、故障码显示的方法和内容都各有不同。1994 年美国汽车工程师协会（SAE）倡导提出了第二代车载自诊断系统 OBD-Ⅱ系统。该系统对诊断测试模式、故障码、诊断插座（插接器）、诊断（扫描）工具等有关诊断系统的内容进行了统一，有助于诊断系统的标准化，为全球汽车电控系统的维修提供了极大的方便。1996 年以后，世界主要汽车制造厂，已基本上采用了 OBD-Ⅱ标准。这种自诊断系统故障码的读取必须采用专用检测仪。

3. 故障码的显示方法

自诊断系统通常将其结果以故障码的形式显示出来，故障码的含义在相应的维修手册上都有详细的解释。可以很方便地找到故障源。虽然自诊断系统显示故障码的方式各具特色，但常见的显示方法有以下几种：

（1）数字显示　在进行自诊断测试时，故障码将以数码的形式显示在组合仪表的信息显示屏上，一般在温度显示屏上，如图 4-63 所示。

（2）脉冲电压显示　大部分自诊断系统均采用脉冲电压显示方式，即由自诊断输出插头（STO）向外输送脉冲电压信号，以仪表板上"检查发动机"（CHECK ENGLNE）指示灯的闪烁显示故障码。

（3）发光二极管（LED）显示法

某些汽车的故障自诊断系统中，故障码可由一个或多个发光二极管进行显示，发光二极管通常安装在计算机控制装置（电脑）上。其指示故障码的方式也有所不同。采用一个 LED 时，其指示方式与仪表板上的故障指示灯闪示故障码的方式相同；采用两个 LED 时，一般为两个不同颜色的发光二极管，红色发光二极管闪示十位，绿色发光二极管闪示个位，两个 LED 共同显示故障码；采用四个 LED 时，各发光二极管分别代表 8、4、2、1，如图 4-64 所示。显示故障码时，将发亮的 LED 所代表的代码相加即为所显示的故障码，如图 4-65 所示。

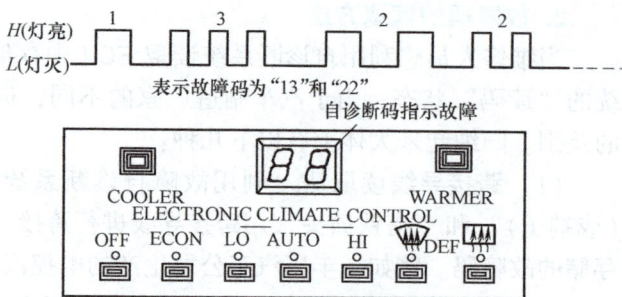

图 4-63　数字显示故障码

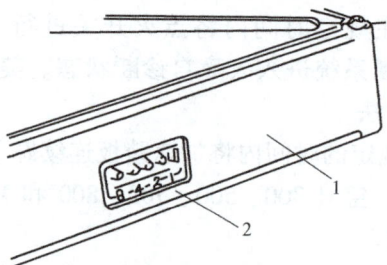

图 4-64　装在微机装置上的四个 LED

1—计算机　2—发光二极管

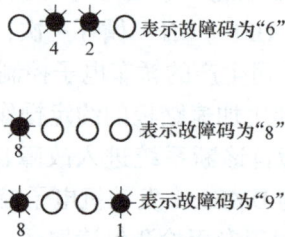

图 4-65　四个 LED 显示故障码

（4）专用仪器显示法　在现代汽车上通常都配有专门的故障码阅读器接口，专用的故障码阅读器与汽车的该接口连接，便可直接在阅读器上显示或打印故障码。一些高级检测仪器内还存有系统故障诊断卡，在进行计算机故障自诊断操作时，仪器可直接显示故障的区域、检查的方法、检测的标准数据等。这种仪器对不同的车型，或同一车型不同年份的汽车电控系统，其诊断项目、标准数据均不相同，只要换用相同的故障诊断卡就可以很方便地使用。

4. 故障码的清除

在对汽车微机控制系统进行维修且排除各种故障后，必须清除故障码。一般而言，断开通往发动机 ECU 的电源或熔丝，就可以清除 ECU 存储的故障码。把汽车蓄电池负极或 ECU 的熔丝拔掉约 30s 即可。最好按维修手册中所指示的方法进行，不可随意拆除蓄电池负极；还可以在解码器上清除故障码。

在清除故障码后，起动发动机，看发动机故障码指示灯是否又闪亮；或解码器内是否还有故障码出现。如有则说明系统仍存在故障，需进一步诊断排除。

四、常用检测工具和专用测试仪

1. 数字式多功能电表

汽车专用数字式多功能电表除具有测量电压、电流与电阻的功能外，还能测量发动机转速、闭合角度、百分比、频率、压力、时间、电容、电感、温度、半导体元件等，常见的有笛威 TWAY9206、TWAY9406A、OTC 电表等。图 4-66 所示为 OTC 电表的结构图。

2. 燃油压力表

燃油压力表用以检测燃油供给系统和燃油喷射系统的工作压力。一般电控汽油喷射系统的供油总管上设有专用的油压检测孔,以便检测时和燃油压力表连接,如图 4-67 所示。

3. 喷油器清洗器

喷油器堵塞将导致混合气变稀,燃油喷射形状变差,发动机性能变坏。必须定期对其检查、清洗。

喷油器清洗大致可分为车下清洗和车上清洗两种。图 4-68 所示为一种随车进行的喷油器清洗器,此清洗器的最大优点是无须拆下喷油器即可随车进行清洗。清洗器内装有除炭剂和一个电动燃油泵。电动燃油泵所用的电源为 220V 交流电,清洗时只要将清洗器的连接管与燃油总管上的油压检测口连接即

图 4-66　OTC 电表的结构

1—4 位数显示屏　2—功能符号显示　3—示波点显示
4—功能钮　5—选择旋转开关　6—温度插头
7—黑色测试线插头　8—红插头　9—表笔
10—表壳　11—表架

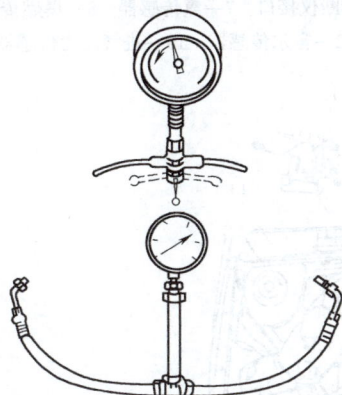

可,油压调节器回油管与清洗器相连,同时断开汽油泵驱动电路,然后接通清洗器电动汽油泵的电路并起动发动机,发动机使用除炭剂在 2000r/min 的转速下运转 10min 后,停止发动机运转,同时断开清洗器电动汽油泵电路,即喷油器清洗工作完成。

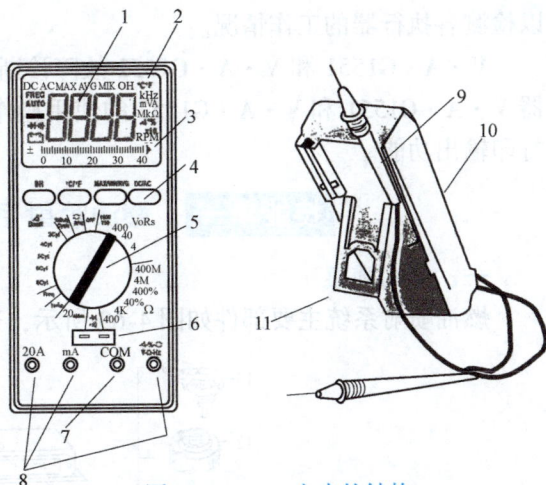

图 4-67　燃油压力表

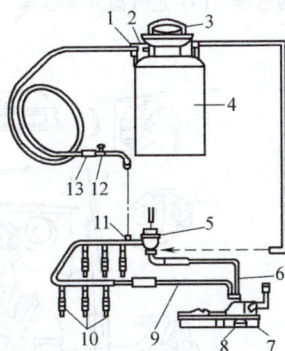

图 4-68　喷油器随车清洗设备

1—检测阀　2—油压表　3—除炭剂电动泵　4—喷油器清洗器
5—油压调节器　6—回油管　7—油箱　8—燃油泵　9—供油管
10—喷油器　11—油压检测口　12—阀　13—滤清器

4. 专用测试仪

当前汽车修理业专用诊断测试仪大多是台式发动机故障分析仪,但市面上销售的一些便携式发动机 ECU 测试仪也很实用。它一般都具备如下功能:

1)从发动机 ECU 存储器中读取所存储的故障码。

2)在发动机运转或汽车行驶时,对发动机 ECU 的参数进行动态测试。

3)发动机检修后,根据操作者的指令清除发动机 ECU 中所存储的故障码。

4)汽车维修人员可在发动机运转或停止状态下,通过检测仪向执行器发出工作指令,

以检测各执行器的工作情况。

V·A·G1551 和 V·A·G1552 故障诊断仪是维修大众轿车不可缺少的仪器。故障阅读器 V·A·G1551 和 V·A·G1552 的使用操作是完全相同的，区别在于 V·A·G1552 没有打印输出功能。

技能单一 **燃油喷射系统主要部件的拆装与检测**

一、结构观察

燃油喷射系统主要部件如图 4-69 所示，这些部件在车上的安装位置如图 4-70 所示。

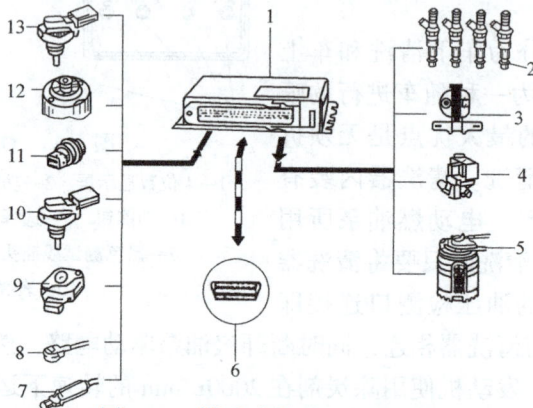

图 4-69 燃油喷射系统主要部件

1—ECU 2—喷油器 3—点火线圈 4—急速稳定阀 5—汽油泵 6—故障诊断仪接口 7—氧传感器 8—爆燃传感器
9—节气门位置传感器 10—进气温度传感器 11—冷却液温度传感器 12—霍尔传感器 13—进气压力传感器

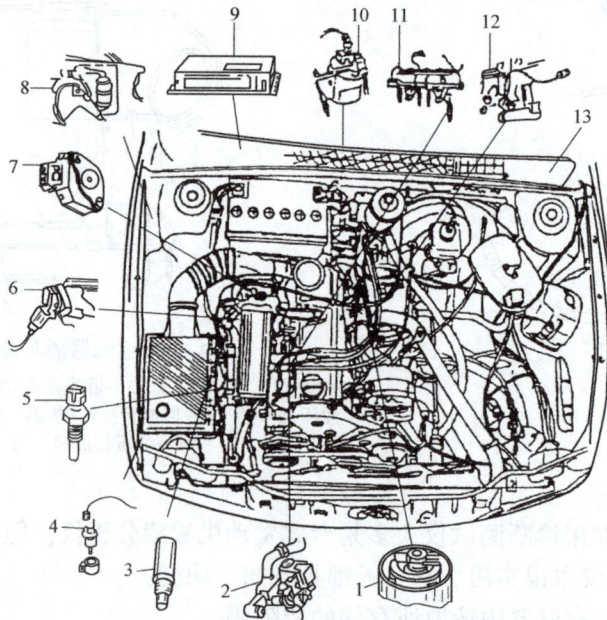

图 4-70 燃油喷射系统主要部件在车上的安装位置

1—分电器（霍尔传感器） 2—急速旁通阀 3—氧传感器 4—活性炭罐电磁阀 5—冷却液温度传感器
6—进气压力/进气温度传感器 7—节气门位置传感器 8—活性炭罐 9—ECU 10—点火线圈
11—喷油器 12—爆燃传感器 13—中央电路板

二、拆装与检测（桑塔纳 AFE 发动机）

1. 冷却液温度传感器

1）点火开关断开，拔下传感器上的插接器。

2）选择数字式万用表的电阻档，如图 4-71 所示，测出传感器两脚之间的电阻值。正常范围为：冷却液温度在 20℃时为 2200～2700Ω；在 80℃时为 280～350Ω。

3）选择数字式万用表的测温档，并通过℃/℉钮选择摄氏温度，如图 4-72 所示，测量冷却液温度并做记录。

4）点火开关闭合，选万用表的电压档，并通过 AC/DC 钮选择 DC（直流电压档），如图 4-73 所示。通过传感器插接器测试发动机 ECU 提供给传感器的参考电压值为 5V 左右。

5）点火开关断开，如图 4-74 所示，将传感器和插接器之间用跨接线接好。

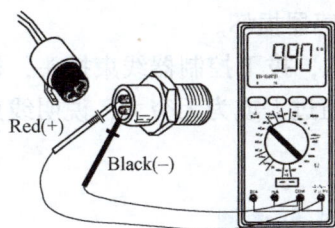

图 4-71 电阻测试示意图

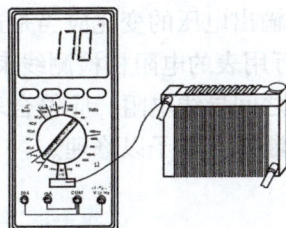

图 4-72 温度测试示意图

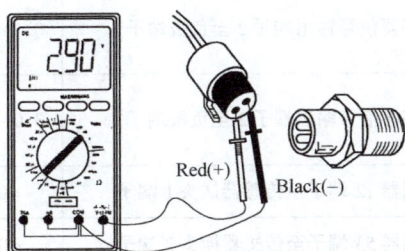

图 4-73 参考电压测试示意图

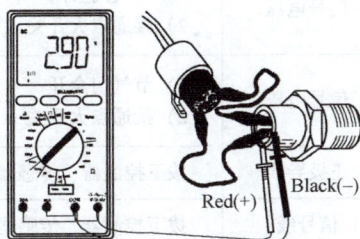

图 4-74 传感器输出信号测试示意图

6）起动发动机，用万用表的直流电压档（DC）检测传感器的输出电压（应为 0.25～0.5V，具体阻值与温度有关）。阻值过大、过小或电压值不符合规定，说明传感器失效，应予以更换。

7）断开点火开关，拆下跨接线，将插接器牢固地插在传感器上。

2. 节气门位置传感器

节气门位置传感器安装于节气门体上，其接线原理如图 4-75 所示。

1）将点火开关断开，拔下传感器上的插接器，在传感器和插接器之间用跨接线接好，如图 4-76 所示。

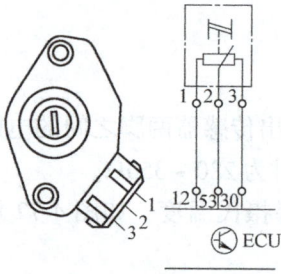

图4-75　AFE发动机节气门位置传感器
及其接线原理示意图

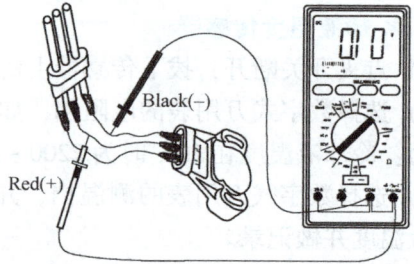

图4-76　传感器输出信号值测试示意图

2）用万用表直流电压档（DC），在连续转动节气门轴的同时检查传感器的插座触点1与3之间的电源电压，触点2与3之间的信号输出电压，应符合表4-1的规定，触点2与3之间的信号输出电压的变化应当是连续的，否则表示传感器损坏。

3）用万用表的电阻档检测线束电阻。断开点火开关，拔下控制器线束插头，检测两插头上各端子之间导线电阻，应符合表4-1规定。如果阻值过大或为无穷大，说明线束与端子接触不良或断路，应予以修理。

表4-1　滑动电阻式节气门位置传感器的检测

检测项目	检测条件	检测部位	标　准
（G69）电源电压	接通点火开关	传感器1端子至负极端子3	约为5V
（G69）信号电压	1）节气门关闭 2）接通点火开关	传感器信号输出端子2至负极端子3	0.1～0.9V
（G69）信号电压	1）节气门全开 2）接通点火开关	传感器信号输出端子2至负极端子3	3.0～4.8V
（G69）正极导线	拔下控制器、传感器插头	控制器12端子至传感器插头1端子	<0.5Ω
（G69）信号线	拔下控制器、传感器插头	控制器53端子至传感器插头2端子	<0.5Ω
（G69）负极导线	拔下控制器、传感器插头	控制器30端子至传感器插头3端子	<0.5Ω

3. 进气歧管绝对压力与进气温度传感器

进气歧管绝对压力和进气温度传感器制成一体，安装在节气门后方的进气管上，如图4-77所示。

1）断开点火开关，拔下控制器线束插头和传感器线束插头。万用表选择电阻档检测两插头上各端子之间导线电阻，应符合表4-2的规定。如果阻值过大或为无穷大，说明线束与端子接触不良或断路，应予以修理。

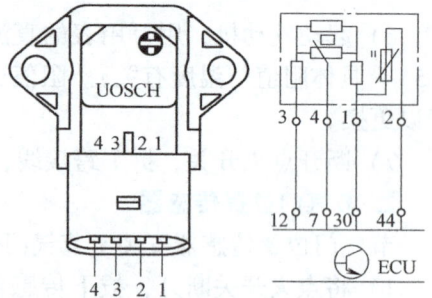

图4-77　进气压力与进气温度
传感器外形及接线原理图

表 4-2　进气压力传感器线束的检测

检测项目	检测条件	检测部位	标准值
进气压力传感器正极导线	拔下控制器、传感器插头	控制器 12 端子至传感器插头端子 3	<0.5Ω
进气压力传感器信号线	拔下控制器、传感器插头	控制器 7 端子至传感器插头端子 4	<0.5Ω
进气温度传感器负极导线	拔下控制器、传感器插头	控制器 30 端子至传感器插头端子 1	<0.5Ω
进气温度传感器信号线	拔下控制器、传感器插头	控制器 44 端子至传感器插头端子 2	<0.5Ω
进气压力传感器电源电压	接通点火开关	传感器端子 1 与端子 1	5V
进气压力传感器信号电压	接通点火开关、发动机不转	传感器端子 4 与端子 1	0.8 ~ 1.3V
进气压力传感器信号电压	发动机怠速运转	传感器端子 4 与端子 1	向高变化
进气温度传感器电源电压	接通点火开关拔下插头	传感器端子 2 与端子 1	5V
进气压力传感器信号电压	接通点火开关插上插头	传感器端子 2 与端子 1	5 ~ 3V

2）点火开关断开，用跨接线将传感器和插接器之间连接起来，万用表选择直流电压档（DC）。

① 接通点火开关，检测传感器电源端子导线（传感器端子 3 连接的导线）与搭铁端导线（传感器端子 1 连接的导线）之间的电源电压，应为 5V 左右。

② 点火开关接通，检测传感器输出导线（传感器端子 4 连接的导线）与搭铁端导线之间的信号电压，应为 3.8 ~ 4.2V；起动发动机，测发动机怠速时信号电压，应为 0.8 ~ 1.3V；当加大节气门开度时，信号电压应随节气门开度加大而升高。

③ 检查温度传感器端子 2 与端子 1 之间的信号电压，应为 0.5 ~ 3V（与温度有关）。

如果信号电压不符合上述规定，说明传感器失效，应予以更换。

3）断开点火开关，拆下跨接线，将插接器插在传感器上。

4. 氧传感器

氧传感器安装在排气管处，其接线原理如图 4-78 所示。

（1）检测氧传感器电压　选择万用表直流电压（DC）档，检测氧传感器的加热电源电压和信号输出电压。如果电压值不符合表 4-3 的规定，说明传感器失效或燃油控制系统有故障，应予以检修。

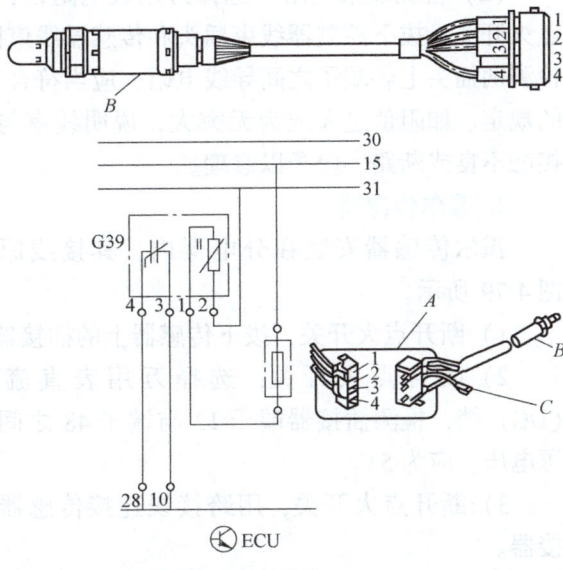

图 4-78　氧传感器的接线原理

1—电加热元件正极　2—电加热元件负极
3—氧传感器负极　4—氧传感器正极
A—氧传感器加热插头　B—氧传感器　C—接地线

表4-3 氧传感器的检测

检测项目	检测条件	检测部位	标准值
（G69）电源电压	发动机起动并怠速运行	检测传感器两根白色导线间的电压	12～14V
（G69）信号电压	发动机起动并怠速运行	检测传感器灰色导线与白色导线间的电压	交替显示0.2V与0.8V
模拟故障检测（G69）信号电压	1）发动机起动并怠速运行 2）拔下油压调节器真空软管并将调节器管口密封	检测传感器灰色导线与白色导线间的电压	显示0.8V短时稳定，然后开始摆动
加热元件电阻	拔下氧传感器插头	传感器插座两根白色导线端子	0.5～20Ω
（G69）信号正极线	拔下控制器、传感器插头	控制器端子28至传感器插头端子4	<0.5Ω
（G69）信号负极线	拔下控制器、传感器插头	控制器端子10至传感器插头端子3	<0.5Ω
（G69）加热元件正极导线	断开点火开关 拔下传感器插头	点火开关端子15至传感器插头端子1	<0.5Ω
（G69）加热电源负极导线	断开点火开关 拔下传感器插头	传感器插头端子2至搭铁端子31	<0.5Ω

（2）检测线束电阻 选择万用表电阻档，断开点火开关，拔下控制器线束插头和传感器线束插头，检测两插头上各端子之间导线电阻，应当符合表4-3的规定。如阻值过大或为无穷大，说明线束与端子接触不良或断路，应予以修理。

5. 霍尔传感器

霍尔传感器安装在分电器内，其接线原理如图4-79所示。

1）断开点火开关，拔下传感器上的插接器。

2）闭合点火开关，选择万用表直流电压（DC）档，检测插接器端子12与端子48之间的电源电压，应为5V。

3）断开点火开关，用跨接线连接传感器和插接器。

4）拔下点火线圈插头，并取下分电器盖。

5）选择万用表直流电压（DC）档，并设定MAX/MIN钮，点火开关闭合后，人工转动曲轴带轮，测试霍尔传感器端子2与端子3之间的输出信号值，应约为2V的电压波动值。

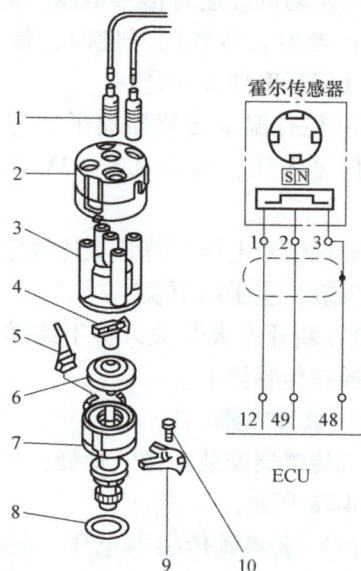

图4-79 AFE发动机霍尔传感器及其接线原理

1—高压线 2—绝缘罩 3—分电器盖
4—分火头 5—霍尔传感器 6—防尘罩
7—分电器壳体 8—密封垫
9—分电器压板 10—压板螺钉

技能单二　大众系列轿车故障诊断与检修

一、故障码的读取

大众系列轿车采用故障阅读器 V·A·G1551 和 V·A·G1552。

1. 诊断仪器的安装

捷达王轿车的自诊断接口位于中央继电器盘支架的右侧，如图 4-80 所示。故障阅读器 V·A·G1551 和 V·A·G1552 通过诊断连线 V·A·G1551/3 与车上诊断接口接通（连接前应先关闭点火开关）。蓄电池电压应大于 11V，发动机搭铁良好。

奥迪 A6 轿车自诊断接口在左前护膝内，如图 4-81 所示。

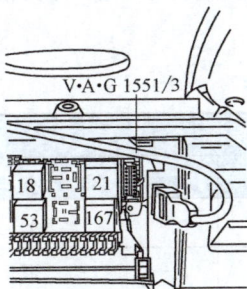

图 4-80　捷达王轿车的自诊断接口位置　　图 4-81　奥迪 A6 轿车的自诊断接口位置

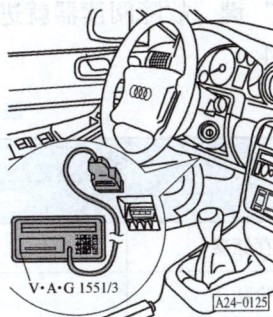

桑塔纳 2000GLi/2000GSi 型轿车的自诊断接口在变速杆前，如图 4-82 所示。

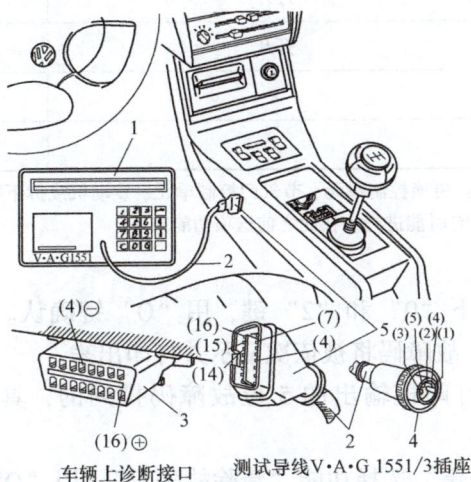

图 4-82　自诊断测试仪的安装

1—故障阅读仪 V·A·G1551 或汽车系统测试仪 V·A·G1552　2—导线（V·A·G1551/3）
3—车上的诊断接口　4—导线与故障阅读器的连接插头　5—导线与车上诊断接口连接插头

2. 自诊断仪器的操作

1）打开点火开关或起动发动机，按所需的功能开始操作，在快速数据传递模式下，输入地址码 01，选择发动机电子控制，用"Q"键确认后便自动显示控制单元信息，具体信息如图 4-83 所示。

图4-83中显示符号含义如下：

06A906018G：Motronic 控制单元型号；

1.6L：发动机排量为1.6L；

R4/5V：发动机结构形式（4缸直列式5气门）；

MOTR：系列标识（发动机）；

299：程序号；

VXX：数据版本号；

Codierung 0400；

WSC：服务站代码；

> 06A906018G 1.6L R4/5V MOTR 299 VXX ⟶
>
> Codierung 0400　　　　　WSC 0000

图4-83　控制单元显示信息

按"→"键，故障阅读器就进入快速数据传递下的功能选择模式。各功能选择的测试条件见表4-4。

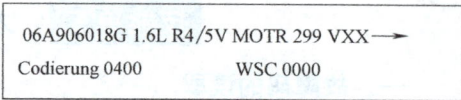

表4-4　各功能选择的测试条件

功　能	前 提 条 件	
	发动机停转，点火开关位置	发动机怠速运转
02 查询故障存储器	打开	是
03 执行元件诊断	打开	否
04 基本调整	打开①	是②
05 清除故障存储器	打开	是
06 结束输出	打开	是
08 读取测量数据块	打开	是
09 读取单个测量数据③	×	×
10 自适应③	×	—

① 必须在下述工作完成后进行：更换控制单元、节气门控制单元、发动机或拆下蓄电池接线。

② 仅在冷却液温度高于80～90℃时能进行，在此之前这项功能锁止。

③ 目前仅用于厂内检测。

2）进行故障查询。按下"0"和"2"键，用"Q"键确认。如果存储了一个或多个故障，当按下"Print"键后，故障码将被依次显示并打印出来。

捷达王故障表是按照打印机输出的5位故障码排列的，具体内容见表4-5（已译成中文）。

3）按下"0"和"5"键，选择功能"清除故障码"，用"Q"键确认输入。

4）再按下键"→"，按下键"0"和"6"，选择功能"结束输入"，用"Q"键确认。

二、排除故障

按故障表（参见维修手册）排除打印出的故障后，按照故障码所示内容，进行相关修理，修理内容结束后，将故障码清除。然后验证修理是否合格，必须对车辆进行路试。试车中应满足冷却液温度达到80～90℃。重新提取故障码，如果没有故障存储，再按"→"键退回"功能选择"，再按下"0"和"6"键，选择"结束输出"功能，按"Q"键确认。捷达车故障表部分内容见表4-5。

表 4-5　捷达车故障表（部分）

故障码	V·A·G1551 或 V·A·G1552 显示信息	故 障 原 因	故 障 表 现	故障排除方法
	无故障	如果车辆上有故障，故障没有被自诊断识别		
00282	怠速电动机 V60 输出打不开/对地短路	怠速电动机导线对地短路	冷起动性能不佳 冷车怠速不稳 怠速不稳 负荷交变	检查怠速电动机 V60 及其电路 检查节气门控制单元 J338 及其电路
	怠速电动机 V60 输出打不开/正极短路	怠速电动机对蓄电池正极短路导线短路 怠速调节超过极限值		
	怠速电动机 V60 短路	导线与怠速电动机之间短路 怠速电动机内部短路		
00513	发动机转速传感器 G28 无可靠信号	G28 松动 传感器齿轮松动	发动机停转	检查 G28 的牢固性 检查传感器靶轮牢固性
	发动机转速传感器 G28 无信号	信号导线断路或对地短路，或正极短路 搭铁线断路或对正极短路 G28 松动或损坏 G28 的护板导线断路	发动机起动不着 发动机停转	检查 G28 及其电路
00515	霍尔传感器 G40 对地短路	G40 与发动机控制单元之间的连接导线对地短路 G40 损坏	发动机在全负荷时动力输出不足 废气排放值不正常 油耗高	检查 G40 及其电路
	霍尔传感器 G40 断路/对正极短路	G40 与发动机控制单元之间的信号连接线有短路或对正极短路 G40 损坏 窗口位置错位		
0516	怠速开关 F60 对地短路	导线对地短路 F60 损坏	怠速不良 起动时行驶性能不良	进行基本调整，检查 F60 检查节气门控制单元
	怠速开关 F60 断路/对正极短路	搭铁线有断路点 导线对正极短路 F60 损坏		
00518	节气门电位计 G69 对地短路	导线对地短路 F69 损坏	供油不良 负荷交变 废气排放值升高 对全负荷不能识别 功率及转矩损失	进行基本调整，检查 G69 检查节气门控制单元
	节气门电位计 G69 断路/对正极短路	搭铁线有断路点 导线对正极短路 G69 损坏		
	节气门电位计 G69 不可靠信号	接触不良 G69 损坏		

（续）

故障码	V·A·G1551 或 V·A·G1552 显示信息	故障原因	故障表现	故障排除方法
00522	冷却液温度传感器 G62 对地短路	导线对地短路 G62 损坏	冷起动性能不好 热起动性能不好 无急速转速自适应	检查 G62 及其电路
	冷却液温度传感器 G62 断路/对正极短路	搭铁线中有断路点 导线对正极短路 G62 损坏		
	冷却液温度传感器 G62 不可靠信号	G62 损坏	油耗升高	
00524	爆燃传感器 1-G61 断路/对地短路	导线断路或对地短路 G61 损坏	功率降低 油耗升高	检查 G61 及其线路
00525	氧传感器 G39 无信号	导线断路或对地短路 G39 损坏	无 λ 调节 有汽油味 油耗升高 行驶性能差 废气排放值升高	检查氧传感器及其电路、氧传感器的调整
	氧传感器 G39 对地短路	导线对地短路 G39 损坏		
	氧传感器 G39 对正极短路	导线对正极短路 G39 损坏		
	氧传感器 G39 不可靠信号	G39 损坏		

模块五　柴油机燃料供给系

学习目标

能解释柴油机供给系的功用、组成和基本概念，混合气形成与燃烧，燃烧室类型与特点；能叙述喷油器、喷油泵、调速器、柴油滤清器、输油泵、联轴器、废气涡轮增压器等的结构及工作原理；能叙述 PT 供油系统、电控柴油喷射系统等的基本组成与基本工作原理；能叙述 A 型泵调速器（两极调速器、全程调速器）的结构与工作过程；能正确拆装喷油器和进行喷油器的试验；能正确检查调整柴油机的供油提前角；能对喷油泵进行台上试验；能诊断并排除柴油机燃料供给系的常见故障。

单元一　柴油机燃料供给系的作用与组成

柴油机使用的燃料是柴油，柴油黏度大，蒸发性差，不具备在气缸外部与空气形成均匀的混合气的条件，故采用高压喷射，在压缩行程接近终了时把柴油喷入气缸，并与气缸内的高温、高压的空气形成混合气自行发火燃烧。

一、柴油机燃料供给系的组成

柴油机燃料供给系由燃油供给、空气供给、混合气形成及废气排出装置组成，如图 5-1 所示。

燃油供给装置由柴油箱、输油泵、低压油管、柴油滤清器、喷油泵、高压油管、喷油器和回油管组成。

空气供给装置由空气滤清器、进气管和气缸盖内的进气道组成。

混合气形成装置由气缸、活塞、气缸盖与燃烧室组成。

废气排出装置由气缸盖内的排气道、排气管及排气消声器组成。

二、柴油机供给系的作用

柴油机供给系的作用是储存、滤清柴油，根据柴油机不同的工况要求，按其工作顺序，定时、定量、定压并以一

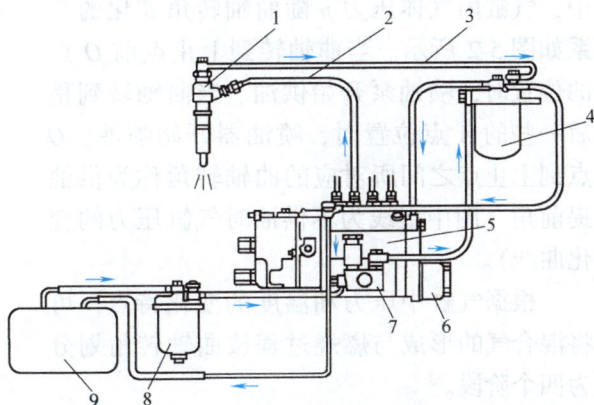

图 5-1　柴油机燃料供给系的组成示意图

1—喷油器　2—高压油管　3—回油管　4—柴油细滤清器
5—喷油泵　6—供油提前调节器　7—输油泵
8—柴油粗滤清器　9—柴油箱

定的喷油质量将柴油喷入燃烧室，并与空气迅速混合燃烧，再将燃烧后的废气排入大气。

三、柴油机供给系的工作原理

柴油机在工作过程中，依靠输油泵的作用不断地将油箱中的柴油吸出，并经柴油滤清器滤去杂质后，输入喷油泵的低压油腔，通过柱塞和出油阀将燃油压力提高，经高压油管输送到喷油器，燃油呈雾状喷入燃烧室，在燃烧室内形成混合气。由于输油泵的供油量大于喷油泵所需供油量，过量柴油便经回油管回到滤清器或油箱。

从柴油箱至喷油泵入口处这段油路中的油压是由输油泵建立的，一般为 0.15 ~ 0.3MPa，故这段油路称为低压油路。从喷油泵到喷油器这段油路中的油压是由喷油泵的柱塞和出油阀建立的，一般在 10MPa 以上，故称此段油路为高压油路。

在柴油机燃油供给装置维修和装配后，必须将柴油机整个油路中的空气排除，使柴油充满喷油泵，为此在输油泵上装有手动油泵，以满足油路中的空气排除。喷油泵凸轮轴的前端与供油提前器连接，后端与调速器组成一体，它们分别起喷油定时和喷油量的自动调节作用。

单元二 柴油机混合气的形成和燃烧室

一、可燃混合气的形成与燃烧

柴油机在进气行程中进入气缸的是纯净空气，在压缩行程接近终了时，将喷油器形成的雾状柴油以规定压力喷入气缸，随即在燃烧室内形成混合气，在高温、高压的条件下，混合气自行着火燃烧，故混合气形成时间极短，而且存在喷油、蒸发、混合和燃烧重叠进行的过程。在柴油机压缩和做功过程中，气缸内气体压力 p 随曲轴转角变化的关系如图5-2所示。当曲轴转到上止点前 O 点的位置时，喷油泵开始供油。当曲轴转到稍后一些的 A 点位置时，喷油器开始喷油。O 点到上止点之间所对应的曲轴转角称为供油提前角（图中虚线为不供油时气缸压力的变化曲线）。

根据气缸中压力和温度的变化特点，可将混合气的形成与燃烧过程按曲轴转角划分为四个阶段。

图5-2 气缸压力与曲轴转角的关系

Ⅰ—备燃期 Ⅱ—速燃期 Ⅲ—缓燃期 Ⅳ—后燃期

（1）第一阶段（备燃期） 即喷油始点 A 至燃烧始点 B 之间所对应的曲轴转角。

在此期间，喷入气缸的雾状柴油从气缸内的高温空气中吸收热量，逐渐蒸发、扩散，与空气混合，并进行燃烧前的化学准备。若备燃期时间过长，缸内积存的油量增多，一旦燃烧，会造成气缸内压力急剧升高，致使发动机噪声增大，工作粗暴，机件磨损加剧。因此，

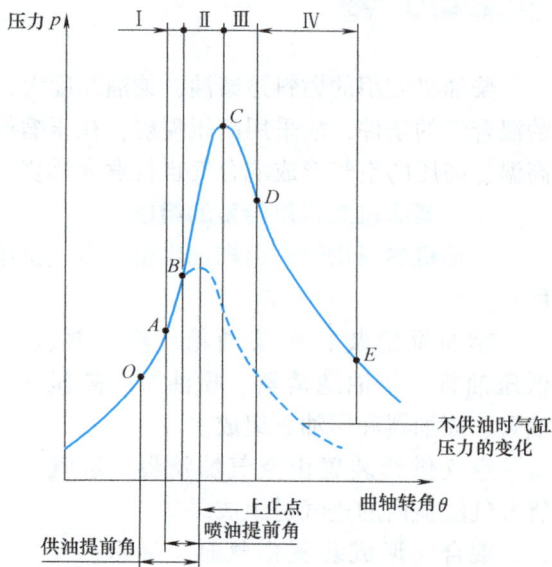

备燃期的长短是影响柴油发动机工作粗暴程度的重要因素。

（2）第二阶段（速燃期）　即燃烧始点 B 与气缸内产生最大压力点 C 之间所对应的曲轴转角。

从 B 点起，火焰自火源处向四周迅速传播，燃烧速度迅速增加，急剧放热，缸内温度和压力迅速上升，至 C 点时压力达到最高值。在此期间，早已喷入但尚未来得及蒸发的柴油，以及在燃烧开始后陆续喷入的柴油便能在已燃气体的高温作用下，迅速蒸发、混合和燃烧。

（3）第三阶段（缓燃期）　即从最高压力点 C 至最高温度点 D 为止的曲轴转角。

在此阶段，燃气温度继续升高，但由于氧气减少，废气增加，燃烧条件变差，故燃烧越来越慢。喷油过程一般在缓燃期内结束。

（4）第四阶段（后燃期）　从 D 点起，燃烧在逐渐恶化的条件下于膨胀行程中缓慢进行，直到停止（E 点）。在此期间，压力和温度均降低。

由于柴油的蒸发性和流动性较差，且柴油机混合气形成时间极短，使得柴油难以在燃烧前彻底雾化蒸发并同空气均匀混合，即柴油机可燃混合气的品质较差。因此，柴油机采用较大的过量空气系数，使喷入气缸的柴油能够燃烧得比较完全。

为改善混合气形成条件，不致出现太长的备燃期，保证柴油机工作柔和，除了选用十六烷值较高的柴油，采用较高的压缩比（15～22），以提高气缸内空气温度，促进柴油蒸发外，还要求喷油器必须有足够的压力，一般在 10MPa 以上，以利于柴油的雾化。此外，在燃烧室内形成强烈的空气运动，促进柴油与空气的均匀混合。

二、燃烧室

由于柴油机混合气的形成和燃烧均在燃烧室中进行，所以燃烧室的结构将直接影响混合气的形成与燃烧。对燃烧室的要求，一是配合喷油形成良好均匀的混合气，改善燃烧；二是要求燃烧室的结构紧凑，以减小散热损失，提高热效率。

柴油机燃烧室的种类较多，通常分为统一式燃烧室和分隔式燃烧室两大类。

鉴于现在柴油发动机多采用统一式燃烧室，故在这里介绍统一式燃烧室。

统一式燃烧室由气缸壁和凹形活塞顶与气缸盖底面所包围的单一内腔构成，这种燃烧室一般采用多孔喷油器将柴油直接喷射到燃烧室中，借喷射油束的形状和燃烧室形状的配合以及燃烧室内的空气涡流运动，迅速形成可燃混合气，故此种燃烧室又称为直接喷射式燃烧室。利用在气缸盖上铸出的螺旋气道，使进入气缸的空气呈涡流状以促进油气混合是直接喷射式燃烧室的一大特点。空气经螺旋进气道进入气缸时，会产生绕气缸轴线旋转的进气涡流，来帮助燃油与空气的混合。

常见的统一式燃烧室结构形式有 ω 形燃烧室、球形燃烧室和 U 形燃烧室，如图 5-3 所示。

目前，车用柴油机大都采用 ω 形燃烧室及其各种改进型。以 ω 形为例，其燃烧室主要靠喷油形状与燃烧室形状相配合，利用进气涡流和挤流（在压缩行程上止点附近，活塞顶部的空气被挤入燃烧室时形成的气流）等空气运动，形成可燃混合气。这类燃烧室要求喷油系统喷油压力高，并采用小孔径多孔喷油器，喷出雾状的燃油均匀地分布在燃烧室空间，吸收空气的热量而蒸发，并借助气流运动迅速与空气混合，另有少量燃油被喷到燃烧室壁面，形成油膜，在燃烧开始后才迅速蒸发而参加燃烧。

ω形燃烧室

球形燃烧室

U形燃烧室

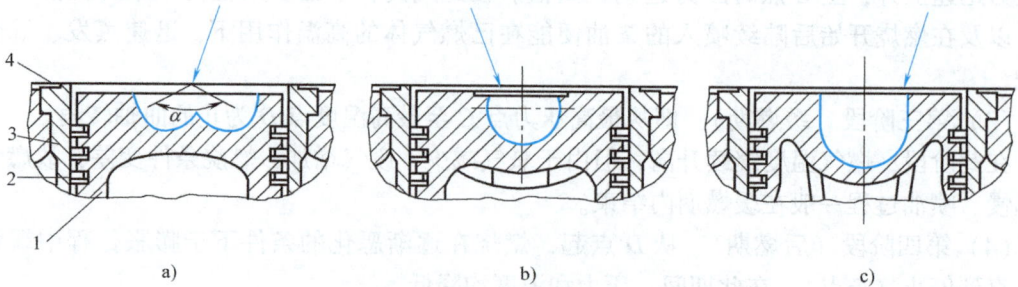

图5-3 统一式燃烧室结构形式

a）ω形燃烧室 b）球形燃烧室 c）U形燃烧室
1—活塞 2—活塞环 3—气缸套 4—气缸盖 →柴油喷射方向

ω形燃烧室形状较简单，易于加工，结构紧凑，散热面积小，热效率高，有利于冷机起动，对配套的燃料供给系要求较高。

为了更好地提高直喷式燃烧室的燃烧过程，在传统ω形燃烧室的基础上，发展了多种新型燃烧室，新型燃烧室有着各自的特点。

（1）四角ω形燃烧室 如图5-4所示，利用四角ω形凹坑组织二次扰动（除了进气涡流外，拐角处又形成小旋涡）来实现燃油和空气的良好混合，以提高燃烧速度。

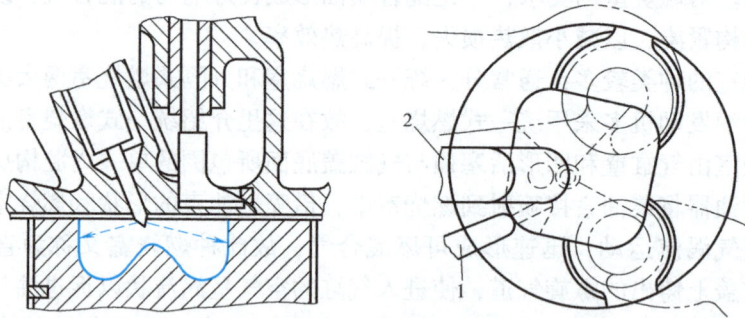

图5-4 四角ω形燃烧室
1—电热塞 2—喷油嘴

（2）微涡流燃烧室 如图5-5所示，燃烧室由两部分组成：上部为四角形，下部分为圆形，两部分经切削加工圆滑过渡。这种燃烧室集中ω形和四角ω形两者的优点，同时又有缩口，增加了挤流的影响。

（3）花瓣形燃烧室 如图5-6所示，CA6110型柴油机采用该种燃烧室，基本结构与ω形燃烧室近似，仅横截面形状呈花瓣状。它利用花瓣形所具有的几何特点，选择进气涡流、喷油系统和燃烧室形状，将三者良好地匹配，可保证柴油机具有较低的燃油消耗率。其经济运行区宽，起动性能好，可减小噪声、降低排污，从而可获得较佳的综合指标。

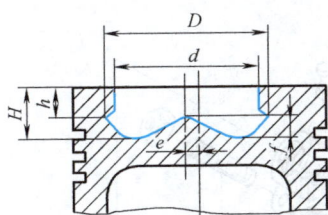

图 5-5　微涡流燃烧室

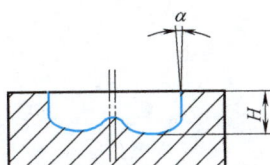

图 5-6　花瓣形燃烧室

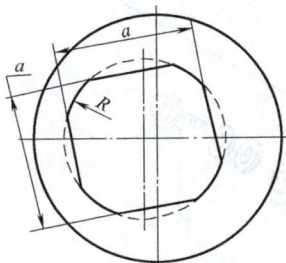

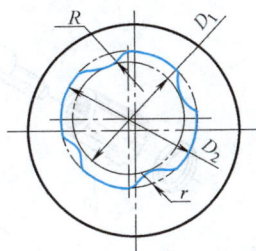

单元三　喷油器

喷油器的作用是将喷油泵供给的高压油以一定的压力、速度和方向喷入燃烧室，使喷入燃烧室的燃油雾化成细粒分布在燃烧室中，以利于混合气的形成和燃烧。

根据混合气的形成与燃烧的要求，喷油器应具有一定的喷射压力、射程、合理的喷射锥角。此外，喷油器在规定的停止喷油时刻其针阀应能迅速地回落，以避免发生滴漏现象而引起爆燃。

目前，车用柴油机绝大多数采用闭式喷油器，即喷油器在不喷油时，喷孔被针阀关闭，将燃烧室与喷油器的油腔彻底分隔开，常用的闭式喷油器又可分为孔式喷油器和轴针式喷油器两种。孔式喷油器多用于直接喷射式燃烧室，轴针式喷油器则主要用于分隔式燃烧室上。

一、喷油器的结构与工作原理

1. 孔式喷油器

（1）孔式喷油器的结构　如图 5-7 所示，喷油器由针阀、针阀体、顶杆、调压弹簧、调压螺钉及喷油器体等零件组成，其中最主要的是用优质合金钢制成的针阀和针阀体成对精密偶件。针阀下端的圆锥面与针阀体下端的环形锥面共同起密封作用，如图 5-8 所示，用于打开或切断高压柴油与燃烧室的通路。针阀底部还有一环形锥面位于针阀体的环形油槽中，该锥面承受燃油压力推动针阀向上运动。针阀顶部通过顶杆承受调压弹簧的预紧力，使针阀处于关闭状态。该预紧力决定针阀的开启压力或喷油压力，调整调压螺钉可改变喷油压力的大小（拧入时压力增大，反之压力减小），通过调压螺钉盖将其锁紧固定。喷油器工作时，从针阀偶件间隙中泄漏的柴油经回油管接头螺栓流回回油管。为防止细小杂物堵塞喷油器，在某些喷油器进油接头中装有缝隙式滤芯，如图 5-9 所示。柴油从滤芯的两个平面 A 进入，穿过棱边 B 进入滤芯的另两个平面 C 才能进入喷油器，棱边 B 起过滤作用。

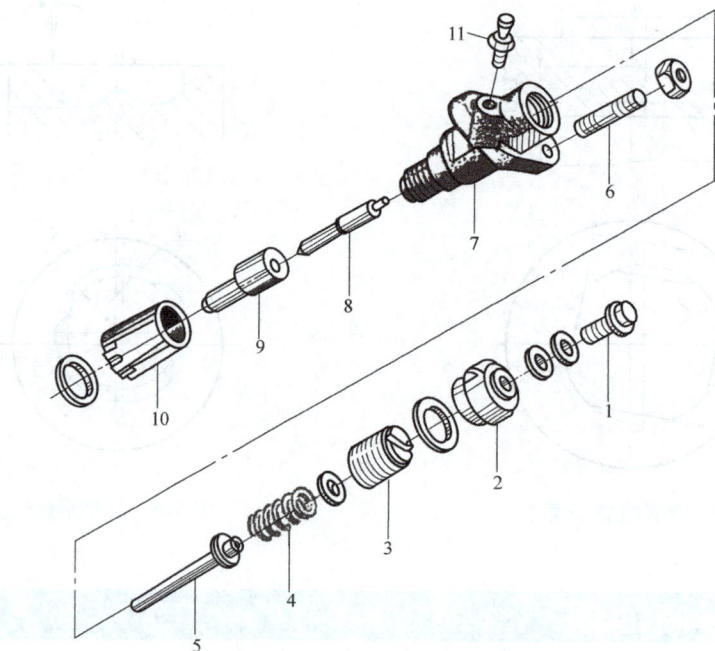

图 5-7　柴油机孔式喷油器

1—接头螺栓　2—调压螺钉盖　3—调压螺钉　4—调压弹簧　5—顶杆　6—螺柱
7—喷油器体　8—针阀　9—针阀体　10—喷油嘴紧帽　11—螺栓

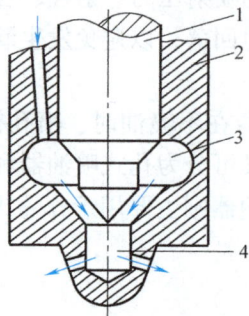

图 5-8　针阀的密封

1—针阀　2—针阀体　3—高压油腔　4—压力室

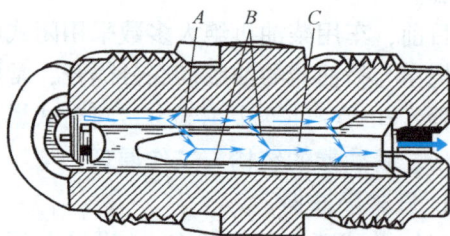

图 5-9　缝隙式滤芯的工作原理

（2）孔式喷油器的工作原理　柴油机工作时，来自喷油泵的高压柴油经喷油器体与针阀体中的油道进入针阀中部周围的环状空间。油压作用在针阀的锥形承压环带上形成一个向上的轴向推力，此推力克服调压弹簧的预压力及针阀偶件之间的摩擦力使针阀向上移动，针阀下端锥面离开针阀锥形环带，打开喷孔，高压柴油喷入燃烧室。喷油泵停止供油时，高压油路内压力迅速下降，针阀在调压弹簧的作用下及时回位，将喷孔关闭，如图5-10所示。

孔式喷油器的特点是喷孔数目较多，一般为 1~8 个喷孔；喷孔直径较小，一般为0.2 ~ 0.8mm。喷孔数目和分布的位置，根据燃烧室的形状和要求而定。

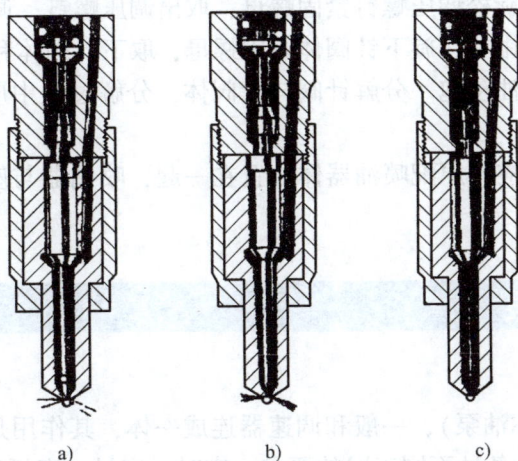

a)　　　　　　　b)　　　　　　　c)　　　　　　孔式喷油器的工作

图 5-10　喷油器的工作原理图

a）喷油初始　b）喷油量最大　c）喷油终止

2. 轴针式喷油器

轴针式喷油器的工作原理与孔式喷油器相同。其构造特点是针阀下端的密封锥面以下还延伸出一个轴针，其形状可以是倒锥形和圆柱形，如图 5-11 所示。轴针伸出喷孔外，使喷孔成为圆柱状的狭缝（轴针与孔的径向间隙一般为 0.005～0.25mm），使喷出的燃油呈空心的锥状或柱形，如图 5-12 所示。

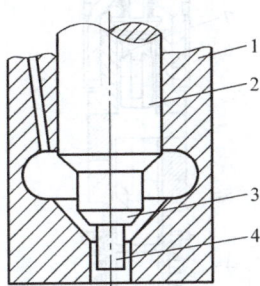

图 5-11　轴针式喷油器

1—针阀体　2—针阀　3—密封锥面　4—轴针

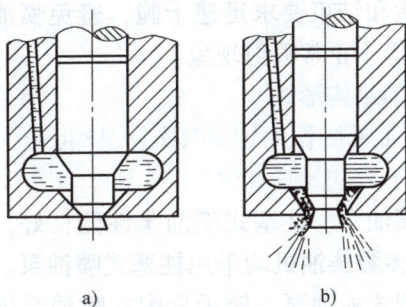

图 5-12　轴针式喷油器的喷油情况

a）不喷油　b）喷油

轴针式喷油
器的工作

轴针式喷油器喷孔直径一般在 1～3mm 范围内，喷油压力为 10～14MPa，喷孔直径大，加工方便。工作时由于轴针在喷孔内往复运动，能清除喷孔中的积炭和杂物，工作可靠。它适用于对喷雾要求不高的涡流室式燃烧室和预燃室式燃烧室。

二、喷油器的拆卸

喷油器的固定方式有圆孔压板固定和叉形压板固定。

1）首先拆下高压油管和固定螺母，取出总成。

2）清洗外部，在喷油器试验台上进行检验，检查喷射初始压力、喷油质量和漏油情况，如质量不好必须解体。

3）先分解喷油器上部，旋松调压螺钉紧固螺母，取出调压螺钉、调压弹簧和顶杆。

4）将喷油器倒夹在台虎钳上，旋下针阀体紧固螺母，取下针阀体和针阀。

5）针阀偶件用清洁的柴油浸泡。分解针阀与针阀体，分解过程中应注意保护针阀的表面，防止划伤。

6）喷油器垫片在分解后应与原配喷油器体放置在一起，喷油器与座孔间的垫圈应与原喷油器体放置在一起。

单元四　喷油泵

喷油泵即高压油泵（简称油泵），一般和调速器连成一体，其作用是使燃油通过喷油泵的工作形成高压，根据柴油机各种不同工况的要求，定时、定量、定压地将高压燃油送至喷油器，然后经喷油器喷入燃烧室。

一、对多缸柴油机喷油泵的要求

1）保证定时。严格按照规定的供油时刻开始供油，并保证一定的供油持续时间，不可过长。

2）保证定量。根据柴油机负荷的大小供给相应的油量，以满足负荷变化的要求。

3）保证压力。向喷油器供给的柴油应具有足够的压力，以获得良好的喷雾质量。

4）对于多缸柴油机，为保证各缸工作的均匀性，要求各缸的相对供油时刻、供油量和供油压力等参数都相同。

5）供油开始和结束要求迅速干脆，避免喷油器产生滴漏或滞后等不正常喷射现象。

二、喷油泵的结构形式

柴油机的喷油泵按作用原理不同大体可分为柱塞式喷油泵和转子分配式喷油泵。

1）柱塞式喷油泵。柱塞式喷油泵性能良好，使用可靠，目前大多数柴油机均采用柱塞式喷油泵。

2）转子分配式喷油泵。转子分配式喷油泵依靠转子驱动柱塞实现燃油的增压（泵油）及分配。它具有体积小、重量轻、成本低、使用方便等优点，尤其体积小，有利于发动机的整体布置。

三、柱塞式喷油泵泵油原理

柱塞式喷油泵利用柱塞在柱塞套内的往复运动实现吸油和压油，对于单缸柴油机，由一套柱塞偶件组成单体泵；对于多缸柴油机，则由多套柱塞偶件和泵油机构分别向各缸供油。中、小功率柴油机大多将各缸的泵油机构组装在同一壳体中，称为多缸泵，而其中每组泵油机构则称为分泵。图5-13所示为分泵的结构。泵油机构主要由柱塞偶件（柱塞

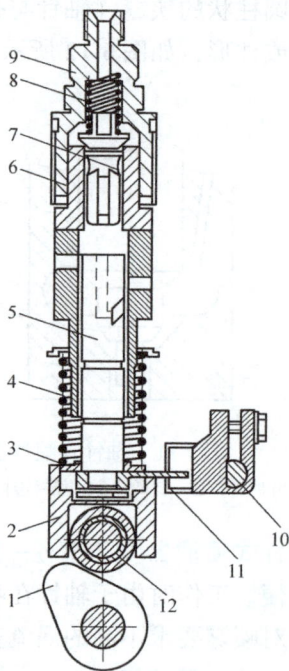

图5-13　柱塞式喷油泵分泵的结构

1—凸轮　2—滚轮体　3—柱塞弹簧
4—柱塞套　5—柱塞　6—出油阀座　7—出油阀
8—出油阀弹簧　9—出油阀紧座　10—供油拉杆
11—调节臂　12—滚轮

和柱塞套）、出油阀偶件（出油阀和出油阀座）等组成。柱塞的下部固定有调节臂，可通过调节臂转动柱塞，使柱塞与柱塞套的相对位置改变，实现供油量的变化。

柱塞上部的出油阀由出油阀弹簧压紧在阀座上，柱塞下端与装在滚轮体中的垫块接触，柱塞弹簧通过弹簧座将柱塞推向下方，并使滚轮保持与凸轮轴上的凸轮相接触。

喷油泵凸轮轴由柴油机曲轴通过传动机构来驱动。对于四冲程柴油机，曲轴转两圈，喷油泵凸轮轴转一圈。

柱塞式喷油泵的泵油原理如图5-14所示。柱塞的圆柱表面上铣有直线型（或螺旋型）斜槽，斜槽和柱塞上部的孔道连通。柱塞套上有两个圆孔都与喷油泵体上的低压油腔相通。柱塞由凸轮驱动，在柱塞套内做往复直线运动，此外可通过调节臂绕自身轴线在一定角度范围内转动。

（1）吸油过程 当柱塞下移到图5-14a所示位置，燃油自低压油腔经进油孔被吸入并充满泵腔。

（2）压油过程 在柱塞自下止点上移的过程中，起初有一部分燃油从泵腔挤回低压油腔，直到柱塞上部的圆柱面将两个油孔完全封闭。如图5-14b所示，柱塞继续上升，柱塞上部的燃油压力迅速增高到足以克服出油阀弹簧的作用力，出油阀即开始上升。当出油阀的圆柱环形带离开出油阀座时，高压燃油便通过高压油管流向喷油器。当燃油压力高出喷油器的喷油压力时，喷油器则开始喷油。

（3）回油过程 当柱塞继续上移到图5-14c所示位置时，斜槽与油孔开始接通，泵腔内油压迅速下降，出油阀在弹簧压力作用下立即回位，喷油泵停止供油。此后柱塞仍继续上行，直到凸轮达到最高升程为止，但不再泵油。

（4）停止供油状态 当柱塞转到图5-14d所示位置时，柱塞斜槽与柱塞套油孔相通，因此有效行程为零，即喷油泵处于不泵油状态。

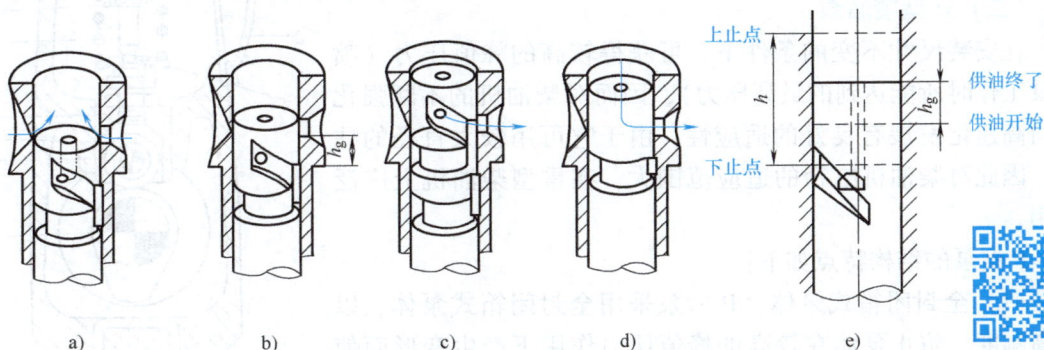

图5-14 柱塞式喷油泵泵油原理示意图
a）吸油过程 b）压油过程 c）回油过程 d）空行程 e）有效行程

由上述泵油过程可知，由驱动凸轮轮廓曲线的最大矢径决定的柱塞行程 h（即柱塞的上、下止点间的距离）是一定的，如图5-14e所示，但并非在整个柱塞上移行程 h 内都供油，喷油泵只在柱塞完全封闭柱塞套油孔之后到柱塞斜槽和油孔开始接通之前的这一部分柱塞行程 h_g 内才泵油。h_g 称为柱塞有效行程。显然，喷油泵每次泵出的油量取决于有效行程的长短，因此欲使喷油泵能随柴油机工况不同而改变供油量，只需改变有效行程。有效行程

是通过改变柱塞斜槽与柱塞套油孔的相对位置来实现的，将柱塞转向图5-14e中箭头所示的方向，有效行程的供油量即增加；反之则减少。

四、国产系列柱塞式喷油泵

柱塞式喷油泵根据柴油机单缸功率范围对喷油泵供油量的要求不同，以柱塞行程和结构形式为基础，把喷油泵分成几个系列，再分别配以不同尺寸的柱塞直径，组成若干种在一个工作循环内供油量不等的喷油泵，以满足各种柴油机的需要。喷油泵系列化有利于制造和维修。

目前，国产柴油机常用的柱塞式喷油泵主要有A型泵、B型泵和P型泵。

柱塞式喷油泵一般由泵体、分泵、油量调节机构和传动机构组成。泵体有整体式和上下分体式两种结构。上下分体式泵体拆装比较方便，整体式泵体刚性好，强度高，可承受较高的喷油压力，有良好的密封性。

（一）A型喷油泵（A型泵）

A型喷油泵总成是国际上通用的一种系列产品，也是国内中、小功率柴油机使用最为广泛的柱塞式喷油泵，如图5-15所示。

A型喷油泵的结构及特点如下：

喷油泵分泵数目与发动机缸数相等，各分泵的结构和尺寸完全相同。分泵主要由柱塞偶件、柱塞弹簧、弹簧上座、弹簧下座、出油阀偶件、出油阀弹簧、减容器、出油阀压紧帽等零件组成。柱塞上部的圆柱表面铣有与轴线成45°夹角的直线斜槽，斜槽有径向孔与柱塞上部的轴向孔道相通。分泵的工作原理如前所述。

（二）P型喷油泵

在安装尺寸不变的条件下，可获得较高的峰值压力（喷油泵工作时所能达到的最高压力），因而对柴油机的不断强化和向高速化发展有良好的适应性。由于它可用较大直径的柱塞，因此对柴油机缸径的适应范围大，在重型柴油机上广泛应用。

P型泵的结构特点如下：

（1）全封闭箱式泵体 P型泵采用全封闭箱式泵体，以提高刚度，防止泵体在较高的峰值压力作用下产生变形而使柱塞偶件加剧磨损，提高使用寿命。

（2）吊挂式柱塞套 柱塞套和出油阀偶件都装在凸缘套筒内，并利用出油阀压紧座拧紧，使之成为一个独立的组件。然后用两个螺塞将凸缘套筒固定在泵体的顶部端面上，形成一种吊挂式结构，以改善柱塞套的受力情况，并方便拆装。

（3）油量调节机构 每个柱塞的控制套筒上都装有一个与调节拉杆上的凹槽相啮合的小钢球，移动调节拉杆，钢球便带动各柱塞控制套筒使柱塞转动，从而改变供油量。P型泵

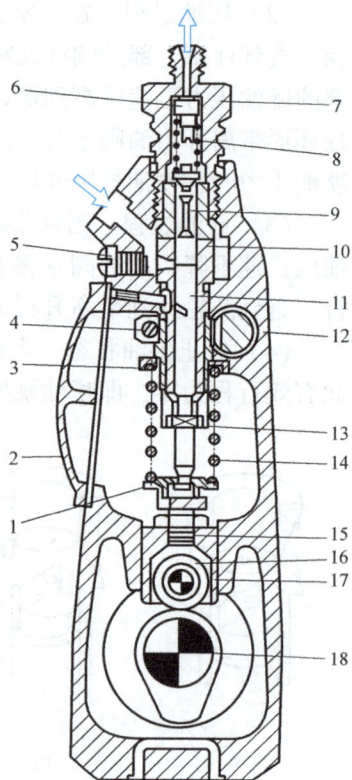

图5-15 A型喷油泵示意图

1—弹簧下座 2—检视窗侧盖 3—弹簧上座 4—齿圈螺钉 5—挡油螺钉 6—减容器 7—出油阀压紧帽 8—出油阀弹簧 9—出油阀 10—柱塞套 11—柱塞 12—齿杆 13—油量控制套筒 14—柱塞弹簧 15—正时螺钉 16—滚轮 17—挺柱体 18—凸轮轴

的供油时刻调整可通过增减凸缘套筒下面的垫片来实现。

（4）压力润滑系统　P型泵采用压力润滑。柴油机润滑系主油道的机油通过油管与泵体上的进油孔相连，润滑喷油泵的传动部件和调速器的部件。油面高度由泵体上回油孔的位置决定，多余的机油经回油孔流回油底壳。

P型泵的缺点是不便拆装，柱塞偶件无法整体从泵体中拆出，而必须先取出凸轮轴，拆出泵体底盖，然后才能从泵体下方拆出柱塞。

五、柱塞式喷油泵的供油量调整

供油量的调整包括标定工况、怠速、起动、校正供油及停止供油等项目，而各种供油量是在柴油机设计制造时，经过反复试验所确定的。

喷油泵各工况供油量的调整直接影响柴油机的输出功率、耗油量、运转平稳性、使用寿命。

标定工况供油量是保证柴油机在标定工况工作时需要的油量；怠速供油量是柴油机无负荷运转时以克服自身阻力所需要的供油量；起动供油量是便于柴油机顺利起动所需的供油量，一般为标定工况供油量的150%以上；校正供油量是柴油机短时间超负荷运转所需的加浓油量。停止供油是柴油机在需要熄火时能及时中断供油的措施。

多缸柴油机配用的多缸喷油泵各分泵供油量不均匀度应在要求的范围内，才能保证柴油机运转平稳。一般规定标定工况供油量不均匀度不大于3%。怠速供油不均匀会使柴油机怠速运转不稳，一般怠速供油不均匀度不大于3%。

在调整时，首先要使调节齿杆与齿圈、齿圈与控制套筒的相互安装位置满足要求。如果位置不正确而导致供油不均匀度过大，会给调整带来不便。检查调试喷油泵必须在专用试验台上进行。

1. 标定工况供油量的调整

喷油泵以标定转速运转，转动操纵手柄至最大供油位置，测量喷油100次或200次各缸的供油量，不合标准或不均匀时，松开调节齿圈的紧固螺钉，使柱塞控制套相对于调节齿圈旋转适当角度，将调节齿圈的螺钉紧固，即可改变供油量。调整时，要判断增加或减小供油量的移动方向。若使操纵臂向增加供油方向移动时，则相应的控制套筒的旋转方向即为增油方向。

2. 怠速供油量的调整

标定工况供油量和不均匀度调整合格后，使喷油泵在怠速下运转。将操纵臂放置在怠速位置定好，然后进行测量，如不均匀度不符合要求，仍按上述方法进行调整。

一般来说，上面两工况的供油量不均匀度合格，其他工况就能满足供油均匀性的要求。

单元五　调速器

调速器的作用是根据柴油机负荷及转速的变化对喷油泵的供油量进行自动调节，使柴油机随负荷的变化能稳定运行。

柴油机工作时，外界负荷经常变化，柴油机在外界负荷变化时应能满足较稳定的转速，但实际上由于喷油泵的速度特性（在油量调节拉杆位置不变时，供油量随转速变化的关系称为喷油泵的速度特性）无法满足这一要求。车用柴油机在运行时，由于路面的变化负荷随之改变，此时转速必然变化，要想维持原来的转速不变，就必须在负荷变化时增大喷油泵的供油量或减小喷油泵的供油量，但喷油泵在转速降低时，由于柱塞套回油孔的节流作用的减小和柱塞副漏油量的增大，使得供油量也减小，由此必然使转速进一步降低，甚至熄火。反之，当外界负荷突然减小（如满载汽车从上坡行驶刚过渡到下坡行驶）时，则转速随之提高，应当减小喷油泵的供油量来保持原来的转速，但是喷油泵本身随转速上升而使柱塞套进油孔的节流作用增强和柱塞副漏油量减少，使喷油泵供油量反而上升，转速随之继续升高，发动机转速和供油量如此相互作用的结果，将导致发动机随负荷的变化使转速降低或升高的不良现象。因此要想维持柴油机稳定运转，就必须采用调速器这一专门装置来保证在要求的转速范围内，随着柴油机负荷的变化而自动调节供油量，以满足汽车行驶的要求。

调速器按功能分类可以分为以下四类：

（1）两极调速器　用于转速变化较频繁的柴油机，只稳定和限制柴油机的最低和最高转速。柴油机的工作转速由驾驶人通过加速踏板直接操纵喷油泵油量调节机构来实现。

（2）全程调速器　用于负荷变化较大的柴油机，能控制从怠速到最高限制转速范围内任何转速下的喷油量，以维持柴油机在给定的任意转速下稳定运转，如用在拖拉机、工程机械、矿用车辆、船舶等。

（3）单速调速器　多用于工业用柴油机，如发电机所用的柴油机，要求其工作转速几乎是固定不变的，装用单速调速器后，能随负荷变化自动控制喷油量以维持柴油机在所设定转速下稳定运转。

（4）综合调速器　此类调速器构造与全程调速器相似，调速器只控制最低与最高转速，但亦兼备全程调速器的功能。

调速器按转速传感的不同可分为以下三类：

（1）气动式调速器　它利用膜片感知进气管真空度的变化，自动调节供油量达到调速的目的。此种调速器结构简单，在各种转速下均能进行调速作用，属于全程调速器，多用于小功率柴油机。

（2）机械离心式调速器　它是利用喷油泵凸轮轴的旋转，使飞块产生离心力实现调速作用的调速器。此种调速器结构虽复杂，但工作可靠，性能良好，故在各种柴油机上得到广泛应用。

（3）复合式调速器　它同时利用气动作用和机械离心作用自动控制供油量，而实现柴油机调速的作用。

一、两极调速器

两极调速器适用于一般条件下的汽车柴油机使用，只限制柴油机工作的最低和最高转速，而在所有中间转速范围内由驾驶人控制。

两极调速器的工作原理如图5-16所示。支承盘由喷油泵的凸轮轴带动旋转，飞球铰接在支承盘上并随支承盘一起旋转，飞球在旋转时受离心力作用而张开，飞球臂给滑动盘一个向右的轴向力。滑动盘可沿轴向力滑动，其轴与杠杆相连，轴的右端与一球面顶块接触。调速弹簧由两根组成，外弹簧又称高速弹簧，刚性较大；内弹簧又称低速弹簧，刚性小。发动机静止时，球面顶块与弹簧滑块之间有一定的间隙。供油齿杆不仅由操纵杆通过拉杆来操纵，而且也受滑动盘的轴向位置控制，因此实际工作时齿杆的位置是由操纵杆和滑动盘共同

决定的。

当柴油机静止时，滑动盘受低速弹簧的作用靠向最左端，若操纵杆处于自由状态，齿杆就处在供油量较大位置。柴油机起动后，转速上升，飞球受离心力的作用向外飞散，使滑动盘右移，带动齿杆右移减油。反之，则加油。

二、全程调速器

全程调速器不仅能稳定怠速和限制超速，而且能控制柴油机在允许转速范围内的任何转速下稳定地工作。

RSV 调速器是德国博世公司 S 系列中的全程调速器，可用于 M、A、AD、P 型等喷油泵，能与汽车等主机配套。

RSV 调速器的结构如图 5-17 所示。

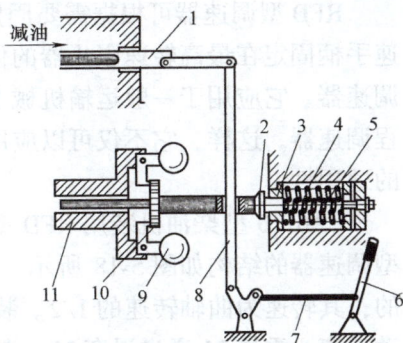

图 5-16　两极调速器的工作原理

1—齿杆　2—球面顶块　3—弹簧滑套
4—高速弹簧　5—低速弹簧　6—操纵杆
7—拉杆　8—杠杆　9—飞球
10—滑动盘　11—支承盘

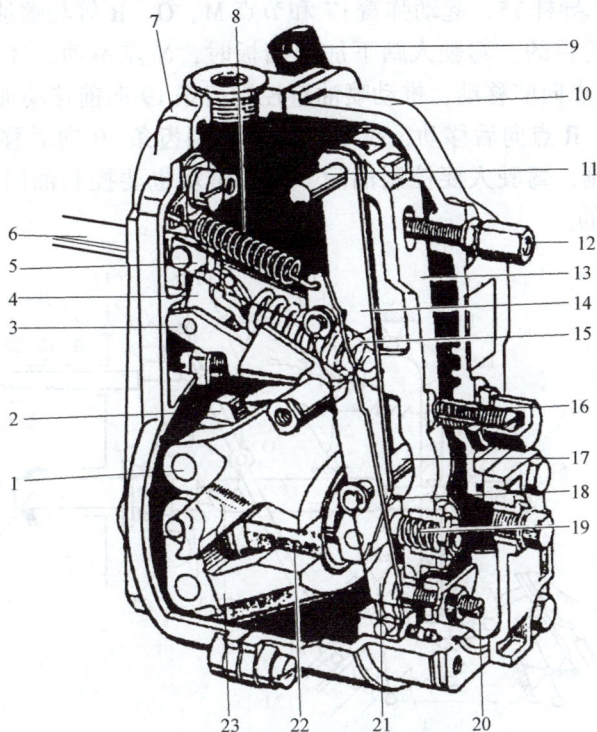

图 5-17　RSV 调速器的结构

1—飞锤销　2—飞锤支架　3—弹簧摇臂　4—弹簧挂耳　5—连杆　6—供油量调节齿杆　7—调速器前壳　8—起动弹簧　9—操纵手柄　10—调速器后壳　11—支承杆销　12—怠速限位钉　13—支承杆　14—支架　15—调速弹簧　16—怠速稳定弹簧　17—支架轴　18—丁字块　19—校正弹簧　20—行程调节螺钉　21—浮动杠杆　22—调速套筒　23—飞锤

三、综合调速器

近年来，各种专用汽车需求量日益增大，如起重吊车、混合搅拌车等。它们的特点是既能正常行驶，又能装卸吊货和混合搅拌等作业。为了适应车辆的特殊需要，日本 D.K.K 公司在 RAD 和 RSV 调速器的基础上发展了全程、两极两用 RFD 型调速器。

RFD 型调速器可根据需要固定调速手柄或固定负荷控制杆改变调速器的用途。如将调速手柄固定在最高转速限止器的位置，直接和加速踏板连接的负荷控制杆起作用，即为两极调速器。它应用于一般运输机械上。如将负荷控制杆固定，而由调速手柄起作用，则变为全程调速器。这样，它不仅可以应用于汽车上，而且可应用于工程机械上，改善了该种调速器的适用性。

CA6110 型柴油机装用 RFD 型两极式机械调速器，兼有部分全程式调速器的功能。RFD 型调速器的结构如图 5-18 所示。在调速器中，喷油泵凸轮轴 20 是由柴油机曲轴带动旋转的，其转速为曲轴转速的 1/2。装在喷油泵凸轮轴 20 上的一对离心重块 21 随凸轮轴一起转动，离心重块 21 通过滑套 22、滑套顶块 23、浮动杆 16、导杆 15、起动弹簧 17 以及节点 A、O、M、R 等与喷油量控制齿条 19 相连，达到控制喷油量的目的。当凸轮轴转速逐渐升高时，离心重块 21 离心力加大向外动作，推动滑套顶块 23 向后移动，通过浮动杆 16 和导杆 15 将喷油量控制齿条 19 向后拉动，减小油门；当转速逐渐降低时，离心重块向内动作，通过杆系的连动动作，将齿条向前推动，增大油门。而驾驶人脚下的加速踏板的踏压动作通过拨叉杆 1、浮动杆 16、导杆 15、起动弹簧 17 和节点 M、O、R 等与喷油量控制齿条 19 相连，达到脚踏控制喷油量的目的。驾驶人踏下加速踏板时，N 点不动，M 点向后移动，浮动杆 16 绕 O 点转动，使 R 点向前移动，推动喷油量控制齿条 19 向前移动加大油门；抬起加速踏板时，M 点向前移动，R 点向后移动，拉动喷油量控制齿条 19 向后移动，减小油门。对于柴油机和喷油泵的控制，驾驶人要控制油门，离心重块也要控制油门，正是靠一根浮动杆 16 将两者协调在一起的。

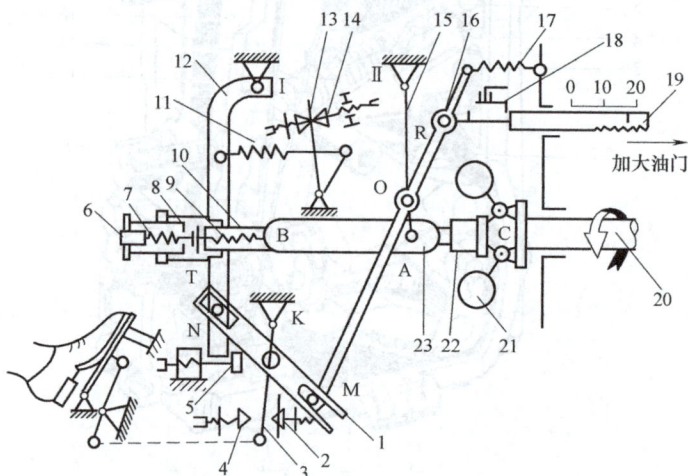

图 5-18　RFD 型调速器的结构

1—拨叉杆　2—怠速限位螺钉　3—负荷控制杆　4—全负荷限位螺钉　5—张紧杆限位大头螺钉　6—转矩校正弹簧调整螺钉
7—转矩校正弹簧　8—转矩校正弹簧顶杆　9—怠速弹簧　10—调速弹簧顶杆　11—调速弹簧　12—张紧杆
13—调速杆　14—调速杆高速限位螺钉　15—导杆　16—浮动杆　17—起动弹簧　18—停油拨叉
19—喷油量控制齿条　20—喷油泵凸轮轴　21—离心重块　22—滑套　23—滑套顶块

由此可见，浮动杆 16 的一端（R）拉着喷油量控制齿条 19、起动弹簧 17，使之加大油门；而另一端由驾驶人的脚控制 M 点的前后位置，中间的一点 O 由离心重块控制。当发动

机转速稳定在某一转速时，O点不动。这时如果驾驶人想加速，脚踏下加速踏板，M点就会向后移动，于是R点就向前推齿条，喷油泵加大了供油量，发动机发出更多的动力，所以汽车就加速了。当驾驶人觉得车速已经够高而停止压下油门踏板时，M点不动。如果发动机转速还在上升，离心重块21被甩得向外分开，这时A点会带动O点向后移，把齿条拉向后，减小了油门，发动机也就保持在这一转速不动了，从而达到稳定转速控制的目的。同样，调速器里的其他机构也起到控制齿条动作的作用。

单元六　联轴器及供油提前角调节装置

一、联轴器

1. 联轴器的作用

喷油泵的驱动如图5-19所示。由曲轴前端的正时齿轮经中间传动齿轮驱动（空气压缩机）喷油泵正时齿轮。正时齿轮上均刻有正时啮合标记，必须按标记装配才能保证喷油泵的供油正时。

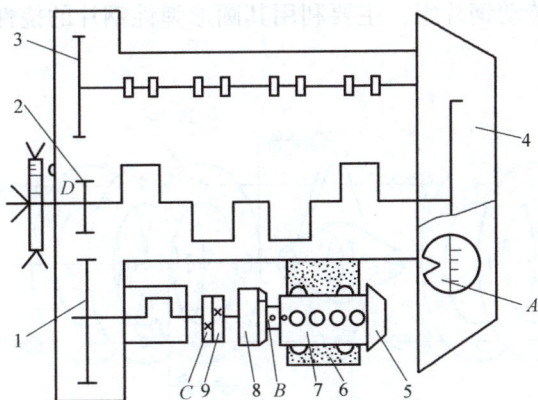

图 5-19　喷油泵的驱动和供油正时

1—喷油泵正时齿轮　2—曲轴正时齿轮　3—凸轮轴正时齿轮　4—飞轮壳　5—调速器
6—托板　7—喷油泵　8—供油提前角自动调节器　9—联轴器

喷油泵正时齿轮输出轴与喷油泵凸轮轴之间用联轴器连接。有的喷油泵直接利用其壳体上的弧形槽，使泵体相对于喷油泵凸轮轴转动，以调节供油正时，省略了联轴器。

联轴器不仅起传递动力作用，而且还可以补偿安装时两轴间同轴度的偏差以及利用两轴间少量的相对角位移来调节喷油泵的供油正时。

2. 联轴器的结构

常见的联轴器有刚性十字胶木盘式和挠性钢片式两种。

目前，汽车上已很少采用刚性十字胶木盘式联轴器，本节主要介绍挠性钢片式联轴器。

CA6110型柴油机喷油泵联轴器即为挠性钢片式联轴器，其结构如图5-20所示。安装时要求驱动端与喷油泵凸轮轴端轴线同心度不大于0.3mm，摆角不大于0.5°，伸长或压缩误差不大于±0.5mm。

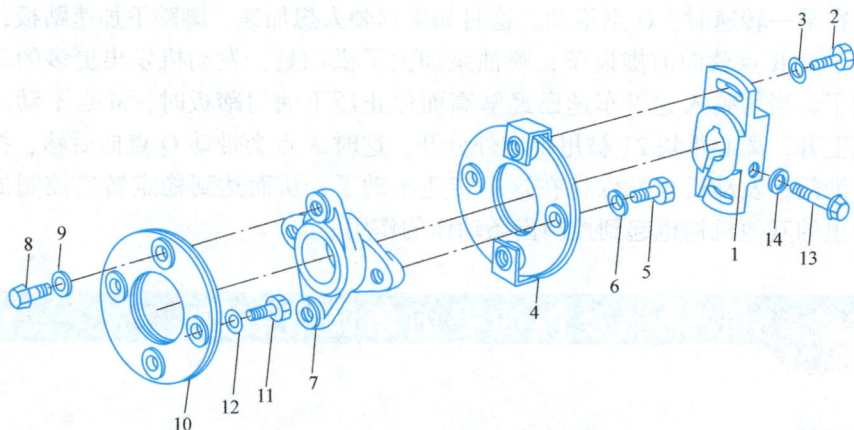

图 5-20　CA6110 型柴油机喷油泵联轴器

1—连接盘　2、5、8、11、13—螺钉　3、6、9、12、14—垫圈　4、10—钢片组　7—十字架

如图 5-21 所示，CA6110 型柴油机采用的挠性刚片式联轴器实际上是一个角度变化很小的万向节，传动时可以对主、从动轴的同轴度误差起补偿作用。联轴器的两组传动钢片，即主动传动钢片组和从动传动钢片组，主要利用其圆形弹性钢片的挠性来补偿主、从动轴间少量的同轴度偏差。

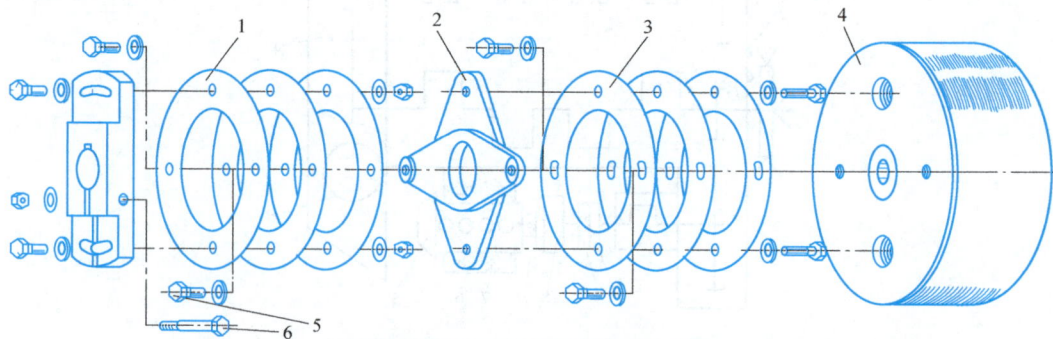

图 5-21　CA6110 型柴油机喷油提前调节器与联轴器

1—主动传动钢片　2—十字中间凸缘盘　3—从动传动钢片　4—供油提前角自动调节器
5—主动钢片固定螺栓　6—主动盘锁紧螺栓

二、供油提前角调节装置

合适的喷油提前角可获得最佳时刻喷油，并获取最大的动力和较经济的油耗，喷油提前角是发动机排放指标的一个重要调整参数，它对整机性能影响较大。

喷油提前角过大时，气缸内空气温度较低，混合气形成条件差，备燃期较长，柴油机工作粗暴（可以听到有节奏的清脆"嘎嘎"声），油耗增高，功率下降，怠速不稳和起动困难；如果喷油提前角过小，则燃油不能在上止点附近迅速燃烧，后燃期增加，燃烧温度升高及压力下降，发动机过热，热效率显著下降，排气管冒白烟，动力性、经济性变坏。因此为保证发动机性能良好，必须选定最佳喷油提前角。

最佳喷油提前角是指转速和供油量一定的情况下，能获得最大功率和最低油耗率的喷油提前角。最佳喷油提前角是经过调试而获得的，一般来说它随柴油机转速提高而增大。

喷油提前调节装置的作用是：在柴油机整个工作转速范围内，使喷油提前角（或供油提前角）自动随柴油机转速改变而相应变化，使柴油机始终在最佳或接近最佳喷油提前角的情况下运转工作。

供油提前角调节由两部分组成：

1）静态调节，即在静态时把供油提前角调到合适值。

2）动态自动调节，即在柴油机运转时随转速变化自动改变提前角。

（一）静态供油提前角的调整

柴油机出厂前及工作一段时间或拆装后，都需要进行供油提前角的检查与调整。柴油机曲轴前端扭转减振器（后端飞轮）上刻有上止点及曲轴旋转角度刻线，应与机体（飞轮壳）上的标记相对，注意此时应保证是在第一缸压缩上止点附近。标记对正后，观察喷油泵的提前器壳体上的刻线与喷油泵泵体上的刻线是否对齐。如果对齐，则说明供油提前角正确，否则需调整。

供油提前角通过联轴器来调整。将连接盘上开有腰形孔与十字中间凸缘盘相对转动一定角度，使上述刻线对齐，紧固连接螺钉即可完成供油提前角的调整。

（二）供油提前角自动调节器

1. 供油提前角自动调节器的作用

在柴油机工作过程中，供油提前角自动调节器根据发动机转速的变化自动调节供油提前角，从而获得较合适的供油提前角，以改善发动机的动力性和经济性。

2. 供油提前角自动调节器的结构与工作过程

喷油泵上配用的供油提前角自动调节器绝大部分为机械离心式，其工作原理基本相同，如图 5-22 所示。CA6110 型柴油机采用机械离心式供油提前角调节器，位于联轴器与喷油泵凸轮轴之间，结构如图 5-23 所示。

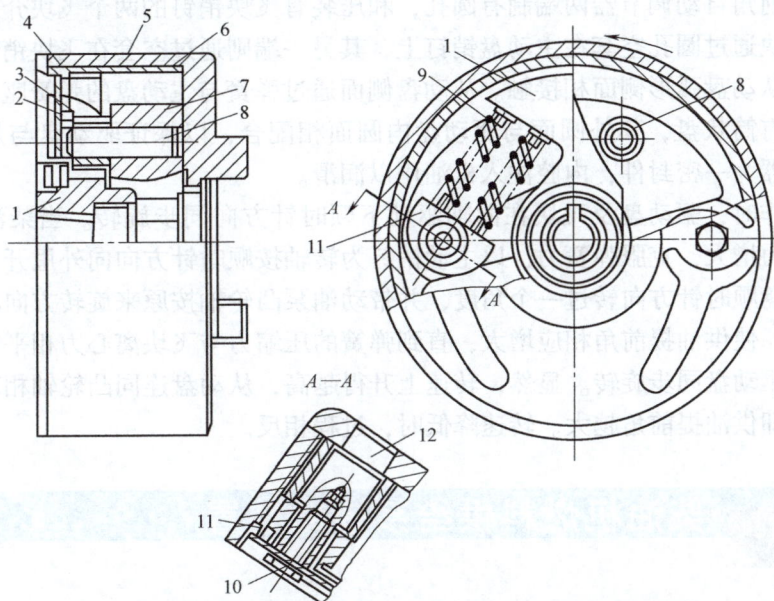

图 5-22　机械离心式供油提前角自动调节器工作原理

1—从动盘臂　2—内座圈　3—滚轮　4—密封圈　5—驱动盘　6—调节器从动盘　7—飞块
8—销钉　9—弹簧　10—螺钉　11—弹簧座圈　12—销轴

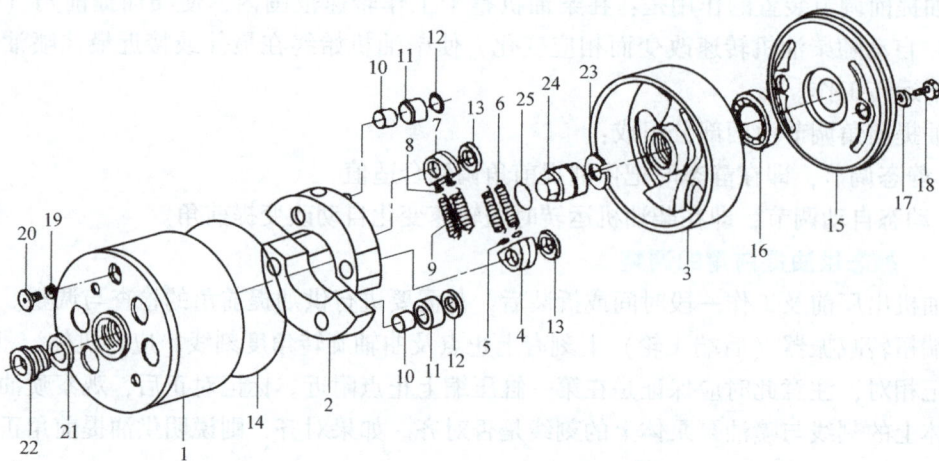

图5-23 机械离心式供油提前角自动调节器结构图

1—壳体 2—飞铁 3—法兰盘 4、7—弹簧座 5、8—调整垫片 6、9—弹簧 10—内滚轮 11—外滚轮
12—垫片 13—销座 14、25—O形环 15—盖板 16—油封 17、19、21—密封垫 18—螺钉
20、22—螺塞 23—弹簧垫 24—螺母

柴油机供油或喷油提前角的最佳值随转速变化而变化。转速增高时，混合气的形成和燃烧过程虽可加快，但转过相同曲轴转角所需时间缩短了，为使燃气最高压力仍出现在上止点稍后，供油提前角必须增大；反之变小。由于汽车用柴油机工况变化较大，为使各种转速下该角均最佳，喷油泵上配有供油提前角自动调节器。

供油提前角自动调节器安装于喷油泵凸轮轴前端。供油提前角自动调节器与十字架固定，连接盘与十字架通过腰形孔连接，并接受驱动。连接盘通过半圆键与空气压缩机曲轴相连接。供油提前角自动调节器两端制有圆孔，和压装有飞块销钉的两个飞块介于驱动盘和从动盘之间。飞块通过圆孔空套在主动盘销钉上，其另一端则通过空套在飞块销钉上的滚轮内座圈、滚轮与从动盘弧形侧面相接触。从动盘侧面通过弹簧与主动盘的弹簧座弹性相抵。从动盘上还固定有筒状盘，其外圆面与驱动盘内圆面相配合，以保证驱动盘与从动盘的同心度。整个调节器为一密封件，内腔注入机油用以润滑。

柴油机工作时，驱动盘及飞块在曲轴驱动下顺时针方向同步旋转。当柴油机转速升高时，飞块离心力增大，克服弹簧力，以主动销钉为转轴按顺时针方向向外甩开，飞块活动端滚轮迫使从动盘顺时针方向转过一个角度，并带动油泵凸轮轴按原来旋转方向相对于驱动盘转过一个角度，使供油提前角相应增大，直到弹簧的压缩力与飞块离心力相平衡时，从动盘连同凸轮轴与驱动盘同步旋转。显然，转速上升得越高，从动盘连同凸轮轴相对驱动盘转过的角度越大，即供油提前角越大。转速降低时，过程相反。

单元七 柴油机燃料供给系辅助装置

一、输油泵

输油泵的作用是将燃油从油箱内吸出，经燃油滤清器滤清后输送至喷油泵。输油泵有活

塞式、膜片式、齿轮式和叶片式等几种。活塞式输油泵由于工作可靠，目前广泛应用，CA6110型柴油机采用该输油泵。

1. 输油泵的结构

如图5-24所示，输油泵主要由泵体、机械油泵总成、手油泵总成、止回阀和油道等组成。

2. 输油泵的工作原理

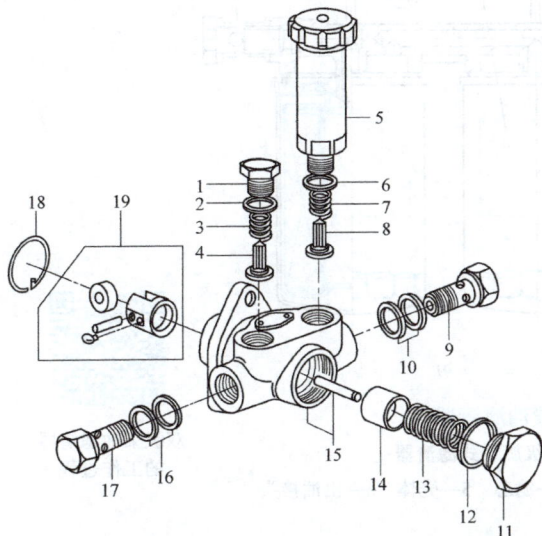

如图5-25所示，喷油泵凸轮轴转动时，轴上的偏心轮驱动滚轮、滚轮架、推杆和活塞向下运动。泵腔Ⅰ内容积减小，油压升高，进油阀被关闭，出油阀被压开，柴油由泵腔Ⅰ通过出油阀流向泵腔Ⅱ。当喷油泵凸轮轴上的偏心轮转过时，在活塞弹簧的作用下，推动活塞向上运动，泵腔Ⅱ内的油压升高，出油阀关闭，泵腔Ⅱ内的柴油经出油管输出。同时，由于泵腔Ⅰ内的容积增大，形成一定的真空度，将进油阀吸开，油箱内的柴油经进油管和进油阀被吸入泵腔Ⅰ。

输油泵的
工作原理

图5-24　CA6110型柴油机输油泵分解图

1、11—螺塞　2、6、10、12、16—垫片　3、7—油阀弹簧
4—出油阀　5—手油泵　8—进油阀　9—进油螺钉
13—活塞弹簧　14—活塞　15—顶杆
17—出油螺钉　18—卡环　19—挺杆总成

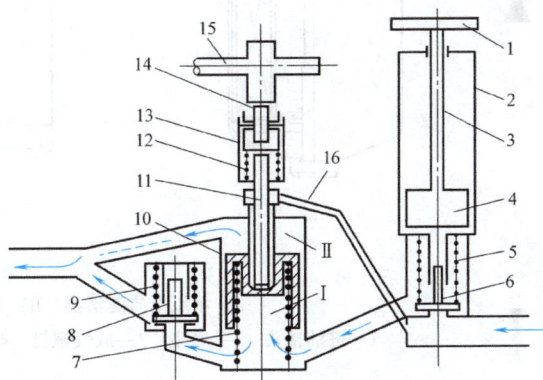

图5-25　输油泵的工作原理

1—手柄　2—手油泵体　3—手油泵杆　4—手油泵活塞
5—进油阀弹簧　6—进油阀　7—活塞弹簧　8—出油阀
9—出油阀弹簧　10—活塞　11—推杆　12—滚轮弹簧
13—滚轮架　14—滚轮　15—喷油泵凸轮轴　16—回油道

活塞式输油泵的输油量取决于活塞的行程。当活塞行程等于偏心轮的偏心距时，输油量最大，一般为发动机全负荷时最大耗油量的3~4倍。输油压力取决于活塞弹簧的弹力，活塞式输油泵的输油压力一般为0.15~0.30MPa。如果输油泵的输油量大于喷油泵需要的油量或输油泵到喷油泵的油管路阻力增大。泵腔Ⅱ内的油压会升高，此压力与活塞弹簧的弹力平衡时，使活塞不能继续向上运动达到最高位置，活塞与推杆之间产生空行程，活塞的有效行程减小，输油泵输油量也减少。喷油泵需要的油量越少或输油泵到喷油泵的阻力越大，活塞的有效行程也就越小，输油量也越少，这样实现了输油量的自动调节。

当柴油机长时间停机后欲再起动时，应先将柴油滤清器和喷油泵的放气螺钉拧开，再将手油泵的手柄旋开，往复抽压手油泵的活塞。活塞上行时将柴油经进油阀吸入手油泵泵腔；

活塞下行时，进油阀关闭，柴油从手油泵泵腔经输油泵下腔和出油止回阀流入并充满柴油滤清器和喷油泵低压油腔，并将其中的空气排除干净之后拧紧放气螺钉，旋紧手油泵手柄，即可起动发动机。

二、柴油滤清器

柴油中混入杂质和水分，会对燃油供给系精密偶件产生极大危害，将导致运动阻滞、磨损加剧，造成各缸供油不均，功率下降和油耗率增加。为保证喷油泵和喷油器可靠地工作，延长使用寿命，在柴油机供油系统中采用滤清器，以便滤除柴油中的机械杂质和水分。

柴油滤清器有两种形式：一种为单级纸质滤清器（滤芯型号为 C0810），另一种为双级旋装式滤清器（滤芯型号为 X0710），如图 5-26 所示。

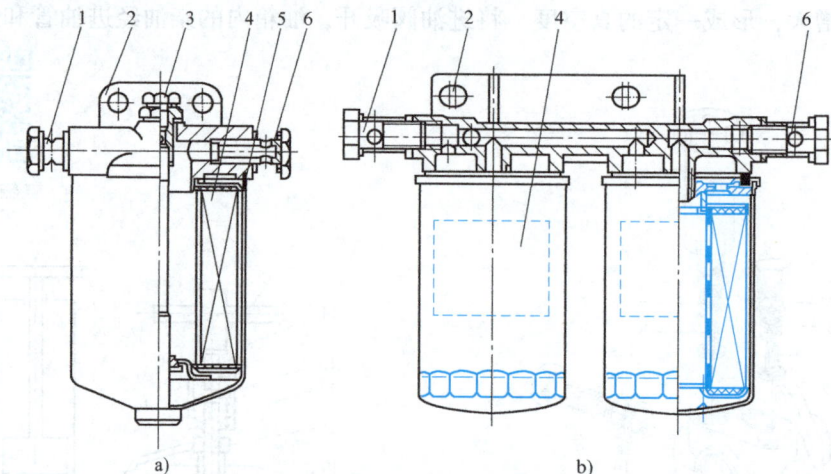

图 5-26　两种形式的柴油滤清器
a）单级纸质滤清器　b）双级旋装式滤清器
1—进油接头　2—底座　3—放气螺钉　4—滤芯　5—壳体　6—出油接头

双级柴油滤清器的工作过程

目前，车用柴油机多数采用的是双级旋装式滤清器。图 5-26b 所示为 CA6110 型柴油滤清器总成。由输油泵来的柴油先进入第一级滤清器的外腔，穿过滤芯后进入内腔，再经盖内油道流向第二级滤清器，从而保证更好的滤清效果。

柴油滤清器的滤芯材料有棉布、绸布、毛毡、金属网及纸质等。纸质滤芯具有流量大、阻力小、滤清效果好、成本低等优点，目前被广泛采用。

使用滤清器可使柴油中的机械杂质和尘土被滤除，水分沉淀在壳体内。每工作 100h（约相当于汽车运行 3000km）后，应清除沉积在壳体内的杂质和水分并更换滤芯。

当滤清器内油压超过溢流阀的开启压力（0.1～0.15MPa）时，多余的柴油流回油箱，从而保证滤清器的油压在一定范围内。

单元八　转子分配式喷油泵

转子分配式喷油泵按其结构不同，分为径向压缩式分配泵和轴向压缩式分配泵。

一、径向压缩式分配泵

径向压缩式分配泵的柴油供给系如图 5-27 所示。喷油器的回油流回油箱；分配泵的回油流回精滤器，当油量过多时，又从细滤器流回油箱。

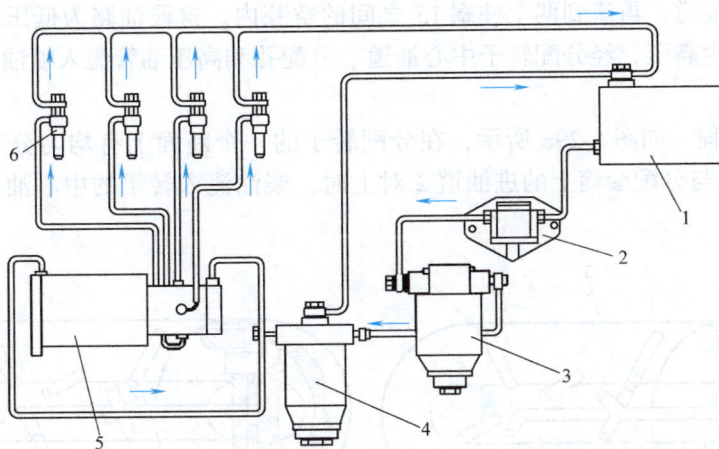

图 5-27　径向压缩式分配泵的柴油供给系

1—油箱　2—膜片式输油泵　3—粗滤器　4—细滤器　5—分配泵　6—喷油器

径向压缩式分配泵的结构与工作原理，如图 5-28 所示。它主要由旋转部分（包括分配转子 10、柱塞 15、滚柱 13、滚柱座 14）和固定部分（分配套筒 9、内凸轮 12）组成。

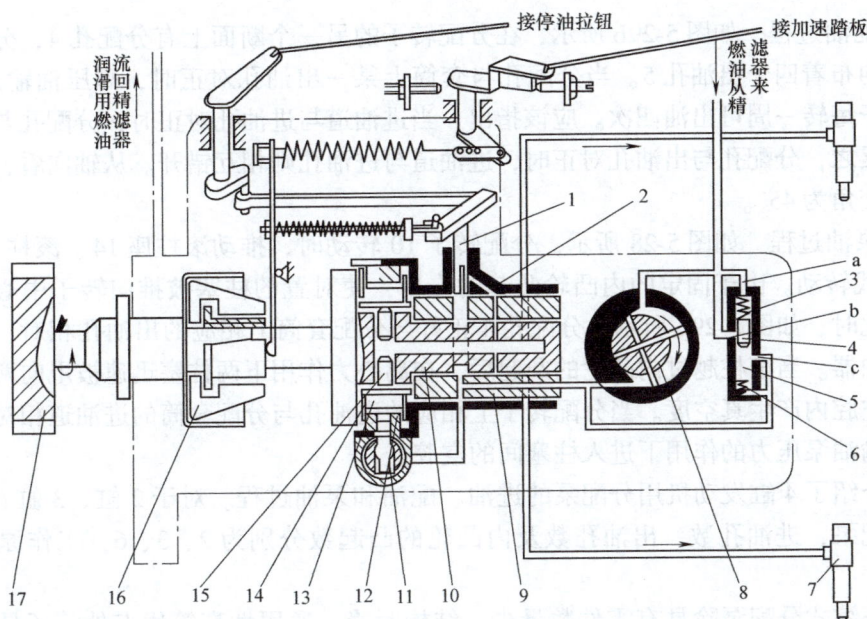

图 5-28　径向压缩式分配泵的工作原理图

1—油量控制阀　2—外壳　3、6—调压弹簧　4—滑柱　5—调压器　7—喷油器　8—输油泵　9—分配套筒
10—分配转子　11—供油提前角自动调节机构　12—内凸轮　13—滚柱　14—滚柱座　15—柱塞　16—离心飞块
17—传动连接器　a、b、c—调压阀油孔

从滤清器来的清洁柴油被输油泵 8 泵入分配泵的高压泵头。柴油经分配套筒 9 的轴向油道流到分配转子 10 的环槽后，一路流向供油提前角自动调节机构 11；另一路流向油量控制阀 1。从油料控制阀出来的燃油经外壳 2、分配套筒 9 和分配转子 10 的径向油道，进入分配转子的轴向中心油道，再流到两个柱塞 15 之间的空腔内。这段油路为低压油路。燃油受到柱塞的压缩后产生高压，经分配转子中心油道、分配孔和高压油管流入喷油器。这段油路为高压油路。

（1）进油过程　如图 5-29a 所示，在分配转子的一个断面上有均匀分布的四个进油孔 3，当任一进油孔与分配套筒上的进油道 2 对上时，柴油流入转子的中心油道。转子每转一周进油四次。

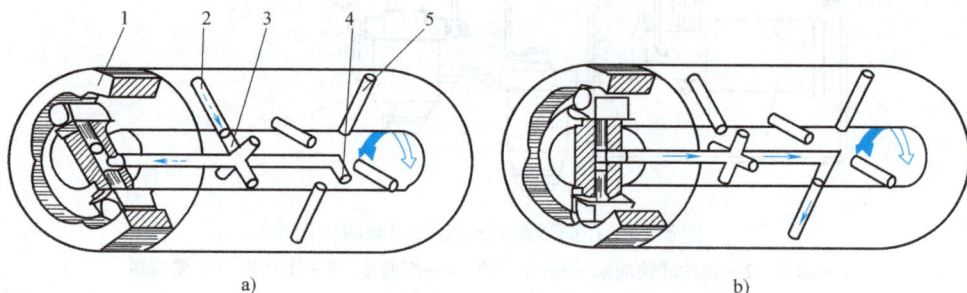

图 5-29　径向压缩式分配泵的进油和配油
a）进油过程　b）配油过程
1—内轮　2—进油道　3—进油孔　4—分配孔　5—出油孔

（2）配油过程　如图 5-29b 所示，在分配转子的另一个断面上有分配孔 4，分配套筒在该断面上均布着四个出油孔 5。当分配孔与套筒上某一出油孔对正时，高压油输入喷油器。同样，转子每转一周可出油四次。应该指出，当进油道与进油孔对正时，分配孔与出油孔相互错开；反之，分配孔与出油孔对正时，进油道与进油孔则相互错开。从轴向看，进油孔与出油孔的交角为 45°。

（3）泵油过程　如图 5-28 所示，分配转子 10 转动时，推动滚柱座 14、滚柱 13 和柱塞 15 绕其轴线转动。由于固定的内凸轮凸起的作用，使对置的柱塞被推向转子中心，柴油产生高压，此时，如图 5-29b 所示，分配孔 4 正好与分配套筒上相应的出油孔相对，高压柴油被送到喷油器。当滚柱越过内凸轮的凸起后，在离心力作用下两柱塞迅速被甩向两端，使两柱塞间的空腔内产生真空度。当分配转子上相应的进油孔与分配套筒的进油道相对时，柴油就在二级输油泵压力的作用下进入柱塞间的空腔。

以上介绍了 4 缸发动机用分配泵的进油、配油和泵油过程。对于 2 缸、3 缸、6 缸发动机用的分配泵，进油孔数、出油孔数及内凸轮的凸起数分别为 2、3、6，工作原理则完全相同。

径向压缩式分配泵除具有零件数量少、结构紧凑、通用性高等优点外，还具有防污性好、工作中的柴油会润滑和冷却各零件的特点。但该型泵由于对分配转子和分配套筒、柱塞和柱塞孔的配合精度要求较高，存在滚柱座结构复杂及内凸轮加工不方便等缺点。

二、轴向压缩式分配泵

轴向压缩式分配泵主要由驱动机构、第二级叶片式输油泵、高压泵头、供油提前角自动

调节机构和调速器等组成。

（1）驱动机构　如图 5-30 所示，其动力的输入是经分配泵驱动轴 27、调速器驱动齿轮 22 及安装在驱动轴右端的联轴器 23（主动叉）而实现的。叶片式输油泵 24 的转子用键与驱动轴连接。

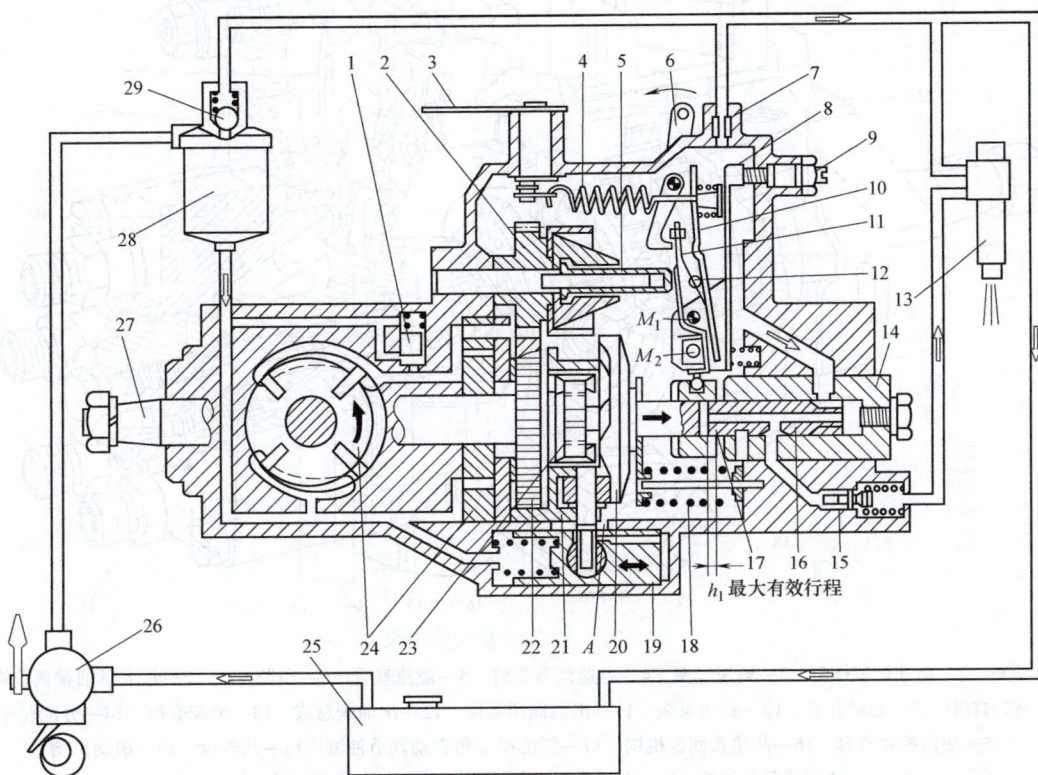

图 5-30　轴向压缩式分配泵的柴油供给系

1—调压阀　2—离心飞块总成　3—操纵杆　4—调速弹簧　5—滑动套筒　6—停车操纵杆　7—溢流喉管
8—预调杠杆　9—最大供油量调节螺钉　10—张力杠杆　11—起动杠杆　12—张力杠杆限位销钉
13—喷油器　14—分配套筒　15—出油阀总成　16、18—分配转子　17—油量控制滑套
回位机构　19—供油提前角自动调节油缸　20—凸轮盘　21—滚轮机构　22—调速器驱动齿轮
23—联轴器　24—叶片式输油泵　25—燃油箱　26—膜片式输油泵　27—分配泵驱动轴
28—燃油细滤器　29—溢流阀　M_1—预调杠杆轴　M_2—起动杠杆轴

（2）高压泵头　如图 5-31 所示，由凸轮盘 18（端面凸轮）、滚动机构 19、凸轮盘回位机构 16、分配转子 14、分配套筒 13 和泵头壳体等零部件组合而成，起进油、泵油和配油作用。凸轮盘 18 左端面上的凸轮的数目，与发动机缸数相对应。

供油提前角自动调节机构安装在泵体下部，由油缸 17 和滚动机构 19 联合作用而完成调节功能。图 5-32 为供油提前角自动调节机构的剖面示意图，在滚轮架 2 上装有滚轮 1，其数目与气缸数相同。滚轮架通过传力销 6、连接销 5 与油缸活塞 4 连接。活塞移动时，拨动滚轮架绕其轴线转动（滚轮架不受驱动轴转动影响）。油缸右腔经孔道与泵腔相通，油缸左腔经孔道与精滤器相通。

（3）供油过程　如图 5-33 所示，分配转子 16 的右端均布四个转子轴向槽 7，在与出油

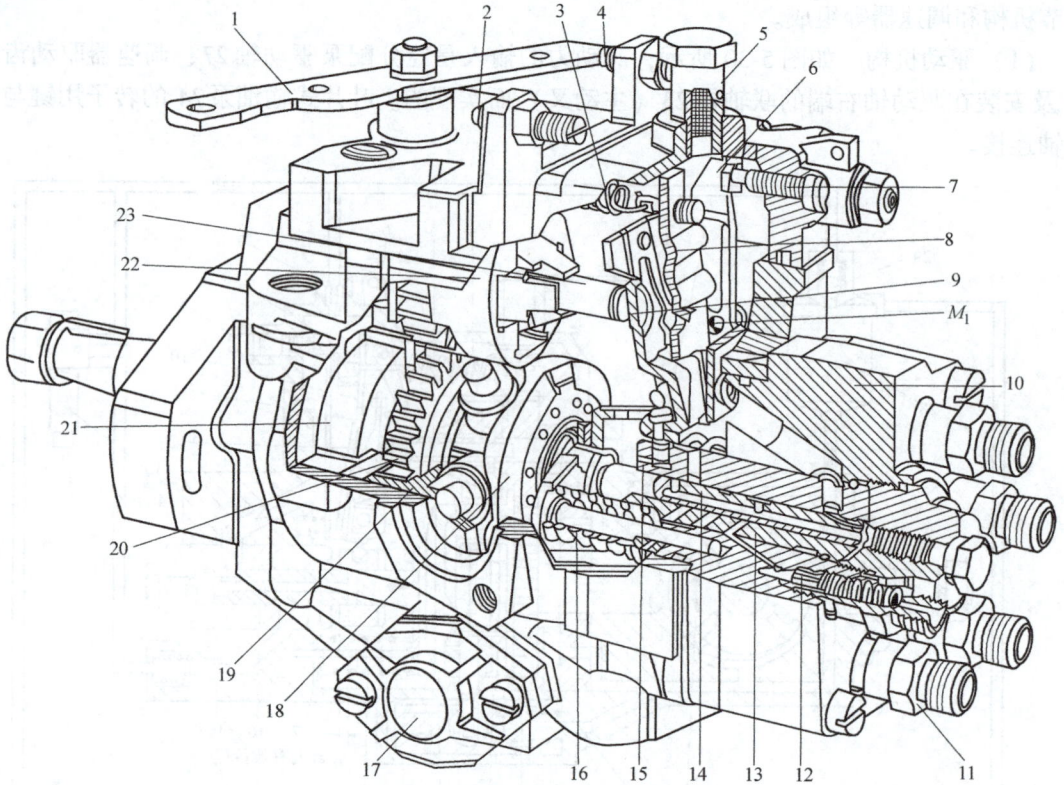

图 5-31　轴向压缩式分配泵

1—操纵杆　2—高速调节螺钉　3—调速弹簧　4—怠速调节螺钉　5—溢流喉管　6—预调杠杆　7—最大供油量调节螺钉
8—张力杠杆　9—起动杠杆　10—高压泵头　11—出油阀压紧座　12—出油阀总成　13—分配套筒　14—分配转子
15—油量控制滑套　16—凸轮盘回位机构　17—供油提前角自动调节油缸　18—凸轮盘　19—滚动机构
20—调速器驱动齿轮　21—叶片式输油泵　22—离心飞块总成　23—滑动套筒
M_1—预调杠杆轴　M_2—起动杠杆轴

阀通道 12 相对应的分配转子断面上，均布四个转子分配孔 13，当泵体进油道 2 与转子轴向槽相通时，转子分配孔与出油阀通道相隔绝，即从分配转子轴向看，转子轴向槽 7 与转子分配孔 13 相错 45°（4 缸发动机）。油量控制滑套 15 在调速器起动杠杆 1 的作用下，可在分配转子 16 上滑动。

如图 5-30 所示，分配泵驱动轴转动时，经联轴器 23 带动凸轮盘 20 和分配转子 16 同步转动。在转动过程中，当凸轮盘端面上的凸峰与滚轮相抵靠时，凸轮盘和分配转子受推力作用而向右移至极限位置。当凸轮转过，凸轮盘在分配转子 18 回位机构的作用下左移，直至端面凸轮凹部与滚轮相抵靠为止。分配转子连续转动，凸轮盘不断左右移动，分配转子每转一周，凸轮盘左右移动 4 次（4 缸发动机）。

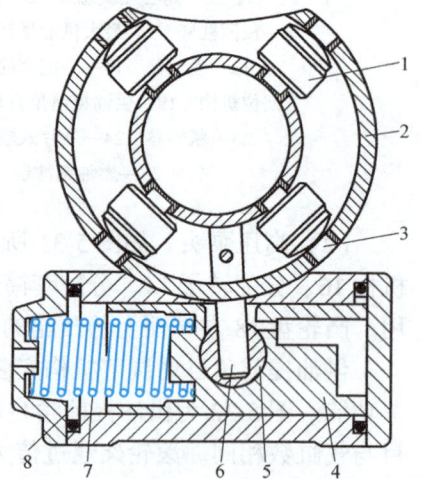

图 5-32　供油提前角自动调节机构

1—滚轮　2—滚轮架　3—滚轮轴　4—活塞
5—连接销　6—传力销　7—弹簧　8—油缸

如图 5-33 所示，分配转子 16 左移为供油过程，此时，转子分配孔 13（4 个孔）与出油阀通道（4 个孔）相隔绝，转子泄油孔 14 被油量控制滑套 15 封死，压缩室 8 容积增大，产生真空度。被叶片式输油泵输送到泵腔内的柴油，在真空度作用下经泵体进油道 2、进油阀 6、转子轴向槽 7 进入压缩室并充满转子纵向油道 9。

（4）泵油过程　如图 5-34 所示，分配转子右移为泵油过程。当分配转子开始右移时，转子轴向槽 7 与泵体进油道 2 隔绝，转子泄油孔 14 仍被封死；转子分配孔 13 与出油阀通道 12 相通。随着分配转子的右移，压缩室 8 的容积不断减小，柴油压力不断升高。当油压升高至足以克服出油阀弹簧力而使出油阀 10 右移开启时，柴油经出油阀通道 12、出油阀 10 及油管被送入喷油器。喷油器压力为（12.25 ±0.5）MPa。

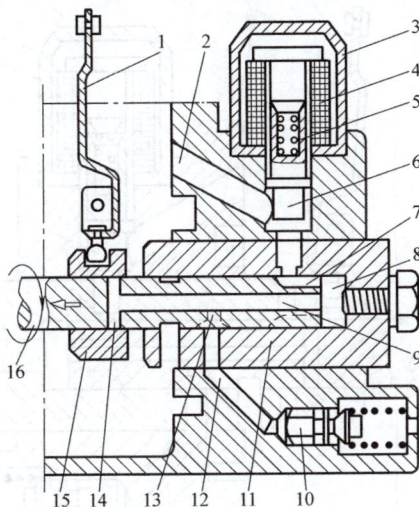

图 5-33　供油过程

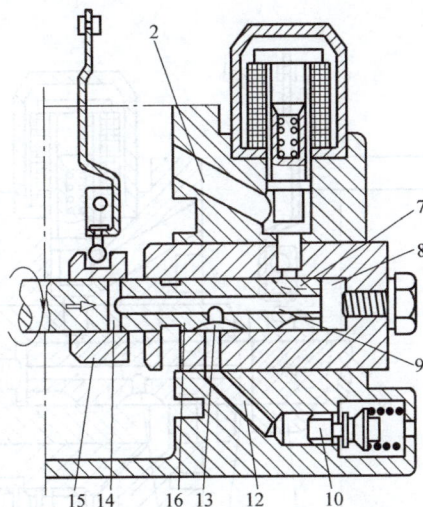

图 5-34　泵油过程
图注同图 5-33

1—起动杠杆　2—泵体进油道　3—电磁阀　4—线圈
5—进油阀弹簧　6—进油阀　7—转子轴向槽
8—压缩室　9—转子纵向油道　10—出油阀
11—分配套筒　12—泵体至出油阀通道
13—转子分配孔　14—转子泄油孔
15—油量控制滑套　16—分配转子

（5）停止泵油过程　轴向压缩式分配泵的每循环最大供油量取决于分配转子的直径和最大有效行程，如图 5-30 中 h_1 所示。对于规格已定的分配泵，其分配转子直径已定。如图 5-35 所示，故在使用中泵油量大小的调节，是靠驾驶人通过加速踏板控制调速器，使油量控制滑套 15 移动实现的，在泵油过程中，当分配转子 16 向右移至转子泄油孔 14 露出油量控制滑套 15 的右端面时，被压缩的柴油迅速流向低压泵腔，使压缩室 8、转子纵向油道 9 及出油阀通道 12 中的油压下降。出油阀 10 在出油阀弹簧 17 的作用下迅速左移关闭，停止向喷油器供油，停止泵油过程持续到分配转子到其向右行程的终点。

（6）泵油提前角自动调节过程　发动机在常用转速下工作时，如图 5-30 所示，叶片式输油泵 24 中输送到泵腔内的低压柴油，经孔道 A 进入供油提前角自动调节油缸 19 右腔。油缸活塞受到低压柴油向左的推力与向右的油缸左腔弹簧力及精滤后的柴油压力之合力相平

衡。当发动机转速升高时，叶片式输油泵转速随之增加，泵腔内柴油压力上升，如图5-32所示，油缸中活塞4两端受力平衡，活塞左移，经连接销5、传力销6推动滚轮架2绕其轴线顺时针转动一个角度（与凸轮盘转向相反），使凸轮盘端面凸峰提前某一角度作用于滚轮1，从而使分配转子向右移动时刻提前，完成了泵油提前作用，反之，活塞右移，使滚轮架2逆时针转动一个角度，则泵油提前角减小。

（7）发动机停转 如图5-36所示，当需要发动机停转时，可转动控制电磁阀3的旋钮，使电路触点断开，线圈4对进油阀6的吸力消失，在进油阀弹簧5的作用下，进油阀下移，使泵体进油道2关闭，停止供油，则发动机熄火。起动发动机时，先将电磁阀3的触点接通，进油阀6在线圈4的吸力作用下克服弹簧力上移，泵体进油道2畅通，开始供油。

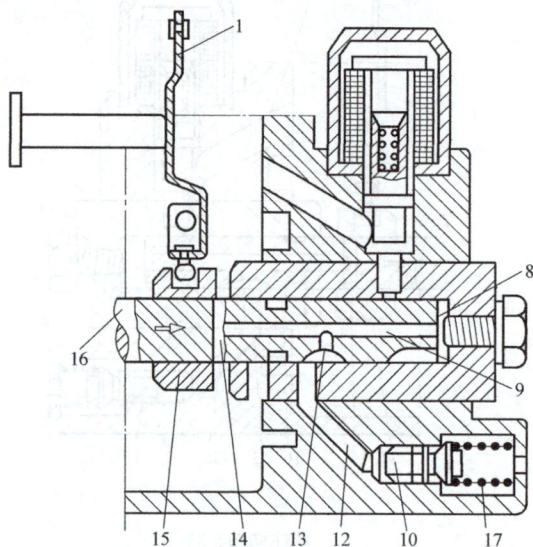

图5-35 停止泵油过程

17—出油阀弹簧 其他图注同图5-33

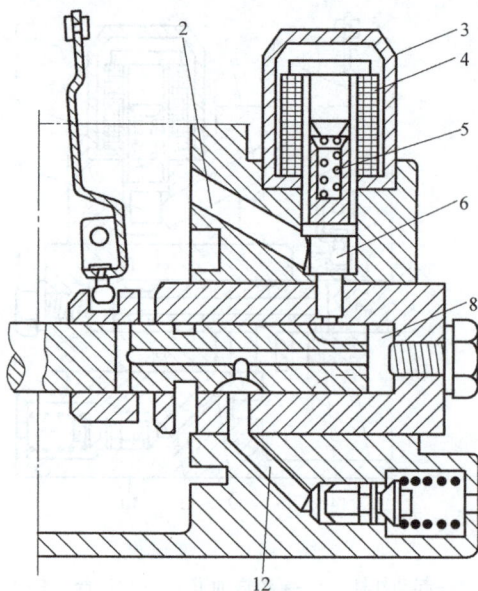

图5-36 发动机停转

图注同图5-33

如图5-37所示，在轴向压缩式喷油泵泵体的上部装有增压补偿器，其作用是根据增压压力的大小，自动加大或减少各缸的供油量，以提高发动机的功率和燃料经济性，并减少有害气体的产生。

用橡胶制成的膜片5固定于补偿器的下体6和补偿器盖4之间。膜片把补偿器分成上、下两腔。上腔由管路连接与进气管相通，进气管中废气涡轮增压器所形成的空气压力作用在膜片上腔。下腔经通气孔8与大气相通，弹簧9向上的弹力作用在膜片下支承板7上。膜片与补偿器阀芯10相连接，阀芯10下部有一上小下大的锥形体。补偿杠杆2上端的悬臂体与锥形体相靠，补偿杠杆下端抵靠在张力杠杆11上，补偿杠杆2可绕销轴1转动。

当进气管中增压压力升高时，补偿器上腔压力大于弹簧9的弹力，使膜片5连同补偿器阀芯10向下运动，补偿器下腔的空气经通气孔8排入大气中，与阀芯锥形体相连接的补偿杠杆2绕销轴1顺时针转动，张力杠杆11在调速弹簧13的作用下绕其转轴逆时针方向摆动，从而拨动油量控制滑套12右移，使油量适当增加，发动机功率加大。反之，发动机功率相应减小。

进气管增压压力

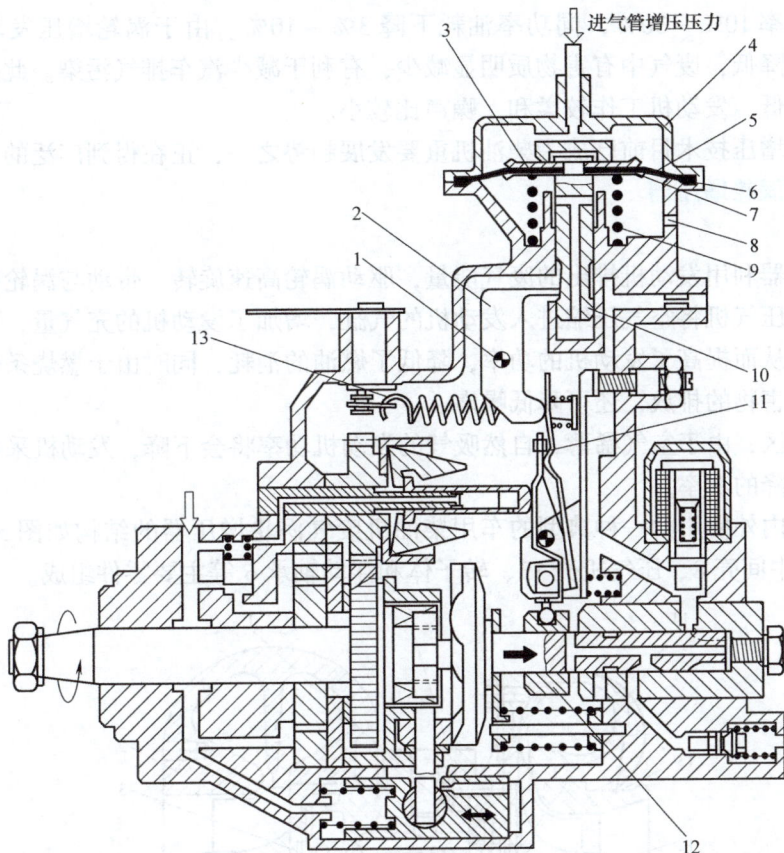

图 5-37　增压补偿器

1—销轴　2—补偿杠杆　3—膜片上支承板　4—补偿器盖　5—膜片　6—补偿器下体　7—膜片下支承板
8—通气孔　9—弹簧　10—补偿器阀芯　11—张力杠杆　12—油量控制滑套　13—调速弹簧

　　上述供油量补偿过程是根据进气管中增压压力的大小而自动控制的。它避免了柴油发动机在低速运转时，因增压压力低，空气量不足而造成的燃烧不充分、燃料经济性下降及产生有害排放物的弊端。同时，使发动机在高速运转时可获得较大功率并提高燃料的经济性。

　　轴向压缩式分配泵除具有径向压缩式分配泵的优点外，其分配转子兼有泵油和配油作用，零件数量少、质量小、故障率低。另外，端面凸轮加工精度易得到保证，加之泵体上装有压力补偿器，其动力性和经济性远优于径向压缩式分配泵。

　　轴向压缩式分配泵在使用时，要求柴油具有较高的清洁度，以避免因杂质导致分配转子严重磨损或卡死而影响发动机的正常运转。

单元九　废气涡轮增压

　　废气涡轮增压技术是指采用由柴油机排气驱动的涡轮机同轴驱动压气机，从而提高气压增加充气量。

　　提高柴油机功率最有效的措施是增加充气量和供油量。实践表明，柴油机采用废气涡轮增压可提高功率10%～30%，同功率油耗下降3%～10%。由于涡轮增压发动机燃烧较完全，排烟浓度降低，废气中有害物质明显减少，有利于减少汽车排气污染。此外，由于燃烧压力升高率降低，发动机工作较柔和，噪声比较小。

废气涡轮增压技术目前已成为柴油机重要发展趋势之一，正在得到广泛的应用。

一、废气涡轮增压器

1. 结构

涡轮增压器利用发动机排出的废气能量，驱动涡轮高速旋转，带动与涡轮同轴的压气叶轮高速旋转，压气机将空气压缩进入发动机的气缸，增加了发动机的充气量，可供更多的燃油完全燃烧，从而提高了发动机的功率，降低了燃油的消耗，同时由于燃烧条件的改善，减少了废气中有害物的排放，还可降低噪声。

在高原地区，由于空气稀薄，自然吸气的发动机功率将会下降，发动机采用涡轮增压器后，可补偿下降的功率。

目前，国内外使用的一种典型的车用柴油机废气涡轮增压器的结构如图5-38所示。它由涡轮壳2、中间壳8、压气机壳13、转子体和浮动轴承6等主要零件组成。

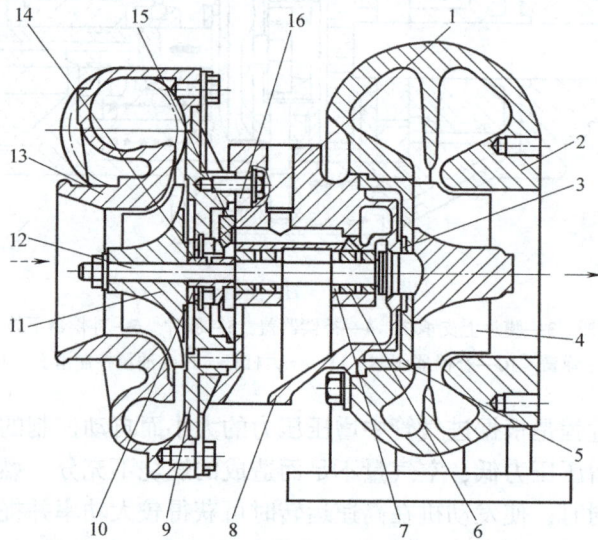

图5-38　废气涡轮增压器

---▷空气　→废气

1—推力轴承　2—涡轮壳　3、10—密封环　4—涡轮　5—隔热板　6—浮动轴承　7—卡环　8—中间壳
9—压气机后盖板　11—压气机叶轮　12—转子轴　13—压气机壳　14—密封套
15—膜片弹簧　16—O形密封圈

涡轮壳2与发动机排气管相连。压气机壳13的进口通过软管接空气滤清器，出口则与发动机气缸相通。压气机壳13与压气机后盖板9之间的间隙构成压气机的扩压器，其尺寸可通过两者的选配来调整。转子体由转子轴12、压气机叶轮11和涡轮4组成。涡轮焊接在转子轴上，压气机叶轮用螺母固定在转子轴上，转子轴则支承在两浮动轴承6上高速旋转。转子轴高速旋转时（转速可达100000～120000r/min），来自柴油机主油道并经精滤器再次滤清，压力为0.25～0.4MPa的润滑油充满浮动轴承6与转子轴12以及中间壳8之间的间

隙，使浮动轴承在内、外两层油膜中随转子轴同时旋转，但其转速比转子轴低得多，从而使轴承对轴承孔和转子轴的相对线速度大大降低。

中间壳中设有 3、16、14、10 等密封件，以防止压气机端的压缩空气和涡轮端的废气漏入中间壳，同时防止中间壳的润滑油外漏。

2. 工作原理

废气涡轮增压器的工作原理如图 5-39 所示。柴油机排出的具有一定压力的高温废气经排气管 1 进入涡轮壳 4 的喷嘴环 2，由于喷嘴环的通道面积做成由大到小，因而废气通过的压力和温度下降，而速度却迅速提高。这个高温、高速的废气气流，按一定方向冲击涡轮 3，使涡轮高速旋转，废气的压力、温度和速度越高，涡轮转速就越高。通过涡轮的废气最后排入大气。这时与涡轮 3 固装在同一转子轴 5 上的压气机叶轮 8 也以相同速度旋转，将经过滤清器的空气吸入压气机壳。高速旋转的压气机叶轮把空气甩向叶轮的外缘，使其速度和压力增加，并进入扩压器 7，因扩压器进口小、出口大，所以气流的速度下降，压力升高。再通过断面由小到大的环形压气机壳 9 使空气压力继续升高。经上述增压过程后，空气压力可达 0.14 ~ 0.3MPa，最高可达 0.5MPa。这些高压空气流经柴油机进气管 10 进入气缸与更多的柴油混合燃烧，以保证发动机发出更大的功率。

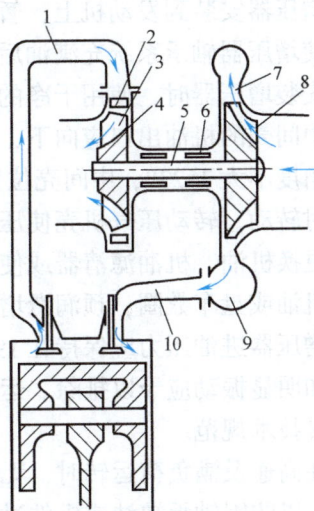

图 5-39　废气涡轮增压器的工作原理

1—排气管　2—喷嘴环　3—涡轮　4—涡轮壳
5—转子轴　6—轴承　7—扩压器　8—压气
机叶轮　9—压气机壳　10—进气管

二、冒烟限制器

发动机低速运转时，排气流量小，因而压气机转速低，增压作用不大，使得发动机充气量不足，产生冒烟现象。在发动机加速时，也会产生冒烟现象，这是因为柴油机的废气到达涡轮以及涡轮转速的增加都有一定时间的滞后，以至增压器对空气的增压也有一定的滞后。增压器的压比越高，冒烟倾向越严重。为此，增压柴油机通常装有冒烟限制器，如图 5-40 所示。

三、增压器的使用与维护

为保证增压器正常工作，必须按下列要求进行安装：检查涡轮增压器型号是否与发动相匹配，用手转动增压器转子，如果叶轮滞转或有磨擦壳体的感觉，应查明原因后再安装增压器。检查空气滤清器是否清洁，空气滤清器不干净会引起增压器漏油。检查压气机进气管路和涡轮前发动机排气管道是否有杂物，以防杂物损坏叶轮。

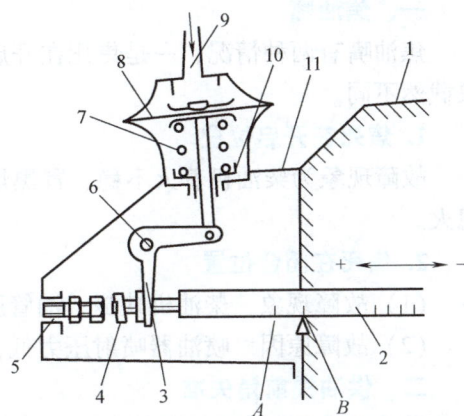

图 5-40　气压控制的防冒烟限制器

A—低增压时满负荷位置　B—高增压时满负荷位置
1—喷油泵前端　2—供油拉杆（齿条）　3—弯角摇臂
4—低增压时的限位螺钉　5—高增压时的限位螺钉
6—轴　7—膜片弹簧　8—气动膜片　9—进气管
10—导向套筒　11—壳体

检查机油滤清器是否需要更换，更换后滤清器内应注满干净机油。检查增压器油管是否干净，进油管不能扭曲、堵塞。如果增压器进油口使用密封垫片，检查垫片是否有腐蚀、变形现象，如有则需更换垫片。检查机油是否干净，更换机油应在热态下进行，机油应使用发动机厂家指定牌号。

增压器安装到发动机上，暂不接油管，先从增压器进口加入干净的机油，并用手转动转子，使增压器轴承系统充满油后再连接进油管。

安装增压器时，使用干净的发动机机油注入进油口进行预润滑增压器，安装在发动机上时，中间壳的机油出口应向下，同时应使进油孔朝上，回油孔向下，进、回油孔轴线与垂直方向角度不大于23°，中间壳位置定好后，拧紧涡轮端中间壳固定螺钉，压气机壳与涡轮不能相对转动。转动压气机壳使压气机壳出口能与发动机的排气管连接。

更换机油、机油滤清器或使用长期停放的发动机时，起动发动机前应将增压器油管拆卸注入机油或盘车数圈，预润滑增压器。起动发动机后，应怠速运转 3～5min 后再加负荷。运转中增压器进油压力应保持在 196～392kPa。运转中注意增压器有无异响和明显振动。如有异响和明显振动应予以排除。运转中注意增压器的油压、油温、涡轮进口温度及转速等均不得超过技术规范。

在高速及满负荷运转时，无特殊情况不可立即熄火，应逐步降速、降负荷，熄火前空转 5min，以防因轴承缺油或机件过热而损坏增压器。严禁汽车采用"加速、熄火、空档滑行"的操作方法。因为发动机在全负荷高温下突然熄火，机油泵停止工作，润滑油不能带走增压器内零件的热量，会使增压器过热而损坏。

单元十　柴油机燃料供给系的主要故障

一、焦油嘴

焦油嘴有两种情况，一是焦死在开启位置，二是焦死在闭死位置，而由此引发的故障现象截然不同。

1. 焦死在开启位置

故障现象为柴油机着火不稳、冒黑烟、回油管有气体排出、喷油器过热甚至柴油机自动熄火。

2. 焦死在闭合位置

（1）故障现象　柴油机缺腿、油管胀裂以及功率明显下降，排气歧管温度低等。

（2）故障原因　喷油器喷射压力低，产生后滴，燃油脏，出油阀磨损严重等。

二、供油提前角失准

供油提前角失准有两种情况，一是供油提前过早，二是供油提前过晚，两种情况产生的故障现象有很大差别。

1. 供油提前过早

故障现象为敲缸、有反转趋势甚至反转、功率下降等。

2. 供油提前过晚

（1）故障现象　着火发闷、过热、冒黑烟、功率下降等。

（2）故障原因　定时齿轮记号装错，齿轮磨损严重，柱塞副、出油阀磨损严重，供油提前角调整失误等。

三、供油量失准

供油量失准有两种情况，一是过大，二是过小，由此产生的故障现象也不相同。

1. 供油量过大

故障现象为冒黑烟，功率有增无减。

2. 供油量过小

（1）故障现象　柴油机无力。

（2）故障原因　喷油泵调整失准、三大精密偶件磨损严重、出油阀垫住等。

四、自动熄火

（1）故障现象　柴油机突然发出"突突"声，然后自动熄火。

（2）故障原因　主要是低压系统各管接头封闭不严、油管裂纹、油路堵塞、输油泵进、出油阀垫住、供油量不足等。

五、"喘气"

（1）故障现象　柴油机转速不稳，周期性的忽高忽低。

（2）故障原因　喷油泵凸轮轴轴向游动量过大，飞锤销子与孔配合间隙超限，齿条移动卡滞，柱塞转动卡滞等。

六、飞车

（1）故障现象　不能控制柴油机转速而狂转。

（2）故障原因　调速器油面过高；由于赃物或齿条变形卡死在最大供油位置；齿圈、拨块夹紧螺钉松动等。

柴油机飞车应立即采取应急措施加以制止，即切断油路、堵塞进气道。若行进间飞车，应立即把油门扳至停止供油位置，并用脚踩制动器使之熄火。千万不要停车，否则会产生捣缸等重大机械事故。

技能单一　柴油机燃料供给系故障诊断

柴油机产生故障的原因较多，但大多集中在燃油供给系，其中喷油泵与喷油器引起的故障为最多，下面介绍柴油机燃料供给系的故障诊断和排除方法。

一、发动机起动困难

（一）起动时排气管不冒烟

1. 现象

发动机听不到爆发声音，无起动迹象，排气管无烟排出。

2. 原因

（1）低压油路的原因

1）油箱内无油或存油不足。

2）油箱开关未打开或油箱盖空气孔堵塞。

3）油箱至喷油泵间管路堵塞。

4）油箱至输油泵间管路中有漏气部位，使空气进入油路中。

5）柴油机滤清器或输油泵滤网堵塞。

6）低压油路中溢流阀不密封，使低压油路中不能保持有一定值的油压。

7）输油泵油阀黏滞、密封不严、弹簧折断。

8）输油泵活塞咬死或活塞弹簧折断，使输油泵的机械泵油部分不起泵油作用。

（2）高压油路的原因

1）喷油泵柱塞偶件磨损过大，造成严重内漏，使供油量达不到起动时的要求。

2）喷油泵油量调节机构卡滞，使柱塞不能转动或转动量过小。

3）出油阀密封不良或黏滞，造成不供油或供油不足。

4）喷油器针阀积炭或烧结不能开启。

5）喷油器针阀开启压力调整过高。

6）喷油器喷孔堵塞。

（3）其他方面的原因

1）低温起动预热装置失效，发动机气缸内的温度过低。

2）空气滤清器堵塞，排气管排气不畅。

3）供油时间过早或过迟。

4）喷油雾化不良。

5）气缸压力过低，压缩终了的温度和压力达不到使柴油自燃的温度。

3. 故障诊断与排除方法

发动机起动时无着火迹象，排气管不排烟，说明柴油没有进入气缸，重点检查供给系的堵塞、漏气和某些零部件的损坏。

首先应确定故障出自低压油路还是高压油路。将喷油泵放气螺钉松开，拉压手油泵，观察放气螺钉处是否流油。若不流油或流出泡沫状柴油，而且长时间拉压手油泵也排不尽，表明低压油路有故障。如果流油正常，则说明故障出在高压油路。

（1）低压油路的故障诊断　松开喷油泵放气螺钉，拉压手油泵放气螺钉处无油流出，说明油箱中无油或油路堵塞。首先检查油箱中存油是否足够，油箱开关是否打开，油箱盖空气孔是否堵塞。若良好，可拉压手油泵试验。若手拉手油泵拉钮时，明显感到有吸力，松手后又自行回位，说明油箱至输油泵的油路堵塞；若拉压手油泵拉钮时感觉正常，但压下去比较费力，说明输油泵至喷油泵的油路堵塞，可检查柴油滤清器是否堵塞。如果拉压手油泵拉钮时，均无正常的泵油阻力，说明手油泵失效，应检查手油泵进、出油阀是否关闭不严等。在寒冷地区严寒季节，柴油牌号选用不当或油中有水，容易造成凝结或结冰而堵塞油路。松开喷油泵放气螺钉，拉压手油泵，若放气螺钉处流出泡沫状柴油，而且长时拉压手油泵也无变化，说明油箱至输油泵之间的管路漏气，供油系中进入空气发生了气阻。首先检查油管有无破损，如无破损，应检查输油泵至油箱一段油管接头是否松动或油箱内出油管的上部是否断裂等。若放气螺钉处流出的柴油中夹有水珠，则说明油中有水，应将滤清器与油箱的放污螺塞旋出，放净沉淀物和积水。

（2）高压油路故障诊断　诊断高压油路故障时，应首先确定故障出自喷油泵还是喷油器。可在发动机运转时，用手触试各缸高压油管。若感到有喷油"脉动"，说明故障不在喷油泵而在喷油器；若无"脉动"或"脉动"甚弱，说明故障在喷油泵。

1）喷油泵的故障检查。起动时，查看喷油泵输入轴是否转动，联轴器是否连接可靠，否则应检查联轴器有无断裂，半圆键是否完好。同时检查供油正时是否准确。

① 拆开喷油泵侧盖，检查供油调节拉杆是否卡死停供油位置；若卡死停供油位置，应检查踏板拉杆、供油拉杆或调速器的卡滞故障。

② 检查供油调节机构是否工作不良。踏下加速踏板，观察柱塞是否转动，若不转动应检查调节叉或扇形小齿轮的固定螺钉是否松动，调节臂有无从中脱出或柱塞与柱塞套筒是否粘住。

③ 检查出油阀的密封情况。

2）喷油器的检查。喷油器可在专用喷油器试验器上试验。若就车检查，可将喷油器从缸盖上拆下接上高压油管，然后起动发动机，观察其喷油情况。如雾化良好又不滴油，说明无故障；若雾化不良，应解体检查喷油器针阀是否卡滞、弹簧是否损坏、喷孔是否堵塞等。

（二）起动时排气管排出大量白烟

1. 现象

高压油路故障，接通起动机后，发动机不易起动或起动后排气管排出像水蒸气般白色烟雾，且慢慢熄火。

2. 原因

1）油路中混入了水。

2）气缸垫冲坏或气缸盖螺栓松动，使冷却液进入燃烧室。

3）气缸体或气缸盖冷却水套有损坏，导致冷却液进入燃烧室。

3. 故障诊断与排除方法

柴油发动机若在低温（特别是冬季）起动时排气管排出白烟，但在温度升高后排烟正常，这是正常现象。

如果排出白烟，用手接近排气管消声器出口处，发现手上留有水珠，说明冷却液进入燃烧室。首先拔出油尺，观察下曲轴箱机油油面是否升高，并观察机油品色（机油颜色发白说明机油被水乳化），并在起动发动机时观察散热器上部有无气泡冒出。若机油乳化或起动发动机时散热器上水室内有大量气泡冒出，应检查气缸垫有无烧损、气缸盖螺栓有无松动、气缸盖和气缸体有无破裂漏水等。否则，应检查柴油中是否有水，若有，可将油箱放污塞打开，放出沉淀物。

（三）起动时排气管排出灰白烟

1. 现象

起动时，发动机不易起动，或排出灰白色烟雾。

2. 原因

一般为气缸内温度低、压力低，燃油未能很好地形成混合气燃烧便被排出。

1）低温起动预热装置失效，发动机温度过低。

2）喷油正时不准。

3）进气通道堵塞，供气不足。

4）喷油器喷油雾化不良，混合气形成质量差。

5）气缸压力过低，柴油自燃条件差。

3. 故障诊断与排除

检查低温起动预热装置是否完好，如果完好仍不能起动，应先检查和调整喷油正时，再检查喷油雾化情况，喷油器针阀有无滞住，气缸压力是否过低。

二、发动机动力不足

常见发动机动力不足表现为：发动机运转均匀，无高速，排气管排气量过少；发动机运转不均匀，排气管排黑烟等。

（一）发动机运转均匀、无高速、排气管排气量过少

1. 现象

汽车行驶动力不足，加速不灵敏，踩下加速踏板后，转速不能提高到规定值，排气管排气量过少。

2. 原因

1）加速踏板拉杆行程不能保证供给最大供油量。

2）调速器调整不当或调速弹簧过软、折断使喷油泵不能保证最大供油量。

3）喷油泵油量调节拉杆（或齿条）达不到最大供油位置。

4）喷油泵出油阀密封不良。

5）喷油泵柱塞严重磨损、黏滞或弹簧折断。

6）输油泵工作不良使供油不足。

7）低压油路堵塞使供油不足。

8）油箱至输油泵管路漏气，使空气进入油路中等。

9）喷油器喷油不正常，柴油牌号不正确。

10）空气滤清器、排气管消声器堵塞。

3. 故障诊断与排除方法

此种故障现象是因达不到额定供油量而使发动机动力不足的。

1）首先检查加速踏板的行程。将加速踏板踩到底，然后推拉喷油泵油量调节臂，若还能向加油方向推动，说明加速踏板拉杆不能使喷油泵达到最大供油量，应予以调整。

2）检查、调整调速器高速限位螺钉和最大供油量限位螺钉。将两调整螺钉向增加方向旋进，直到急加速时排气管冒黑烟为宜。如能确认为该故障，应将高压油泵进行台上试验。

3）检查燃油系统是否吸入了空气，若吸入了空气，应检查各油管接头是否松动，将油路中空气排除。

4）检查燃油滤清器是否堵塞、油箱通气孔是否堵塞、输油泵滤网有无堵塞等。

5）检查喷油泵的出油阀是否密封不良。

6）用断油比较法检查喷油器的喷油情况，断油后若发现柴油机转速不变化，则说明该喷油器工作不良，应将此喷油器拆下并测试调整。

7）若以上诊断没有不良情况，则需对喷油泵和调速器的工作情况在试验台上进行检查。

（二）发动机运转不均匀，排气管排黑烟

1. 现象

发动机动力不足，运转不均匀，排气管排黑烟，加速时出现敲击声。

2. 原因

1）空气滤清器严重堵塞，造成进气量不足。

2）喷油泵供油量过多或各缸供油不均匀。

3）喷油器喷雾质量不佳或喷油器滴油。

4）供油时间过早。

5）气缸压缩压力不足。

6）柴油质量低劣。

3. 故障诊断与排除方法

柴油机排气黑烟多，大多是由各气缸供油量不均匀或过多、吸入空气量不足、雾化不良、喷射时间过早等原因所致的柴油不能完全燃烧造成的。

1）拆除空气滤清器，观察排气烟色。若排黑烟情况好转，则表明故障是空气滤清器脏污严重造成的。

2）检查供油时间是否过早，若过早应调整。

3）在发动机运转时，可逐缸断油试验。当某缸断油时，发动机转速降低，黑烟明显减少，敲击声变弱或消失，说明该缸供油量过多。若发动机转速变化小而黑烟消失，说明该缸喷油器雾化不良。找出有故障的气缸后，拆检喷油器。必要时，可换装新喷油器进行对比，若用新喷油器时故障消失，说明原喷油器有故障。

用上述方法仍不能排除故障时，应检查各缸喷油是否一致，必要时进行调整。

检查喷油泵供油量过大和供油不均时，应在试验台上进行。

三、柴油机工作粗暴

1. 现象

1）发动机发出有节奏（清脆）的金属敲击声，急加速时响声更大，排气管冒黑烟。

2）气缸内发出低沉、不清晰的敲击声。

3）敲击声没有节奏并排黑烟。

2. 原因

1）喷油时间过早。

2）喷油雾化不良。

3）进气通道堵塞或空气滤清器堵塞，造成进气不足。

4）各缸喷油不均，个别缸供油量过大。

5）喷油器滴油，相对喷油量增加。

6）选用的柴油牌号不当。

7）发动机温度过低。

3. 故障诊断与排除方法

1）如果响声均匀，说明各缸工作情况相近。其故障原因与喷油正时、进气情况、柴油性能等方面有关。

急加速试验，若响声尖锐，排气管冒黑烟，通常是因为喷油时间过早，应调整。若加速困难、声调低沉，有发闷的感觉，排气管冒白烟，是因为喷油时间过迟，应调整。

若调整喷油正时的效果不明显，则应检查空气滤清器是否堵塞、进气通道是否畅通。若柴油机充气不足，将导致燃烧不完全，延长着火落后期，产生严重着火敲击声。

若进气管道畅通，仍有响声，应考虑柴油牌号选择是否适当。

2）如果响声不均匀，说明各缸工作情况不一致。可用单缸断油的方法找出工作不良的气缸。若怀疑某喷油器工作不良，可换用标准喷油器或与其他缸调换喷油器，倘若这时声响消失（或转移到其他缸），则表明故障就在喷油器。若怀疑某缸供油量过大，可用减油法试

验，减油之后响声和排烟应该消失。若减油之后故障减弱并不消失，只有断油才完全消失，则说明故障原因在喷油时间过早。

四、发动机运转不稳

（一）柴油机"游车"

1. 现象

发动机在中、低速范围内运转，加速踏板保持在某一位置不变时，发动机转速产生忽高忽低的变化。

2. 原因

1）燃油供给系油路内有空气，使供油不稳定。

2）喷油泵偶件磨损不均，使供油不均。

3）调速器调整不当，各连接件不灵活或间隙过大。

4）供油齿杆与齿圈（或供油拉杆与拨叉）、柱塞与柱塞套紧滞，使供油齿杆（或供油拉杆）移动阻力增大，引起其不灵敏。

5）喷油泵凸轮轴的轴向间隙过大，造成径向间隙变大，导致喷油泵泵油时，凸轮轴受脉冲振动，其振动又直接传递到调速器飞球或飞块，引起飞球支架跳动，从而使供油齿杆来回抖动。

3. 故障诊断与排除方法

"游车"一般是喷油泵和调速器部分引起的。检查喷油泵机械式调速器时，先打开喷油泵边盖，将发动机处于"游车"严重的转速下工作；然后用手抵住调节齿圈并带动齿杆移动，检查供油齿杆移动是否灵活。如果供油齿杆移动不灵活，说明柱塞的转动有阻滞或其他运动件有摩擦阻滞，使供油齿杆灵敏度降低，调速器不能随时调节供油齿杆而造成"游车"。发现供油齿杆移动阻力较大，则应逐一检查出油阀座拧紧力矩是否过大，泵内是否有水垢或锈蚀的污物引起柱塞生锈后阻滞，齿杆与齿圈啮合处是否有异物，查明后予以排除。

若上述检查正常，则故障原因是调速器工作不正常、喷油泵供油量不均匀或喷油泵凸轮轴轴向间隙过大，此时应拆下喷油泵总成进行检修。

（二）发动机超速

1. 现象

柴油机在汽车运行中或自身空转中，尤其是全负荷或超负荷运转突然卸荷后，转速自动升高超过额定转速而失去控制。

2. 原因

引起超速的主要原因有两个方面：一方面是喷油泵调速器本身的故障，使其丧失了正常的调速特性；另一方面是柴油机在运转过程中有额外的柴油或机油进入燃烧室参与燃烧。

（1）喷油泵、调速器的故障

1）加速踏板拉杆或喷油泵供油调节齿杆卡滞在额定供油位置。

2）油量调节齿杆和调速器拉杆脱节。

3）柱塞的油量调节齿圈固定螺钉松动，使柱塞失去控制。

4）调速器的高速限制螺钉或最大供油量调整螺钉调整不当。

5）调速器内机油过多或机油太脏、黏度过大，导致调速器失效。

6）调速器因飞球组件卡阻、锈污、松旷等原因而失去控制。

（2）额外燃料进入燃烧室参与燃烧

1）气缸窜油，使机油进入燃烧室燃烧。

2）惯性油浴式空气滤清器存油过多，被吸入燃烧室。

3）带增压器的柴油机由于增压器油封损坏，机油进入燃烧室燃烧等。

3. 故障诊断与排除方法

（1）紧急措施 发动机超速的故障一般很少见，但喷油泵调速器调整不当或使用、维护不当而擅自调整调速器的重要部位（如加有铅封的调整螺钉），会产生超速故障。无论是行驶的汽车还是停驶的汽车，一旦出现超速，首先要采取紧急措施，设法立即熄火，避免事故发生。紧急熄火的方法有以下几种：

1）若汽车在运行中，千万不要脱档或踩下离合器，应紧急制动直至发动机熄火。

2）若汽车静止发动机空转时，则立即采用断油或断气的方法使发动机熄火。

3）迅速将加速踏板收回到停止供油的位置，拉出熄火拉钮。

4）有减压装置的，迅速将减速手柄拉到减压位置。

5）进、排气管道带阀的可将阀门关闭，如果没有阀门的可拆下空气滤清器，堵住进气管道。

6）供油拉杆或齿杆外露的喷油泵，可迅速将拉杆推向停油位置。

7）松开各缸高压油管或低压油路的油管接头以停止供油。

8）及时挂入高速档，踩下制动踏板，缓抬离合器，使发动机熄火。

（2）诊断 发动机熄火后，反复踩动加速踏板或推拉喷油泵操纵臂，从喷油泵外部或拆下侧盖从内部检视供油拉杆（或齿杆）的轴向活动情况。若供油拉杆（或齿杆）不能轴向活动，故障是由供油拉杆（或齿杆）在其承孔内因缺油、锈蚀等原因卡阻而不能回位造成的。

打开调速器上盖，检查调速器飞球组件，与供油拉杆（或齿杆）的连接是否脱开、调速器内机油是否加得过多或机油黏度过大，调速器飞球组件是否卡阻、锈滞或松旷等。

拆下喷油泵调速器总成，在试验台上进行检修与调试合格后装机。

若供油系良好，应检查气缸有无额外进入燃油或机油。例如，空气滤清器或增压器的机油能否漏入气缸；气缸密封性如何，是否窜机油等。

发动机熄火后，必须找出造成超速事故的原因所在，并做彻底排除后，方允许再次起动发动机，否则发动机起动后，又将出现超速现象。

技能单二　柴油机燃料供给系的维修

一、柴油的净化

柴油机使用的柴油，除应按照使用说明书的规定与季节变化选用外，柴油中不应含有机械杂质和水分。使用中保持柴油清洁的措施是：

1）柴油在加入柴油箱之前，一般要经过72h的沉淀过滤。加油时，加油口附近要清洁，不得晃动油桶或将油管插到底，最好采用密闭加油。

2）定期放出柴油箱内的柴油和定期更换柴油滤芯。

3）拆卸高压油管或其他管路时，要将各管路接头包扎，防止尘土进入油管或机

件内。

二、保证管路密封

管路应不漏油，不进气。管路漏油与进气，将会导致供油不足，甚至中断供油，从而使起动困难，工作不稳定，功率下降，甚至会自行熄火。

引起柴油管路不密封的主要原因是油管破裂，油管接头松动或密封垫圈损坏，应及时更换并紧固。

当柴油管路中进气而使油路中形成气阻后，应立即按下述程序放气。

1）给油箱加注足够的柴油。

2）旋松柴油滤清器上的放气螺钉，或喷油泵的放气螺钉以排除低压油路中的空气。放气时，用手油泵连续泵油，当放气螺钉中流出的柴油中无气泡时，即旋紧放气螺钉。

3）起动发动机，旋松喷油器高压油管接头，排放该缸高压油管中的空气。

技能单三　喷油器的拆卸、装配与调试

一、喷油器的拆卸

喷油器的固定方式有压板固定、空心螺套固定和利用自身的凸缘固定三种。

1）首先拆下高压油管和固定螺母，取出总成。

2）清洗外部，然后逐一在喷油器试验台上进行检验，检查喷射初始压力、喷油质量和雾化情况，如质量不好必须解体。

3）先分解喷油器上部，旋松调压螺钉紧固螺母，取出调压螺钉、调压弹簧和顶杆。

4）将喷油器倒夹在台虎钳上，旋下针阀体紧固套，取下针阀体和针阀。

5）针阀偶件用清洁的柴油浸泡。分解过程中应注意保护针阀的精加工表面。

6）喷油器垫片在分解后应与原配喷油器体放在一起，喷油器与座孔间的锥形垫圈应与原喷油器体放在一起。

二、喷油器的装配与调试

1. 喷油器的装配

喷油器装配前，应对喷油器的零件进行清洗，对针阀偶件进行检验，对喷油器体进行检验。喷油器零件经清洗检验合格后，必须在清洁场所装配。

1）将针阀、针阀体、紧固套装到喷油器体上。

2）将喷油器上部装入顶杆、调压弹簧、调压螺钉，拧上调压螺钉紧固螺母。

3）装油管接头，总成调试完毕后，装护帽。

2. 在喷油器试验台上对喷油器进行调试

（1）喷油压力调整　CA6110型柴油机喷油开启压力为（22±0.5）MPa，同台发动机的喷油压力相差不超过 0.25~0.5MPa。

（2）喷雾质量与喷射响声检查　以每分钟 60~70 次速度压动手柄。油雾应细微均匀，无油滴飞溅。喷油器停喷干脆、及时，并伴有清脆响声。

（3）针阀偶件密封锥面的密封性试验　按规定值调好喷油器的喷油压力，将喷油器喷孔擦干，压动试验器手柄，使油压上升到喷油器开始喷油时的压力（0.15~1MPa），保持这一压力 10min，放松手柄，喷孔附近不得出现油液渗漏或油滴。

技能单四　输油泵的拆卸、装配与试验

一、输油泵的拆卸

CA6110 型柴油机输油泵分解图如图 5-24 所示。

1）拆卸前，用手推压滚轮做往复运动，检查滚轮（及挺杆、顶杆偶件）和活塞的运动有无卡滞和行程过小现象，从活塞回弹能力强弱，判别活塞弹簧工作是否正常。

2）拔出挺杆、顶杆。

3）拆下手泵部件和出油管接头，取出进、出油口止回阀弹簧及止回阀。

4）旋下输油泵螺塞，取出活塞弹簧及活塞。

5）拆卸手油泵部件。

二、输油泵的装配与试验

1. 装配

按拆卸的逆顺序装配输油泵，在装配过程中注意保持清洁；活塞、顶杆、滚轮体装配时，表面涂抹适量机油润滑；起密封作用的垫圈，安装时应保证端面均匀。

2. 试验

1）总成密封检查。堵住出油口，向进油口供入 0.4MPa 的压缩空气，然后把输油泵浸入柴油中，历时 2min，不得漏气。

2）手油泵性能检查。

3）供油性能检查。在喷油泵标定转速下，输油泵出油回路关闭时的最大压力不应小于 0.17MPa。

技能单五　喷油泵的安装及供油提前角的检查与调整

一、喷油泵总成的安装

1）将发动机旋转至第 1 缸压缩上止点前供油标记位置。

2）将喷油泵总成转到第 1 缸供油标记位置。

3）将联轴器标记对"0"。

4）安装喷油泵总成。

二、供油提前角的检查与调整

1）卸下第 1 缸高压油管，将出油阀紧座上平面的油用干净的棉布吸出。

2）连接低压、高压油路，加注燃油并进行系统排气。

3）摇转发动机曲轴，观察第 1 缸出油阀紧座上平面的油面变化。当油面刚刚上升，立即停转曲轴，观察发动机供油转角标记，读出此时供油提前角的数值；与规定参数比较，确定是否进行调整（如 CA6110 型柴油机供油提前角为上止点前 14°±1°）。

4）如进行调整，松开提前器端钢片联轴器螺栓，按"顺减逆加"旋转提前器，并拧紧联轴器螺栓。

5）重复步骤 3）进行检查，读出此时供油提前角的数值，至符合要求为止。

6）装复并紧固第 1 缸高压油管。

模块六　电控柴油喷射系统及共轨技术

学习目标

1）能解释电控柴油控制系统的功用、组成，柴油电子控制的工作原理，喷油量的控制和喷油时刻的控制类型与特点；

2）掌握共轨式电控燃油喷射系统的特点、分类，共轨式电控柴油喷射系统的总体构造与工作原理；

3）掌握电控喷油器的构造及工作原理，系统的诊断要领及维护；

4）能正确拆装喷油器和进行喷油器的试验；

5）能诊断并排除电控柴油喷射系统和共轨系统的常见故障。

单元一　柴油机电子控制系统

现有的电控柴油喷射系统一般在原柴油机的柱塞式喷油泵或分配式喷油泵的基础上，加装电子控制系统来完成控制目标的实现。

一、柴油机电子控制系统构成

柴油机电子控制系统的构成如图6-1所示。在分配式喷油泵的基础上加装电子控制系统和柴油喷射系统，图6-1所示为丰田汽车柴油机电子控制系统构成图。其电子控制系统由传感器、电子控制单元和执行器等组成。

传感器的功用是适时检测柴油机的转速和汽车的运行状态，将其检测情况输入电子控制单元。在柴油机上使用的传感器主要有发动机转速传感器、凸轮轴转角传感器（或曲轴转角传感器）、加速踏板传感器、进气温度和进气压力传感器、泵角传感器等。

二、柴油机电子控制系统的原理

通过电子控制单元对传感器输入的信息进行处理、计算，并将运行结果和执行程序作为控制指令输送给执行器。执行器的功用是根据电子控制单元送来的执行指令，调节喷油量和喷油正时，从而调节柴油机的运行状态。电控柴油喷射系统的常见执行器有电磁溢流阀和喷油定时控制阀等。传感器、执行器和电子控制单元的工作关系，如图6-2所示。

三、燃油分配泵的结构与原理

燃油分配泵的功用是提高燃油压力，向各气缸喷油嘴供给适时、适量的燃油。

驱动轴（凸轮轴）由发动机曲轴的传动带轮进行驱动。驱动轴与输油泵、凸轮盘及柱塞等同步旋转。曲轴每转2圈，驱动轴转1圈。

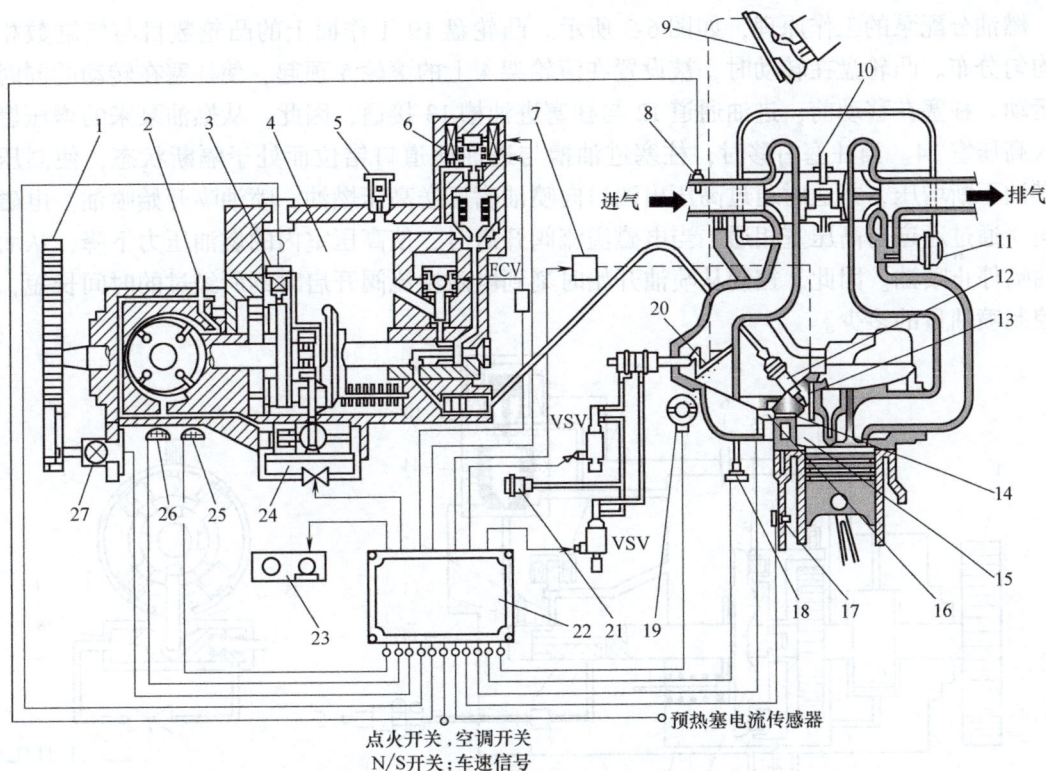

图 6-1　柴油机电子控制系统构成图

1—传动带轮　2—燃油进口　3—泵角传感器　4—分配泵　5—回油阀　6—电磁溢流阀　7—预热塞继电器
8—进气压力传感器　9—加速踏板　10—涡轮增压器　11—废气通道控制阀　12—喷油嘴　13—预热塞
14—膜片阀　15—副燃烧室　16—着火时间传感器　17—冷却液温度传感器　18—进气温度传感器
19—节气门位置传感器　20—副节气门　21—真空泵　22—ECU　23—仪表　24—定时控制器
25—调整电阻（θ）　26—调整电阻（γ）　27—曲轴转角传感器

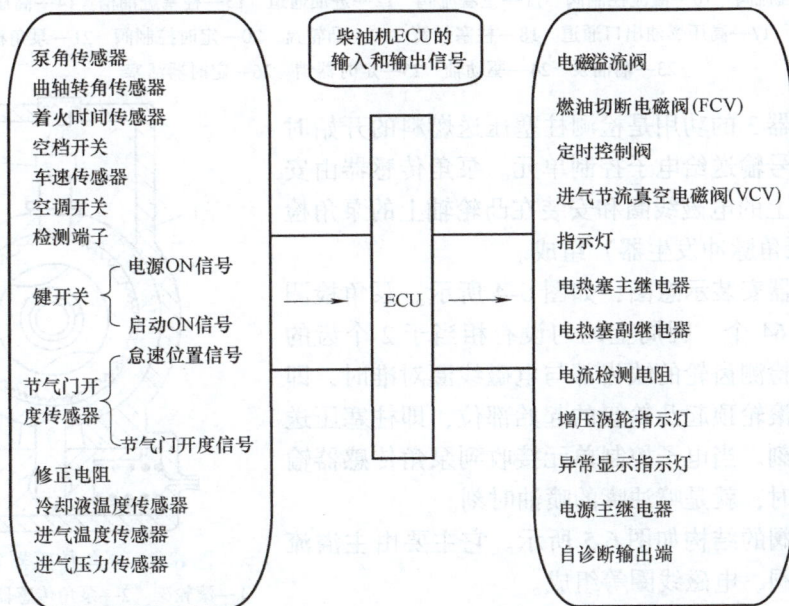

图 6-2　传感器、执行器和电子控制单元的工作关系

燃油分配泵的工作原理,如图6-3所示。凸轮盘19工作面上的凸轮数目与气缸数相等且均匀分布。凸轮盘在转动时,被设置在滚轮架4上的滚轮5顶起,使柱塞在转动的同时向右运动。柱塞在移动前,进油通道12与柱塞进油槽13接通,因此,从燃油泵来的增压燃油进入高压室14。当柱塞右移时,柱塞进油槽与进油通道口错位而处于隔断状态,使高压室内燃油不断增压,并适时通过高压出油口向喷油嘴压送高压燃油,喷油嘴开始喷油。电磁溢流阀9通过通道与高压室相通,当电磁溢流阀开启时,使高压室内的燃油压力下降,从而使喷油嘴停止喷油。因此,控制从喷油开始时刻到电磁溢流阀开启时刻所经过的时间长短,即可控制喷油量的多少。

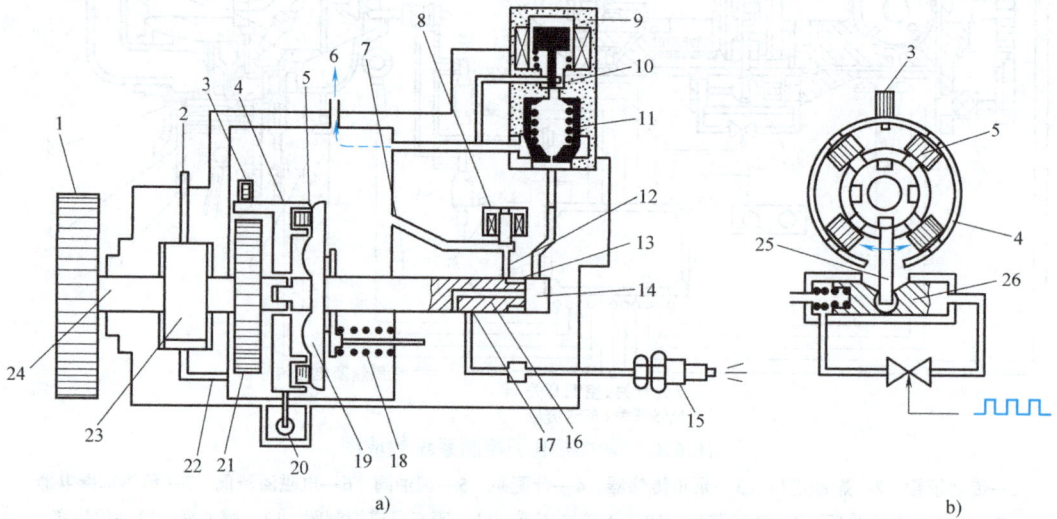

图6-3 燃油分配泵的结构与原理

a) 柴油分配泵 b) 定时控制阀

1—传动带轮 2—燃油进口 3—泵角传感器 4—滚轮架 5—滚轮 6—回油 7、22—输油泵出燃油 8—燃油切断电磁阀 9—电磁溢流阀 10—溢流控制阀 11—主溢流阀 12—进油通道 13—柱塞进油槽 14—高压室 15—喷油嘴 16—柱塞 17—高压燃油出口通道 18—柱塞弹簧 19—凸轮盘 20—定时控制阀 21—泵角检测齿轮 23—输油泵 24—驱动轴 25—定时器销 26—定时器活塞

泵角传感器3的功用是检测柱塞压送燃料的开始时刻,并将此信号输送给电子控制单元。泵角传感器由安装在滚轮架4上的电磁线圈和安装在凸轮轴上的泵角检测齿轮21(泵角脉冲发生器)组成。

泵角传感器安装示意图,如图6-4所示。泵角检测齿轮的齿数为64个,圆周上均匀设有相当于2个齿的缺齿。当泵角检测齿轮的缺齿部与电磁线圈对准时,即为滚轮架上的滚轮顶起凸轮盘的起始部位,即柱塞压送燃油的开始时刻。当电子控制单元接收到泵角传感器输入的缺齿信号时,就是喷油嘴的喷油时刻。

电磁溢流阀的结构如图6-5所示。它主要由主溢流阀、溢流控制阀、电磁线圈等组成。

控制溢流压缩、喷射的过程,如图6-6所示。电子

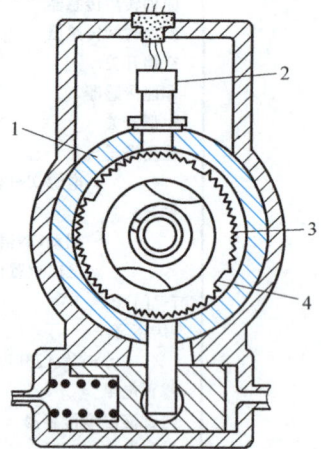

图6-4 泵角传感器安装示意图

1—滚轮架 2—泵角传感器 3—泵角脉冲发生器 4—缺齿部(基准点)

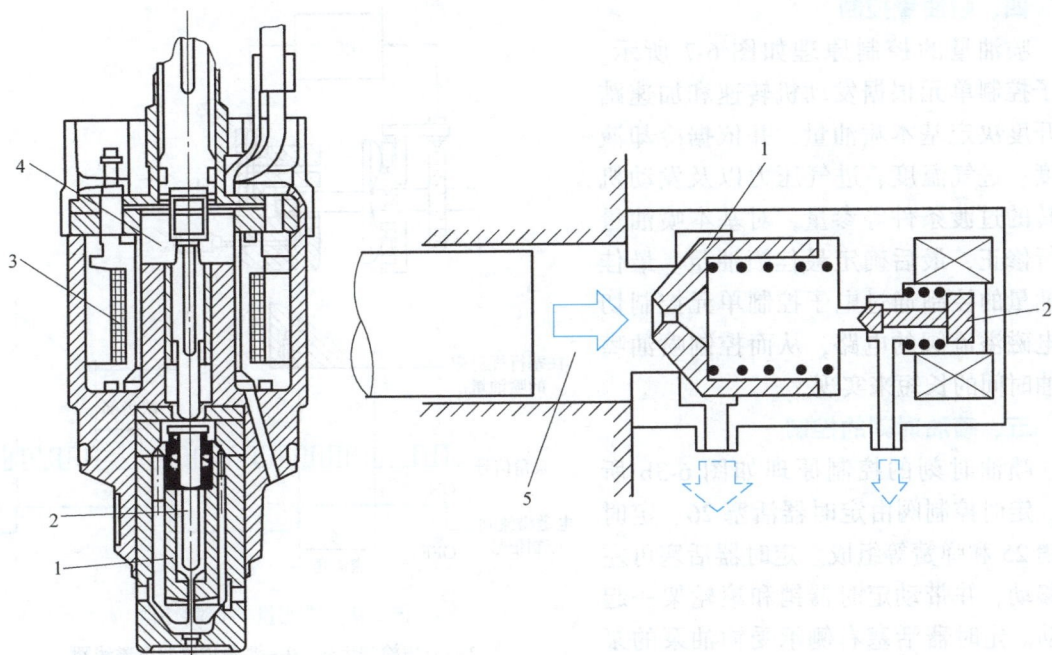

图 6-5　电磁溢流阀的结构

1—主溢流阀　2—溢流控制阀　3—电磁线圈　4—电枢　5—高压室

控制单元输出指令。当电磁溢流阀的电磁线圈通电时，如图 6-6a 所示。溢流控制阀关闭，此时，高压室的压力油通过主溢流阀上的节流孔同时作用于主溢流阀的正面和背面，主溢流阀在弹簧作用下处于关闭位置，燃油被封在高压室中不断增压，并经由喷油嘴喷入气缸。控制溢流通道溢流的过程：当电磁溢流阀电磁线圈中的电流被切断时，溢流控制阀首先被打开，主溢流阀的背压下降，如图 6-6b 所示。

主溢流通道溢流的过程：当电磁线圈中电流被切断时，溢流控制阀首先被打开，主溢流阀的背压下降。继而高压室内高压油克服弹簧弹力及主溢流阀背压将主溢流阀打开，高压室内的燃油向低压区流动而急剧泄压，喷油停止，如图 6-6c 所示。

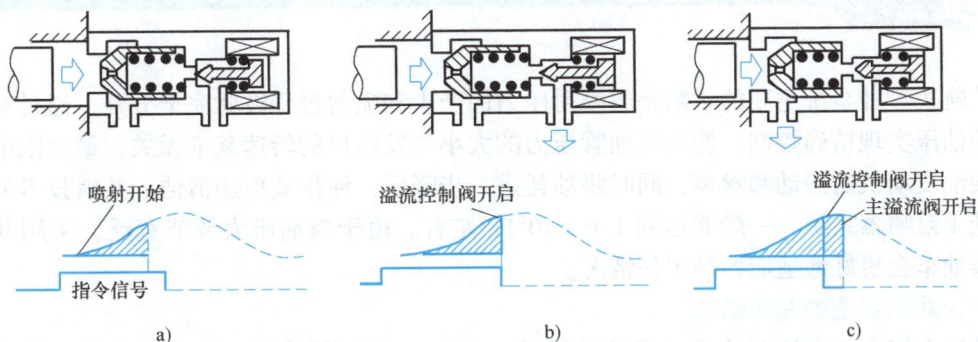

图 6-6　溢流阀的工作过程

a）溢流阀的关闭　b）溢流阀的开启　c）溢流阀的溢流原理

四、喷油量控制

喷油量的控制原理如图 6-7 所示。电子控制单元根据发动机转速和加速踏板开度决定基本喷油量，并依据冷却液温度、进气温度、进气压力以及发动机运转的过渡条件等参量，对基本喷油量进行修正，最后确定最佳喷油量。最佳喷油量的控制通过电子控制单元控制切断电磁溢流阀的电路，从而控制喷油嘴喷油时间的长短来实现。

五、喷油时刻的控制

喷油时刻的控制原理如图 6-3b 所示。定时控制阀由定时器活塞 26、定时器销 25 和弹簧等组成。定时器活塞可左右移动，并带动定时器销和滚轮架一起移动。定时器活塞右侧承受输油泵的泵出油压，左侧承受输油泵进油油压和弹簧力。左、右侧通过管道相连，而管道

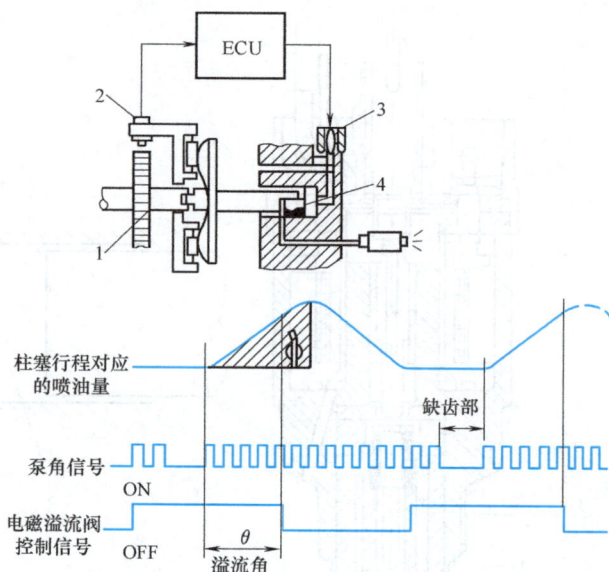

图 6-7 喷油量的控制原理

1—泵角检测齿轮 2—泵角传感器电磁线圈
3—电磁溢流阀 4—高压室

的通断则由电子控制单元控制的电磁阀控制。当发动机在常用转速下工作时，活塞左、右两侧受力平衡。当发动机转速变化时，活塞右侧的油压改变，活塞两侧产生压力差，使活塞轴向移动，从而通过定时器活塞销带动滚轮架转动一定角度，使滚轮和凸轮盘的凸轮之间相对位置发生变化，喷油时刻也发生变化。

电子控制单元根据发动机转速和加速踏板的开度决定喷油时刻，并由冷却液温度和进气压力等参数进行修正，决定最佳喷油时刻。电子控制单元确定最佳喷油时刻后，通过输出指令控制定时器活塞左、右侧通断的电磁阀，调节定时器活塞左、右侧的压力差，来控制活塞的位置，从而控制滚轮架（滚轮）的位置，实现对喷油时刻的精确控制。

单元二 柴油共轨技术

共轨式喷油系统主要的贡献是将喷射压力的产生和喷射过程彼此完全分开，通过对共轨管内的油压实现精确控制，使高压油管压力的大小与发动机的转速基本无关，最大限度地降低了柴油发动机的振动和噪声，同时将油耗进一步降低，使排放更加清洁。共轨技术的喷油压力低于泵喷器系统，一般能达到 $1.6 \times 10^8 Pa$ 左右。由于喷油压力调节宽泛，采用共轨技术的柴油车会更好地适应各种工作情况。

一、共轨系统的总体结构

共轨系统主要由油泵总成（燃油计量单元 FMU、油温传感器、转速传感器、输油泵）、燃油器总成、共轨总成（压力控制阀、共轨压力传感器、流量限制器）和 ECU（电控单元）组成。

二、共轨式电控燃油喷射系统工作原理

共轨式电控燃油喷射系统工作原理如图 6-8 所示。共轨技术是指高压油泵、压力传感器和 ECU 组成的闭环系统中，将喷射压力的产生和喷射过程彼此之间完全分开的一种供油方式。由高压油泵把高压燃油输送到供轨总管，通过对供轨总管内压力的精确控制使高压油管内的油压与发动机的转速之间没有关系，可以大幅度的减小柴油机供油压力随发动机转速的变化，因此也就减小了传统柴油机的缺陷。由 ECU 控制喷油器的喷油量，喷油量的大小取决于供轨总管压力和电磁阀的开启时间的共同作用，因此这种电控燃油喷射系统也叫时间-压力控制系统。其中，燃油供给系统中的压力波动在高压供轨总管中消失，从而使整个系统工作更加稳定。

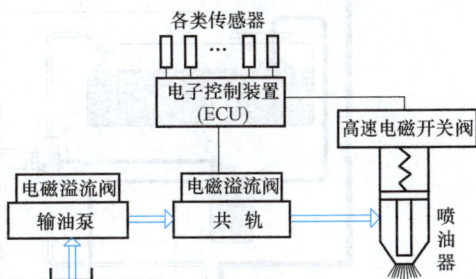

图 6-8　共轨式电控燃油喷射系统工作原理

三、共轨式电控燃油喷射系统的分类

按照喷油高压来源的不同，共轨式电控燃油喷射系统分为两类。

1. 高压共轨系统

高压输送泵将燃油输送到高压共轨总管中，燃油脉动压力变化得以消除，然后再将燃油分配至各个装有快速电磁阀的喷油阀；当 ECU 控制系统按照需求发出信号之后，高速电磁阀打开或关闭，从而控制喷油器的工作，即按设定的要求喷出或停止喷出高压燃油。

2. 中压共轨系统

中压共轨系统采用较小的压力（10~13MPa）来将燃油输送到共轨总管中，在共轨总管中将燃油脉动压力消除后，再通过带有增压柱塞的喷油器将燃油以高速喷出，在高压柱塞的作用下，油压可达 120~150MPa，其喷射时间也是通过 ECU 发出的指令来控制的，同样，高压电磁阀是其不可或缺的部件。

四、共轨式电控燃油喷射系统的结构

柴油共轨式电控燃油喷射系统的结构如图 6-9 所示。它主要由电控单元、高压油泵、高压共轨总管（蓄能器）、电控喷油器以及各种传感器等组成。

（1）高压油泵　高压油泵主要分为柱塞泵和齿轮泵两种，将燃油输送到高压共轨总管中。

高压油泵的作用主要是在车辆的整个使用过程中供给足够的高压燃油，同时还必须保证为使发动机迅速起动所需要的额外供油量和压力要求。

高压油泵安装在与传统柴油机分配泵相同的位置上。它是通过联轴器、齿轮、驱动链条或者传动带由发动机运转驱动，其最高转速不超过 3000r/min。高压油泵通过低压油路的燃油和发动机主油道的机油润滑。高压油泵上安装有用于进行压力控制的压力控制阀（压力控制阀也可安装于高压蓄能器上）或者进油计量比例阀，如图 6-10 所示。燃油被 3 个成辐射状安装互隔 120° 的泵油柱塞压缩，高压油泵每转一圈，有三次供油，峰值驱动转矩较低，油泵驱动系统保持较稳定的负荷。16N·m 的转矩大概是驱动一个同等分配泵所需转矩的 1/9，这就意味着共轨系统比传统的喷射系统在泵的驱动方面需要较小的负荷。驱动泵所需的动力是随着共轨压力和泵的速度（供油量）成比例上升的。对于一个排量为 2L 的发动

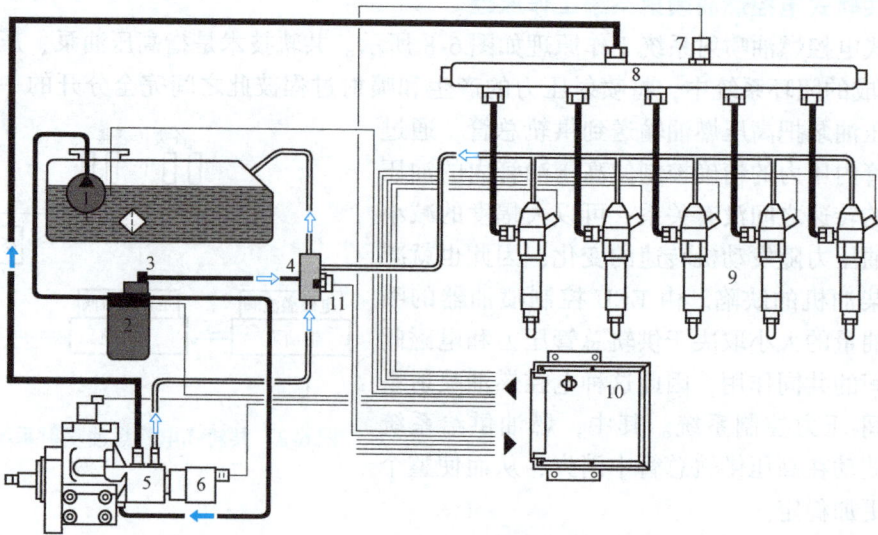

图6-9 柴油共轨式电控燃油喷射系统的结构

1—电动输油泵 2—燃油滤清器 3—回油阀 4—回游储存器 5—CP1高压泵 6—高压控制阀
7—共轨压力传感器（RPS） 8—共管 9—喷油器 10—EDC控制单元 11—油温传感器

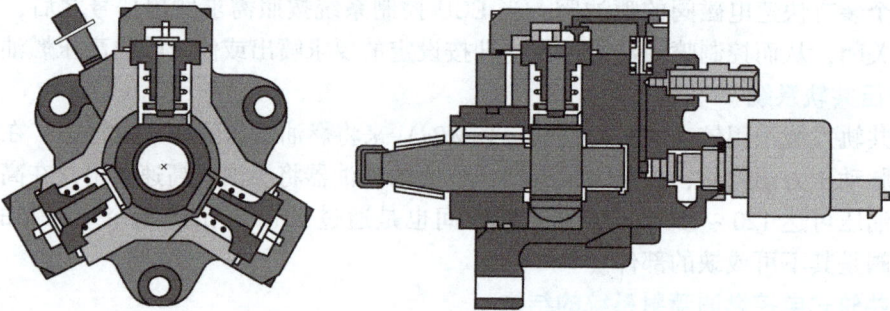

图6-10 高压油泵结构

机，在标定转速共轨压力为135MPa时，高压油泵仅需要3.8kW的功率消耗（保证油泵效率接近90%），即高压油泵消耗发动机的功率很小。

1）高压油泵的组成如图6-11所示。高压油泵不断的产生高压蓄能器所需的系统压力，这就意味着燃油并不是在每个单一的喷射过程都必须被压缩（相对于传统的系统燃油）。

供油泵将燃油从油箱泵入燃油滤清器（带有油水分离装置）送入高压油泵的进油口。供油泵使燃油经安全阀的节流孔，进入高压油泵的润滑和冷却回路。凸轮轴使3个泵的柱塞按照凸轮的外形上下运动。

2）高压油泵的工作原理。当供油油压超过安全阀的开启压力（0.05～0.15MPa），高压油泵的柱塞正向下运动时（吸油行程），供油泵能使燃油经高压油泵进油阀进入柱塞腔。在高压油泵柱塞越过下止点后，进油阀关闭。这样，柱塞腔内的燃油被密封，它将以高于供油压力的油压被压缩，油压一旦升高至共轨油压，出油阀将被打开，被压缩的燃油就进入了高压循环。柱塞继续供给燃油，直至到达上止点（供油行程）。上止点后，压力减小，导致出

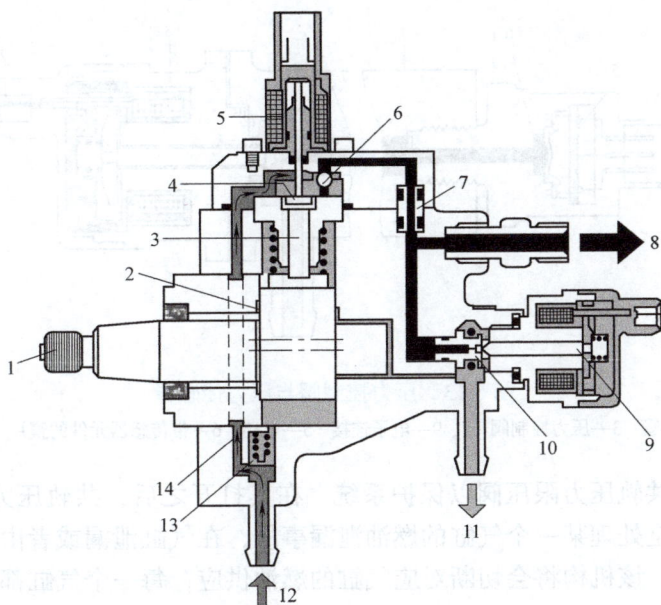

图 6-11　CPI 高压油泵

1—带偏心凸轮的驱动轴　2—多边环　3—油泵柱塞　4—进油阀　5—元件关闭阀　6—出油阀
7—套　8—去共管的高压接头　9—压力控制阀　10—球阀/压力控制阀　11—回油
12—燃油供给（250kPa）　13—节流阀（安全阀）　14—燃油供给通道

油阀关闭，柱塞腔内的燃油压力也下降，柱塞又向下运动。只要柱塞腔内的压力降至低于供油泵的供油压力时，进油阀又开启，吸油过程又开始。

3）高压油泵的供油量。高压油泵的供油量是与它的旋转速度成比例的，它与油泵及发动机转速有关。喷油泵传动比的确定依据是使得喷油泵的供油量与发动机对燃油系统的性能要求相适应，同时需保证在加速踏板到底的情况下，发动机燃油量的要求须覆盖全部范围（即满足发动机的最大供油量）。

（2）高压共轨总管　高压共轨总管及相关部分的结构如图 6-12、图 6-13 所示，主要由高压管体、压力传感器、流量限制阀和高压进油口组成。其中，高压总管体将高压油泵输送的高压油储存在共轨总管油腔内，维持 ECU 设定的共轨压力而向各气缸提供高压燃料，并

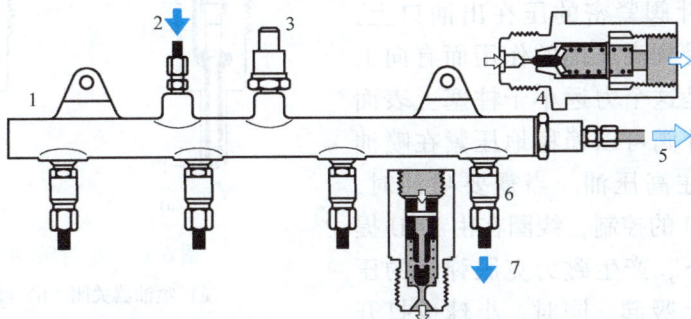

图 6-12　高压共轨总管、限压阀与流量控制阀

1—高压管体　2—自高压泵来的供油　3—共管压力传感器　4—限压阀　5—回油　6—流量限制阀　7—到喷油器的高压管

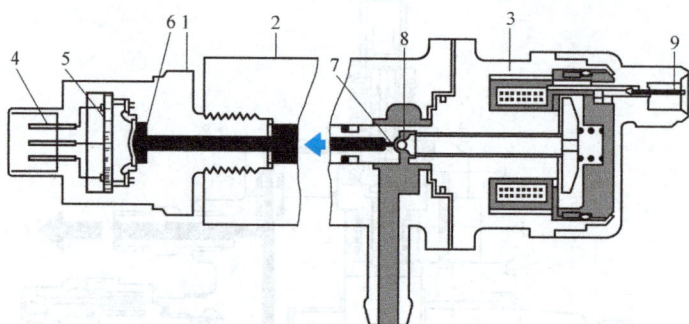

图 6-13　压力控制阀与压力传感器

1—共管压力传感器　2—共管　3—压力控制阀　4、9—电子连接　5—电路　6—带传感器元件的膜片　7—0.7mm节流孔　8—球

在必要的时候打开共轨压力限压阀以保护系统，在其打开之后，共轨压力会下降到 30MPa；流量限制阀的作用是处理某一个气缸的燃油泄漏事故，在气缸泄漏或者由于喷油器故障导致燃油喷射量过多时，该机构将会切断对应气缸的燃油供应，每一个气缸都对应一个流量限制阀；共轨压力传感器的作用是向 ECU 提供高压共轨总管内燃油压力信号。

（3）电控喷油器　喷油器是整个电控系统最关键和最核心的部件，它的作用是在 ECU 的控制下适时适量的喷射高压柴油。电控喷油器的结构如图 6-14 所示，其主要由喷油器体、电磁阀、柱塞阀组件、喷油嘴针阀组件和弹簧组成。针阀开闭的电磁阀具有极快的动作速度，其开启时间不超过 110±10μs，关闭时间不超过 30±5μs。其基本动作过程是：在喷油器的上部，柱塞的阀体上表面有细小回流节油油道，该油道被一小球密封（小球被电磁阀弹簧通过衔铁间接压紧），高压油可以到达柱塞上腔，所以高压油在对柱塞阀体施加压力的同时不会从回流节油道泄漏，确保柱塞对喷油嘴针阀有一个较大的向下的压力，使得喷油嘴针阀紧密的压在出油口上，虽然针阀下端也受到高压油的作用而有向上运动的趋势，但是这个力远小于柱塞上表面受到的力，所以针阀可以稳稳地压紧在喷油口上，从而密封住高压油。当需要喷油时，电磁阀就受到 ECU 的控制，线圈在由 ECU 提供的电压的作用下，产生磁力克服弹簧的压紧力，将衔铁向上吸起，同时，小球也打开了回油通道，柱塞上腔与回油管连通，由于回油管内油压约为大气压力，所以柱塞受到

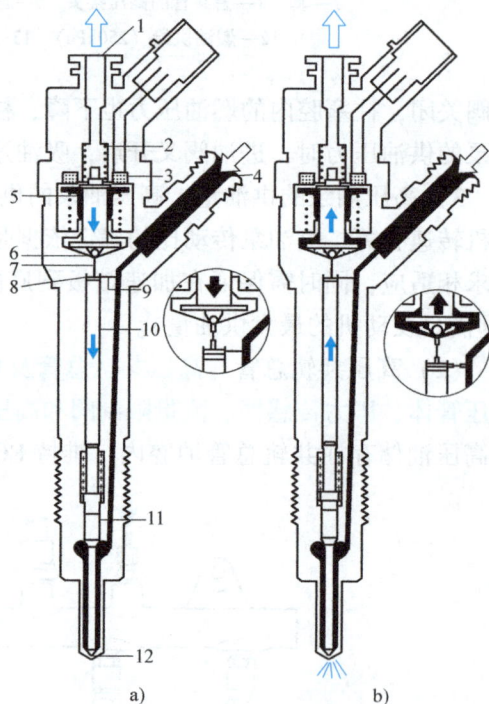

图 6-14　电控喷油器的结构

a）喷油器关闭　b）喷油器打开

1—回油管　2—回位弹簧　3—线圈　4—高压连接
5—枢轴盘　6—球阀　7—泄油孔　8—控制腔　9—进油口
10—控制活塞　11—油嘴轴针　12—喷油嘴

的油的压力迅速减小，而因为回流节油油道本身很小，故进油压力不会在柱塞阀体组件上方卸荷，而针阀下方压力基本为进油压力，所以针阀受到的合力向上，针阀打开，喷油过程开始，当线圈断电时，弹簧力使小球重新压紧，柱塞阀体组件所受高压重新建立，等待下一次喷射。

发动机的运转使高压油泵产生压力，将喷油器的工作过程划分为四个阶段：

1）喷油器关闭（有高压时）。

2）喷油器打开（开始喷射）。

3）喷油器完全打开。

4）喷油器关闭（喷射结束）。

这些工作阶段是由于作用于喷油器各零部件的分配力所导致的。发动机停机，共轨中无压力时，喷油嘴弹簧使喷油器关闭。

（4）高压油管　高压油管是连接共轨总管和电控喷油器的通道，它应该有足够大的燃油流量，可减小燃油流动时的压降，并且使高压管路系统中的压力波动较小，能够承受高压燃油的冲击，且起动时油压可以尽快建立。每一个气缸所连接的高压油管应该基本等长，以使喷油压力尽量相同，并且尽量做得短些，以减小压力的损失。

（5）供油泵（燃油泵）　供油泵的作用是将燃油从油箱泵起，经过带有油水分离装置的燃油滤清器送入高压油泵的进油口。维持足够供给高压泵的燃油量。

目前，在柴油机上主要使用机械齿轮驱动的燃油泵，简称齿轮泵，如图6-15所示。齿轮式燃油泵是用来为共轨高压油泵提供燃油的。它既可以集成在高压油泵中，由高压油泵驱动轴驱动，也可以直接连接到发动机上，由发动机运转驱动。驱动形式有联轴器、齿轮或者齿带式。

图6-15　齿轮泵

1—吸油端　2—驱动齿轮　3—压力端

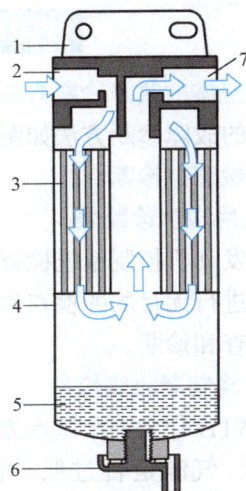

齿轮泵的工作原理，齿轮泵的主要零部件是两个在旋转时相互啮合的反转齿轮。燃油被吸入泵体和齿轮之间的空腔内，并被输送到压力侧的出油口，旋转齿轮间的啮合线在吸油端与泵的压力端提供了良好的密封，并且能防止燃油回流。齿轮式燃油泵的供油量与发动机转速成比例，齿轮泵的供油量在进油口端的节流阀或者出油口端的溢流阀限制。

齿轮式燃油泵是免维护的。在第一次起动前，或者油箱内燃油被用尽，燃油系统内要排尽空气，在齿轮式燃油泵上或者低压油路中安装了手动泵，维修人员或驾驶人可以直接通过手动泵的操作将低压油路中的空气排除，以确保燃油系统的正常运行。

（6）燃油滤清器（带油水分离装置）　燃油滤清器如图6-16所示。燃油中若含有杂质，将导致油

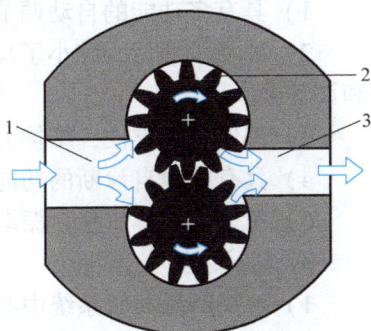

图6-16　带油水分离装置滤清器

1—滤清器盖　2—进油口　3—纸质滤芯
4—壳体　5—水分收集器
6—放水螺塞　7—出油口

泵零部件、出油阀、喷油嘴的损坏。因此必须装有燃油滤清器，燃油滤清器必须符合喷射系统的特定要求，否则燃油供给系统正常运转和相关元件的使用寿命将无法得到保证。柴油中含有可溶乳状物或者水分（如用于温度变化的冷却液），若这种水进入喷射系统，将会引起燃油系统元件的穴蚀。滤清器可以分离出燃油中的杂质和水分。当收集器水位达到一定高度时，通过警告灯来提示自动报警装置，告知驾驶人需进行水分收集器排水。

五、共轨技术的特点、优点与发展趋势

1. 特点

1）可以自由调节喷油压力。

2）可以自由调节喷油油量。

3）可以自由调节喷油时间。

4）可以自由调节喷油率。

2. 高压共轨电控燃油喷射技术的优点

1）具有多功能的自动调节特性。

2）减小了质量、缩小了尺寸、结构更加紧凑。这是因为省去了供油提前角自动调节器和调速器。

3）部件安装方便，维护方便。

4）具有故障自诊断的功能，可以通过调取故障码来方便地进行故障诊断和检测。

5）有害气体排放量、振动与噪声显著下降。

3. 发展趋势

1）解决高压共轨系统中共轨压力的微小波动引起的喷油量不均匀现象。

2）解决高压共轨系统的高压密封问题。

3）解决微小结构、高频响电磁开关的设计与制造过程中的关键技术问题。

4）优化三维控制数据库。

技能单一　柴油共轨系统故障诊断要领

一、整体的故障诊断方法

整体的故障诊断方法如图6-17所示。

二、检查并诊断

1. 使用检查诊断表

使用发动机控制系统检查诊断表，充分掌握顾客所叙述的内容，并将其作为参考。

不要进行无目的的检查和诊断，根据异常状况（事实），推断可能的故障类型，有的放矢进行检查和诊断。

2. 正确判断故障信息

将5W1H作为一个基本方法，掌握其具体问题。

例如，气温是否过低、在什么时候发生异常现象、是否在发动机附近发出金属音响等。

检查诊断的要点：

1）什么状况（异常状况）。

2）什么时间（日期、时间、发生异常情况的频率）。

```
        ┌──────────────┐
        │   故障车辆入厂  │
        └──────┬───────┘
               ↓
        ┌──────────────┐   使用检查诊断表(参见表6-1)，根据顾客的所述要求，
        │   检查并诊断   │   认真检查并诊断
        └──────┬───────┘
               ↓
         ╱──────────╲        否    ┌──────────────────────┐
        ╱ 异常状况是   ╲──────────→│ 针对没有再次出现的异常状况 │
        ╲ 否再次出现?  ╱            │ 的措施(参见表6-2)       │
         ╲──────────╱             └──────────────────────┘
               │是
               ↓
        ┌──────────────┐
        │  确认异常状况  │   在车辆上确认异常状况
        └──────┬───────┘
               ↓
        ┌────┐         ┌──────────────┐   使用WDS，检查是否有
        │异  │←────────│ 用诊断故障码    │   诊断故障码出现
        │常  │         │ 进行检查       │
        │状  │         └──────────────┘
        │况  │
        │故  │         ┌──────────────┐   使用WDS的数据监控功能
        │障  │←────────│ 用数据监控器进行检查 │   对各个输出、输入的信号
        │诊  │         └──────────────┘   进行监控并检查
        │断  │
        │    │         ┌──────────────┐   使用WDS的模拟检测功能
        │    │←────────│ 用模拟测试功能   │   当点火开关在ON位置时让各个功率输出
        └──┬─┘         │ 进行检查       │   部件运作
           │           └──────────────┘   检查确认电路已经接通,阀门没有被卡死
           ↓
        ┌──────────────┐
        │ 异常状况修复的确认 │
        └──────┬───────┘
               ↓
        ┌──────────────┐
        │     完成      │
        └──────────────┘
```

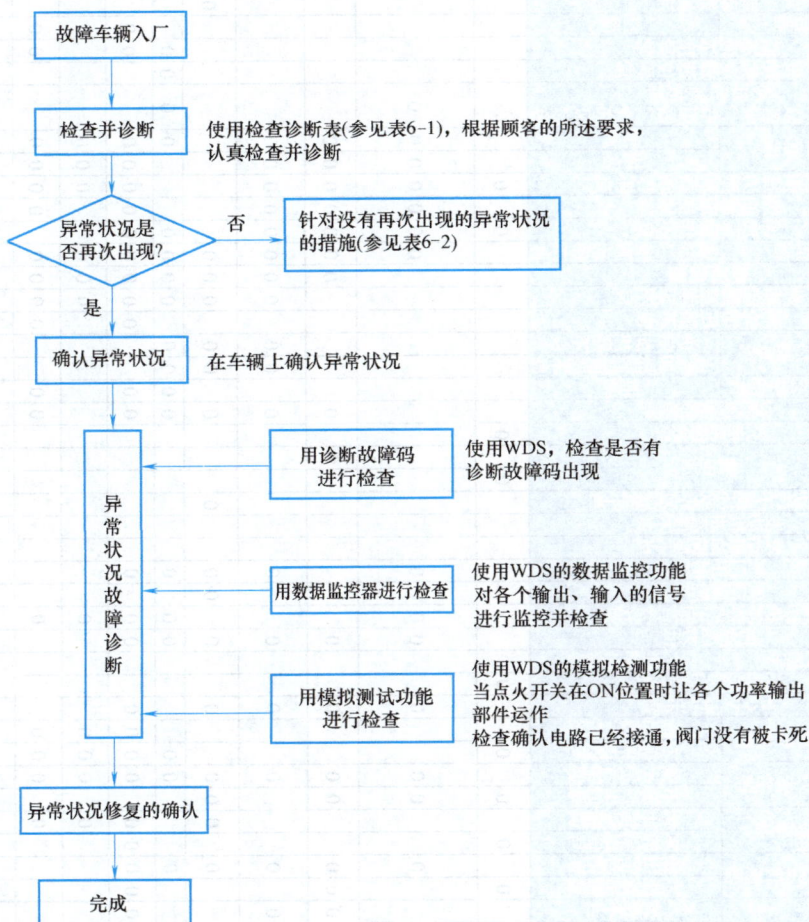

图 6-17　整体的故障诊断方法

3）行驶条件（道路情况）。

4）运行状况（行驶状态、驾驶状态、天气状况）。

5）异常状况（感受到的异常症状）。

发动机控制系统检查诊断见表 6-1。

从顾客手中接到存在异常状况的车辆时，应根据表 6-1 进行分析，和顾客确认"故障症状"和"故障发生的数据"。原因如下：

1）有些故障可能在修理厂无法再现原故障的症状。

2）顾客感觉到的异常状况并不一定都是故障。

3）如果不预先确认正确的故障，有可能会产生不必要的修理工时。

表 6-1 可以对车辆诊断、确认修理时起到辅助作用。

三、针对没有再次出现异常状况的措施

如果没有再次出现异常状况，则进行下列操作，检查出发生异常状况的原因，见表6-2。

表 6-1　发动机控制系统检查诊断表

序号	故障原因／故障现象	详细内容	制御装置系：曲轴角传感器：不能输出信号	制御装置系：曲轴角传感器：传感器霍尔元件被损坏	制御装置系：曲轴角传感器：空气间隙过大	制御装置系：凸轮轴位置传感器：不能输出信号	制御装置系：凸轮轴位置传感器：传感器霍尔元件被损坏	制御装置系：怠速开关：不能输出信号	制御装置系：怠速开关：输出信号错误	制御装置系：怠速开关：调整不当	制御装置系：加速踏板位置传感器：不能输出信号	制御装置系：加速踏板位置传感器：输出信号错误	制御装置系：加速踏板位置传感器：调整不当	制御装置系：冷却液温度传感器：不能输出信号	制御装置系：冷却液温度传感器：输出信号错误	制御装置系：进气传感器：不能输出信号	制御装置系：进气传感器：输出信号错误	制御装置系：燃油压力传感器：不能输出信号	制御装置系：燃油压力传感器：输出信号错误	制御装置系：燃油温度传感器：不能输出信号	制御装置系：燃油温度传感器：输出信号错误	制御装置系：PCV制动不良	制御装置系：主继电器动作不良	制御装置系：空调信号：不能输出信号	发动机本体：压缩压力低	发动机本体：发动机本体内出现异常状况	发动机本体：气门间隙不良	发动机本体：气门正时不良	发动机本体：发动机油黏度不良	发动机本体：发动机油液位不良	发动机本体：驱动转子损坏或张力调整不当	电气系统：蓄电池		电气系统：充电系统故障	进气装置系统：空调滤清器堵塞	进气装置系统：进气系统各零部件：泄漏	进气装置系统：进气加热器系统：进气加热器继电器不良	进气装置系统：进气加热器系统：进气加热器不良	燃油装置系统：涡轮增压器不良	燃油装置系统：燃油喷射量学习不良	燃油装置系统：燃油质量	燃油装置系统：喷油器：堵塞、泄漏动作不良	燃油装置系统：输油泵动作不良	燃油装置系统：燃油滤清器堵塞	燃油装置系统：燃油压力限制器动作不良	燃油装置系统：燃油管线：堵塞	燃油装置系统：燃油管线：泄漏	冷却装置系统：散热器、软管类、节温器、冷却风扇等冷却系统故障	冷却装置系统：发动机冷却液位异常	冷却装置系统：防冻液浓度异常	其他：离合器：打滑	其他：制动器拖滞	其他：零件安装部分松动
1	发动机警告灯亮起		0					0			0			0		0		0		0			0									0		0									0		0								
2	发动机不能起动（包括行驶中发动机失速）	发动机不能起动（起动机不转） 特点火开关自 ST 旋转至 ON 发动机停止（发动机不能靠自力运转）	0	0	0	0	0								0			0	0			0			0	0		0														0	0	0	0	0	0	0					
3	发动机起动所需时间较长	发动机起动所需时间较长有时会同时出现怠速不稳		0	0	0	0					0	0	0	0			0	0			0			0								0		0						0	0	0	0	0	0	0						
4	怠速不稳	怠速转速低于标准值或怠速不稳，有时会产生发动机失速		0	0	0	0	0	0	0	0	0	0		0				0			0			0			0							0		0	0		0	0	0	0	0	0	0	0						
5	发动机噪声	发动机内部传出异常噪声，发动机声音过大			0	0		0							0		0	0	0			0			0		0	0			0				0		0	0		0	0	0										0	
6	燃油消耗大	燃油消耗量比以前大增		0	0		0								0				0	0					0	0		0							0	0	0	0		0	0	0	0				0	0	0	0			
7	加速不良（输出功率不足）	踩下加速踏板后，与以前相比，加速迟缓		0	0	0	0		0		0	0	0	0	0	0	0		0	0	0	0			0	0		0							0	0			0	0	0	0	0	0	0	0	0			0	0		
8	冒黑烟	与以前相比，废气中黑烟量较多		0	0		0										0		0	0	0					0														0	0	0			0	0	0						
9	冒白烟	与以前相比，废气中白烟量较多															0		0	0	0					0									0	0			0	0	0	0		0	0	0	0			0	0		
10	减速时发动机失速	松开加速踏板时，发动机转速突然降低 加速踏板全开状态下减速时，出现发动机失速 加速踏板全闭状态下减速时，在车辆停止后出现发动机失速		0	0		0															0			0	0									0						0		0	0		0	0						

表 6-2　针对没有再次出现异常状况的措施

措　　施	故 障 现 象		
	蓄电池过度放电	发动机不能起动	怠速异常发动机失速加速迟滞加速不佳
确认没有记忆诊断故障码	—	0	0
根据检查诊断表的项目，用在现模式进行在现测试。记录当时的数据（PCM 电压值等），查找出发生异常状况的原因	0	0	0
如果推断是电气部件的线束、插接器造成了异常状况，则用手摇动线束和插接器，确认是否有诊断故障码输出	—	0	0
如果推断电气部件的插接器造成了异常现象，则确认插接器插座是否接触不良 建议使用工具：兴和精机安装填充工具套件（KLM-10-20）端子不同，有可能尺寸不同　　将和插座形状相匹配的插头插入插座中，检查是否有松动	—	0	0
使用吹风机，给加速踏板位置传感器等电气类部件加热，观察电压值（电阻值）有没有产生变化 注意： 1）加热时不要超过 60℃（手可以触摸） 2）不要拆下电子部件的外壳，直接对电子部件进行加热	—	—	0
确认是否由于发动机负荷过大（如前照灯、空调、刮水器等的开关呈开启状态）而造成异常状况	0	—	0
如果安装了通用的电子元件，需确认在拆除了这些电子元件之后，是否出现异常状态	0	0	0
雨天或洗车时易发生该故障 高温天气往车辆上洒水易发生该故障 注意： 1）请勿直接向发动机室洒水，应向散热器前方呈雾状洒水，间接改变温度和湿度 2）不得直接向电气部件洒水	0	0	—

技能单二　柴油共轨系统的使用维护

燃油共轨系统的使用维护注意以下事项：

1. 洗车时的注意事项

虽然汽车具有一定的防潮功能，但还是要严禁向车厢内部（驾驶室）直接用水进行冲洗，在现代的车辆中已经普遍应用电气控制，所以装有大量线束和车辆ECU，直接接触潮湿的环境，可能导致线束的短路故障或直接引起ECU损坏。

2. 发动机运行时的注意事项

保持良好的驾驶习惯，将会提高车辆的使用寿命和提高燃油经济性。

3. 燃油系统排放空气时的注意事项

要严格遵守"驾驶人手册"中排放空气的要领，不要随意拆卸高压油管来进行排放空气。这样可能会引起其他电气产品（传感器类）的故障。

4. 油水分离器时的注意事项

在车辆自带的油水分离器上，装有可以释放水分的阀门，由于油品中可能会含有一定量的水分。应在每次出车以前检查油水分离器上的观视窗，发现有水分应及时清理，以免大量水分存积引起油水分离器失去其作用，导致水分进入油路，直接损坏燃油系统。

油水分离器的维护保养步骤，如图6-18所示。

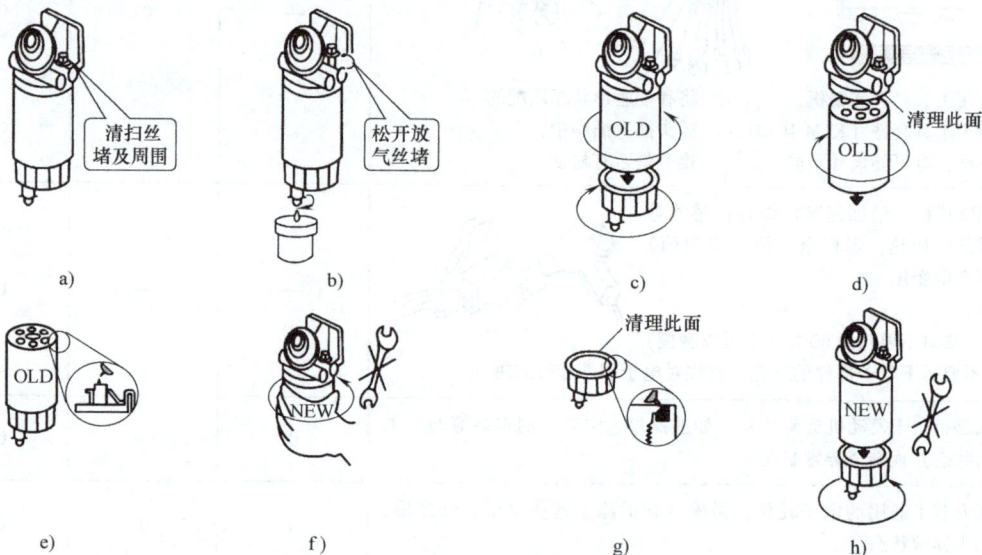

图 6-18　油水分离器的维护保养步骤

a）清扫　b）排出柴油　c）取下胶盖　d）取下芯子　e）装O形圈，涂柴油　f）安装滤芯
g）在胶盖上装填密片　h）把胶盖装在新的滤芯上

注意：若是整体型则不用单独装O形圈。

5. 严禁随意在车上进行焊接

随意将外接电源与车辆连接，会引起电路的误操作，严重的会直接导致电路部分的烧毁。

6. 选择优质的燃油滤清器

用户必须按照车辆厂家的规定和方法，对燃油滤清器进行维护和更换。要更换正规厂家的

合格产品，粗劣的燃油滤清器将直接导致车辆使用寿命和燃油经济性的下降，产生致命的故障。

7. 选择优质的燃油

用户必须到正规的加油站加油，将有助于提高车辆的使用寿命和燃油经济性。

8. 燃油滤清器更换时的注意事项

必须在干净的环境下进行车辆的维护工作，更换燃油滤清器前必须对拆卸部位进行清扫干净。

9. 各类杂质所引起的故障

1）机油内的杂质（沙、水或黏性物质）。会阻滞燃油系统，影响发动机的润滑，咬死机械部件。

2）燃油内的杂质（沙、水或黏性物质）。将引起精密零件的快速磨损。

3）环境水分。引起电气类部件包括线束的短路或直接损毁。

技能单三 油轨压力故障的检测

一、油轨压力传感器故障（DTC）

1. P0191 油轨压力传感器特性异常（中间电压保持）

故障时的表现：输出功率不足，废气排放性能恶化，噪声增大。

检测项目：由于油轨压力传感器故障导致输出电压不发生变化。

DTC 设定的前提条件：

1）发动机转速为 $50 \sim 300 \text{r/min}$ 或 $350 \sim 2650 \text{r/min}$。

2）点火开关置于 ON。

3）输油泵控制正常。

4）指令压力 >20MPa。

5）指令喷射量 >5 mm^3/st。

6）喷油器泄露温度 <110℃。

7）实际压力 >10MPa。

DTC 设定条件（判断时间 1s 以上）：

1）指令压力和实际压力的差值 >10MPa。

2）油轨压力传感器输出电压 < 0.0001V。

检查发动机警告灯：亮起。

系统反应状况：

1）指令压力 = 48 ~ 80MPa。

2）实际压力 = 指令压力（开放控制），但是在临时判断时，为一般值。

3）指令喷射量 ≤ 正常时喷射量的 70%。

4）退出巡航控制模式，模式再进入禁止。

DTC 复位条件：点火开关位于 OFF 时复位。

上述条件全部满足后开始累计计数，320 ms 后前提条件成立。

然后计数清零，每次满足上述条件后开始累计计数。

2. P0192 油轨压力传感器异常（低侧）

故障时的表现：输出功率不足，废气排放性能恶化，噪声增大。

检测项目：传感器、线束的搭铁短路。

DTC 设定的前提条件：

1）蓄电池电压正常。

2）CPU 无异常。

DTC 设定条件（判断时间 1s 以上）：

油轨压力传感器电压低于 0.7V。

检查发动机警告灯：亮起。

系统反应状况：

1）指令压力 =48～80MPa。

2）实际压力 =指令压力（开路控制）。

3）指令喷射量 ≤正常时喷射量的 70%。

4）退出巡航控制模式，模式再进入禁止。

DTC 复位条件：点火开关位于 OFF 时复位。

3. P0193 油轨压力传感器异常（高侧）

故障时的表现：输出功率不足，废气排放性能恶化，噪声增大。

检测项目：传感器、线束开路，+B 短路。

DTC 设定的前提条件：

1）蓄电池电压正常。

2）CPU 无异常。

DTC 设定条件（判断时间 1s 以上）：

油轨压力传感器电压大于 4.7V。

检查发动机警告灯：亮起。

系统反应状况：

1）指令压力 = 48～80MPa。

2）实际压力 =指令压力（开路控制）。

3）指令喷射量 ≤正常时喷射量的 70%。

4）退出巡航控制模式，模式再进入禁止。

DTC 复位条件：点火开关位于 OFF 时复位。

二、油轨压力传感器故障的检测

压力传感器管脚如图 6-19 所示。故障诊断仪如图 6-20 所示。

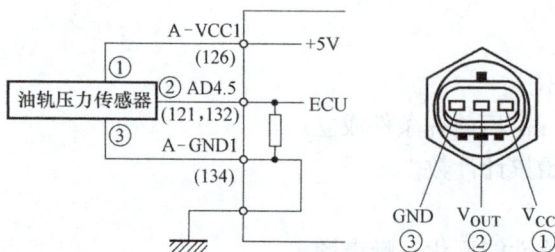

图 6-19　压力传感器管脚

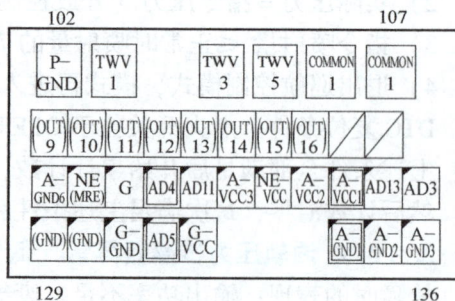

图 6-20　故障诊断仪

1. 共轨压力信号的检查

1）打开点火开关，通过 DST-PD（诊断软件，如图 6-21 所示）的数据显示屏确认实际油轨压力、油轨压力传感器电压输出。

2）起动发动机，确认和使加速踏板开度变化相同的项目。

结果：根据表 6-3 中的数据和检查诊断结果，操作加速踏板，改变环境条件等，进行故障再现。

图 6-21　诊断软件

表 6-3　标准数值（一）

发动机状态	实际油轨压力/MPa	传感器输出电压
IG　SW　ON	0	0.9 ~ 1.1V
发动机起动后	35 ~ 140	1.4 ~ 3.5V

2. ECU 端子之间的电压测量

1）将点火开关从关闭到打开，测量 ECU　121、132 号端子和 134 号端子之间的电压。

2）起动发动机，确认和使加速踏板开度变化相同的项目。传感器输出电压的标准数值见表 6-4。

表 6-4　标准数值（二）

发动机状态	传感器输出电压
IG　SW　ON	0.9 ~ 1.1V
发动机起动后	1.4 ~ 3.5V

结果：检查线束插接器，修理或更换线束连接器。如果 ECU 故障要更换。

3. 油轨压力传感器端子之间的电压测量

1）打开点火开关，如图 6-22 所示，测量线束一侧油轨压力传感器的 2 号端子和 3 号端子之间的电压。

2）起动发动机，确认和使加速踏板开度变化相同的项目。

标准值见表 6-4。

结果：根据线束（ECU　121、132 端子和 2 号传感器端子之间）检查结果，进行故障部位的修理。

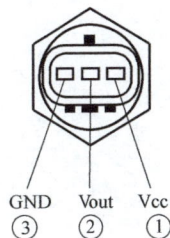

图 6-22　压力传感器端子

4. 油轨压力传感器端子之间的电压测量

1）关闭点火开关，拆下油轨压力传感器的插接器。

2）打开点火开关，如图 6-23 所示，测量油轨压力传感器的插头（线束侧）的 1 号端子和 3 号端子之间的电压。

基准值：5 ± 0.5V。

结果：检查线束插接器，修理或更换线束插接器。如果是油轨压力传感器的故障要更换。

5. ECU 端子之间的电压测量

将点火开关从关闭到打开，测量 ECU　126、134 号端子之间的电压。

基准值：5 ± 0.5V。

结果：检查线束插接器，修理或更换线束插接器。如果是 ECU 故障要更换。

线束（ECU 126 端子和传感器端子之间，ECU 134 端子和传感器端子之间的检查）故障部位进行更换。

发动机 ECU 外部接线图和端子排列如图 6-23 所示。

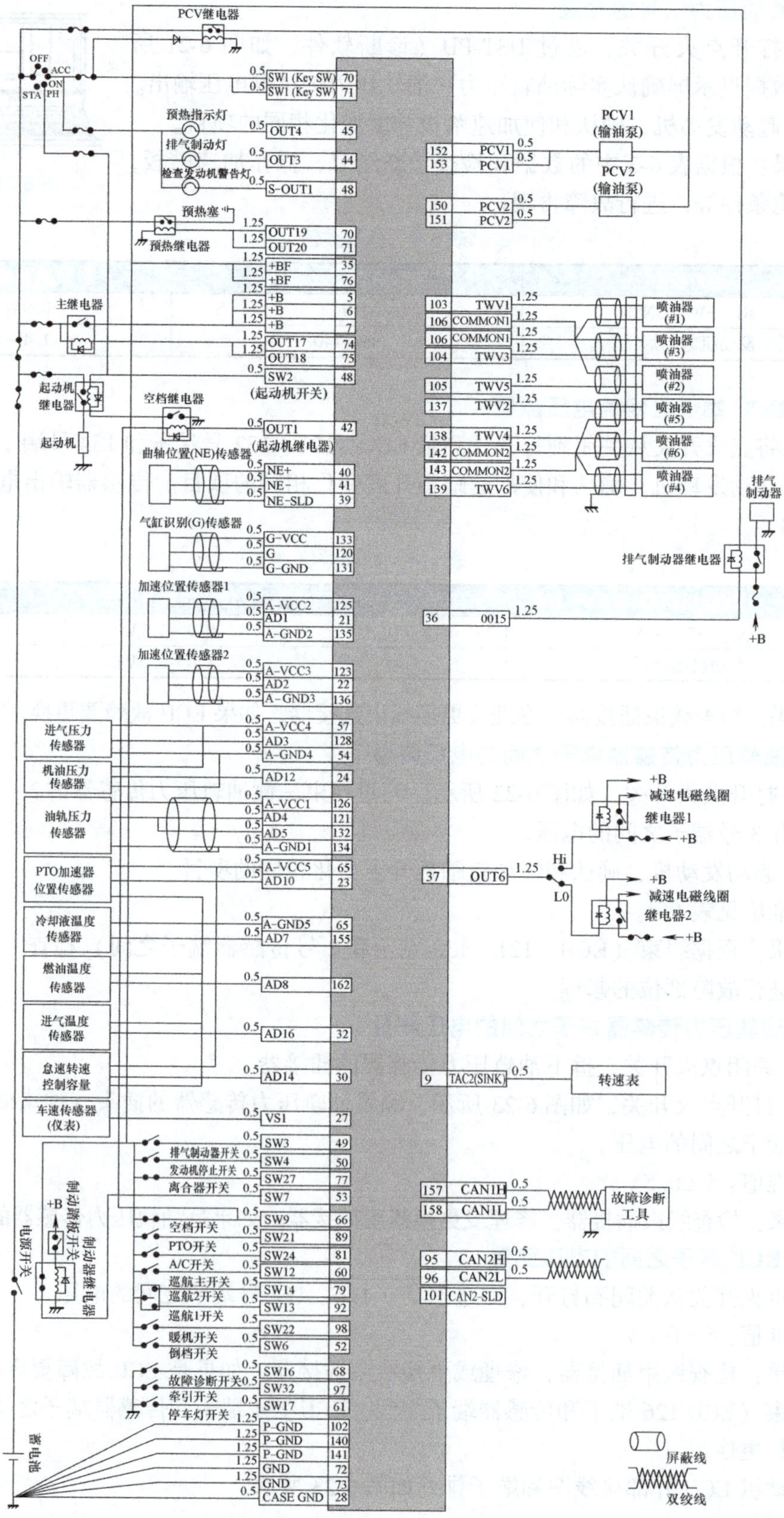

图6-23 发动机ECU外部接线图和端子排列

模块七　新能源汽车概述

学习目标

1）了解新能源汽车的发展过程，新能源汽车的概念、类型；

2）掌握新能源动力蓄电池的结构及工作原理，在使用中应掌握的安全事项，如何正确地维护；

3）掌握电动汽车常用蓄电池的种类；电机的分类及电机的结构与工作原理；电机控制器的结构与工作原理及分类；

4）掌握混合动力汽车的特点、组成，混合动力汽车的混合形成；

5）掌握混合动力电动汽车的分类、特点和发展方向和混合动力电动汽车的维护、维修。

单元一　新能源汽车的基本概念

新能源汽车产业是以新能源汽车整车研发、制造为主干，以新能源车用发动机、动力蓄电池及管理系统、驱动电机及控制系统、车用附件（电转向、电空调、电制动等）等关键部件为支撑，以高强度轻质车用材料、电池专用材料等为配套，以社会化、专业化服务为延伸，以制造业为主、服务业为辅，相互配合、彼此促进的新兴产业。

国家当前首推纯电动汽车和插电式混合动力汽车的产业化，同时也推广和普及非插电式混合动力汽车、节能内燃机汽车。新能源汽车制造与配套设施如图 7-1 所示。

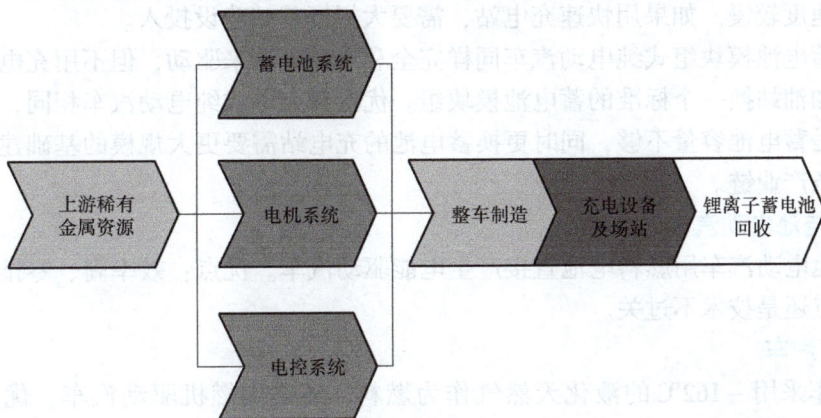

图 7-1　新能源汽车制造与配套设施

一、新能源汽车的概念与种类

新能源汽车是指采用非常规车用燃料作为动力来源（或使用常规车用燃料、采用新型车载动力装置），综合车辆的动力控制和驱动方面的先进技术，形成的技术原理先进、具有新技术、新结构的汽车。

目前现有的新能源汽车种类如图7-2所示。

1. 混合动力汽车

混合动力汽车可划分为普通混合动力汽车、插电式混合动力汽车和增程式电动车。

利用制动时的能量来充电，由电池+内燃机联合驱动。优点是能够在城市里有效地节省燃油，降低排放，而且电池寿命长。缺点是动力性较差，高速下基本不省油，而且价格较高。例如，雷克萨斯HS250、丰田普锐斯。发动机全部功率用于运行的，即普通汽车，是齿轮传动。发动机全部功率用来发电，运行的功率完全用电动机驱动的，即电传动，称为油电驱动，现在也属于Hybrid（混合动力）的一种。发动机部分功率用来运行，部分用来发电充电的，即常见的Hybrid（混合动力）。

图7-2 新能源汽车种类

目前能见到的混合动力，有的充电功率，来自制动，蓄电池全程参与运行；有的在低速时全部以蓄电池驱动，高速时以发动机为主；有的是发动机全程参与，蓄电池辅助增加动力性能。典型的如雷克萨斯HS250和丰田普锐斯充电的功率，来自发动机多余的功率。当车停稳后，发动机会完全关闭，减少怠速停车时的燃料消耗；需要起动时，蓄电池驱动先起步，行驶平稳后发动机再起动。

2. 充电式纯电动汽车

充电式纯电动汽车完全利用蓄电池来驱动，但需要充电。优点是车本身零排放，在燃料能源转为电能的过程中排放集中在电厂，处理容易；电厂热效率较高；电厂可以大规模采用天然气等清洁能源；晚上充电时可以有效地避开用电高峰。缺点是蓄电池容量受限，行驶距离短，充电速度较慢。如果用快速充电站，需要大规模基础建设投入。

标准化蓄电池模块组式纯电动汽车同样完全利用蓄电池来驱动，但不用充电，蓄电池没电了直接去加油站换一个标准的蓄电池模块组。优点和充电式纯电动汽车相同，但充电速度快。缺点还是蓄电池容量不够，同时更换蓄电池的充电站需要更大规模的基础建设，也需要重新构建一条产业链。

3. 燃料电池电动汽车

燃料电池电动汽车用燃料电池直接产生电能驱动汽车。优点：效率高、零排放、加注燃料方便。缺点还是技术不过关。

4. LNG汽车

LNG汽车采用 −162℃ 的液化天然气作为燃料，还是内燃机驱动汽车。优点：方案成熟、技术可靠、更换成本低（只需要换发动机）、清洁（由于液化天然气是以 −162℃ 储存的，在液化的过程中就脱掉了绝大多数的硫和氮，比CNG和LPG都干净得多，甲烷比例通

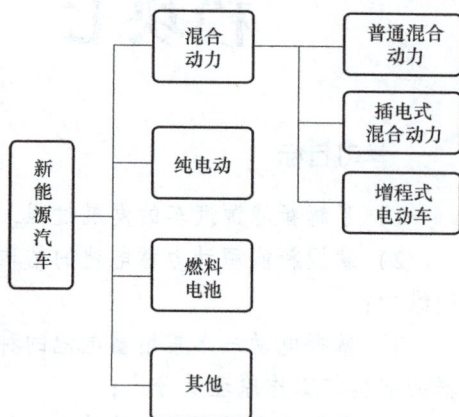

常在99%以上）、可以在现有加油站基础上建设加注站、能量密度大、安全（LNG不易燃、无高压）。缺点是：有碳排放；LNG汽车加注需要一整条产业链的搭建，产业链关系复杂、投入大；由于低温储存会有BOG（Bug），所以必须每天都开压缩机（所以货车、公交车、出租车最适合）。

二、新能源汽车动力蓄电池

作为现在最主流的新能源汽车动力类型，纯电动汽车最关键的瓶颈就是蓄电池，蓄电池的能量密度与蓄电池的安全性矛盾、蓄电池的能量大小与蓄电池的质量矛盾，其中最重要的两点就是蓄电池的衰减与蓄电池的回收，蓄电池的衰减直接影响纯电动汽车使用寿命的长短，由于蓄电池的衰减，纯电动汽车二手车几乎没有人愿意接手，只能采取厂家回购的形式，但这并不是长久之计。这几个问题将成为纯电动汽车未来15年面临的最为主要的挑战，但是也是机遇，谁先攻破这些技术难题，谁就将成为这个行业的引领者。

续驶里程现状：现在我国新能源汽车普遍的续驶里程理论上在100～300km之间，实际的续驶里程还与操作习惯、综合路况环境等有关，一般小于理论值，低温情况下续驶情况更差。

寿命现状：现在最早的一批纯电动汽车蓄电池已基本不使用，因为如北汽、比亚迪等厂家展开回购。国家强制规定纯电动汽车的核心三电（蓄电池、电机、电控）的质保标准是8年或12万km，但是实际上一般4～5年可能就会出现严重衰减，需要更换新的蓄电池，因此以后一段时间主机厂可能会面临一定蓄电池更换的压力。

未来我国电动汽车蓄电池的发展目标见表7-1。

表7-1　我国电动汽车蓄电池的发展目标

时　间	至2025年	至2030年
目标	满足400km以上BEV应用需求	满足500km以上BEV应用需求
比能量	单体400Wh/kg，系统280Wh/kg	单体500Wh/kg，系统350Wh/kg
能量密度	单体800Wh/L，系统500Wh/L	单体1000Wh/L，系统700Wh/L
比功率	单体1000W/kg，系统700W/kg	单体1000W/kg，系统700W/kg
寿命	单体4500次/12年，系统3500次/12年	单体5000次/15年，系统4000次/15年
成本	单体0.5元/Wh，系统0.9元/Wh	单体0.4元/Wh，系统0.8元/Wh
比能量的提升	应用新型材料体系，提高蓄电池工作电压	优化新型材料体系，使用新型蓄电池结构
寿命的提升	采用电极界面沉积，开发新体系锂盐，优化生产工艺与环境控制	引入固态电解质，优化固液界面
安全性的提升	新型隔膜、新型电解液、电极安全涂层、优化蓄电池设计	固、液电解质结合技术，新型材料体系
成本的控制	新材料应用、新制造工艺和设备	新型材料体系、新型制造工艺路线

单元二　新能源汽车的蓄电池、电机及控制器

一、电动汽车的常用动力蓄电池

常用的动力蓄电池主要包括铅酸蓄电池、镍氢蓄电池和锂离子蓄电池等。铅酸蓄电池广

泛应用于内燃机汽车的低压供电电源，是较为成熟的汽车用蓄电池。该蓄电池存在比能量低、质量和体积大、续驶里程短、使用寿命短、污染严重等诸多问题，制约了其在电动汽车上的应用。镍氢蓄电池具有能量密度高、无污染、可大电流快速充放电等优点，能够满足电动汽车对动力蓄电池的要求，因此镍氢蓄电池目前被广泛地应用到电动汽车上。锂离子蓄电池是目前新能源汽车研究的热点，具备能量密度高、能量效率高、自放电率小、循环使用寿命长、可实现大电流充放电、无污染等特点。图7-3所示为几种新能源蓄电池。

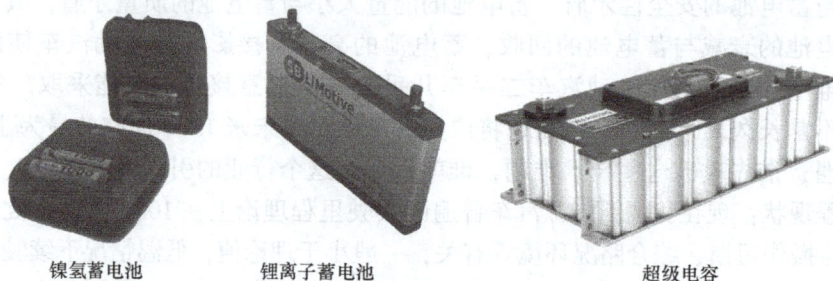

镍氢蓄电池　　　　锂离子蓄电池　　　　超级电容

图7-3　新能源汽车畜电池种类

IBM空气锂离子蓄电池的作用原理如图7-4所示。

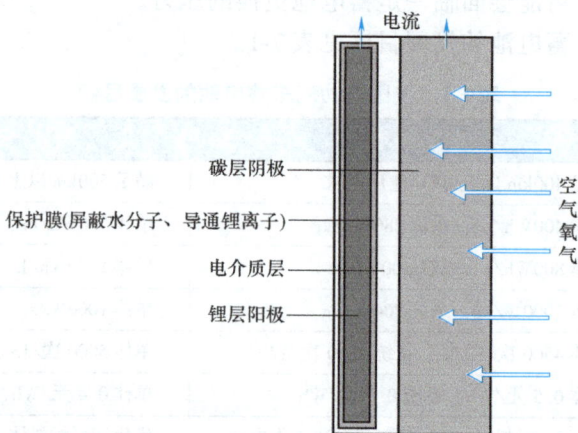

图7-4　IBM空气锂离子蓄电池的作用原理

二、新能源电动汽车的电机

新能源电动汽车主要是由电机驱动系统、蓄电池系统和整车控制系统三部分构成，其中的电机驱动系统是直接将电能转换为机械能的部分，决定了电动汽车的性能指标。因此，对于驱动电机的选择就尤为重要。

电动汽车的驱动电机如图7-5所示，要求有以下几个特点：

宽广的恒定功率范围，满足汽车的变速性能，起动转矩大，调速能力强，效率高，高效区广，瞬时功率大，过载能力强，功率密度大，体积小，重量轻，环境适应性好，适应恶劣环境，能量回馈效率高。

1. 新能源电动汽车驱动电机的分类

新能源电动汽车驱动电机的分类如图7-6所示。

图 7-5　电动汽车的驱动电机

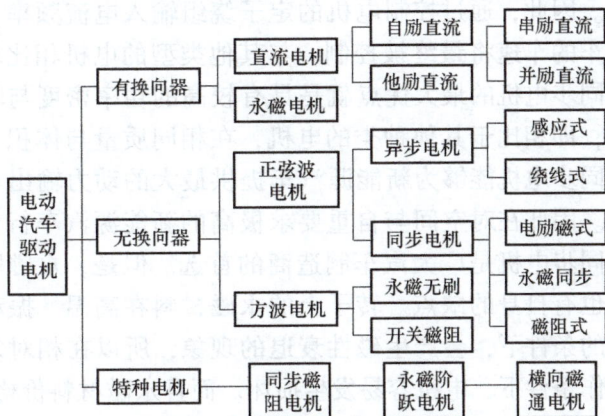

图 7-6　新能源电动汽车驱动电机的分类

2. 电动汽车的电机要求

基于电动汽车的特点，对所采用的电机也有较高的要求。为了提升最高时速，电机应有较高的瞬时功率和功率密度（W/kg）；为了增加 1 次充电行驶距离，电机应有较高的效率；而且电动汽车是变速工作的，所以电机应有较高的高低速综合效率；此外有很强的过载能力、大的起动转矩、转矩响应要快。电动车起动和爬坡时速度较低，但要求力矩较大；正常运行时需要的力矩较小，而速度很高。低速时为恒转矩特性，高速时为恒功率特性，且电机的运行速度范围应该较宽。另外，电机还应坚固、可靠，有一定的防尘、防水能力，且成本不能过高。

目前，从现已成熟的电机技术来看，开关磁阻电机在各个技术特性方面似乎更符合电动车的使用需要，但尚未得到普及。永磁同步电机应用较广泛，如起亚 K5 混动、荣威 E50、腾势、北汽 EU260 等。特斯拉 Model X、Model S 均采用异步电机。此外，如果按电流类型划分电机还可分为直流电机和交流电机两种。4 种较为典型的电机性能的比较见表 7-2。

表 7-2　4 种电机性能比较

性能及类型	直流电机	异步电机	永磁同步电机	开关磁阻电机
转速范围（r/min）	4000～6000	12000～20000	4000～10000	＞15000
峰值效率（%）	85～89	90～95	95～97	＜90
负荷效率（%）	80～87	90～92	85～87	78～86
功率密度	低	中	高	较高
重量	重	中	轻	轻
体积	大	中	小	小
可靠性	差	好	一般	好
结构坚固性	差	好	好	好
控制器成本	低	高	高	一般

永磁同步电机如图 7-7 所示。所谓永磁，是指在制造电机转子时加入永磁体，使电机的性能得到进一步提升。而所谓同步，则指的是转子的转速与定子绕组的电流频率始终保持一

致。因此，通过控制电机的定子绕组输入电流频率，电动汽车的车速将最终被控制。与其他类型的电机相比较，永磁同步电机的最大优点就是具有较高的功率密度与转矩密度，即相比于其他种类的电机，在相同质量与体积下，永磁同步电机能够为新能源汽车提供最大的动力输出与加速度。因此在对空间与自重要求极高的新能源汽车行业，永磁同步电机是广大汽车制造商的首选。但是，永磁同步电机也有自身的缺点。转子上的永磁材料在高温、振动和过流的条件下，会产生磁性衰退的现象，所以在相对复杂的工作条件下，电机容易发生损坏。而且永磁材料价格较高，因此整个电机及其控制系统成本较高。

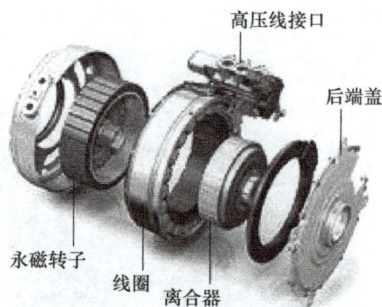

图 7-7　电动汽车永磁同步电机

　　异步电机如图 7-8 所示。相比于永磁同步电机其优点是成本低、工艺简单、运行可靠、耐用、维修方便，而且能忍受大幅度的工作温度变化。尽管在重量和体积方面，异步电动机并不占优势，但其转速范围广泛以及高达 20000r/min 左右的峰值转速，即使不匹配二级差速器也能够满足该级别车型高速巡航的转速需求。

　　开关磁阻电机如图 7-9 所示。作为一种新型电机，相比其他类型的驱动电机而言，它的结构最为简单，定、转子均为普通硅钢片叠压而成的双凸极结构，转子上没有绕组，定子装有简单的集中绕组，具有结构简单、坚固、可靠性高、重量轻、成本低、效率高、温升低、易于维修等诸多优点。而且它具有直流调速系统的可控性好的优良特性，同时适用于恶劣环境，非常适合作为电动汽车的驱动电机使用。开关磁阻电机为何得不到普及？虽然开关磁阻电机的结构简单，但控制系统的设计相对复杂。在实际运转过程中，电机本身发出的噪声以及振动是电动汽车无法"容忍"的，尤其是负载运行的工况下，这两点尤为明显。这类电机或许在未来能够通过技术优化克服上述缺点，广泛应用于电动汽车领域。

图 7-8　电动汽车异步电机

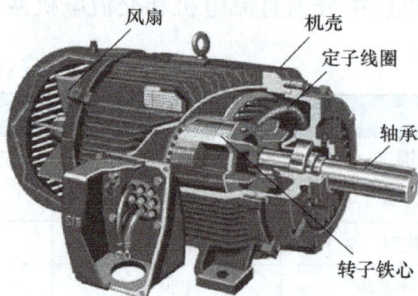

图 7-9　开关磁阻电机

　　图 7-10 所示为开关磁阻电机的定子绕组。它由定子绕组、定子铁心和转子铁心组成。电机与汽车驱动机构的连接方式，如图 7-11 所示。

三、新能源汽车电机控制器的概述

　　根据 GB/T 18488.1—2015《电动汽车用驱动电机系统　第 1 部分：技术条件》对电机控制器的定义，电机控制器就是控制主牵引电源与电机之间能量传输的装置，由外界控制信号接口电路、电机控制电路和驱动电路组成。

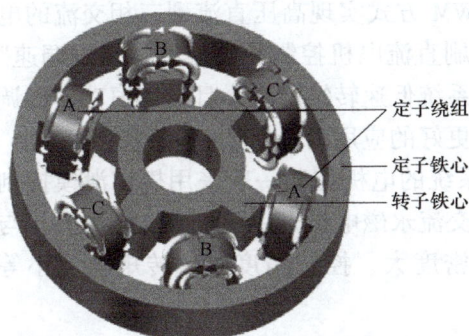

图 7-10 开关磁阻电机的定子绕组

图 7-11 电机与汽车驱动机构的连接

电机、驱动器和电机控制器作为电动汽车的主要部件，在电动汽车整车系统中起着非常重要的作用，其相关领域的研究具有重要的理论意义和现实意义。

1. 电机控制器的原理

电机控制器是整个制动系统的控制中心，其原理如图 7-12 所示。它由逆变器和控制器两部分组成。逆变器接收电池输送过来的直流电电能，逆变成三相交流电给汽车电机提供电源。控制器接收电机转速等信号反馈到仪表，当发生制动或加速行为时，控制器控制变频器频率的升降，从而达到加速或减速的目的。电动汽车电机控制器的车上安装与连接的方式，如图 7-13 所示。

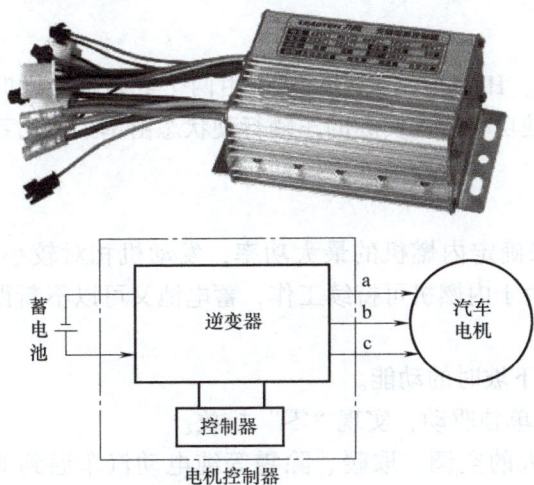

图 7-12 汽车电机控制器的原理

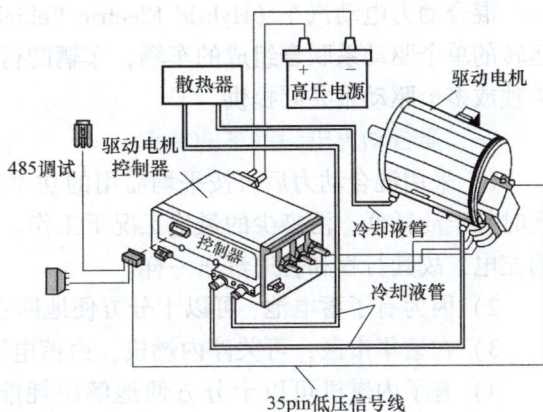

图 7-13 电动汽车电机控制组成

2. 电机控制器的分类

1）直流电机驱动系统。电机控制器一般采用脉宽调制（PWM）斩波控制方式，控制技术简单、成熟、成本低，但存在效率低、体积大等缺点。

2）交流感应电机驱动系统。电机控制器采用 PWM 方式实现高压直流到三相交流的电源变换，采用变频调速方式实现电机调速，采用矢量控制或直接转矩控制策略实现电机转矩控制的快速响应。

3）交流永磁电机驱动系统。它包括正弦波永磁同步电机驱动系统和梯形波无刷直流电机驱动系统，其中正弦波永磁同步电机控制器采用 PWM 方式实现高压直流到三相交流的电源变换，采用变频调速方式实现电机调速；梯形波无刷直流电机控制通常采用"弱磁调速"方式实现电机的控制。由于正弦波永磁同步电机驱动系统低速转矩脉动小且高速恒功率区调速更稳定，因此比梯形波无刷直流电机驱动系统具有更好的应用前景。

4）开关磁阻电机驱动系统。开关磁阻电机驱动系统的电机控制一般采用模糊滑模控制方法。目前纯电动汽车所用电机均为永磁同步电机，交流永磁电机采用稀土永磁体励磁，与感应电机相比不需要励磁电路，具有效率高、功率密度大、控制精度高、转矩脉动小等特点。

四、电动控制器的相关术语

1）额定功率。在额定条件下的输出功率。

2）峰值功率。在规定的持续时间内，电机允许的最大输出功率。

3）额定转速。额定功率下电机的转速。

4）最高工作转速。相应于电动汽车最高设计车速的电机转速。

5）额定转矩。电机在额定功率和额定转速下的输出转矩。

6）峰值转矩。电机在规定的持续时间内允许输出的最大转矩。

7）电机及控制器整体效率。电机转轴输出功率除以控制器输入功率再乘以 100%。

单元三　混合动力电动汽车

混合动力电动汽车（Hybrid Electric Vehicle，HEV）是指驱动系统由两个或多个能同时运转的单个驱动系联合组成的车辆，车辆的行驶功率依据实际的车辆行驶状态由单个驱动系单独或多个驱动系共同提供。

一、混合动力电动汽车的特点

1）采用混合动力后可按平均需用的功率来确定内燃机的最大功率，发动机相对较小，此时处于油耗低、污染少的最优工况下工作。由于内燃机可持续工作，蓄电池又可以不断得到充电，故其行程和普通汽车一样。

2）因为有了蓄电池，可以十分方便地回收下坡时的动能。

3）在繁华市区，可关停内燃机，由蓄电池单独驱动，实现"零"排放。

4）有了内燃机可以十分方便地解决耗能大的空调、取暖、除霜等纯电动汽车遇到的难题。

5）可以利用现有的加油站加油，不必再投资。

6）可让蓄电池保持在良好的工作状态，不发生过充、过放，延长其使用寿命，降低成本。

7）整车由于多个动力源，可同时工作，整车的动力性优良。

缺点燃料电池电动车系统结构相对复杂；长距离高速行驶省油效果不明显。

二、混合动力电动汽车的混合形式

因各个组成部件、布置方式和控制策略的不同，混合动力电动汽车有多种形式，混合动力技术在汽车上的应用如图 7-14 所示。

内燃机汽车　　　替代燃料汽车　　　燃料电池电动汽车

油电混合动力　　　气电混合动力　　　电电混合动力

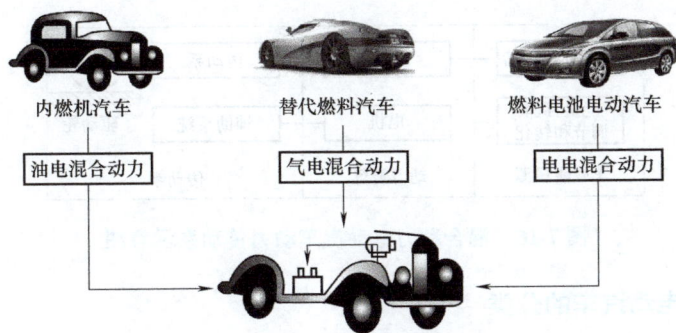

动力性能不变的情况下，燃料经济性可提高30%以上

图7-14　混合动力技术在汽车上的应用

三、混合动力电动汽车的组成

1. 动力传动系

动力传动系是汽车上用于储存、转化和传递能量并使汽车获得运动能力的所有部件的总称。具体包括车载能量源、动力装置、传动系和其他辅助系统四部分。

2. 车载能量源

车载能量源是在汽车动力传动系中，用于能量储存或进行能量的初始转化以向动力装置直接供能的所有部件的总称，它由能量直接储存装置或能量存储、调节和转化装置组成。

3. 动力装置

动力装置是在汽车动力传动系中，用于把其他形式的能量转化为机械动能（旋转动能）的装置，并直接作为传动系的输入，如常规汽车上的内燃机、纯电动汽车上的电机。

4. 传动系

传动系是在汽车动力传动系中，用于调节和传递动力装置输出的动力，使之与汽车行驶时驱动轮处要求的理想动力达到较好匹配的所有部件的总称，具有减速、变速、倒车、中断动力、轮间差速器等功能。

5. 辅助系统

辅助系统是指在汽车动力传动系中，用于从动装置中获取动力，区别于直接驱动车辆，主要用于维持汽车良好的操控特性、舒适性等的所有部件的总称，如转向助力系统、制动助力系统、空调系统（动力装置直接托动）、辅助电气系统（12/24V发动机系统）等。混合动力电动汽车动力传动系的组成如图7-15和图7-16所示。

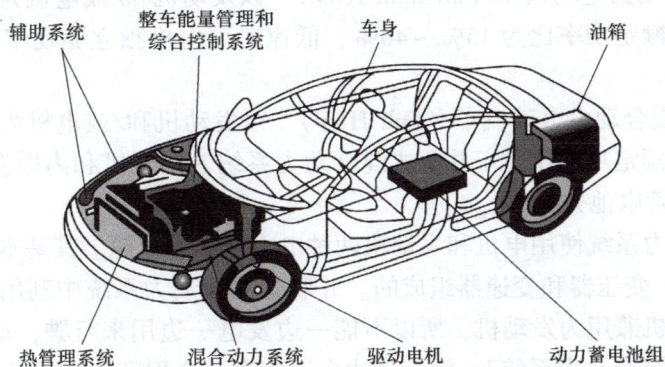

辅助系统　　整车能量管理和综合控制系统　　车身　　油箱

热管理系统　　混合动力系统　　驱动电机　　动力蓄电池组

图7-15　混合动力电动汽车动力传动系组成

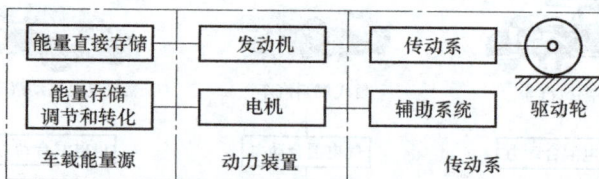

图7-16　混合动力电动汽车动力传动系示意图

四、混合动力电动汽车的分类

1. 按混合动力电动汽车动力系统结构类型分类

（1）串联式混合动力电动汽车　车辆行驶系统的驱动力只来源于电机的混合动力电动汽车，如图7-17a所示。

（2）并联式混合动力电动汽车　车辆行驶系统的驱动力由电机及发动机同时或单独供给的混合动力电动汽车，如图7-17b所示。

（3）混联式混合动力电动汽车　具备串联式和并联式两种混合动力系统结构的混合动力电动汽车，如图7-17c所示。

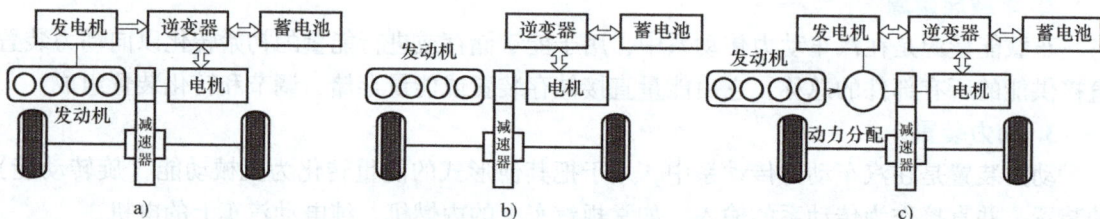

图7-17　混合动力电动汽车的结构分类

a）串联式混合动力电动汽车　b）并联式混合动力电动汽车　c）混联式混合动力电动汽车

2. 按混合动力电动汽车混合程度分类

（1）微度混合动力电动汽车（Micro HEV）　以发动机为主要动力源，电机的峰值功率和发动机的额定功率比≤5%，只具备停车停机功能的混合动力汽车。

（2）轻度混合动力电动汽车（Mild HEV）　以发动机为主要动力源，电机作为辅助动力，电机的峰值功率和发动机的额定功率比为5%~15%，电机可向车辆行驶系统提供辅助驱动力矩，但不能单独驱动车辆行驶的混合动力电动汽车。

（3）中度混合动力电动汽车（Medium HEV）　以发动机和/或电机为动力源，电机的峰值功率和发动机的额定功率比为15%~40%，低速时可电机独立驱动车辆行驶的混合动力电动汽车。

（4）重度/全混合动力电动汽车（Full HEV）　以发动机和/或电机为动力源，电机的峰值功率和发动机的额定功率比大于并联式混合动力系统，用电机和内燃发动机来驱动车轮，用发动机来给HV蓄电池充电。

并联式混合动力系统使用电机和发动机两种电力来驱动车轮。其基本结构是由电机、发动机、HV蓄电池、变压器和变速器组成的。并联式混合动力系统中利用HV蓄电池的电力来驱动电机。因电机兼用为发动机，所以不能一边发电一边用来行驶，动力的流向为并联。所以称为"并联式混合动力系统"。混合动力电动汽车混合程度分类见表7-3。

表 7-3　混合动力电动汽车混合程度分类

混合程度	微度混合	轻度混合	全（强度）混合
功能	内燃机可起可停 汽车停止时，内燃机 关闭；取消急速	减速时内燃机关闭 轻度再生制动 电力辅助驱动	充分再生制动 内燃机效率优化，电力起动， 一定程度的纯电动模式运行，内燃机功率减少
燃油经济性	+2% ～ +4%	+10% ～ +20%	+30% ～ +50% 乘用车 +20% ～ +40% 商用车
代表的车型	丰田的混合动力版 Vitz	通用的混合动力轻型货车	本田旗下混合动力的 Insight、Accord 和 Civic

五、串联式混合动力电动汽车

串联式混合动力电动汽车（Serles Hybrld Electrlc Vehlcle，SHEV）的结构如图 7-18 所示。

发动机仅仅用于发电，蓄电池也可以单独向电机提供电能来驱动混合动力电动汽车在零污染状态下行驶。

1. 串联式混合动力电动汽车的特点

1）车载能量源环节的混合。

2）单一的动力装置。

3）车载能量源由两个以上的能量联合组成。

能量转换效率比传统汽车低，适用于环保要求较高、车速低的城市大型客车使用。

图 7-18　串联式混合动力电动汽车的结构

2. 串联式混合动力电动汽车的工作原理

1）当动力蓄电池组具有较高的电量且动力蓄电池组输出功率满足整车行驶功率需求时，串联式混合动力电动汽车以纯蓄电池组驱动模式工作，此时发动机-发电机组处于关机状态。

2）当汽车以纯蓄电池组驱动行驶时，若汽车减速制动，电动机-发电机工作于再生制动状态，汽车制动能量通过再生发电回收到动力蓄电池组中，即工作处于再生制动充电模式。

3）当汽车加速或爬坡需要更大的功率输出且超出了动力蓄电池组的输出功率限制时，发动机-发电机组起动发电，并同动力蓄电池组一起输出电功率，实施混合动力驱动工作模式。

4）当动力蓄电池组的电量不足且发动机-发电机组输出功率在驱动车辆的同时有富余时，实施动力蓄电池组强制补充充电工作模式。

5）当动力蓄电池组的电量不足且发动机-发电机组处于发电状态时，若汽车减速制动，电动机-发电机工作于再生制动状态，汽车制动能量通过再生发电与发动机-发电机组输出功率一起为动力蓄电池组充电，实施动力蓄电池组的混合补充充电。

6）当动力蓄电池组的电量在目标范围内，且发动机-发电机组输出功率满足汽车行驶功率需求时，为提高串联式混合动力系统的能量利用效率，采用纯发动机驱动工作模式，此时

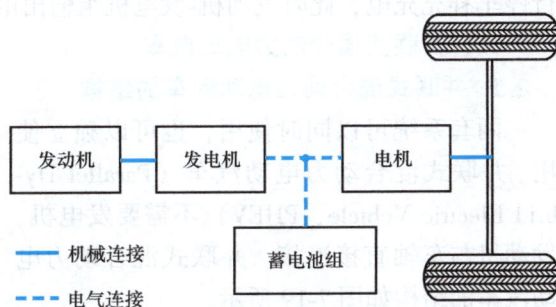

发动机-发电机组输出功率与汽车行驶功率需求相等。串联混合动力电动汽车的工作模式见表7-4。

表7-4 串联混合动力电动汽车的工作模式

工 作 模 式	发动机-发电机组	动力蓄电池组	电动机-发电机	整 车 状 态
纯电池组驱动	关机	放电	电动	驱动
再生制动充电	关机	充电	发电	制动
混合动力驱动	发电	放电	电动	驱动
强制补充充电	发电	充电	电动	驱动
混合补充充电	发电	充电	发电	制动
纯发动机驱动	发电	既不充电也不放电	电动	驱动
停车补充充电	发电	充电	停机	停车

7）若动力蓄电池组的电量过低，为保证整车行驶的综合性能，需要对动力蓄电池组进行停车补充充电，此时发动机-发电机组输出的功率全部用于为动力蓄电池组进行补充充电。

六、并联式混合动力电动汽车

1. 并联式混合动力电动汽车的结构

两套系统可以同时使用，也可以独立使用。并联式混合动力电动汽车（Parallel Hybrid Electric Vehicle，PHEV）不需要发电机，发动机与车轴直接连接。并联式混合动力电动汽车的结构如图7-19所示。

2. 并联式混合动力电动汽车的工作原理

并联式混合动力电动汽车的工作原理如图7-20所示。

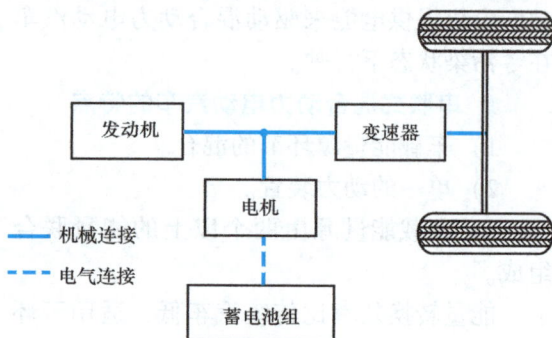

图7-19 并联式混合动力电动汽车的结构

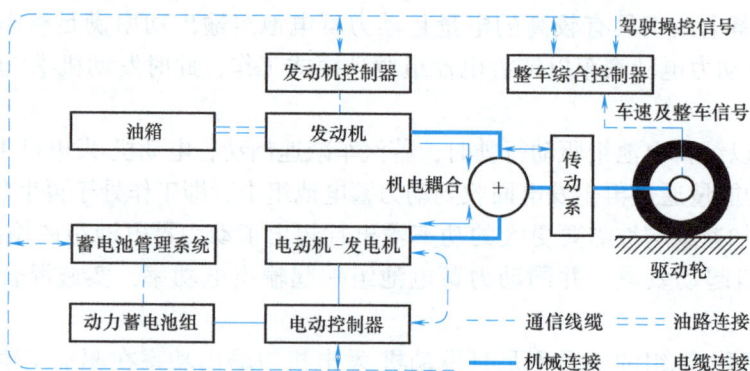

图7-20 并联式混合动力电动汽车的原理

1）当动力蓄电池组具有较高的电量且动力蓄电池组输出功率满足整车行驶功率需求或整车需求功率较小时，为避免发动机工作于低负荷和低效率区，并联混合动力电动汽车以纯电机驱动模式工作，此时发动机处于关机状态。

2）当汽车以纯电机驱动行驶时，若汽车减速制动，电动机-发电机工作于再生制动状

态，汽车制动能量通过再生发电回收到动力蓄电池组中，即工作处于再生制动充电模式。

3）当汽车加速或爬坡需要更大的功率输出时，发动机起动工作，并同电机一起输出机械功率，经机电耦合装置后联合驱动汽车行驶，实施混合动力驱动工作模式。

4）当动力蓄电池组的电量不足且发动机输出功率在驱动车辆的同时有富余时，电动机-发电机工作于发电模式，实施动力蓄电池组强制补充充电工作模式。

5）当动力蓄电池组的电量在目标范围内，且发动机输出功率满足汽车行驶功率需求时，为提高并联混合动力系统的能量利用效率，采用纯发动机驱动工作模式，此时发动机输出功率与汽车行驶功率需求相等。

6）若动力蓄电池组的电量过低，为保证整车行驶的综合性能，需要对动力蓄电池组进行停车补充充电，此时发动机输出的电功率全部用于为动力蓄电池组进行补充充电。电动机-发电机工作于发电模式。并联式混合动力电动汽车的工作模式见表7-5。

表7-5　并联式混合动力电动汽车的工作模式

工 作 模 式	发 动 机	动力蓄电池组	电动机-发电机	整 车 状 态
纯电动机驱动	关机	放电	电动	驱动
再生制动充电	关机	充电	发电	制动
混合动力驱动	机械动力输出	放电	电动	驱动
强制补充充电	机械动力输出	充电	发电	驱动
纯发动机驱动	机械动力输出	既不充电也不放电	不工作	驱动
停车补充充电	机械动力输出	充电	发电	停车

与串联式混合动力电动汽车相比，具有效率高、能量损失小、排放性能差的特点，适用于小型混合动力电动汽车。

七、混联式混合动力电动汽车

1. 混联式混合动力电动汽车的结构

混联式混合动力电动汽车（Split Hybrid Electric Vehicle，PSHEV）结构如图7-21所示。在市区低速行驶时，采用串联方式工作，在高速行驶时，采用并联方式工作。混联式混合动力电动汽车能够使发动机、发电机、电动机等部件进行更多的优化匹配，保证了在更复杂的工况下使系统在最优状态下工作，更容易获得良好的经济性和排放性。

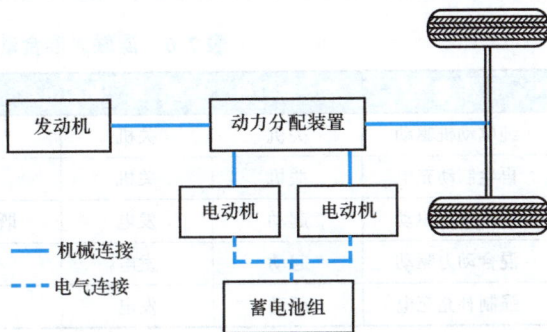

图7-21　混联式混合动力电动汽车的结构

2. 混联式混合动力电动汽车的工作原理

混联式混合动力电动汽车的工作原理如图7-22所示。

1）当动力蓄电池组具有较高的电量且动力蓄电池组输出功率满足整车行驶功率需求或整车需求功率较小时，为避免发动机工作于低负荷和低效率区，混联混合动力电动汽车以纯电机驱动模式工作，此时发动机处于关机状态。

2）当汽车以纯电机驱动行驶时，若汽车减速制动，电动机-发电机工作于再生制动状态，汽车制动能量通过再生发电回收到动力蓄电池组中，即工作处于再生制动充电模式。

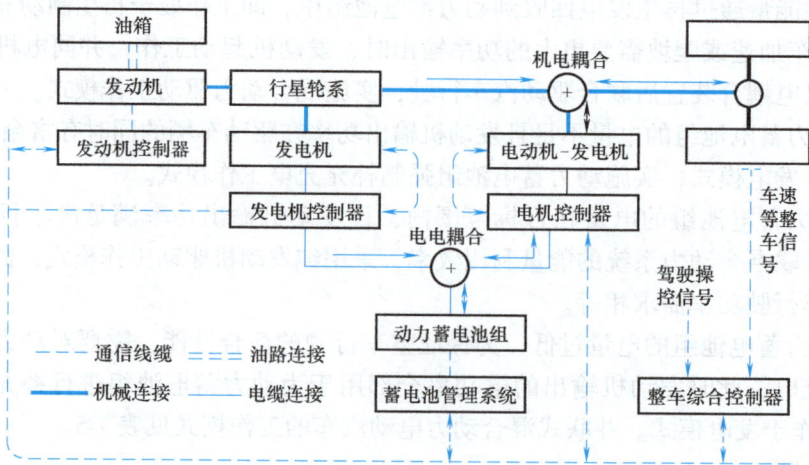

图 7-22　功率分流式混联混合动力电动汽车的工作原理

3）当汽车需求功率增加或动力蓄电池组电量偏低时，发动机起动工作，若发动机输出功率满足汽车行驶功率且动力蓄电池组不需要充电时，整车以纯发动机驱动模式工作，此时动力蓄电池组既不充电也不放电，发动机输出的功率分两部分，一部分直接输出到驱动轮，一部分经过发电机、电动机转化后输出到驱动轮。

4）当汽车急加速需要更大的功率输出时，整车以混合动力驱动模式工作，此时发动机工作，动力蓄电池组放电，发动机输出的功率分两部分，一部分直接输出到驱动轮，一部分经过发电机、电动机转化后输出到驱动轮。

5）当动力蓄电池组的电量不足且发动机输出功率在驱动汽车的同时有富余时，实施动力蓄电池组强制补充充电工作模式。混联式混合动力电动汽车的工作模式见表7-6。

表 7-6　混联式混合动力电动汽车的工作模式

工 作 模 式	发 动 机	发 电 机	动力蓄电池组	电动机-发电机	整 车 状 态
纯电动机驱动	关机	关机	放电	电动	驱动
再生制动充电	关机	关机	充电	发电	制动
纯发动机驱动	起动	发电	既不充电也不放电	电动	驱动
混合动力驱动	起动	发电	放电	电动	驱动
强制补充充电	起动	发电	充电	电动	驱动

八、插电式混合动力电动汽车

混合动力电动汽车的出现，让电机一部分参与到发动机工作中，以此达到节油目的。而插电式混动汽车，之所以多了"插电式"三个字，主要不同在于导入外接电源，通过外部充电后提供持续的电能，使电机更多地参与到车辆驱动当中，进而满足节能减排的目的。

插电式混合动力电动汽车（Plug-in Hybrid Vehicle，PHV），简单说就是介于电动车与燃油车两者之间的一种车。它既有传统汽车的发动机、变速器、传动系统、油路、油箱，也有电动汽车的蓄电池、电机和控制电路，并且蓄电池容量比较大，有充电接口。

在插电式混合动力电动汽车内，应具有集成电动车、燃油车两套完整的动力系统，所以

说，插电式混合动力电动汽车的成本较高，结构也相对复杂。外加车身质量较大，这与单纯的燃油车和电动汽车相比则有一些劣势。不过，在充电站大面积普及以及充电时间大幅缩短之前，插电式混合动力电动汽车仍将作为燃油车与电动汽车之间的过渡产品长期存在下去。插电式混合动力电动汽车如图7-23所示。

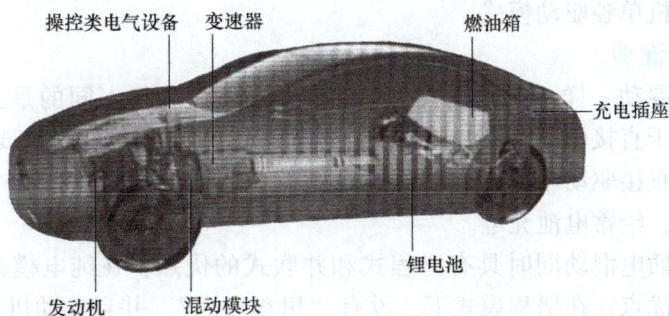

图7-23　插电式混合动力电动汽车

目前，市面上虽然有较多类型的插电式混合动力电动汽车，但在结构上却不尽相同，各个厂商会根据自己对插电式混合动力的理解制造不同类型的插电式混合动力电动汽车，大致可分成如下几类：

1. 并联式插电混动

这一类插电混动车内有两套驱动系统，大多是在传统燃油车的基础上增加电机、蓄电池、电控而成的，车辆在驾驶过程中由电机与发动机共同驱动车轮。另外，车内只有一台电机，在驱动车轮时充当电机，不驱动车轮时可充当发电机以便给蓄电池充电。并联式插电混动电动汽车的优势在于电机、发动机共同驱动车轮，没有功率浪费的问题，譬如电机功率50kW，发动机功率100kW，只要传动系统能承受，整车功率就是150kW。

在纯电模式下，该车具有纯电动汽车安静、低使用成本的优点。而在混合动力模式下，却有相当惊人的起步转矩，并且加速性能十分出色。该类车的代表车型为比亚迪秦。该类型汽车仅仅在变速器上增加了一台电机，在传统燃油车基础上的改动较小，所以成本相对而言也比较低廉，如图7-24所示。

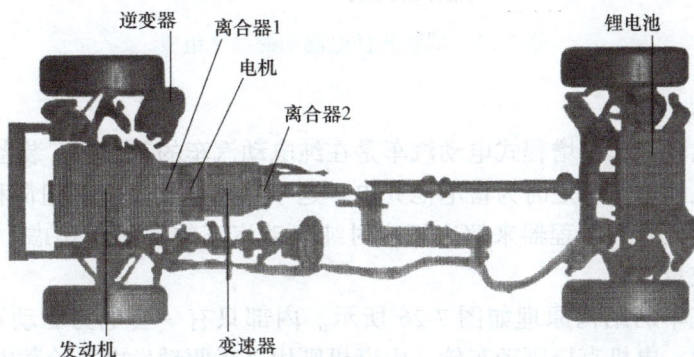

图7-24　比亚迪秦的动力系统

不过，并联式插电混动车型也存在缺点，在混合动力模式下，发动机不能一直保证在最佳转速下工作，在行驶过程中油耗相对比较高，只有在堵车时，起动自带发动机启停功能时油耗才会低。并且正是因为并联式插电混动车型只有一台电机，不能同时发电和驱动车轮，所以发动机与电机共同驱动车轮的工况不能持久。在持续加速时，蓄电池的能量会很快耗尽，进而转成发动机单独驱动模式。

2. 混联式插电混动

与并联式插电混动一样，这种模式也有两套驱动系统，但不同的是，混联式有两个电机。一个电机仅用于直接驱动车轮，还有一个电机具有双重角色：当需要使用极限性能时，该电机可充当电机直接驱动车轮，整车功率就是发动机与两个电机的功率之和；当电力不足时，就充当发电机，给蓄电池充电。

因此，混联式插电混动同时具有增程式和并联式的优点：在纯电模式下具有电动车安静、使用成本低的优点；在增程模式下，没有"里程焦虑"，并且发动机可以一直控制在最佳转速上，具有油耗低、噪声小、振动小的特点；在并联模式下，两台电机、一台发动机可以同时工作，三者功率加起来具有非常好的起步性能和加速性能，是一种比较完美的组合。

混联式插电混动的缺点是两台电机、发动机、变速器一个都不能少，同时配套的控制电路、蓄电池、传动系统、油路也不能少。因为要控制两个电机和一台发动机，还有不同的工作模式，所以控制系统会相对复杂，总而言之，混联式插电混动车车身总重较大，总体成本要高于其他类型的插电式混动车。该类车的代表车型是普锐斯插电混动版。

混联式插电混动的系统组成如图 7-25 所示。

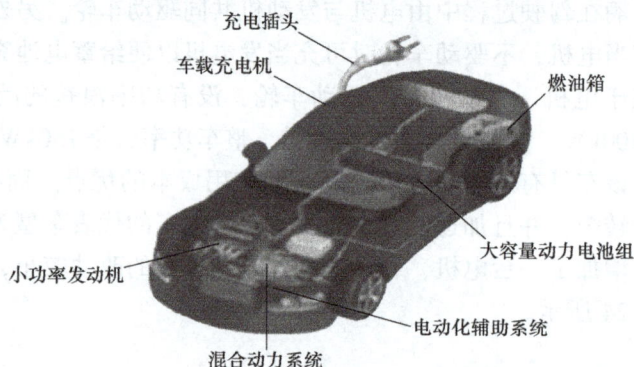

图 7-25 混联式插电混动的系统组成

3. 增程式电动汽车

何谓增程式电动汽车，增程式电动汽车是在纯电动汽车的基础上，装备一个小型的辅助发电机组以备蓄电池电量不足时为蓄电池充电，这个小型辅助发电机组简称"增程器"。它利用一个比较轻且便宜的增程器来解决用户对纯电动汽车的"里程焦虑"感，并且能够大幅度减少蓄电池数量。

增程式电动汽车的结构原理如图 7-26 所示。内部只有一套电力驱动系统，包括电机、控制电路、蓄电池。电机直接驱动车轮，内燃机则用来于驱动发电机给蓄电池进行充电。因为内燃机并不直接驱动车轮，因此也不需要变速器。这相当于在普通的电动车上装载了一台内燃机汽油/柴油发电机。

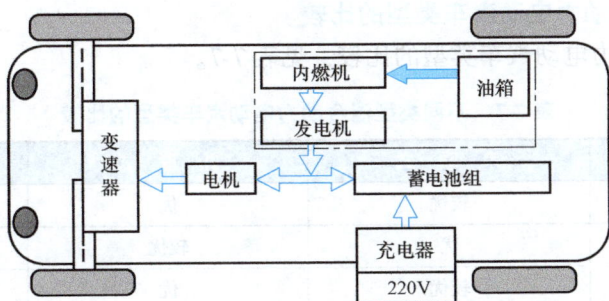

图 7-26 增程式电动汽车的结构原理

增程式电动车的优点是具有较长的续驶里程，仅凭纯电模式也能行驶数千米路程。由于动力源为电机的缘故，所以，起步的加速动力很足，电机低速转矩大所以加速快。在蓄电池电量消耗殆尽后，还可以依靠自带的内燃机发电，给动力蓄电池充电；这样即便纯电动汽车出现没电的状况，也不至于半路停车，依靠内燃机发电，增程式电动车完全可以行驶和传统汽车一样的续驶里程。

它的缺点是，由于发动机和发电机并不直接驱动车轮，造成了这部分功率的浪费，并且发动机和发电机带来的重量并不减轻，由于只有一个电机驱动，所以只能发挥出 $1+1=1$ 的效果。例如，一辆增程式纯电动车携带了总功率为 200kW 的发动机和电机，但是能驱动车轮的电机功率只有 100kW。

增程式电动汽车在高速路况下，油耗偏高。因为高速路况下，如果发动机直接驱动车轮，可以一直工作在最佳工作模式，而增程式插电混合动力多了一个转换过程，转换本身要消耗能量，造成油耗反而偏高。

该类车的代表车型有宝马 i3 增程版、雪佛兰沃蓝达等，如图 7-27 所示。

增程式电动车比插电式混合动力汽车的"血统"更加纯正，因为它在没有追加增程器之前就是一辆纯电动汽车。增程器的部署基本不会影响到原有车辆的动力系统结构。而插电式混合动力电动汽车的前身由于是混合动力汽车的关系，故而保留了较多的传统机械部件，结构上要较增程式电动车更复杂一些，成本也略高。总而言之，想判断一辆车到底是插电式混合动力汽车还是增程式电动车，就看这辆车的发动机是否与车轮有直接驱动的情况。

增程式电动汽车的结构如图 7-28 所示。

图 7-27 宝马 i3 动力结构

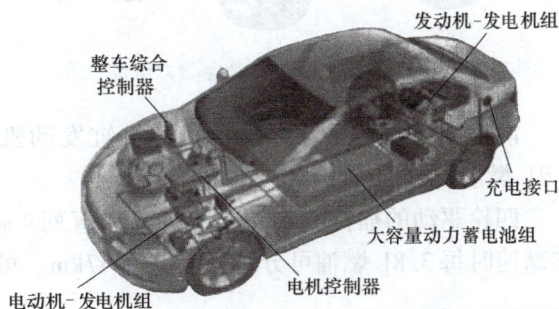

图 7-28 增程式电动汽车的结构

4. 不同类型混合动力电动汽车类型的比较

不同类型混合动力电动汽车类型的比较，见表7-7。

表7-7 不同类型混合动力电动汽车类型的比较

项　　目	串　联　式	并　联　式	混　联　式
公路行驶燃油经济性	较优	优	优
城市行驶燃油经济性	优	较优	优
无路行驶燃油经济性	较优	优	优
低排放性能	优	较优	较优
成本	低	较低	较低
复杂程度	简单	较复杂	较复杂
控制难易程度	简单	较复杂	较复杂

九、混合动力电动汽车的应用

串联式、并联式和混联式混合动力电动汽车的应用见表7-8。

表7-8 部分串联式、并联式和混联式混合动力电动汽车的应用

串联式	本田 Civic，雷诺 Vert，本田 J-VX，丰田 Coastor，克莱斯勒-道奇 ESX2
并联式	本田 Civic，奥迪 DUOⅢ，本田 Insight，日野 HIMR，大众 Golf
混联式	丰田 Pruis，丰田 Estima，丰田 Crown，日产 Tmo

1）日产 Altima 双电机混合动力轿车如图 7-29 所示。它配备了 2.5L 双顶置凸轮轴 4 缸 L4 汽油发动机，平均油耗量为：34mile/Usgal[⊖]。

2）福特 Escape 四驱混合动力汽车如图 7-30 所示。

图 7-29　日产 Altima 双电机混合动力电动汽车　　　　图 7-30　福特 Escape 四驱混合动力电动汽车

前轮驱动的标配为 2.3L、直列 4 缸发动机，最大功率为 99kW，城市工况和高速时每 3.8L 燃油可分别行驶 48~55km。

四轮驱动的福特 Escape 同样配备了直列 4 缸发动机，最大功率为 99kW。它在城市工况和高速时每 3.8L 燃油可分别行驶 43~47km。可任选自动或手动的变速器。

⊖　1mile = 1069m；1Usgal = 3.785L。

3）长安杰勋混合动力电动汽车如图7-31所示。

4）普锐斯混合动力电动汽车的基本结构如图7-32所示。

图7-31　长安杰勋混合动力电动汽车

图7-32　普锐斯混合动力电动汽车的基本结构

1—Atkinson 发动机　2—THS-Ⅱ系统　3—电动机
4—中央控制器　5—蓄电池组　6—ISG 电动机/发电机

普锐斯汽车的 THS 系统是一个单排单行星齿轮机构，其有三个"接口"单行星轮行星齿轮机构（THS）的驱动模式：发动机输出轴与齿轮架相连接，ISG 与太阳轮相连接，驱动电机与齿圈相连接，如图7-33所示。普锐斯混合动力电动汽车的技术性能见表7-9。

表7-9　普锐斯混合动力电动汽车的技术性能

项　目		单　位	EV-1	项　目		单　位	EV-1
尺寸参数	总长	mm	4310	电机	种类		永磁式
	宽度	mm	1695		个数	个	1
	高度	mm	1465		最大功率	kW	30
	轴距	mm	2558		最大转矩	N·m	350~400
质量参数	乘员数	人	5	质量参数	最高车速	km/h	160
	总质量	kg	1255		油耗（城市）	L/100km	4.5
发动机	形式		直列4缸顶置双凸轮轴		油耗（公路）	L/100km	5.2
	压缩比		13.0：1	底盘	变速器		电控无级变速
	最大功率（美）	kW/（r·min）	52/（4500）		制动系统		前盘后毂带再生制动
	最大功率（日）	kW/（r·min）	43/（4000）		转向系统		齿条齿轮
	最大转矩	N·m	111/4200		前悬架		烛式独立悬架
蓄电池组	类型		镍-氢电池		后悬架		扭杆
	额定电压	V	274				
	最大功率	A·h	6.5				

可以实现：

1）发动机驱动模式。

2）发动机 ISG 双混合驱动模式。

3）发动机、驱动电机双混合驱动模式。

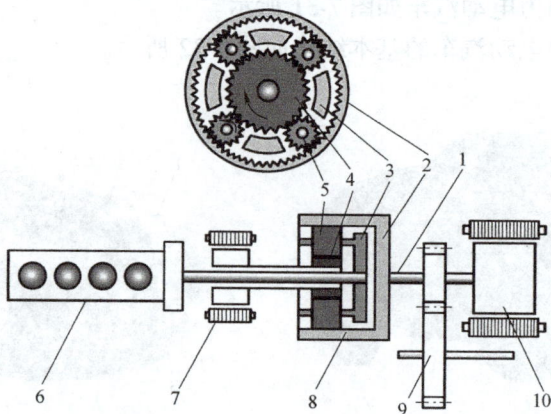

图 7-33 普锐斯混合动力电动汽车的"THS 混合动力系统"

1—驱动轴 2—齿圈 3—行星齿轮架 4—太阳轮 5—行星齿轮 6—发动机
7—ISG 8—混合动力系统 9—驱动系统 10—驱动电机

4）发动机、ISG 和驱动电机三混合驱动模式。

5）驱动电机驱动模式。

6）驱动电机与 ISG 双混合驱动模式。

7）发动机带动 ISG 发电。

8）带动发动机驱动。

9）回收制动反馈能量等。

一般控制策略是起步或低负荷行驶时用蓄电池电能驱动；匀速行驶时由发动机提供动力；加速行驶时发动机与蓄电池共同提供动力；停车或滑行时，发动机带动发电机向蓄电池充电；制动和减速时通过能量回收系统向蓄电池充电。

单元四 燃料电池电动汽车

采用燃料电池作电源的电动汽车称为燃料电池电动汽车（Fuel Cell Electric Vehicle，FCEV）。

一、燃料电池电动汽车的基本组成及功用

1. 燃料电池电动汽车的基本组成

燃料电池电动汽车的基本组成如图 7-34 所示。燃料电池电动汽车与普通燃油汽车的区别在于动力系统。其电力系统主要由：电驱动系统、燃料电池组、动力控制单元、燃料箱、蓄电池（储能装置）、功率变换器以及燃料加入口等组成。

2. 燃料电池的功用

功用：燃料电池组要向空调系统和电动油泵转向系统提供电能。燃料电池的电流需要经过专用的大功率动力 DC/DC 转换器，将燃料电池的直流电转换为稳压的直流电，经过逆变器转换为交流电输送给驱动电机。装配蓄电池组作为辅助电源的功用如下：

1）用于 FCEV 快速起动。

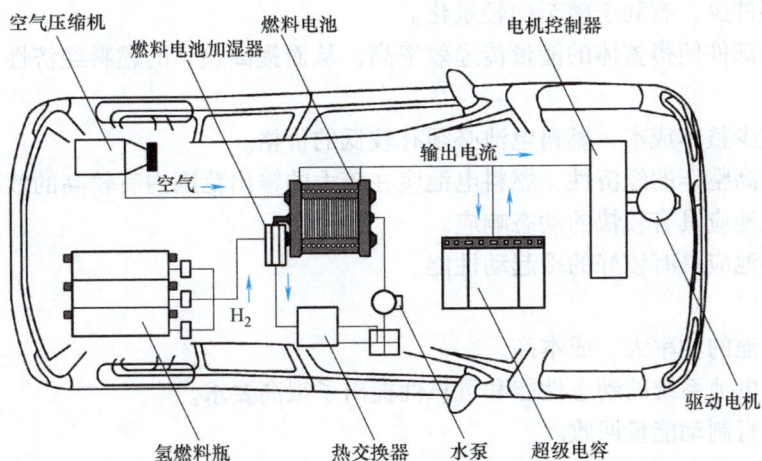

图 7-34　燃料电池电动汽车的组成

2）为控制系统、仪表板、车载电子、照明系统、信号系统、电器设备等提供低压电源。

3）用于储存 FCEV 再生制动时反馈的电能。该蓄电池也可以用其他储能装置来代替，如超级电容、飞轮储能器等。氢燃料电池的工作结构如图 7-35 所示。车载燃料电池汽车底盘如图 7-36 所示。

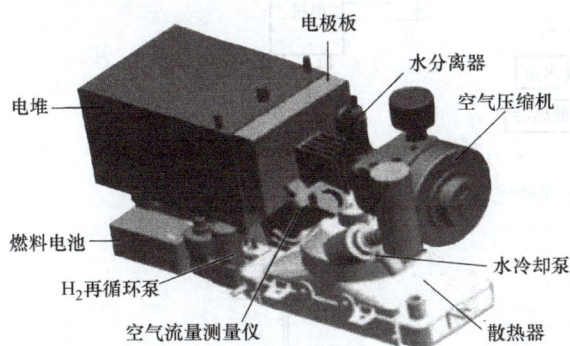

图 7-35　氢燃料电池的工作结构

图 7-36　车载燃料电池汽车底盘

二、燃料电池电动汽车的分类及基本结构

1. 按驱动形式分类

按驱动形式分类，燃料电动汽车可分为纯燃料电池驱动式和混合驱动式。

2. 按燃料氢的储存方式分类

按燃料氢的储存方式分类，燃料电池电动汽车可分为压缩氢燃料电池汽车、液氢燃料电池电动汽车和合金（碳纳米管）吸附氢燃料电池电动汽车。

3. 按能量来源分类

按能量来源分类，燃料电池汽车可分为车载纯氢式和燃料重整式。

（一）燃料电池单独驱动汽车动力系统的优缺点

1. 优点

1）系统结构简单，便于实现系统控制和整体布置。

2）系统部件少，有利于整车的轻量化。

3）较少的部件使得整体的能量传递效率高，从而提高整车的燃料经济性。

2. 要求

1）为了减少整车成本，燃料电池必须有较低的价格。

2）为了提高整车的经济性，燃料电池应在较大的输出范围内有较高的效率。

3）燃料电池应具有较快的动态响应。

4）燃料电池应具有较好的冷起动性能。

3. 缺点

1）燃料电池的功率大、成本高。

2）对燃料电池系统的动态性能和可靠性提出了很高要求。

3）不能进行制动能量回收。

（二）燃料电池单独驱动汽车的结构

燃料电池单独驱动汽车的结构如图7-37、图7-38所示，燃料电池单独驱动汽车应用如图7-39所示。

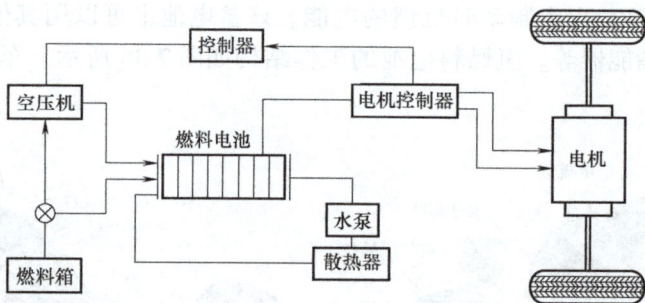

图7-37 燃料电池单独驱动汽车的结构（一）

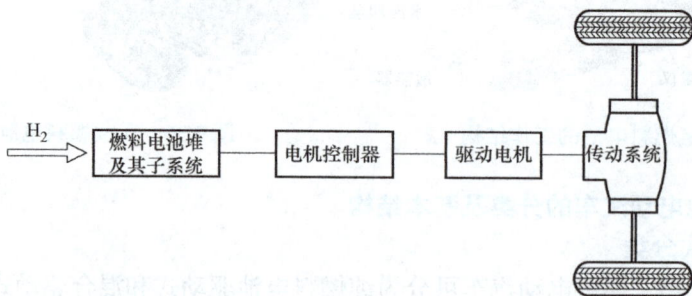

图7-38 燃料电池单独驱动汽车的结构（二）

目前的燃料电池电动汽车主要采用的是混合驱动形式，即在燃料电池的基础上，增加了一组蓄电池或超级电容作为另一个动力源。根据混合燃料电池电动汽车中燃料电池和蓄电池的关系，又可进一步把燃料电池电动汽车的动力系统分为并联式和串联式两种，如图7-40所示。

燃料电池电动汽车实质上是电动汽车的一种，在车身、动力传动系统、控制系统等方面，燃料电池电动汽车与普通电动汽车基本相同，主要区别在于动力蓄电池的工作原理不同。燃料

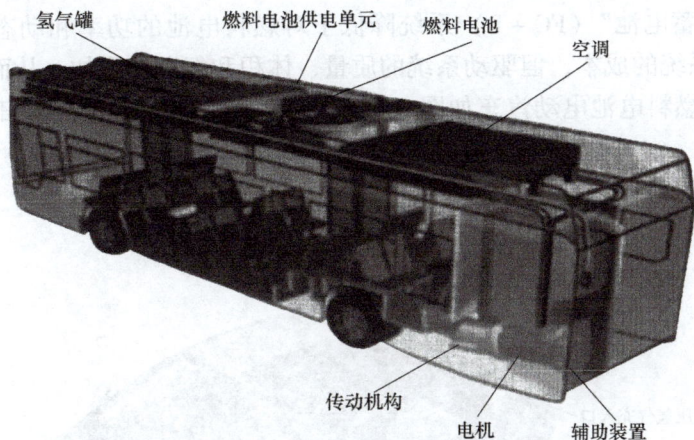

图 7-39　燃料电池单独驱动汽车应用

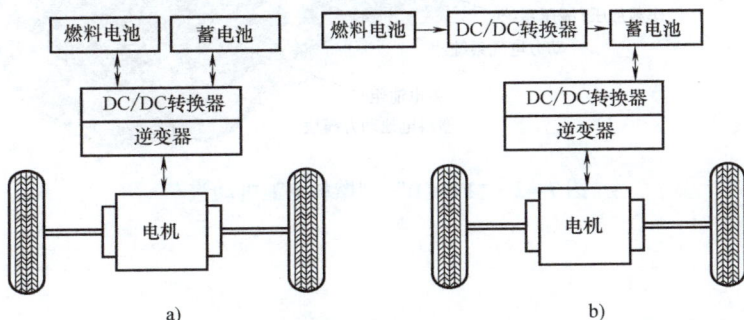

图 7-40　并联式和串联式燃料电池电动汽车动力系统示意图
a）并联式　b）串联式

电池的工作原理是作为燃料的氢在汽车搭载的燃料电池中，与大气中的氧发生化学反应，产生电能驱动电机，由电机带动汽车中的机械传动机构，进而驱动汽车行驶，当汽车爬坡和加速时提供电能，当汽车制动时回收制动能量。燃料电池作为主动力源，蓄电池作为辅助动力源，采用此种混合驱动形式的电动汽车为功率混合型燃料电池电动汽车，如图 7-41 所示。

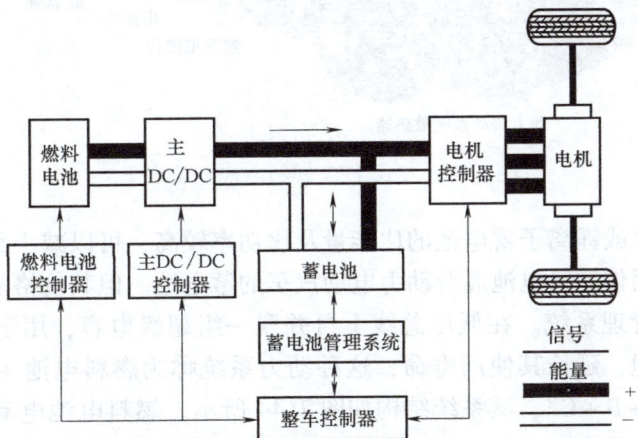

图 7-41　燃料电池＋蓄电池燃料电池电动汽车混合动力系统结构

"燃料电池＋蓄电池"（FC＋B）系统降低了对燃料电池的功率和动态特性的要求，也降低了燃料电池系统的成本，但驱动系统的质量、体积和复杂性增加，从而增加了整车的质量。"FC＋B"型燃料电池电动汽车如图 7-42 所示。如图 7-43 所示为本田 FCX 燃料电池电动汽车。

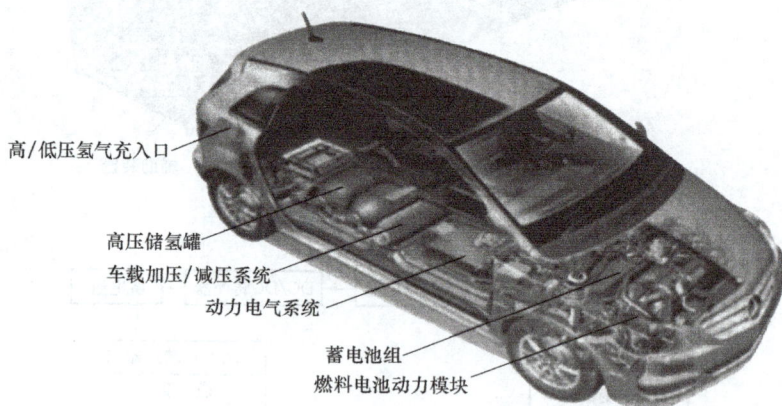

高/低压氢气充入口
高压储氢罐
车载加压/减压系统
动力电气系统
蓄电池组
燃料电池动力模块

图 7-42 "FC＋B"型燃料电池电动汽车

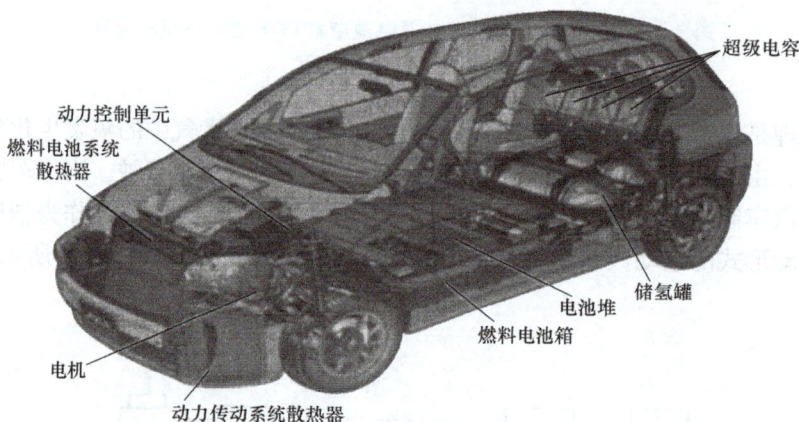

超级电容
动力控制单元
燃料电池系统散热器
电机
动力传动系统散热器
储氢罐
电池堆
燃料电池箱

图 7-43 本田 FCX 燃料电池电动汽车

由于镍氢蓄电池或锂离子蓄电池的比能量及比功率较高，可以减小蓄电池组的体积和质量，越来越多地被用作燃料电池混合动力电动汽车的蓄电池。但其价格非常昂贵，往往需要配备专门的蓄电池管理系统。在低压总线上再并联一组超级电容，用于提供加速的尖峰电流，减轻蓄电池负担，延长其使用寿命，这种动力系统称为燃料电池＋蓄电池＋超级电容型，可缩写为"FC＋B＋C"，其系统结构如图 7-44 所示。燃料电池电动汽车不同动力驱动系统的结构特性比较见表 7-10。

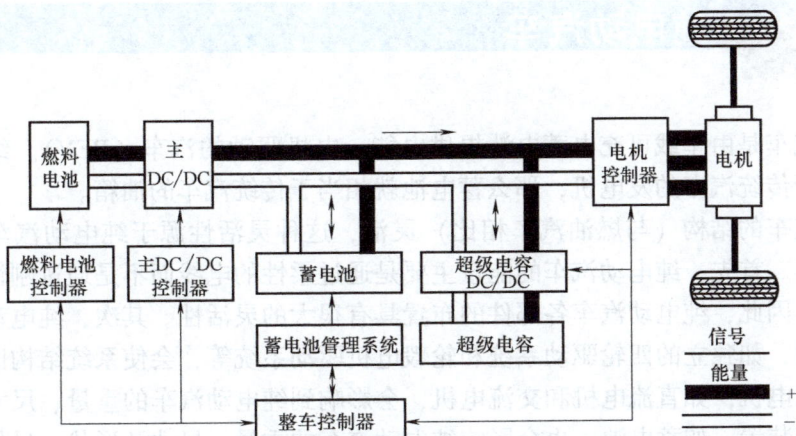

图 7-44 "FC + B + C" 燃料电池汽车混合动力系统结构

表 7-10 燃料电池电动汽车不同动力驱动系统的结构特性比较

动力系统结构	FC 单独驱动	FC + B 能量混合型	FC + B + C 功率混合型
结构特点	结构最简单 无法实现制动能量回收	结构较为复杂 动力蓄电池质量、体积较大	结构复杂 动力蓄电池质量、体积较小
燃料经济性	最差	较优	最优
燃料电池寿命与安全性	当汽车功率需求较大时，燃料电池易发生过载，难以满足动态响应要求，系统寿命较短	当汽车功率需求较大时，燃料电池发生过载概率小，系统寿命较长	当汽车功率需求较大时，燃料电池可控制在最高效率点恒功率输出，不易发生过载，系统寿命长

（三）燃料电池电动汽车的应用

1）美国通用汽车公司的 Hydrogen-3 燃料电池轿车，如图 7-45 所示。

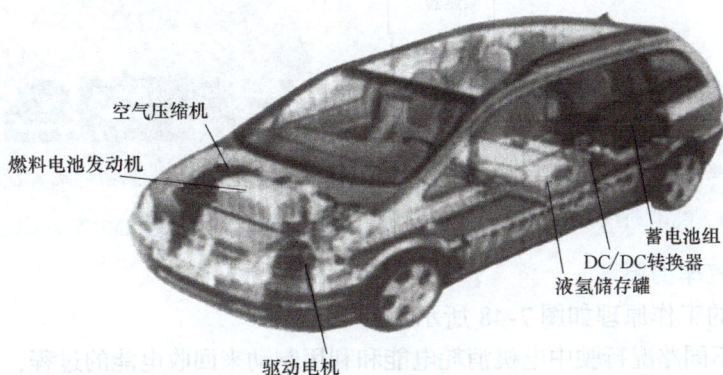

图 7-45 美国通用汽车公司的 Hydrogen-3 燃料电池电动汽车

2）"楚天 1 号" FCEV。其外形尺寸为 4350mm × 1707mm × 1413mm，轴距为 2760mm，最高车速达 103km/h，最大爬坡大于 20%。

纯电动汽车

纯电动汽车是由车载可充电蓄电池提供电能，电机驱动的汽车（BEV）。纯电动汽车的电动机相当于传统汽车的发电机，那么蓄电池就相当于传统汽车的油箱。

纯电动汽车的结构（与燃油汽车相比）灵活，这种灵活性源于纯电动汽车具有以下几个独特的特点。首先，纯电动汽车的能量主要是通过柔性的电线而不是通过刚性万向节和转动轴传递的，因此，纯电动汽车各部件的布置具有很大的灵活性。其次，纯电动汽车驱动系统的布置不同，如独立的四轮驱动系统和轮毂电机驱动系统等，会使系统结构区别很大；采用不同类型的电机，如直流电机和交流电机，会影响到纯电动汽车的重量、尺寸和形状；不同类型的储能装置，如蓄电池，也会影响纯电动汽车的重量、尺寸及形状。另外，不同的能源补充装置具有不同的硬件和机构，如蓄电池可通过感应式和接触式的充电机充电，或者采用更换蓄电池的方式，将替换下来的蓄电池再进行集中充电。

纯电动汽车顾名思义就是主要采用电力驱动的汽车，大部分的车辆直接采用电机驱动，有一部分车辆把电机装在发动机舱内，也有一部分直接将四台电机分别与各车轮组成驱动轮，其难点在于电力储存技术。优点是技术相对简单成熟，只要有电力供应的地方都能够充电。缺点是动力蓄电池的重量、体积、容量、充电速度、稳定性、成本六个方面极难兼顾。

一、纯电动汽车的结构

纯电动汽车的结构如图 7-46 和图 7-47 所示。它由蓄电池组、逆变器、电动机和减速器等主要部件组成。

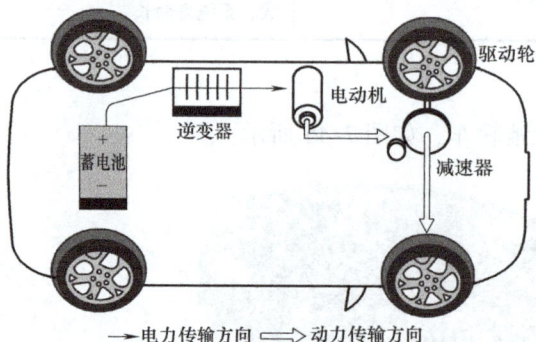

图 7-46　纯电动汽车的结构

图 7-47　三菱 iMiEV sport 纯电动汽车

二、纯电动汽车的原理

纯电动汽车的工作原理如图 7-48 所示。

电动汽车在不同路况行驶中电机消耗电能和利用制动来回收电能的过程，如图 7-49 所示。

三、纯电动汽车的驱动形式

按传统汽车的归类或叙述习惯，汽车底盘应包括传动系、行驶系、转向系和制动系四大系统。

对于纯电动汽车，其传动系根据所选驱动方式不同，不少被简化或干脆省掉。典型的驱动结构如图 7-50 所示。

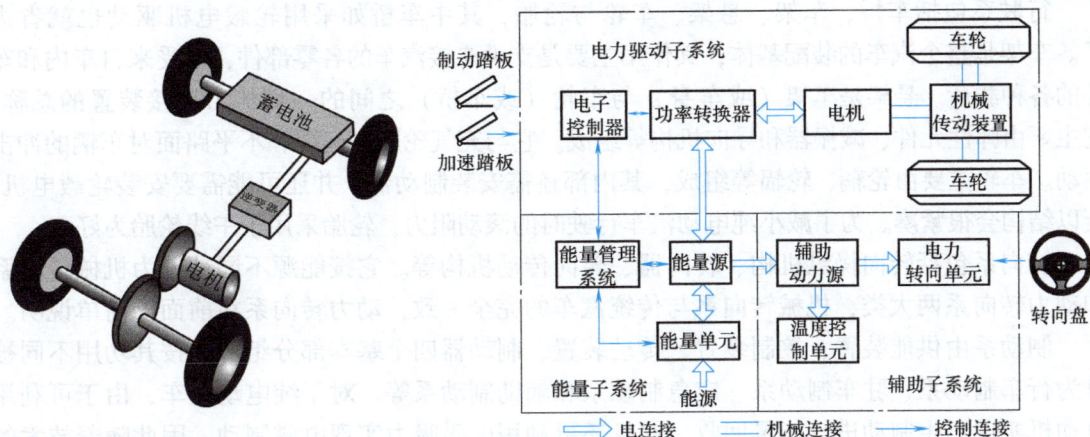

图 7-48　纯电动汽车的工作原理

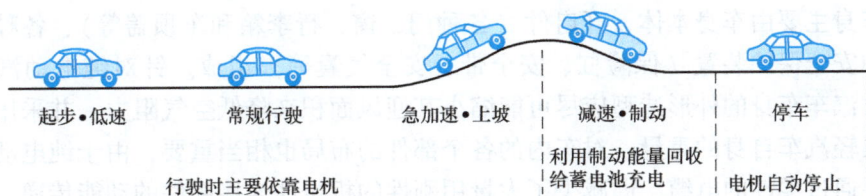

起步·低速　　常规行驶　　急加速·上坡　　减速·制动　　停车

行驶时主要依靠电机　　利用制动能量回收给蓄电池充电　　电机自动停止

图 7-49　纯电动汽车的行驶过程

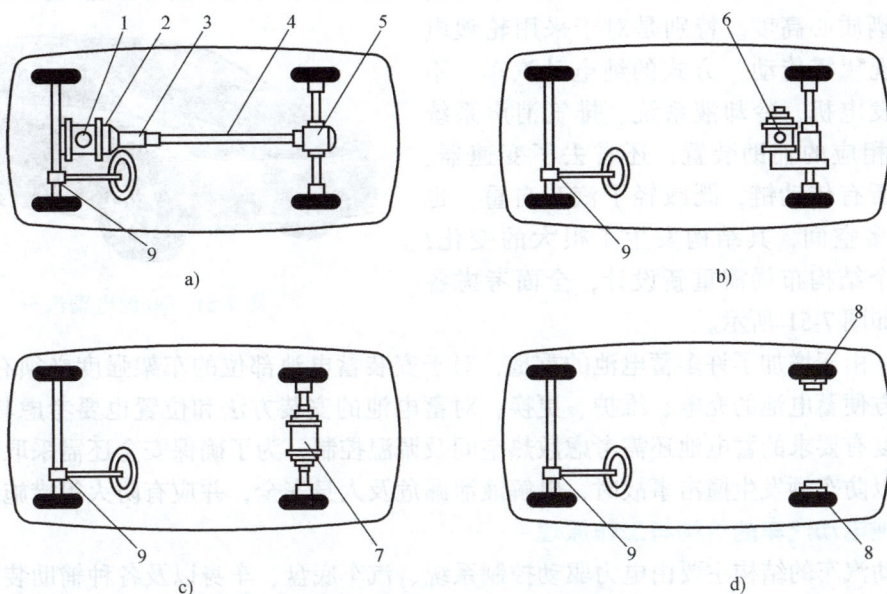

图 7-50　四种典型的驱动结构

a) 传统的驱动模式　b) 电机-驱动桥组合式驱动方式　c) 电机-驱动桥整体式驱动方式　d) 轮毂电机分散驱动方式

1—电机　2—离合器　3—变速器　4—传动轴　5—驱动桥　6—电机-驱动桥组合式驱动系统

7—电机-驱动桥整体式驱动系统　8—轮毂电机　9—转向器

行驶系包括车桥、车架、悬架、车轮与轮胎，其中车桥如采用轮毂电机驱动也就省去了。车架是整个汽车的装配基体，其作用主要是支承连接汽车的各零部件，承受来自车内和车外的各种载荷。悬架是车架（或车身）与车轮（或车桥）之间的一切传力连接装置的总称，它主要由弹性元件、减振器和导向机构等组成。它与充气轮胎一起缓和不平路面对车辆的冲击振动。车轮主要由轮辋、轮辐等组成，其内部还需安装制动器，并还可能需要安装轮毂电机，所以结构会很紧凑。为了减小纯电动汽车行驶时的滚动阻力，轮胎采用子午线轮胎为好。

转向系包括转向操纵机构、转向器、转向传动机构等。它按能源不同被分为机械转向系和动力转向系两大类，机械转向系与传统汽车的完全一致，动力转向系在前面已简单说明。

制动系由供能装置、控制装置、传动装置、制动器四个基本部分组成。按其功用不同被分为行车制动系、驻车制动系、应急制动系和辅助制动系等。对于纯电动汽车，由于可利用电动机实现再生制动进行能量回收，并且还可利用电磁吸力实现电磁制动，因此随着技术的发展其制动系也将会有较大的变化。

四、纯电动汽车总体布局的特点

汽车车身主要由车身本体、开启件（各种门、窗、行李箱和车顶盖等）、各种座椅、内外饰附件和安全保护装置（保险杠、安全带、安全气囊等）组成。针对纯电动汽车能源少的特点，对汽车车身的外形造型应尽可能缩小其迎风面积来降低空气阻力，并采用轻型高强度材料来减轻汽车自身的重量。对车内的各个部件的布局也相当重要，由于纯电动汽车动能的传递主要通过柔性的电缆，即减少了大量用刚性的机械件连接部件的动能传递，因此纯电动汽车各部件的布置具有较大的灵活性，并且蓄电池组也可分散布置，作为配重物来布局。纯电动汽车各个部件的总体布局的原则是：符合车辆动力学对汽车重心位置的要求，并尽可能降低车辆质心高度。特别是对于采用轮毂电机驱动实现"零传动"方式的纯电动汽车，不仅去掉了发电机、冷却液系统、排气消声系统和油箱等相应的辅助装置，还省去了变速器、驱动桥及所有传动链，既减轻了汽车自重，也留出了许多空间，其结构发生了很大的变化，车辆的整个结构布局需重新设计，全面考虑各种因素，如图7-51所示。

图7-51　e6纯电动汽车

另外，由于增加了许多蓄电池的重量，对于安装蓄电池部位的车架强度必须有所考虑，同时为了方便蓄电池的充电、维护、更换，对蓄电池的安装方法和位置也要考虑其方便性，对环境温度有要求的蓄电池还需考虑散热空间及调温控制，为了确保安全还需采取密封等预防措施，以防车辆发生撞击事故时，电解液泄漏危及人身安全，并应有防火等措施。

五、纯电动汽车的结构与工作原理

纯电动汽车的结构主要由电力驱动控制系统、汽车底盘、车身以及各种辅助装置等部分组成，如图7-52、图7-53所示。除了电力驱动控制系统，其他部分的功能及其结构组成基本与传统汽车相同，不过有些部件根据所选的驱动方式不同，已被简化或省去了。所以电力驱动控制系统既决定了整个纯电动汽车的结构组成及其性能特征，也是纯电动汽车的核心，它相当于传统汽车中的发动机与其他功能以机电一体化方式相结合，这也是区别于传统内燃机汽车的最大不同点。

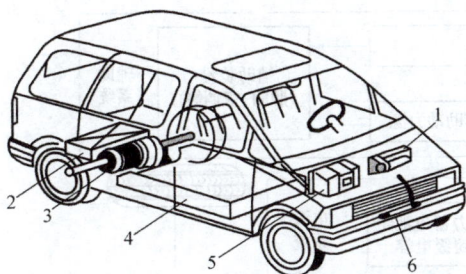

图 7-52　后轮驱动电动汽车的组成

1—加热器　2—直交逆变器　3—驱动电机和减速器

4—蓄电池　5—系统控制器　6—电动转向器

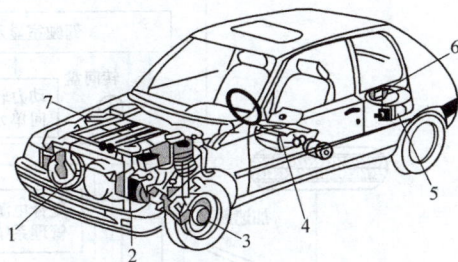

图 7-53　前轮驱动电动汽车的组成

1—调速控制器　2—驱动电机　3—转向驱动轮

4—散热器　5—充电器　6—充电插座　7—蓄电池

　　电力驱动及控制系统是电动汽车的核心，也是区别于内燃机汽车的最大的不同点。汽车行驶时，由蓄电池输出电能（电流）通过控制器驱动电机运转，电动机输出的转矩经传动系带动车轮转动，以实现车辆的前行或后退。纯电动汽车的组成与工作原理如图 7-54 所示。动力驱动及控制系统由驱动电机、电源和电机的调速控制装置构成（电源系统、蓄电池电源，能量管理系统和充电控制器）。

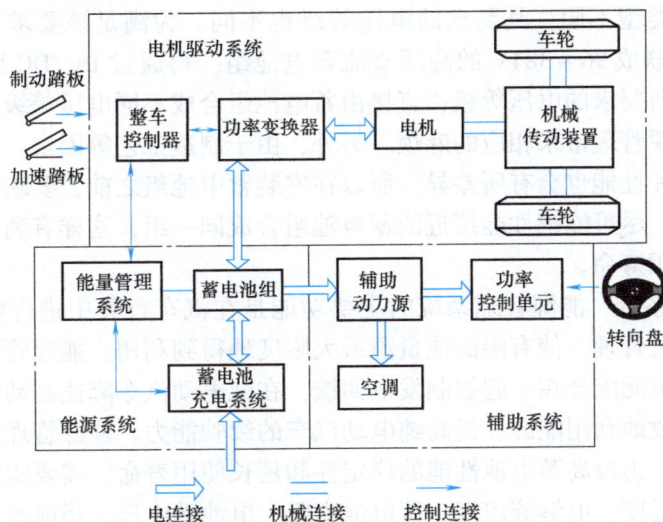

图 7-54　纯电动汽车的组成与工作原理

（一）电力控制系统的工作原理

　　电力驱动控制系统的组成与工作原理如图 7-55 所示。电力驱动控制系统按工作原理不同，可划分为车载电源模块、电力驱动主模块和辅助模块三大部分。

1. 车载电源模块

　　车载电源模块如图 7-55 所示。纯电动汽车电器控制系统的结构主要由蓄电池电源、能源管理系统和充电控制器三部分组成。

　　（1）蓄电池电源　蓄电池是纯电动汽车的唯一能源，它除了供给汽车驱动行驶所需的电能外，也是供应汽车上各种辅助装置的工作电源。蓄电池在车上安装前需要通过串并联的方式组合成所要求的电压一般为 12V 或 24V 的低压电源，而电机驱动一般要求为高压电源，

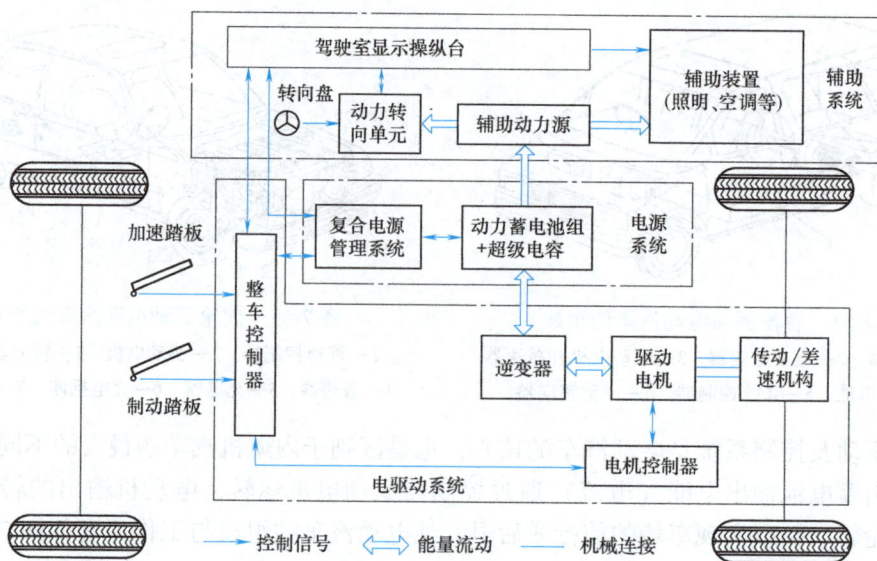

图7-55 纯电动汽车电气控制系统的结构

并且所采用的电机类型不同，其要求的电压等级也不同。为满足该要求，可以用多个12V或24V的蓄电池串联成96~384V的高压直流蓄电池组，再通过DC/DC变换器供给所需的不同电压，也可按所要求的电压等级，直接由蓄电池组合成不同电压等级的蓄电池组，不过这样会给充电和能源管理带来相应的麻烦。另外，由于制造工艺等因素，即使同一批量的蓄电池其电解液浓度和性能也会有所差异，所以在安装蓄电池组之前，要求对各个蓄电池进行认真的检测并记录，尽可能把性能接近的蓄电池组合成同一组，这样有利于动力蓄电池组性能的稳定和延长使用寿命。

（2）能源管理系统　能源管理系统的主要功能是在汽车行驶中进行能源分配，协调各功能部分工作的能量管理，使有限的能量源最大限度地得到利用。能源管理系统与电力驱动主模块的中央控制单元配合在一起控制发电回馈，在纯电动汽车降速制动和下坡滑行时进行能量回收，从而有效地利用能源，提高纯电动汽车的续驶能力。能源管理系统还需与充电控制器一同控制充电。为提高蓄电池性能的稳定性和延长使用寿命，需要实时监控电源的使用情况，对蓄电池的温度、电解液浓度、蓄电池内阻、电池端电压、当前蓄电池剩余电量、放电时间、放电电流或放电深度等蓄电池状态参数进行检测，并按蓄电池对环境温度的要求进行调温控制，通过限流控制避免蓄电池过充、放电，对有关参数进行显示和报警，其信号流向辅助模块的驾驶室显示操纵台，以便驾驶人随时掌握并配合其操作，按需要及时对蓄电池充电并进行维护。

（3）充电控制器　充电控制器是把电网供电制式转换为对蓄电池充电要求的制式，即把交流电转换为相应电压的直流电，并按要求控制其充电电流。充电器开始时为恒流充电阶段。当电池电压上升到一定值时，充电器进入恒压充电阶段，输出电压维持在相应值，充电器进入恒压充电阶段后，电流逐渐减小。当充电电流减小到一定值时，充电器进入涓流充电阶段。还有的采用脉冲式电流进行快速充电。

2. 电力驱动主模块

电力驱动主模块主要由中央控制单元、驱动控制器、电动机、机械传动装置组成。为适

应驾驶人的传统操作习惯，纯电动汽车仍保留了加速踏板、制动踏板及有关操纵手柄或按钮等。不过在纯电动汽车上是将加速踏板、制动踏板的机械位移量转换为相应的电信号，输入到中央控制单元来对汽车的行驶实行控制。对于离合器，除了传统的驱动模式采用外其他的驱动结构就都省去了。而对于档位变速杆，为遵循驾驶人的传统习惯，一般仍需保留，有前进、空档、倒退三个档位，并且以开关信号传输到中央控制单元来对汽车进行前进、停车、倒车控制。

（1）中央控制单元　中央控制单元是电力驱动主模块的控制中心，要对整辆纯电动汽车的控制起到协调作用。它根据加速踏板与制动踏板的输入信号，向驱动控制器发出相应的控制指令，对电机进行起动、加速、降速、制动控制。在纯电动汽车降速和下坡滑行时，中央控制器配合车载电源模块的能源管理系统进行发电回馈，使蓄电池反向充电。对于与汽车行驶状况有关的速度、功率、电压、电流及有关故障诊断等信息还需传输到辅助模块的驾驶室显示操纵台进行相应的数字或模拟显示，也可采用液晶屏幕显示来提高其信息量。

（2）驱动控制器　驱动控制器的功能是按中央控制单元的指令、电机的速度和电流反馈信号，对电机的速度、驱动转矩和旋转方向进行控制。驱动控制器与电机必须配套使用，目前对电机的调速主要采用调压、调频等方式，这主要取决于所选用的驱动电机类型。由于蓄电池以直流电方式供电，所以对直流电机主要通过 DC/DC 转换器进行调压调速控制；而对于交流电机需通过 DC/AC 转换器进行调频调压矢量控制；对于磁阻电机通过控制其脉冲频率来进行调速。当汽车进行倒车行驶时，需通过驱动控制器使电机反转来驱动车轮反向行驶。当纯电动汽车处于降速和下坡滑行时，驱动控制器使电机运行于发电状态，电机利用其惯性发电，将电能通过驱动控制器回馈给蓄电池，所以图 7-54 中驱动控制器与蓄电池电源的电能流向是双向的。

（3）电机　电机在纯电动汽车中被要求承担着电动和发电的双重功能，即在正常行驶时发挥其主要的电动机功能，将电能转化为机械旋转能；而在降速和下坡滑行时又被要求进行发电，将车轮的惯性动能转换为电能。对于电机一定要根据其负载特性来选择，通过对汽车行驶时的特性分析，可知汽车在起步和上坡时要求有较大的起动转矩和相当的短时过载能力，并有较宽的调速范围和理想的调速特性，即在起动低速时为恒转矩输出，在高速时为恒功率输出。电机与驱动控制器所组成的驱动系统是纯电动汽车中最为关键的部件，纯电动汽车的运行性能主要取决于驱动系统的类型和性能，它直接影响着车辆的各项性能指标，如车辆在各工况下的行驶速度、加速与爬坡性能以及能源转换效率。

（4）机械传动装置　纯电动汽车传动装置的作用是将电机的驱动转矩传输给汽车的驱动轴，从而带动汽车车轮行驶。由于电机本身就具有较好的调速特性，其变速机构可被大大简化，较多的是为放大电机的输出转矩仅采用一种固定的减速装置。又因为电机可带负载直接起动，省去了传统内燃机汽车的离合器。由于电机可以容易地实现正反向旋转，所以也就无需通过变速器中的倒档齿轮组来实现倒车。对电机在车架上合理布局即可省去传动轴、万向节等传动链。当采用轮毂电机分散驱动方式时，又可以省去传统汽车的驱动桥、机械差速器、半轴等一切传动部件，所以该驱动方式也可被称为"零传动"方式。纯电动汽车传动装置按所选驱动结构可以有多种组合方式。

另外，如驱动采用轮毂电机分散驱动方式，当汽车转弯时，中央控制器也需与辅助模块的动力的硬件连线，提高可靠性。现代汽车控制系统已较多地采用计算机多 CPU 总线控制方式，特别是对于采用轮毂电机进行4WD前后四轮驱动控制的模式，更需要运用总线控制技术来简化纯电动汽车内部线路的布局，提高其可靠性，也便于故障诊断和维修，并且采用该模块化结构，一旦技术成熟其成本也将随批量的增加而大幅下降。

3. 辅助模块

辅助模块包括辅助动力源、动力转向单元、驾驶室显示操纵台和各种辅助装置等。各个装置的功能与传统汽车基本相同，其结构原理根据纯电动汽车的特点和需求有所区别。

（1）辅助动力源　辅助动力源是供给纯电动汽车其他各种辅助装置所需的动力电源，一般为12V或24V的直流低压电源，它主要为动力转向、制动力调节控制、照明、空调、电动窗门等各种辅助装置提供所需的能源。

（2）动力转向单元　转向装置是为实现汽车的转弯而设置的，它由转向盘、转向器、转向机构与转向轮等组成。作用在转向盘上的控制力，通过转向器、转向机构和转向轮偏转一定的角度，实现汽车的转向。为了提高驾驶人的操控性，现代汽车都采用了动力转向，较理想的是采用电子控制动力转向系（EPS）。电子控制动力转向系主要有电控液力转向系和电控电动转向系两类，对于纯电动汽车较适合选用电控电动转向系。多数汽车为前轮转向，而工业用电动叉车常采用后轮转向。为了提高汽车转向时的操纵稳定性和机动性，较理想的是采用四轮转向系统，而对于采用轮毂电机分散驱动的纯电动汽车，由于电动机控制响应速度的提高，可更容易地实现四轮电子差速转向控制。另外，为配合转弯时左、右两侧车轮有相应的差速要求，还需同时控制电子差速器协调工作。

（3）驾驶室显示操纵台　它类似于传统汽车驾驶室的仪表盘，不过其功能根据纯电动汽车驱动的控制特点有所增减，其信息更多地选用数字或液晶屏幕显示。它与前述动力驱动主模块中的中央控制单元结合，用计算机进行控制。万向电动汽车有限公司已为此研发了纯电动汽车专用的数字化电控系统，它是以CAN总线、嵌入式技术为核心的数字化整车电控系统，GPS/GPRS集成到车载信息系统，提升纯电动汽车档次，符合环保时尚的消费理念。

（4）辅助装置　纯电动汽车的辅助装置主要有照明、各种声光信号装置、车载音响设备、空调、刮水器、风窗除霜清洗器、电动门窗、电控玻璃升降器、电控后视镜调节器、电动座椅调节器、车身安全防护装置控制器等。它们主要是为提高汽车的操控性、舒适性、安全性而设置的，有些是必要的，有些是可选用的。与传统汽车一样，大都有成熟的专用配件供应。不过选用时应考虑到纯电动汽车能源不富裕的特点，特别是空调所消耗的能量比较大，应尽可能从节能方面考虑。另外，对于有些装置可用液压或电动两种方式来控制，一般选用电动控制较为方便。

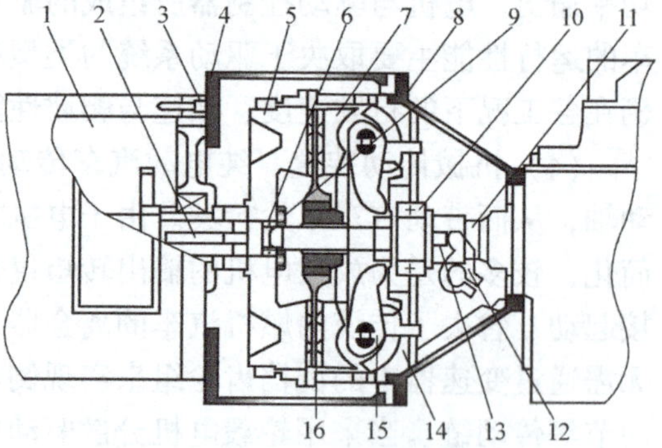

（二）传动系统的结构及工作原理

传动系统的结构及工作原理如图7-56所示。

1. 电机-驱动桥组合式

电机-驱动桥组合式如图7-57所示。它取消了离合器和变速器，但具有减速差速机构，由一台电机驱动两车轮旋转。优点：继续沿用当

图7-56　常规纯电动汽车传动装置结构图

1—电动机　2、9—螺栓　3—套筒　4—飞轮壳
5—飞轮　6、10—轴承　7—压盘　8—离合器壳
11—输入轴　12—分离叉　13—分离套筒
14—离合器盖　15—分离杠杆　16—从动盘

前发动机汽车中的动力传动装置，只需要一组电机和逆变器。这种方式对电机的要求较高，不仅要求电机具有较高的起动转矩，而且要求具有较大的后备功率以保证电动汽车的起动、爬坡、加速超车等动力性。

2. 双电机驱动式

双电机驱动式如图 7-58 所示。

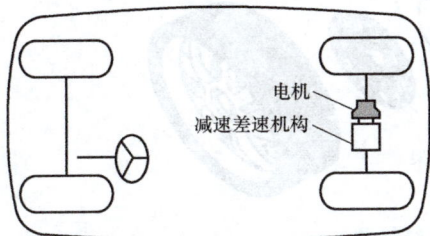

图 7-57　电机-驱动桥组合式　　　　　图 7-58　双电机驱动式

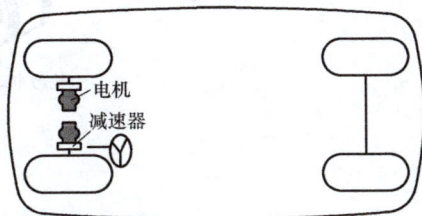

将电机装到驱动轴上，直接由电机实现变速和差速转换。特点：对电机有较高的要求，要求有较大的驱动转矩和后备功率，同时不仅要求控制系统有较高的控制精度，而且要求具备良好的可靠性，从而保证电动汽车行驶的安全性和平稳性。

3. 电动轮驱动方式

电动轮驱动方式如图 7-59 所示。轮毂电机的实物图如图 7-60 所示。

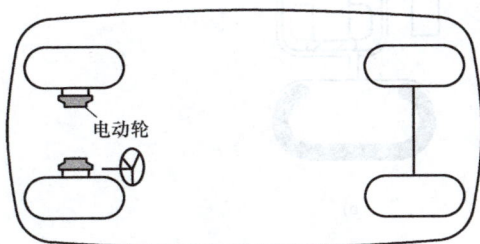

图 7-59　电动轮驱动方式　　　　　图 7-60　轮毂电机实物图

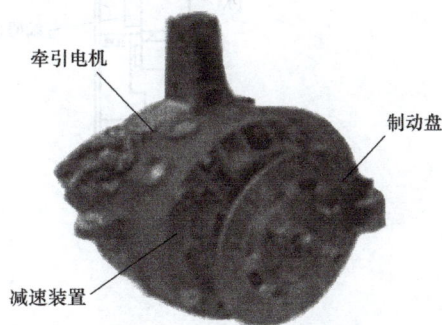

将电机及相应的减速器布置在车轮上。特点：省略了传动轴和差速器等装置，简化了传动系统的结构。但是需要两只或四只电机，控制电路较复杂，将电机与车轮制成一体，加大了汽车悬架的质量。

轮毂电动机的结构如图 7-61 所示。它主要由定子托架、轮毂电动机转子、轮毂电动机定子、制动盘与制动卡钳和转子托架所组成。

轮毂电动机驱动方式（内转子型和外转子型）的结构如图 7-62 所示。它主要由轮辐、轴承、行星齿轮、编码器、制动毂、电动机绕组等组成。

四轮毂电动机的驱动系统如图 7-63 所示。

1）车轮可以实现 ±180° 的旋转、横向行驶、任意旋转行驶。

2）由于可以进行各种车轮任意转矩控制，所以使得防滑控制、制动控制等多种性能得以发挥。

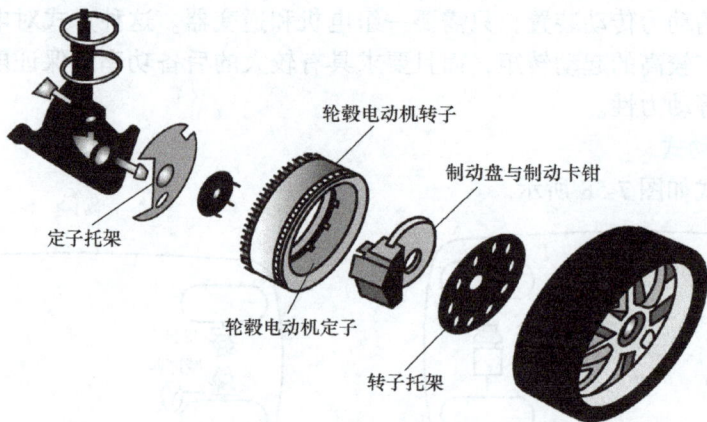

图 7-61　轮毂电动机结构图

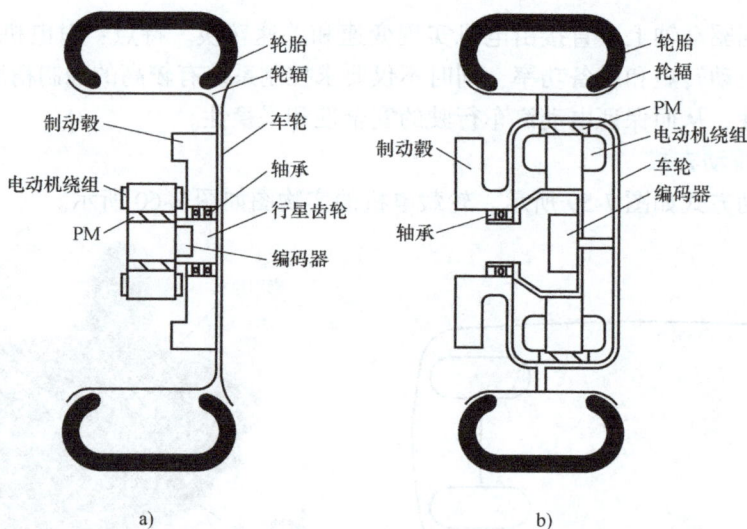

a)　　　　　　　　　　　b)

图 7-62　两种轮毂电动机的驱动方式结构

a）内转子型　b）外转子型

3）轮毂电动机的大型化较难，但是总功率依靠四台电动机分担，可使每台电动机的容量变小些。

4）低速大转矩的电动机体积大且昂贵，所以近年来出现了减速器内置的轮毂式电动机。

4. 米其林轮毂电动机

采用轮毂电动机分散驱动方式，当汽车转弯时，中央控制器也需与辅助模块的动力的硬件连线，提高可靠性，现代汽车控制系统已较多

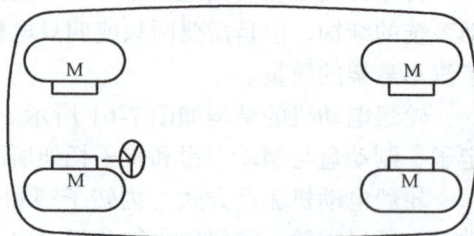

图 7-63　四轮毂电动机的驱动系统

地采用了计算机多 CPU 总线控制方式，特别是对于采用轮毂电动机进行 4WD 前后四轮驱动控制的模式，更需要运用总线控制技术来简化纯电动汽车内部线路的布局，提高其可靠性，

也便于故障诊断和维修，并且采用该模块化结构，一旦技术成熟其成本也将随批量的增加而大幅下降。其结构如图7-64和图7-65所示。

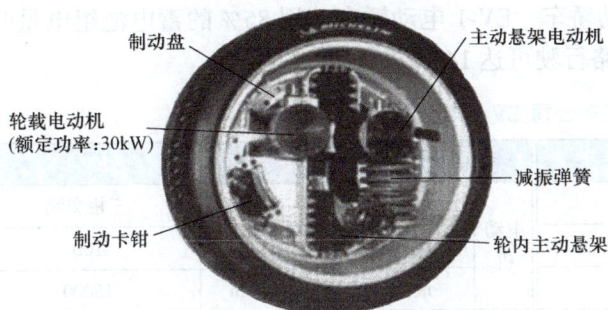

图7-64 米其林轮毂电动机结构图

图7-65 米其林轮毂电动机实物图

（1）米其林轮毂电动机的优点

1）省略了大量的传动部件，使车辆的结构更简单。

2）可实现多种复杂的驱动方式。

3）便于采用多种新能源汽车技术。

（2）米其林轮毂电动机的缺点

1）增大了弹簧下的质量和轮毂的转动惯量，对车辆的操控有所影响。

2）电制动性能有限，维持制动系统运行需要消耗电能较多。

六、纯电动汽车的应用

1. 我国自主开发的纯电动汽车

1）比亚迪股份有限公司纯电动汽车。配置自主开发双离合器两档自动变速器和磷酸铁锂动力蓄电池，系统集成度、可靠性、整车性能进一步提高，产品通过了认证，已得到多个国家经销商的认可。

2）比亚迪股份有限公司生产的比亚迪e6纯电动轿车，如图7-66所示。它采用270A·h的磷酸铁锂动力蓄电池，直流电机驱动，通过总线CAN系统对汽车的各个总成进行控制，最高车速可达140km/h，最大爬坡度15%，续驶里程400km。

3）辽宁黄海汽车（集团）有限责任公司生产的DD6109EV1型电动大客车，如图7-67所示。

图7-66 比亚迪e6纯电动汽车

图7-67 黄海DD6109EV1型电动大客车

DD6109EV1型电动大客车有39+1+1个座位，采用水平铅酸蓄电池为电力电源，蓄电池管理系统对蓄电池组的SOC进行监控计算。

驱动电机为三相交流异步电动机，采用直流转矩/矢量控制技术进行控制，使电机控制在最佳工况下运转。整车采用 ECU 控制器和总线系统 CAN 对整车进行全网络化控制。

2. 国外开发的纯电动汽车

（1）美国通用汽车公司的 EV-1 电动轿车　EV-1 电动轿车使用 85% 的蓄电池组电量时，EPA 城市循环行驶里程 112km，高速公路行驶可达 144km，见表 7-11。

表 7-11　美国通用汽车公司 EV-1 电动轿车的技术性能

项　目		单　位	EV-1	项　目		单　位	EV-1
尺寸参数	总长	mm	4309	电动机	类型		三相交流
	宽度	mm	1766		最大功率	kW	100
	高度	mm	1281		最高转速	r/min	15000
	转矩	mm	2512	性能参数	最高车速	km/h	128
	前轮轮距	mm	1470		空气阻力系数		0.19
	后轮轮距	mm	1244		续驶里程	km	铅酸蓄电池 88～152
质量参数	乘员	人	5		续驶里程	km	镍-氢蓄电池 120～200
	整备质量	kg	铅酸蓄电池 1400	充电器	输入电压	V	220
	整备质量	kg	镍-氢蓄电池 1320		充电程度	%	0～100
蓄电池组	类型		铅酸蓄电池或镍-氢蓄电池		充电时间	h	铅酸蓄电池 5.5～6
					充电时间	h	镍-氢蓄电池 6～8

（2）日本丰田汽车公司的 RAV4-EV　其结构如图 7-68 所示。在市内道路行驶条件下，其最高车速可达 125km/h，一次充电后的续驶里程为 215km。RAV4-EV 采用免维修密封型 Ni-MH 动力蓄电池组，总电压 288V。动力蓄电池组采用强制性空气冷却，动力蓄电池组装在底盘中部和座椅的地板下面，可以确保车厢有宽大的乘坐空间，驱动电机为永磁电动机，效率高，体积小，最大输出功率为 45kW。汽车制动时，电机转换为发电机回收制动能量。

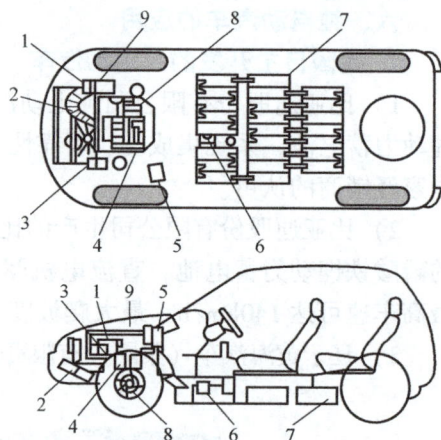

图 7-68　丰田汽车公司 RAV4-EV 型电动轿车

1—空调压缩机　2—DC/DC 转换器　3—制动器电动真空泵　4—驱动电机　5—辅助蓄电池　6—继电器　7—动力蓄电池组　8—减速器　9—动力控制组件

七、纯电动汽车的特点和发展方向

1. 特点

纯电动汽车具有无污染、噪声低、结构简单、使用维修方便、能源效率高等优点。电动汽车停车时不消耗能量，在制动过程中，电动机可自动转化为发电机，实现制动减速时能量的再利用等。缺点是动力电源使用成本高、续驶里程短。

2. 发展方向

纯电动汽车发展的关键在于蓄电池，攻关重点集中在提高蓄电池的性能、降低成本。纯电动汽车的发展重点趋向小型乘用车；大型公交车、市政、邮政等特殊用途车辆。纯电动汽

车大规模进入市场还需一段时间。在车载电源得到解决后，电动汽车必然会迅速地发展。我国已基本掌握整车动力系统的匹配与集成设计、整车控制技术，样车的动力性和能耗水平与国外相当。在小型纯电动汽车和大型公交车方面实现了小规模生产和示范运行。

单元六　天然气汽车

目前，天然气汽车（CNG、LPG）多是通过对传统汽油或柴油汽车进行动力改装而成的，其与传统汽油或柴油汽车的主要区别在于发动机，它采用专用的天然气发动机，同时配备相应的天然气供给系统及控制系统。

1. CNG 汽车的结构

CNG 汽车的结构除采用了传统动力结构外，由于采用 CNG，还需配备相应的系统以实现 CNG 的储运、供给及整车控制。它主要由三部分组成：储气系统、供给系统和控制系统。储气系统是指储存 CNG 的装置，由天然气储气瓶、气量显示器（压力表）、充气阀、压力传感器、高压管线等组成；供给系统主要是根据车辆运行状态，为天然气发动机提供天然气的装置，主要由天然气滤清器、减压调节器、混合器等组成；控制系统是指根据行驶状态随时切换燃料，并根据发动机工况调整 CNG 供给量的装置，主要由油气燃料转换开关、电子控制单元、燃油及 CNG 电磁阀、喷射阀共轨及相关线束等组成。

图 7-69 所示为 CNG 汽车动力系统的工作原理。根据该系统的结构，控制系统中油气燃料转换开关控制高压电磁阀与汽油电磁阀的流通量，由此调节汽油与天然气的供给比例，从而实现 CNG 车辆以最佳工况运行。当使用天然气作为燃料时，储气瓶内 20MPa 的 CNG 经管道进入滤清器去除杂质后，进入减压器，经过减压至常压后，进入混合器，与来自空气滤清器的空气混合后进入气缸。当使用汽油时，汽油电磁阀打开，汽油通过该阀进入气缸燃烧。

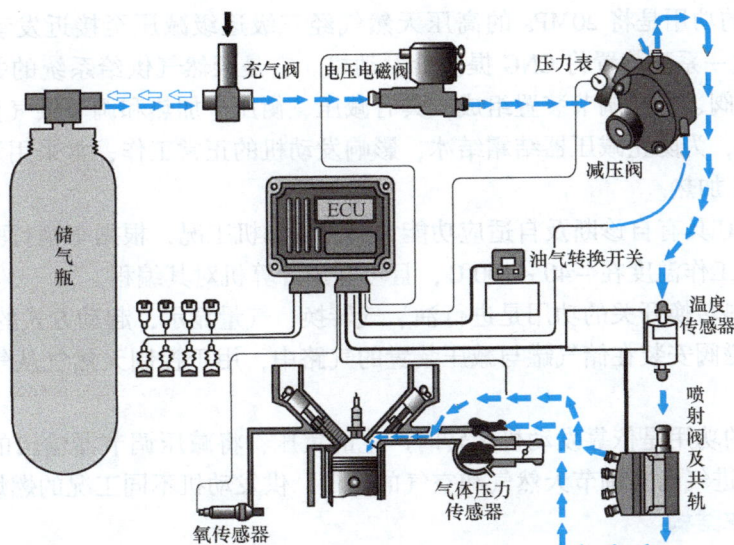

图 7-69　CNG 汽车动力系统的工作原理

图 7-70 所示为 CNG 动力系统的结构。

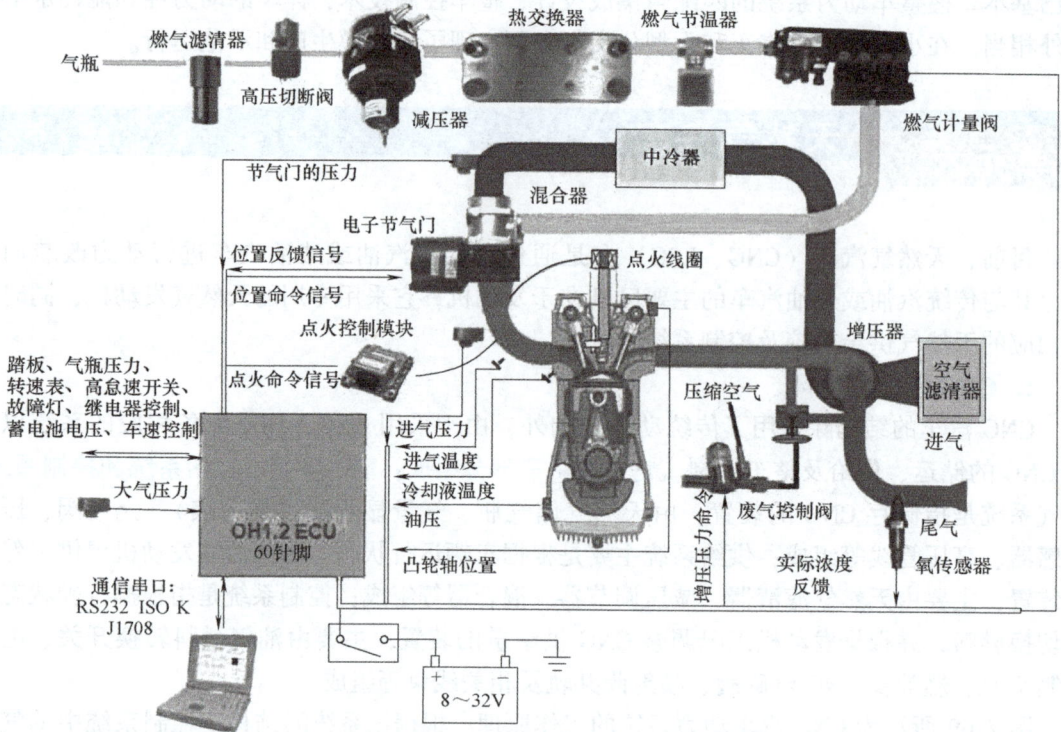

图 7-70 CNG 动力系统的结构

1）高压滤清器是车用 CNG 系统中的初级过滤装置，工作压力为 20MPa，过滤精度为 10～15μm，主要过滤储气瓶中随气体流出的杂质并能初步分离压缩天然气中的一些水分和有害物质，滤芯需定期清理。

2）减压器的功用是将 20MPa 的高压天然气经三级逐级减压至接近发动机的工作压力（常压），并通过一系列装置将 CNG 提供给发动机。它是天然气供给系统的关键装置，主要由减压阀、电磁阀、急速调节装置组成，具有减压、衡压、加热和调节供气量的功能。减压过程中大量吸热，为防止减压器结霜结冰，影响发动机的正常工作，常采用发动机循环水对减压器中的 CNG 加热。

3）燃气 ECU 具有自诊断及自适应功能，监测发动机工况，根据车辆行驶要求提供适合的燃料供给。其工作温度在 -40～100℃，且可利用计算机对其编程。

4）油气燃料转换开关的功用是进行油、气转换，气量显示，起动方式的选择。

5）高压电磁阀安装在储气罐与减压装置的气路中，用于控制天然气从气瓶供给减压瓶的通断。

6）混合器的功用是依靠发动机运转时产生的负压，将减压调节器输出的天然气和空气混合。通过控制进气门来调节天然气和空气的流量，供发动机不同工况的燃烧需要。

2. LPG 汽车结构

LPG 汽车主要由储气罐、蒸发调压器、汽油电磁阀、LPG 电磁阀、功率调节阀、混合器、燃料转换开关和控制电路等组成。

LPG 汽车和常规汽车的区别在于 LPG 的控制，工作原理如图 7-71 所示。将转换开关置于 LPG 档时，燃料开始使用 LPG，同时汽油电磁阀将汽油油路切断。LPG 电磁阀打开后，液态 LPG 从储气罐中流出，经过过滤后流入蒸发调压器，由液态转变成气体，压力接近大气压力，气态的 LPG 利用发动机真空吸力被吸入混合器，在混合器中 LPG 气体与空气均匀混合后，进入发动机燃烧。当转换开关置于汽油档时，汽油电磁阀打开，开始使用汽油，同时 LPG 的电磁阀关闭。

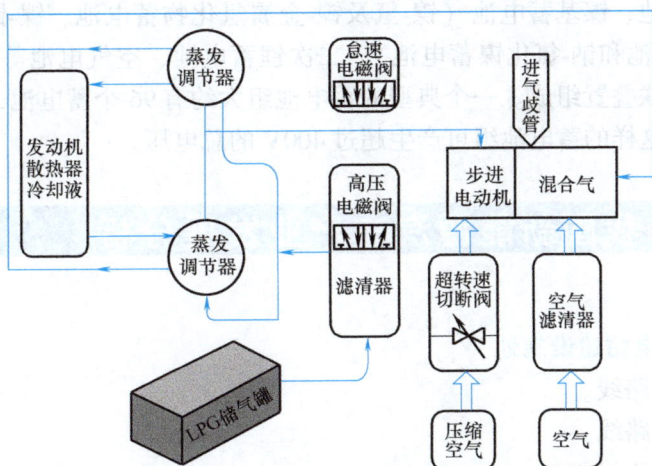

图 7-71　LPG 动力系统的工作原理

汽车加气站的结构如图 7-72 所示。

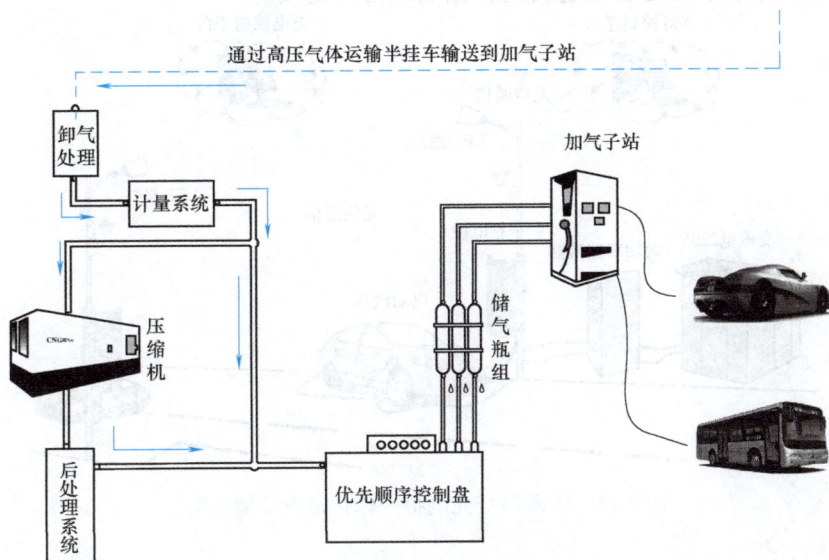

图 7-72　汽车加气站的结构

由于政策对纯电动汽车的倾斜，使得很多人认为新能源汽车等同于纯电动汽车。然而事实上，根据国家对新能源汽车的定义，纯电动汽车、插电式混合动力汽车和燃料电池汽车同属于新能源汽车。不过，纯电动汽车中的增程式电动车与插电式混合动力汽车常被人混淆。

那么，下面就来分析一下这两款"同有一台电动机，一台发动机"的新能源汽车，到底有什么不同。

从新能源汽车全球技术路线来看，日本的混合技术路线已经成熟，无论是成本还是操控具备了与传统燃油车竞争的实力；而我国的新能源汽车技术路线，纯电动已然成了主流，如果没有补贴，如果没有政策的保护，能够与燃油车及混合动力车一争高下，还需要一段时间。

电动汽车蓄电池可以分为两大类，即蓄电池和燃料电池。蓄电池适用于纯电动汽车，可以归类为铅酸蓄电池、镍基蓄电池（镍-氢及镍-金属氢化物蓄电池、镍-镉及镍-锌蓄电池）、钠蓄电池（钠-硫电池和钠-氯化镍蓄电池）、二次锂蓄电池、空气电池等。电动汽车蓄电池组由多个蓄电池串联叠置组成。一个典型的蓄电池组大约有96个蓄电池，充电到4.2V的锂离子蓄电池而言，这样的蓄电池组可产生超过400V的总电压。

单元七　我国新能源汽车产业发展分析

1. 电动汽车充电站建设规划

1）高成本快充路线。

2）低成本慢充路线。

3）高成本换电路线。

4）低成本换电路线。

2. 电动汽车充电站规模预测

图 7-73 所示为未来的配套充电设施、充电设备及场站。

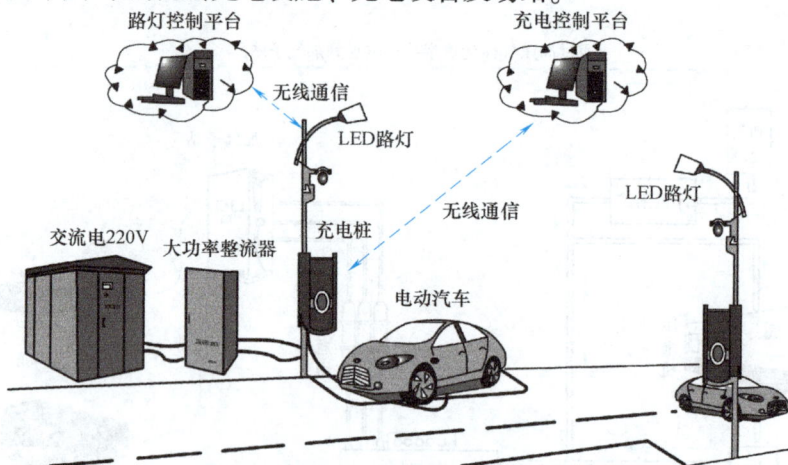

图 7-73　市政路灯充电桩一体化建设节能方案

技能单　普锐斯汽车的维修

一、检查或维护发动机舱时应遵守的事项

1）电源开关处于 ON 位置时，普锐斯的发动机仪表板的 READY 灯亮。维护发动机舱前，应该使 HV 主系统处于关闭状态。

2）解除检查模式前行驶可能损坏变速驱动桥。

3）在检查模式下主警告灯点亮时，解除检查模式来检查诊断区域。

二、发动机维修注意事项

1. 激活混合动力系统时应遵守的事项

1）将电源开关切换为 ON（在 IG 位置），断开蓄电池。如果重新连接时钥匙不在钥匙孔内，则可能输出 DTC B2799。

2）蓄电池断开又重新连接或警告灯亮起时，初次按下电源开关可能无法起动该系统，则再次按下电源开关，可以起动。

2. 使用智能测试仪 II 时应遵守的事项

1）使用前要仔细阅读使用手册。

2）测试汽车时需要两个人配合：一人驾驶汽车，另一人操作测试仪。

3）智能测试仪 II 连接在汽车上行驶时，要防止其电缆绞到变速杆、转向盘或踏板上。

3. 初始化应注意的事项

断开蓄电池的负极电缆后，当重新连接端子时，以下系统将被初始化，仅拆下蓄电池不能完成初始化。

三、混合动力控制系统维修注意事项

1. 操作前应做的事项

1）混合动力系统使用高压电路，不正确的操作可能导致电击、漏电，发生危险。操作高压系统时一定要断开电源。

2）确保电源开关断开。

3）从辅助蓄电池上断开负极端子电缆。

4）必须佩戴绝缘手套。DTC（故障码）也会被清除，因此断开电源之前必须检查 DTC。

5）拆下检修塞。为防止其他人重新连接检修塞，要将拆下来的检修塞放好。拆下检修塞后，不要操作电源开关，否则可能损坏混合动力电动汽车的 ECU。

6）放置汽车 5min 以上，对变频器内的高压电容进行放电。

2. 插接器和线束注意事项

高压电路的插接器和线束均为橙色，HV 蓄电池等的高压零件都贴有"高压"警示，小心不要触碰到这些配线。

3. 使用绝缘手套的注意事项

1）应对绝缘手套进行检查，确保其无破损再进行佩戴。

2）不要戴湿手套。

4. 进行维修或检查时的注意事项

1）工作前必须断开电源。

2）对高压系统进行操作时，用警告牌警示其他人员。

3）必须戴绝缘手套检查和维修零件、高压配线。

4）为防止掉落引起短路，不携带任何金属物体。

5）由于力矩不足或过量可能导致的故障，必须按规定力矩将高压螺钉端子拧紧。

6）拆下任何高压配线后，立刻用绝缘胶带将其绝缘。

7）完成对高压系统的操作后或重新安装检修塞前，应再次确认没有遗留任何零件或工具，以及确认高压端子已拧紧和插接器已连接。

5. 电动汽车故障检测

电动汽车故障检测流程如图7-74所示，发动机控制系统常见故障见表7-12。

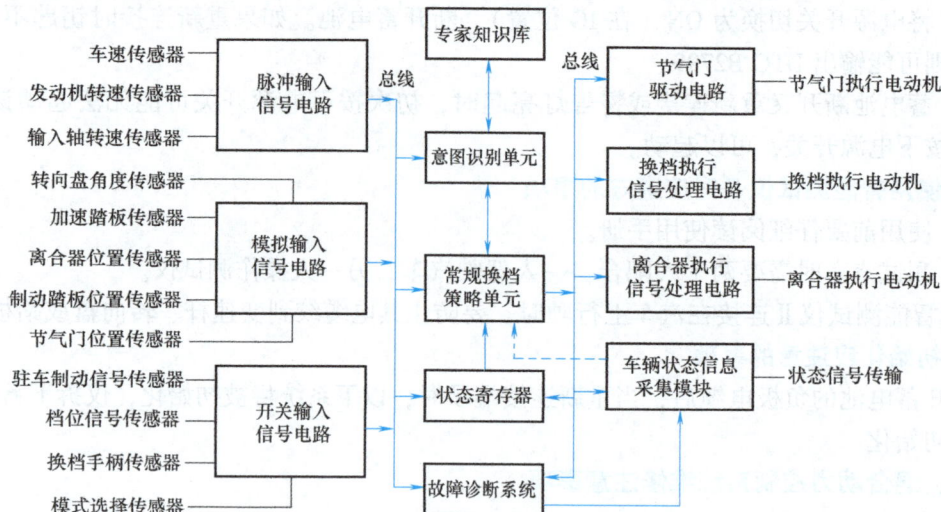

图7-74　电动汽车故障检测流程

表7-12　发动机控制系统常见故障

故障现象	诊断的部位
发动机不转动（不起动）	1）MO1；2）混合动力系统；3）停机系统；4）推动起动系统
不完全燃烧（不起动）	1）燃油泵控制电路；2）火花塞；3）停机系统；4）喷嘴；5）曲轴位置传感器电路
无初始燃烧（不起动）	1）ECM电源电路；2）燃油泵控制电路；3）火花塞；4）停机系统；5）喷嘴；6）ECM；7）曲轴位置传感器电路
冷发动机难以起动	1）燃油泵控制电路；2）火花塞；3）喷嘴；4）曲轴位置传感器电路
热发动机难以起动	1）燃油泵控制电路；2）火花塞；3）喷嘴；4）曲轴位置传感器电路
发动机正常起动但难以起步	1）燃油泵控制电路；2）气缸压缩压力；3）火花塞；4）喷嘴；5）曲轴位置传感器电路
发动机怠速不平稳（怠速不良）	1）气缸压缩压力；2）电子节气门控制系统；3）喷嘴；4）燃油泵控制电路；5）火花塞
发动机怠速低（怠速不良）	1）燃油泵控制电路；2）电子节气门控制系统；3）喷嘴
发动机怠速高（怠速不良）	1）ECM电源电路；2）电子节气门控制系统
游车（怠速不良）	1）ECM电源电路；2）电子节气门控制系统；3）燃油泵控制电路
发动机起动后很快熄火	1）燃油泵控制电路；2）电子节气门控制系统；3）停机系统；4）曲轴位置传感器电路
爆燃（驾驶性能差）	1）燃油泵控制电路；2）火花塞；3）喷嘴
断续工作加速不良（驾驶性能差）	1）燃油泵控制电路；2）火花塞；3）喷嘴；4）HV变速驱动桥

6. 电动汽车的检测线路

电动汽车的检测线路如图7-75所示。

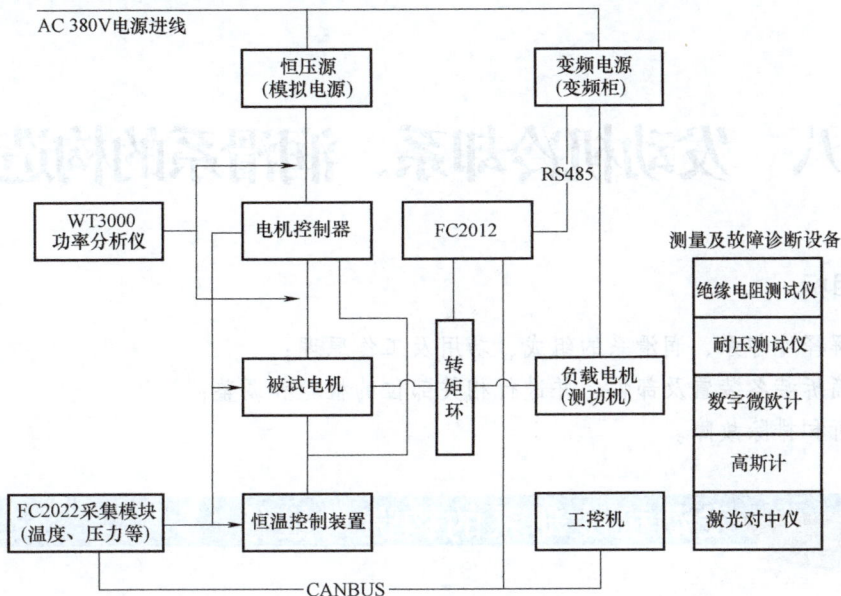

图 7-75 电动汽车的检测线路

7. 混合动力控制系统的故障诊断步骤

第一步：故障车辆进入车间。

第二步：分析客户所叙述的故障。

第三步：将智能测试仪Ⅱ连接到DLC3（数据链路插接器），如果智能测试仪Ⅱ显示通信故障，则检查DLC3。

第四步：检查并记录DTC和定格数据。如果输出与CAN通信系统有关故障的DTC，则首先检查并修理CAN通信系统。

第五步：清除DTC。

第六步：确认故障症状。若未出现故障，进行步骤七，若出现故障，进行步骤八。

第七步：症状模拟。

第八步：检查DTC。

第九步：查DTC表。

第十步：电路检查。

第十一步：故障识别。

第十二步：调整和/或修理。

第十三步：确认故障试验。

第十四步：结束。

步骤三~五、步骤八使用智能测试仪Ⅱ。智能测试仪Ⅱ结构紧凑、坚固，采用手持计算机，触摸屏操作，中文显示。诊断功能支持所有可诊断系统，如安全气囊、发动机、变速器、防盗和ABS等。其内置双道示波器和万用表，极大地扩展了仪器功能，支持丰田和凌志所有CAN BUS系统的车型。

模块八　发动机冷却系、润滑系的构造与维修

学习目标

1）能解释冷却系、润滑系的组成、功用及工作原理；
2）正确拆装各装置及部件，并进行相关部位的检验和调整；
3）分析和排除故障。

单元一　发动机冷却系的构造与维修

一、概述

1. 冷却系的作用

发动机工作时，气缸内燃烧气体的温度达到 2200～2800K（汽油机），如果不对汽油机采取必要的冷却措施，将不能保证其正常工作。发动机冷却系的任务就是使发动机得到适度的冷却，从而保持在最适宜的温度范围内工作。

2. 冷却系的分类

发动机冷却系按冷却介质的不同，可分为水冷和风冷两类。

（1）水冷却系　通过冷却液在水套内循环流动吸收热量，再将热量散入大气而进行冷却的一系列装置。水冷却系因冷却效率高、散热均匀、工作可靠而广泛用于汽车发动机上。

（2）风冷却系　将发动机中高温零件的热量，通过装在气缸体和气缸盖表面的散热片直接散入大气中而进行冷却的一系列装置。风冷却系因冷却效果差、噪声大、功耗大等缺点，仅用于部分小排量及军用汽车发动机，如图 8-1 所示。

二、水冷却系的组成及水路循环

目前，汽车发动机上普遍采用的是强制循环式水冷却系，如图 8-2 所示。它利用水泵将冷却的压力提高，使其在发动机冷却系中循环流动，并通过散热器将热量散入大气中。

水冷发动机的气缸盖和气缸体制有相互连通的水套。冷却液在水泵的作用下，流经气缸体及气缸盖的冷却水套而吸收热量，然后沿水管流入散热器。利用汽车行驶的速度和风扇的强力抽吸，而使气流通过散热器，使流经散热器的高温冷却液的温度下降。冷却后的水流被水泵再次泵入发动机的冷却水套中，如此循环将发动机工作时产生的热量不断带走，保证发动机的正常工作。

发动机装配中，各相对运动部件均留有一定的间隙，这些间隙必须在发动机达到规定工作温度的条件下，才能保证发动机正常润滑。为使发动机在低温时减少热量损失、缩短暖机

时间，冷却系中设有调节温度的装置，如节温器、风扇离合器及百叶窗等。

三、水冷却系的主要部件

1. 散热器

散热器的作用是将冷却液的热量散发到大气中，使发动机保持正常的工作温度。散热器主要由散热片、芯管、上下水室等组成，其断面构造如图 8-3 所示。散热器芯管大都采用扁圆形断面，有利于散热和承受冷却液循环及受热的膨胀力。

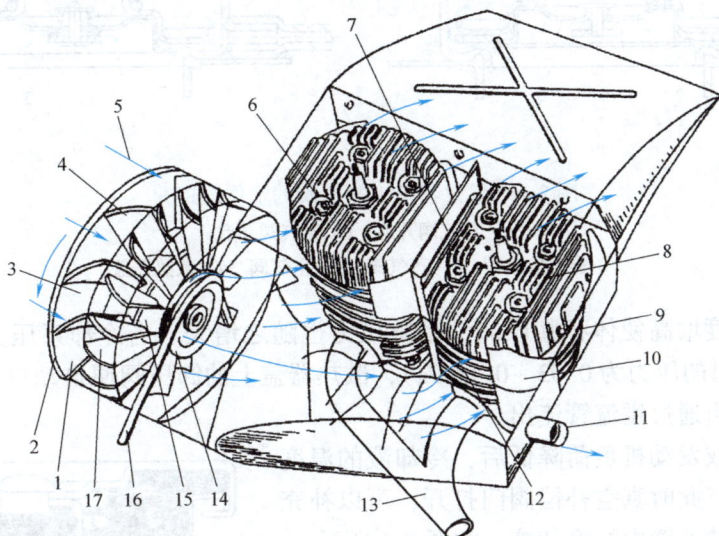

图 8-1　发动机风冷却系示意图

1—风扇　2—风扇壳体　3—风扇导流定子　4—风扇导流叶片　5—冷却空气　6—气缸盖
7、10—导风板　8—气缸盖散热片　9—气缸体散热片　11—热风出口　12—气缸体
13—排气歧管　14—风扇带轮　15—风扇叶轮　16—风扇平带　17—风扇叶片

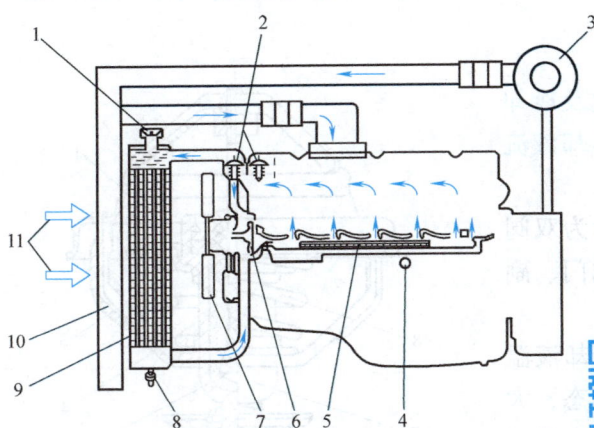

图 8-2　CA6110ZW 柴油机冷却系统循环图

1—加水口　2—节温器　3—增压器　4、8—放水开关
5—机油冷却器　6—水泵　7—风扇　9—散热器
10—中冷器　11—冷却空气

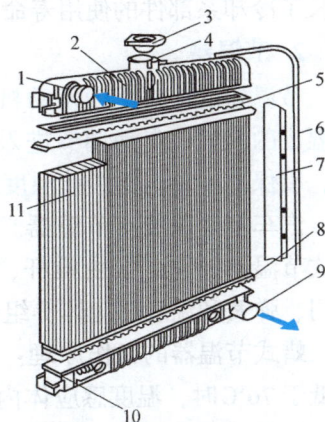

冷却液的
循环路径

图 8-3　散热器的断面构造

1—进水管口　2—上储水室　3—散热器盖
4—加水口　5—上管栅　6—溢流管　7—侧
固定夹板　8—下管栅　9—出水管口
10—下储水室　11—散热器芯

散热器上水室设有加水口，加水口通过闭式冷却系的散热器盖密封，这种闭式冷却系的散热器盖为压力式结构，当冷却液受热膨胀使系统压力增大时，仍能密封而不会在冷却液温度达到100℃以上时从此喷出。散热器盖上制有卸压阀和真空阀，其工作原理如图8-4所示。

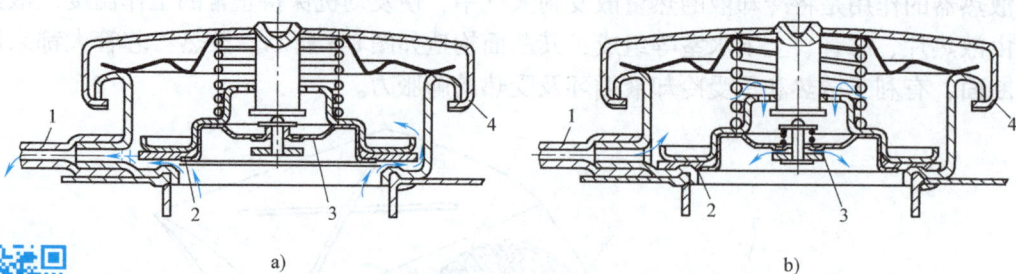

图8-4 散热器盖、卸压阀的工作原理图
a) 蒸气阀开启 b) 空气阀开启
1—蒸气排出管 2—蒸气阀 3—空气阀 4—散热器盖

散热器盖

当冷却液温度增高使体积膨胀时，系统压力也随之增大。当冷却系压力超过规定值时（如100～120℃时的压力为0.03～0.1MPa），散热器盖上的卸压阀便自动打开，过高的压力将随卸压阀的开启通过溢流管流出。

当汽车行驶或发动机负荷降低后，冷却液的温度和压力随之下降，此时真空补偿阀门打开，可以补充进一部分空气或储液罐中的冷却液，如图8-5所示。

由于闭式冷却系在热状态下具有一定的压力，因此打开散热器盖时应注意避免冷却液溅出烫伤。

发动机冷却系中加注长效防冻液，不仅可以防止冷却液冻结，而且还有效地避免了冷却系集结水垢，延长了冷却系部件的使用寿命。

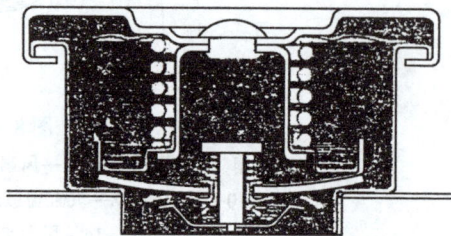

图8-5 散热器盖真空补偿阀工作原理图

2. 节温器

节温器的作用是随发动机负荷的变化及冷却液温度的变化，自动调节进入散热器的冷却液流量，以保证发动机的最佳温度运转。

汽车上普遍装有节温器。图8-6所示为双阀蜡式节温器，它主要由推杆、支架、主阀门、副阀门、弹簧和温度感应体等组成。

蜡式节温器的工作原理：当发动机冷却液温度低于76℃时，温度感应体内的石蜡呈固态，大循环阀门被弹簧压紧在阀座上，同时带动小循环阀门8向上移动，节温器自动关闭气缸盖通往散热器的通道，同时开放由出水口至水泵的循环水通道，在发动机水套内形成小循环，如图8-7a所示，可以加快冷却液温度的升高。

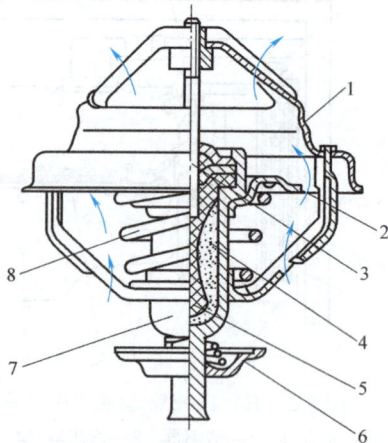

图8-6 双阀蜡式节温器的构造
1—支架 2—主阀门 3—推杆 4—石蜡 5—胶管
6—副阀门 7—节温器外壳 8—弹簧

当冷却系统温度达到76℃时，节温器温度感应体内的石蜡开始熔化，由固态逐渐变成液态使体积发生膨胀，其中的橡胶管被压缩变形并推动中心杆向上移动。但是，由于推杆上端受上支架的限制，所以迫使温度感应体向下移动使大循环阀门逐渐开启。与此同时，套装在温度感应体下端的小循环阀门在弹簧的作用下随温度感应体下移而逐渐关闭，冷却液的循环方式由小循环向大循环过渡。当发动机冷却液温度继续升高到86℃以上时，大循环阀门全开而小循环阀门全闭，如图8-7b所示，使发动机冷却液控制在最佳工作温度范围（80～90℃）内。

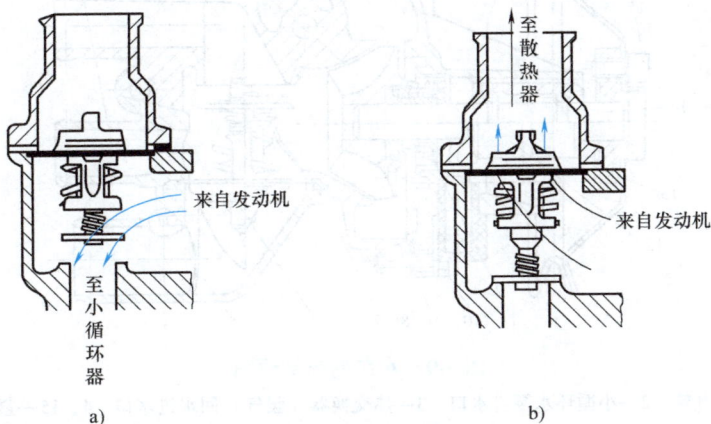

图8-7　节温器形成的小循环

反之，当冷却液的温度低于76℃时，液态的石蜡则开始凝固、收缩，大循环阀门在弹簧的作用下压紧在阀座上，同时小循环阀门上移，使之重新恢复到小循环工作状态。

3. 水泵

水泵一般安装在发动机前端，通常与风扇一起用带轮同轴驱动。水泵的作用是对冷却液加压后，使之在冷却系中循环流动。

发动机广泛采用离心式水泵。它具有结构紧凑、泵水量大及因故障停止工作时，不妨碍冷却液在冷却系内自然循环等优点，其工作原理如图8-8所示。当叶轮2旋转时，水泵内的冷却液被叶片推动一起旋转，在离心力的作用下甩向叶轮边缘，由壳体1收集送往出水管4，压入发动机冷却水道。与此同时，叶轮中心因具有负压而使散热器中的冷却液经进水管被吸入水泵。

图8-9所示为一汽捷达轿车EA827型发动机水泵的纵剖面图。水泵轴14通过向心球轴承12支承在水泵壳体8上。水泵轴左端通过水泵轴凸缘13，用紧固螺栓15与水泵带轮16相连，右端则连接水泵叶轮1。为防止泵内高压水沿泵轴向外渗漏，在叶轮的前端装有密封装置（通常由水封环、密封圈或填料等组成）。

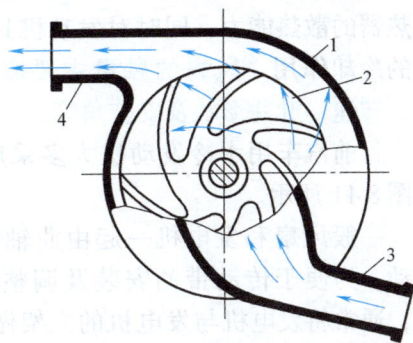

图8-8　离心水泵示意图

1—壳体　2—叶轮
3—进水管　4—出水管

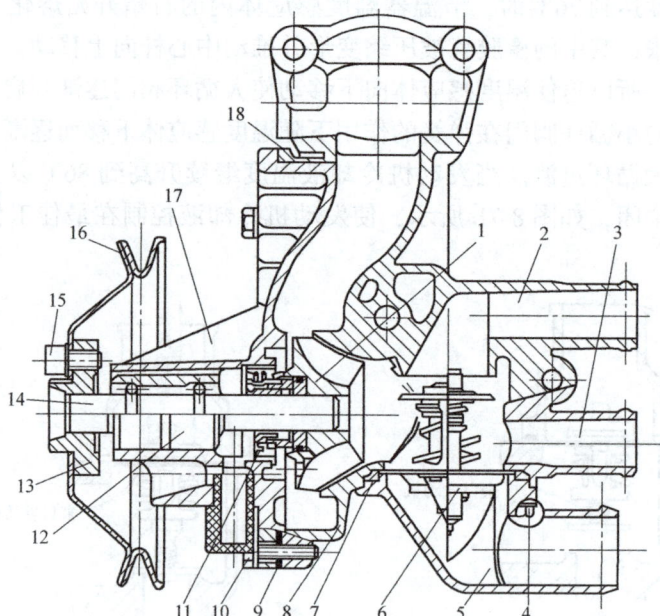

图 8-9　水泵的纵剖面图

1—水泵叶轮　2—小循环水泵进水口　3—热交换器（暖气）回水进水口　4、15—紧固螺栓
5—水泵主进水管　6—节温器　7—密封圈　8—水泵壳体　9、18—密封垫　10—水泵壳连接螺栓
11—水封　12—球轴承　13—水泵轴凸缘　14—水泵轴　16—水泵带轮　17—水泵前壳体

　　一汽捷达轿车 5 气门发动机水泵结构如图 8-10 所示。它由叶轮 1、同步带轮 3、轴承 4、堵盖 5、轴承壳体 6、密封圈 7 和水封 8 组成，图中 2 所指的接触面必须涂以密封胶，确保水泵的密封性。

4. 风扇

　　风扇通常安装在散热器的后面并与水泵同轴驱动，用来提高流经散热器的空气流速和流量，增强散热器的散热能力，同时对发动机其他附件也有一定的冷却作用。风扇的风量主要取决于风扇的直径、转速、叶片形状及安装角等。

　　目前汽车用水冷发动机大多采用轴流式风扇，如图 8-11 所示。

　　一般风扇和发电机一起由曲轴带轮通过 V 带驱动。为便于传动带的安装及调整传动带的张紧度，通常将发电机与发电机的支架做成可调的，如图 8-12 所示。

　　近年来，有的轿车采用了以蓄电池为动力的电动风扇，其转速与发动机的转速无关。电动机的开关由位于散热器的温度传感器控制，当散热器的温度高于发动机规定的温度时通过传感器接通电动机带动风扇工作。

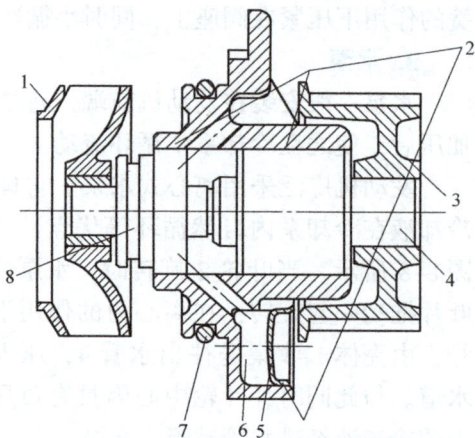

图 8-10　5 气门发动机水泵的结构

1—叶轮　2—接触面　3—同步带轮　4—轴承
5—堵盖　6—轴承壳体　7—密封圈　8—水封

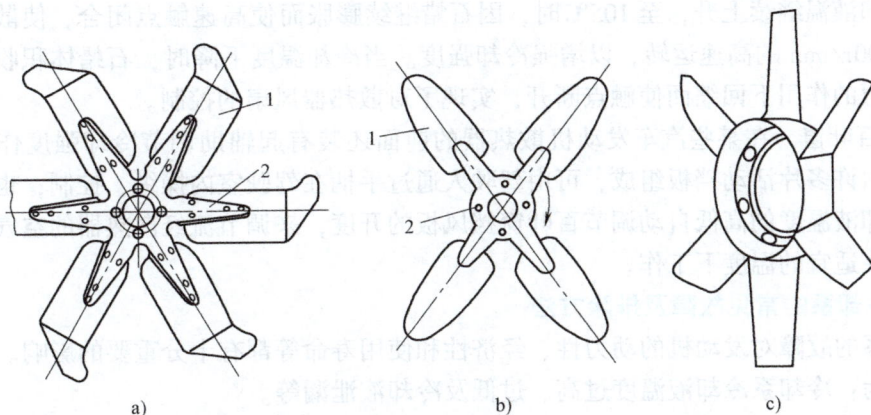

图 8-11　风扇形式

a）叶尖前弯的风扇　b）尖窄根宽的风扇　c）尼龙压铸整体风扇

1—叶片　2—连接板

5. 风扇离合器和温控开关

为了减少发动机功率损失，减小风扇噪声，改善低温起动性能，节约燃料及降低排放，在有些汽车发动机上采用风扇离合器或风扇温控开关来控制风扇的转速，自动调节冷却液的温度。

（1）风扇温控开关　图 8-13 所示为一汽捷达轿车 EA827 型发动机的双温蜡质热敏温控开关。它由蜡质感温驱动元件及两档触点动作机构组成，利用石蜡 9 受热由固态变为液态时体积变大来移动推杆 7，控制触点 4、5 的开闭，它装在散热器上。

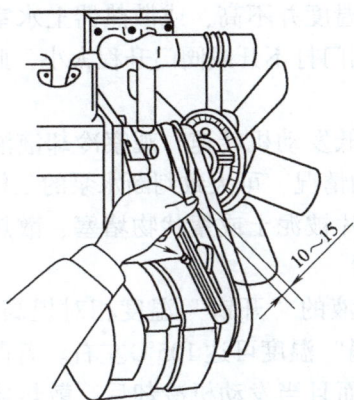

图 8-12　风扇的驱动及传动带张紧装置

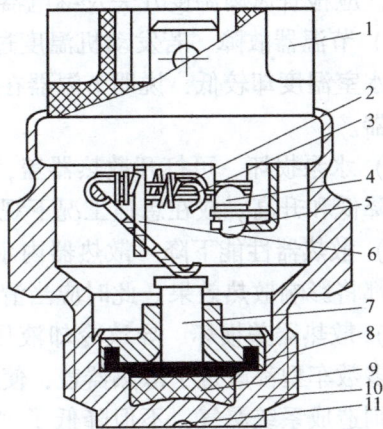

图 8-13　双温蜡质热敏温控开关

1—接线杆座　2—触点 1 拉簧
3—触点 2 拉簧　4—触点 1　5—触点 2
6—拉簧架　7—推杆　8—橡胶密封膜
9—石蜡　10—外壳　11—调整坑

随冷却液温度的升高，石蜡开始膨胀，通过橡胶密封膜 8 推动推杆 7 而压动拉簧架 6。当冷却液温度升至 95℃时，低速触点闭合，散热器电机风扇接通电源，以 1600r/min 低速运转。当冷却液温继续上升，至105℃时，因石蜡继续膨胀而使高速触点闭合，使散热器电机风扇以2400r/min的高速运转，以增强冷却强度。当冷却温度下降时，石蜡体积收缩，推杆在触点拉力的作用下回缩而使触点断开，实现了对散热器风扇的控制。

（2）百叶窗　在某些汽车发动机散热器的前面还装有起辅助调节冷却强度作用的百叶窗。它是由许多片活动挡板组成，可由驾驶人通过手柄在驾驶室内操纵、控制；也可由感温器根据冷却液温度的高低自动调节百叶窗挡风板的开度，来调节流经散热器的空气量，使发动机保持在适宜的温度下工作。

四、冷却系的常见故障及排除方法

冷却系的故障对发动机的动力性、经济性和使用寿命等都有十分重要的影响。常见故障主要表现为：冷却系冷却液温度过高、过低及冷却液泄漏等。

1. 冷却系冷却液温度过高

（1）冷却液不足　可检查和添加散热器中的冷却液，同时还应检查并添加副散热器中的冷却液，疏通副散热器的通气孔。

（2）仪表故障或冷却液温度感应塞损坏（假过热）　当冷却液温度表指示过热时，观察散热器中冷却液是否过热或开锅。如果冷却液温度正常，即为冷却液温度感应塞或冷却液温度表有故障。此时，可以先换冷却液温度感应塞，若冷却液温度表仍指示温度过高，则为冷却液温度表故障，反之，则为冷却液温度感应塞故障。

（3）风扇不转　检查风扇传动带是否过松或打滑，若打滑应进行调整。

有些车型采用离合风扇（包括硅油离合风扇和电磁离合风扇），当冷却液温度上升到80～90℃时，风扇仍不工作，说明离合风扇有故障，可进行调整、修理或更换；对于采用电控风扇的车型，应是电子控制风扇温度开关工作不良，从而使风扇不能旋转或风扇电动机起动过晚。应检查风扇温度开关及继电器的工作情况。

（4）节温器故障　若发动机温度过高，而散热器温度并不高，或散热器上水室温度较高，下水室温度却较低，说明节温器在开启温度下，阀门打不开或阀门升程太小，此时应更换节温器。

（5）水泵损坏　可打开散热器盖，突然提高和降低发动机转速，观察冷却液液面是否有明显降低和升高。或在怠速工况下观察冷却液的搅动情况，可大致判断水泵的工作性能。

（6）散热器性能下降　散热器内水垢严重、散热片被泥土或絮状物堵塞、散热器水管堵塞，都将影响散热效果。此时应当清洗、疏通散热器。

（7）散热器盖损坏　导致冷却液压力升高，冷却液的"开锅"温度相对提高。因此，目前大多数车型都改进了散热器盖，使冷却液的"开锅"温度可达105℃左右。若散热器盖损坏，则造成系统漏气，不但降低了"开锅"温度，而且当发动机冷却后，散热器内不能形成一定的真空度，与外界不能形成压力差，无法将副散热器内的冷却液吸入而补充到散热器内。若散热器内冷却液不足，而副散热器内液位正常时，即可判断散热器盖有故障，应进行检修或更换。

（8）护风罩损坏　护风罩大面积缺损或安装不当（远离风扇），将降低风扇与散热器之间的吸风导流作用，减少冷却空气流动量，降低冷却效果。

（9）百叶窗故障　百叶窗打不开或开度不足，将降低散热器的散热效果。

（10）点火时间过迟　点火时间过迟，将使高温气体接触气缸下部，使冷却液的温度上

升加快。此时，应将点火时间适当提前。

2. 冷却系冷却液温度过低

1）节温器故障。节温器主阀门处于常开状态，发动机冷却系长期处于大循环，导致冷却液温度过低，可以通过检查散热器内冷却液的循环状况（在发动机低温时），或拆下散热器进水管检视有无水流进行判断。有些车辆自行拆除节温器，将造成发动机温度上升缓慢（特别是在冬季或寒冷地区），导致发动机短时间功力不足，经济性变坏。

2）百叶窗故障。百叶窗不能完全关闭，导致冷却系冷却液温度过低。

3）冬季保温装置不良。

3. 冷却液泄漏

（1）散热器泄漏　散热器严重腐蚀或破损，可做水压试验或外观检查，若发现故障可焊补修复。

（2）副散热器漏水　对有副散热器的车辆，应检查副散热器是否完好，连接水管是否泄漏。

（3）进出连接水管泄漏　进出水管老化或碰伤而造成泄漏；接口处夹箍松动，密封不良，也将造成泄漏。可通过外观检查，如不合格，应予以更换或调整。

（4）水泵漏水　主要故障原因为水泵水封圈损坏或水泵密封垫损坏，造成泄漏。可通过外观检查，发现漏水应及时拆检。

（5）气缸垫漏水　气缸垫水道口损坏或缸套（湿式）突出量不符合要求，常造成冷却液泄漏，即冷却液流进曲轴箱。此时，可检查发动机机油，若机油呈乳白色，则可断定冷却液混入机油，应更换气缸垫或调整气缸套突出量。

（6）气缸套（湿式）水封圈漏水　检查方法同上；还可将油底壳机油放出，将发动机搁置数小时，再旋下油底壳放油螺塞，如此时仍有水放出（发动机未运转时，油水一般呈分离状况），可进一步断定气缸套水封圈漏水。

（7）气缸体、气缸盖水道漏水　一般是由于气缸体、气缸盖本身的铸造缺陷（如砂眼等），经腐蚀或加工切削后，缺陷暴露、穿通，通常表现为内漏，可以通过机油变色做辅助判断，并用水压法检查漏水部位。

单元二　发动机润滑系的构造与维修

一、润滑系的功用及润滑方式

润滑系的功用是将清洁的润滑油以一定的压力不断地供给各运动零件的摩擦表面，以减少零件的摩擦和磨损；流动的润滑油还能清除摩擦表面的磨屑、尘砂、积炭等杂质；此外，润滑油还能吸收摩擦表面的热量，填充零件间隙与空隙，减少气体泄漏，帮助活塞环加强密封，减缓零件间冲击振动，降低工作噪声及防止零件间表面生锈。

发动机运转时，由于发动机各运动零件的工作条件不同，所要求的润滑条件也不同，由于各运动零件的工作条件不同而采取不同的润滑方式。发动机润滑多采用压力润滑、飞溅润滑和重力润滑相结合的综合润滑方式。

曲轴主轴承、连杆轴承及凸轮轴轴承等处承受的载荷及相对运动的压力较大，则需要有良好的润滑，并将一定压力的润滑油输送到相对运动部件的摩擦表面，在相对运动部件中形成油膜。这种润滑方式称为压力润滑。另一种润滑方式是利用发动机工作时运动零件溅起的润滑油来润滑其摩擦表面，润滑后的油回落到油底壳，回落中可润滑其他摩擦表面，称为飞溅润滑。这种方式可润滑载荷较轻的气缸壁、相对运动速度较小的活塞销，以及配气机构的凸轮表面、挺柱等。在发动机辅助系统中有些零件，如水泵及发电机的轴承，则只需定期加注润滑脂（黄油）。近年来，在有的发动机上采用了含有耐磨润滑材料（如尼龙、二硫化钼等）的轴承来代替加注润滑脂的轴承。

二、机油的规格选用

机油的正确选用对保证发动机可靠工作，防止零件异常磨损有直接影响。自然吸气型柴油机应选用 CC 级或 DD 级机油，增压器型应选用 CD 级机油。另外选择机油牌号还要以柴油机的工作环境温度为依据（表8-1）。例如，当环境温度为 –10℃ 时，对 CC 级或 DD 级机油应选择 15W/40 号。环境温度偶然超出极限时，只影响起动性能，而不至于损坏柴油机。机油必须保持清洁，不被灰尘、杂质污染。加入机油后应检查油底壳内的机油面高低，方法如下：抽出机油标尺，用纱布擦净后再插入油底壳，然后抽出机油标尺检查标尺的所示油面是否处于上限标记与下限标记之间。无论何时机油面均不得低于机油标尺的下限标记。

表8-1　机油牌号与适用最低气温的关系

L-ECC 级机油牌号		5W/30	10 W/30		15W/40	20W/40	20W/20	30	40
柴油机工作环境温度/℃		– 25 ~ 25	– 20 ~ 20		– 10 ~ 35	– 10 ~ 30	– 10 ~ 10	5 ~ 30	>25
L-ECD 级机油牌号	10W	5W/30	10 W/30	15W/30	15W/40	20W/40	20W/20	30	40
柴油机工作环境温度/℃	– 20 ~ – 5	– 25 ~ 25	– 20 ~ 20	– 10 ~ 25	– 10 ~ 35	– 10 ~ 30	– 10 ~ 10	5 ~ 30	>25

三、发动机润滑系的组成及润滑油路

（一）润滑系的组成

润滑系主要由油底壳、机油泵、限压阀及旁通阀、机油滤清器、机油冷却器、机油压力表、温度表和机油尺组成；此外，发动机润滑系还包括部分油管和在发动机机体上加工出的油道等。

机油冷却器的组成，如图 8-14 所示。机油冷却器总成由双头螺栓、油道密封圈、小垫圈、弹簧垫圈、六角螺母及垫片、机油冷却器盖板、油道螺塞、O 形密封圈、安全阀总成、密封垫圈和平垫圈等组成。

机油冷却器在有些热负荷较高的发动机上设置。其作用是加强润滑油的冷却，保持润滑油的温度在正常工作范围（343 ~ 363K）内。

（二）发动机的润滑油路

发动机的润滑油路基本相似，只是由于润滑系的工作条件和某些具体结构的不同而稍有差别。

1. CA6110 型发动机润滑系统

CA6110 型发动机采用复合式润滑方式，如图 8-15 所示。发动机工作时，机油经集滤器被吸入机油泵，机油泵装有限压阀，当机油泵出口压力超过 588kPa 时，限压阀开启，部分机油回到油底壳。以保证机油泵输出一定压力的润滑油，同时供给全流式粗滤器和分流式离心细滤器。经粗滤器的机油进入主油道（约占87%），再经气缸体上的油道进入机油冷却

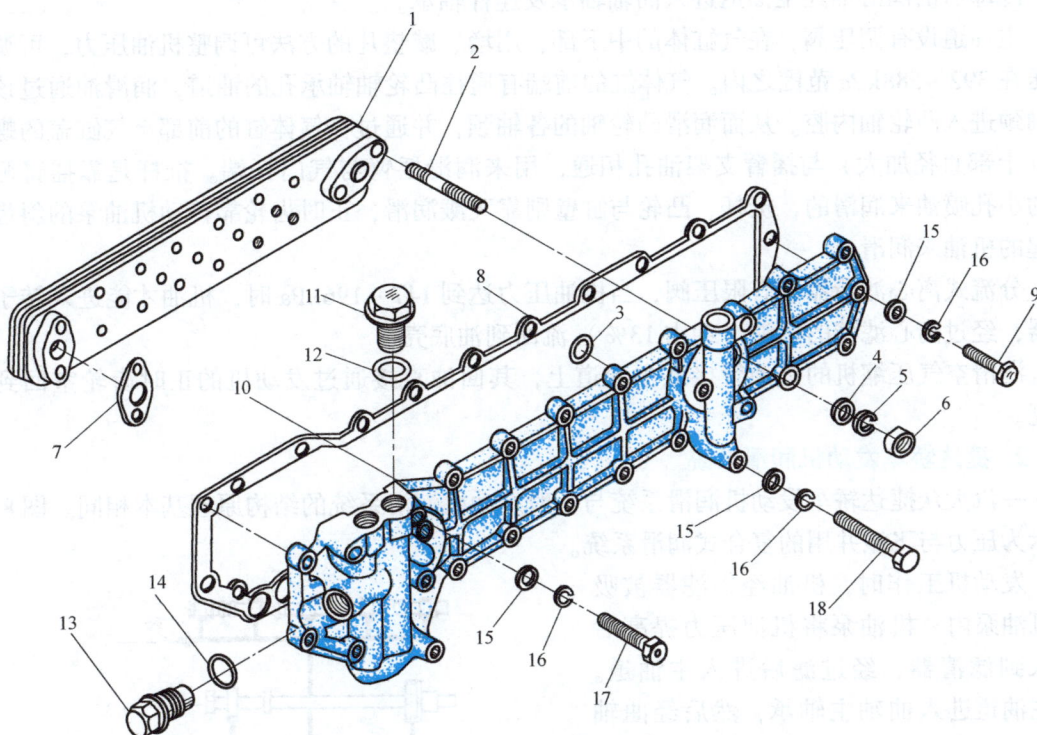

图 8-14 机油冷却器的组成

1—机油冷却器总成 2—双头螺栓 3—油道密封圈 4—小垫圈 5—弹簧垫圈 6—六角螺母 7—垫片
8—机油冷却器盖板垫片 9、17、18—六角头螺栓 10—机油冷却器盖板 11—油道螺塞 12—O 形密封圈
13—安全阀总成 14—密封垫圈 15—平垫圈 16—弹簧垫圈

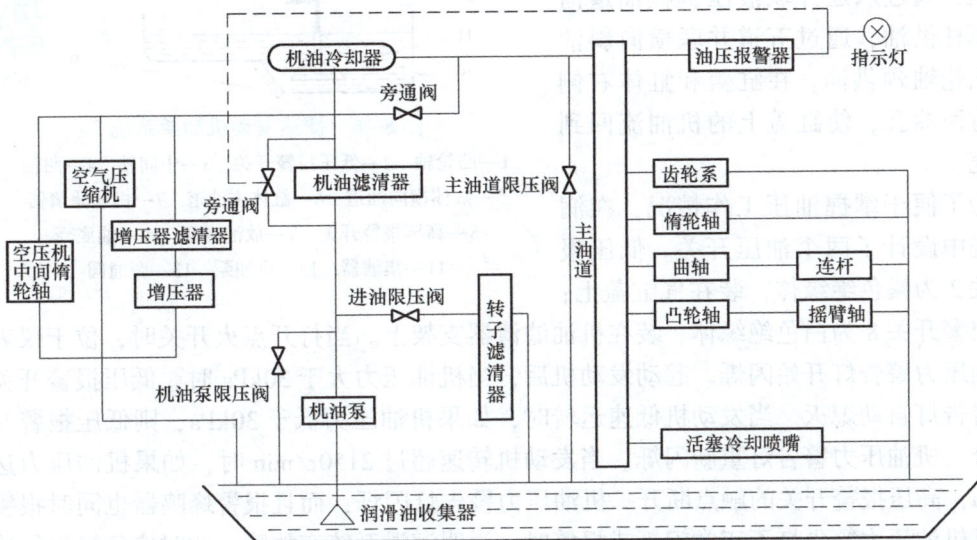

图 8-15 CA6110 型发动机润滑系统

器；冷却后的润滑油经主油道进入曲轴轴承及连杆轴承。

主油道设有调压阀，在气缸体的中下部，用增、减垫片的方法可调整机油压力，可调节油压在392～588kPa范围之内。气体缸的前端有通往凸轮轴轴承孔的油道，润滑油通过该凸轮轴颈进入凸轮轴内腔。从而润滑凸轮轴的各轴颈，并通过在气体缸的前部至气缸盖的螺栓孔（上部直径加大）与摇臂支架油孔相通，用来润滑摇臂与气门杆端。推杆是靠摇臂侧面上的小孔喷油来润滑的，挺杆、凸轮与缸壁则靠飞溅润滑，正时齿轮靠传动机油泵的斜齿轮带起的机油来润滑。

分流式离心滤清器装有限压阀，当机油压力达到147～196kPa时，机油才能进入转子滤清器，经过离心滤清的机油（约占13%）流回到油底壳。

润滑空气压缩机的机油管接在主油道上，其回油直接通过发动机的正时齿轮室回到油底壳。

2. 捷达轿车发动机润滑系统

一汽大众捷达轿车发动机润滑系统与一般发动机润滑系统的结构原理基本相同。图8-16所示为压力与飞溅并用的复合式润滑系统。

发动机工作时，机油经集滤器被吸入机油泵内，机油泵将机油压力提高后输入到滤清器，经过滤后进入主油道。由主油道进入曲轴主轴承，然后经曲轴内的油道分别流入四道连杆轴承，机油再经连杆的油道润滑活塞销并对活塞进行喷油冷却。

缸体主油道上有一垂直油道与缸盖主油道相通，机油经垂直油道进入缸盖主油道，通过八道并联液压挺柱油道向液压挺柱供油，通过五道并联横向斜油道向凸轮轴颈供油。在缸盖和缸体右侧布置有回油孔，使缸盖上的机油流回到油底壳。

为了便于掌握油压工作情况，在润滑系统中设计了两个油压开关。低压报警开关2为褐色绝缘体，装在气缸盖上；

图8-16 捷达发动机润滑系统

1—凸轮轴 2—低压报警开关 3—中间轴 4—曲轴
5—缸体横向油道 6—缸体主油道 7—机油滤清器
8—高压报警开关 9—放油螺塞 10—油底壳
11—集滤器 12—机油泵 13—旁通阀

高压报警开关8为白色绝缘体，装在机油滤清器支架上。当打开点火开关时，位于仪表板中的机油压力警告灯开始闪烁。起动发动机后，当机油压力大于30kPa时，低压报警开关2断开，警告灯自动熄灭。当发动机低速运转时，如果机油压力低于30kPa，则低压报警开关触点闭合，机油压力警告灯重新闪烁。当发动机转速超过2150r/min时，如果机油压力达不到180kPa，高压报警开关的触点断开，机油压力警告灯闪烁，而且报警蜂鸣器也同时报警。若发动机机油压力警告灯不正常闪烁或报警时，说明润滑系统有故障，此时应停机进行检查。

发动机油温为80℃、转速为800r/min时，机油压力不小于30kPa；在转速为2000r/min时，机油压力不小于200kPa。高尔夫等轿车发动机的润滑系油路与捷达轿车发动机润滑系

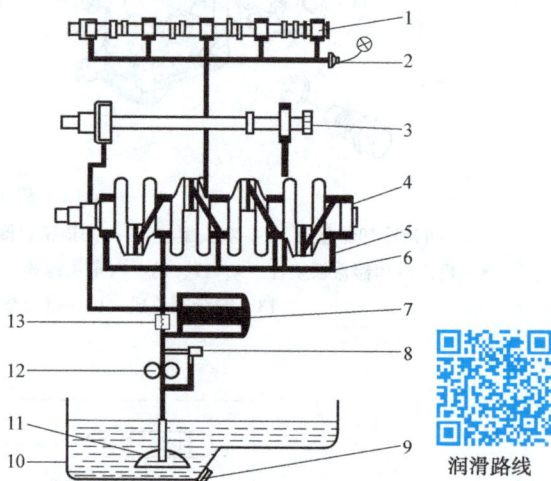

油路完全相同。

四、润滑系主要部件

（一）机油泵

机油泵的作用是将一定数量的机油建立起压力并输送到各摩擦表面。

机油泵一般由凸轮轴驱动，依据机油泵的作用及构造可分为以下几种：

1. 齿轮式机油泵

齿轮式机油泵分为外齿式机油泵和内齿式机油泵两种。

外齿轮式机油泵的结构如图 8-17 所示。它主要由机油泵体，泵盖，集滤器，限压阀和主、被动齿轮组成，其工作原理如图 8-18 所示。

机油泵主动齿轮由凸轮轴驱动旋转，被动齿轮依图示方向转动，进油口容积因齿轮向脱离啮合方向旋转而增大，腔内产生一定真空，机油便从进油口进入油腔。齿轮旋转时，将机油带到出油腔，而出油口的容积因齿轮进入啮合而减小，油压随即升高，机油便被从出油口压送到发动机油道。

因机油泵出油量及压力与齿轮转速成正比，当发动机高速运转时，机油压力会超过规定值，限压阀开启，机油又回到入口处，以保证一定的输油量及压力。

图 8-17　外齿轮式机油泵的结构

1—泵体　2—从动齿轮　3—滤网　4—泵盖
5—限压阀　6—主动齿轮　7—驱动轴

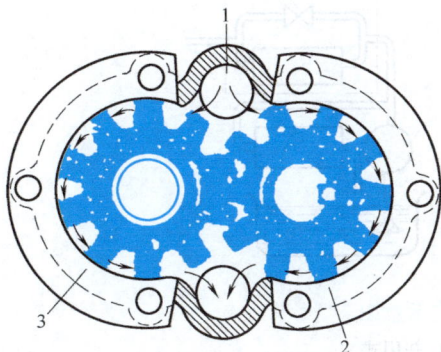

内齿轮式机油泵如图 8-19 所示。它主要由泵体、主动外齿轮和被动内齿轮组成，以同方向转动，将油储存在内外齿轮间的半月块间，以产生泵油作用。日本丰田 22R 发动机就采用内齿轮式机油泵。

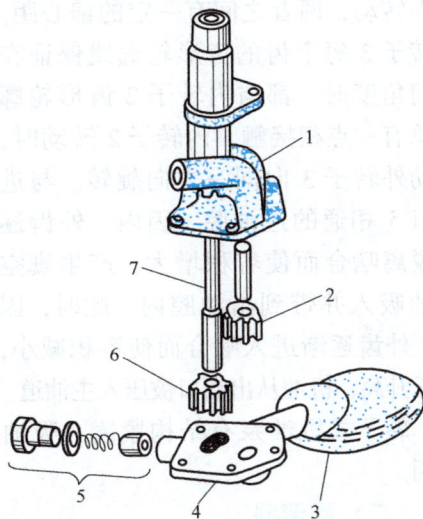

外啮合齿轮式
机油泵原理

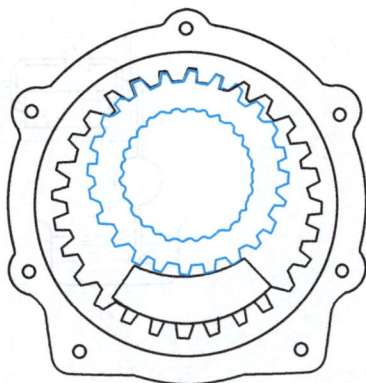

图 8-18　外齿轮式机油泵

1—进油口　2—主动齿轮　3—被动齿轮

图 8-19　内齿轮式机油泵

2. 转子式机油泵

转子式机油泵的工作原理如图 8-20 所示。由于主动内转子 2 和从动外转子 3 都装在机油泵壳体 4 内，内转子 2 固定在主动轴 1 上。外转子 3 可在壳体内转动，两者之间有一定的偏心距。外转子 3 每个齿的齿形轮廓线保证在任何角度时，都与内转子 2 齿形轮廓线总有一点相接触。内转子 2 转动时，带动外转子 3 向同一方向旋转。与进油口 5 相通的进油腔，因内、外齿逐渐脱离啮合而使容积增大，产生真空将油吸入并带到出油腔内。此时，因内、外齿逐渐进入啮合而使容积减小，油压升高，机油从出油口被压入主油道。

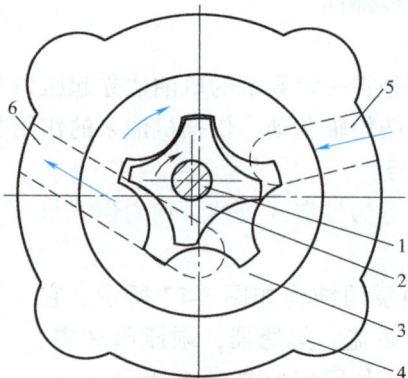

转子式机油泵的原理

图 8-20　转子式机油泵的工作原理

1—主动轴　2—内转子　3—外转子
4—机油泵壳体　5—进油口　6—出油口

转子式机油泵有结构紧凑、吸油真空度高、输油量大、供油均匀等特点，因而广泛采用。

（二）滤清器

在发动机运转过程中，由于金属磨屑、灰尘、水、积炭等将导致机油变质，以及燃烧气体和空气对机油的氧化作用，使机油变脏，这将加速运动零件的磨损及堵塞油道，造成供油不足而加速机件的磨损和损伤。为了减少或清除杂质，保持机油的清洁，延长机油的使用寿命，在发动机润滑系中均装有滤清器。

为了保证滤清效果，一般使用多级滤清器：集滤器、机油粗滤器和机油细滤器。而且不同型号的发动机润滑系统采用的机油滤清器有所不同，一般有全流式机油滤清器、分流式机油滤清器和并用式机油滤清器，如图 8-21 所示。

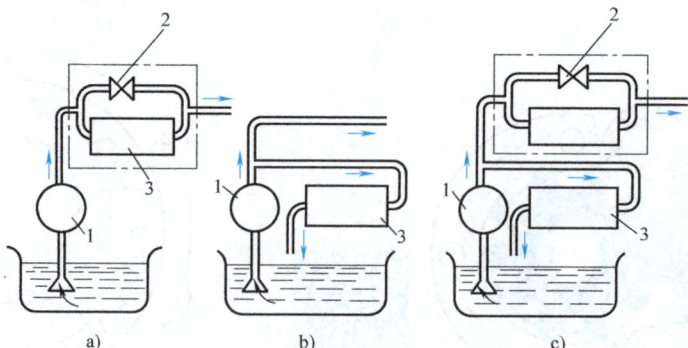

图 8-21　润滑油滤清方式示意图

a）全流式　b）分流式　c）并用式
1—机油泵　2—旁通阀　3—滤清器

1. 集滤器

集滤器装在机油泵之前的吸油端，多采用滤网式，防止粒度大的杂质进入机油泵，发动

机使用的集滤器目前分为浮式集滤器和固定式集滤器两种。

浮式集滤器工作时漂浮在机油油面上，以保证油泵总是吸入最上层较清洁的机油，但油面上泡沫易被吸入，使机油压力降低。固定式集滤器装在油面下面，吸入的机油清洁度稍逊于浮式集滤器，但润滑可靠，故基本取代了浮式集滤器。

2. 机油粗滤器

粗滤器用于滤去机油中粒度较大（直径为 0.05 以上）的杂质。它对机油的流动阻力较小，故可以串联于机油泵与主油道之间，即属于全流式滤清器。

粗滤器根据滤清元件之间（滤芯）的不同，可以有各种不同的结构形式。一般发动机均采用纸质粗滤器。

图 8-22 所示为两种形式的柴油粗滤器，一种为单级纸质滤清器，另一种为双级旋转式滤清器。滤清器壳体由环形密封圈密封。机油由上盖的进油孔进入滤清器，通过滤芯滤清后，经上盖的出油孔流入主油道，当滤芯被积污堵塞，其内外压差达到 15 ~ 17kPa 时，旁通阀的球阀即被顶开，大部分机油不经滤芯滤清，直接进入主油道，以保证主油道所需的机油量。

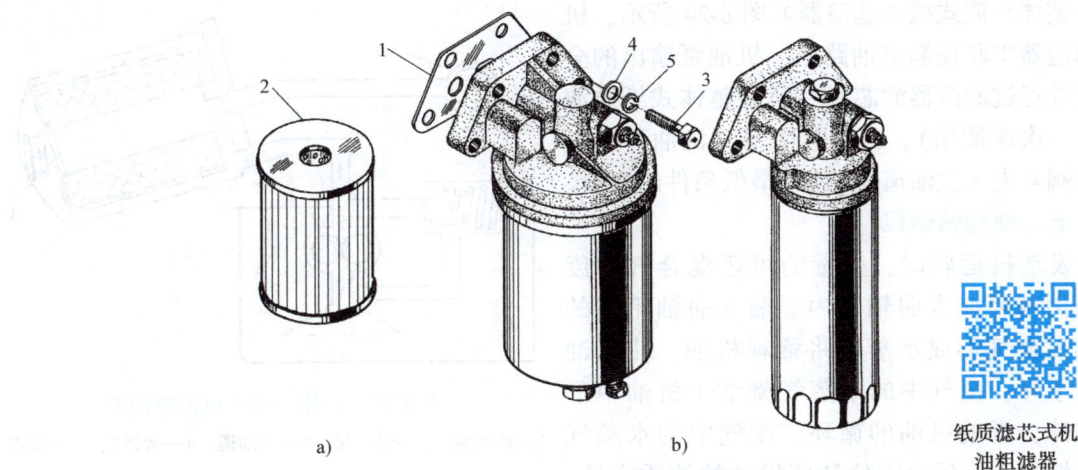

纸质滤芯式机油粗滤器

图 8-22　机油粗滤器的构造
a）单级纸质滤清器　b）双级旋转式滤清器
1—密封垫　2—滤芯　3—六角头螺栓　4—平垫圈　5—弹簧垫圈

3. 机油细滤器

机油细滤器主要滤去机油中的细小杂质（直径在 0.001 ~ 0.005mm），其流量小、阻力大，机油流量仅占机油泵流量的 10% ~ 15%。故多数细滤器安装方法为分流式，即与主油道并联。

CA6110 型柴油发动机均采用离心式机油滤清器，如图 8-23 所示。

分流离心式细滤器由合金铝铸造的底座、转子、转子轴、旁通阀及外壳等组成。从机油泵出来的一小部分机油，经底座油孔和转子轴的中心孔道进入转子总成内腔，并从两个喷嘴喷出。两个喷嘴喷出压力油作用在底座的内表面，由于底座固定，转子在喷嘴喷射反作用力的推动下旋转，机油压力越高转子转速越快，机油中的杂质在离心力的作用下，从机油中分离出来，黏附在转子内壁上，达到机油净化的目的。清洁的机油从喷嘴喷出后，流回油底壳内。

转子总成

密封垫

平垫圈
转型弹簧垫圈
六角头螺栓

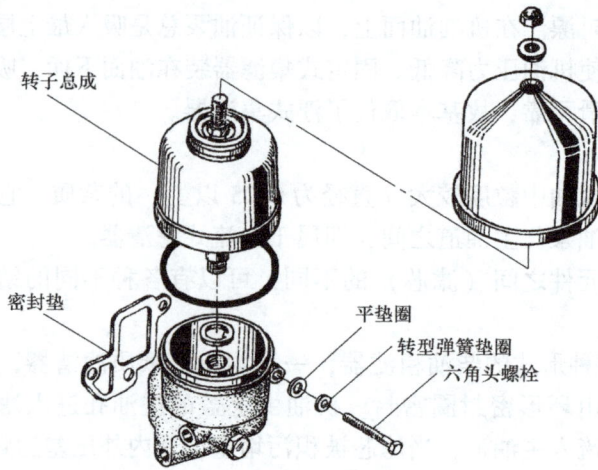

离心式细滤器

图8-23 离心式机油细滤器

整体全流式机油滤清器如图8-24所示，机油滤清器串联在润滑油路中，机油泵输出的全部机油经过滤清器滤芯（一般为整体式纸质滤芯，一次性使用）。当滤芯堵塞时机油可通过旁通阀4进入主油道3，保证最低条件的润滑。

五、曲轴箱通风

发动机运转时，少量的可燃混合气和废气经活塞环漏入曲轴箱内。漏入曲轴箱内的可燃混合气形成水蒸气将稀释机油，使机油黏度下降；废气中的水蒸气凝结于机油中形成泡沫，影响机油的循环。废气中的水蒸气和酸性物质将侵蚀零件和使机油的油质变坏。

图8-24 整体全流式机油滤清器
1—机油泵 2—限压阀 3—主油道 4—旁通阀 5—滤芯

同时，漏入曲轴箱内的气体使箱内压力和温度升高，将造成机油从油封、衬垫处泄漏。因此曲轴箱必须设有通风装置，使漏入的气体排入大气中。

曲轴箱通风的方法有两种：一是曲轴箱所设计的通气口直接与大气相通称为自然通风，一般多用于柴油机上。二是曲轴箱所设计的通气口与发动机进气管道相连接，利用吸气的真空度作用，使曲轴箱内气体被吸入气缸再次燃烧称为强制通风。

自然通风

汽油机曲轴箱一般多采用强制通风。在缸体侧壁设垂直通风孔连通曲轴箱，垂直通风孔连通空气滤清器。发动机工作时，在进气管内真空度作用下，窜入曲轴箱内的混合气体经通气管连接软管而送入空气滤清器，最后由进气管吸入气缸燃烧。这种通风方式，还可以防止发动机曲轴箱漏油。

图8-25所示为V形发动机曲轴箱强制通风示意图，为了防止发动机低速小负荷时进气管的真空度太大而将机油从曲轴箱内吸出，在通风管上装有单向阀（PVC阀）。

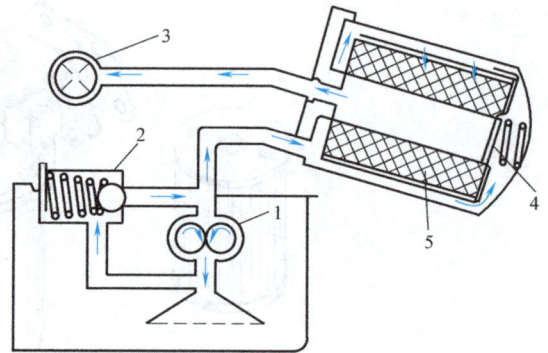

单向阀（PVC阀）的结构如图8-26所示，当发动机在小负荷低速运转时，进气管真空度较大，此时阀4克服弹簧3的压力被吸靠在阀座2上，曲轴箱内的废气经阀4的中心小孔进入进气管。由于节流作用，防止了曲轴箱内的机油被吸出。当负荷加大时，进气管真空度降低，阀在弹簧张力的作用下离开阀座而逐渐打开，通风量逐渐加大。当发动机在大负荷运转时，阀4全开，通风量最大。这样，既更新了曲轴箱内的气体，又可避免机油不必要的消耗。

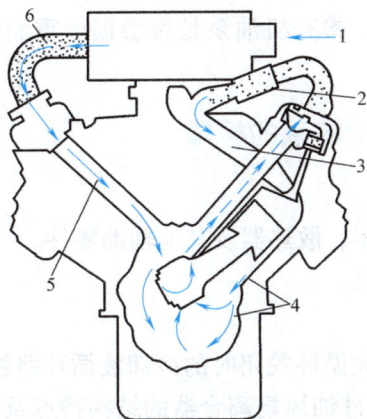

强制通风

图8-25　V形发动机曲轴箱强制通风示意图

1—新鲜空气进入　2—曲轴箱通风量控制阀　3—进气歧管
4—曲轴箱窜缸混合气　5—曲轴箱通风的空气　6—过滤的空气

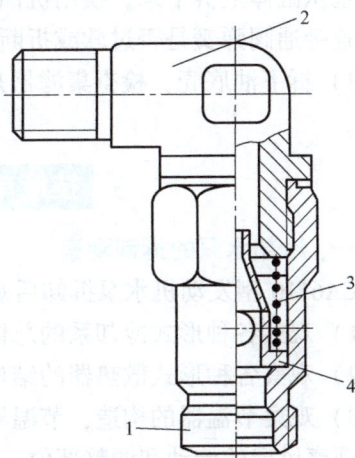

图8-26　单向阀（PVC阀）的结构

1—阀体　2—阀座　3—弹簧　4—阀

六、润滑系的常见故障

发动机在使用过程中，由于各种因素的影响，润滑系的技术状况会逐渐变坏，导致发动机工作不正常，甚至严重影响发动机的使用寿命。

润滑系技术状况变坏的明显标志是机油压力变低和机油变质。机油压力过低会造成润滑不良，甚至会造成严重的机械事故。

机油压力过低，可以从机油压力表上观察，现象为压力指示低于规定压力值或刚起动时机油压力正常，而后降至低于规定压力。

1. 造成机油压力过低的主要原因

1）机油温度过高、机油混入燃油或水、机油黏度标号低造成机油过稀，致使润滑系统达不到规定流量和压力。

2）机油泵零件磨损，主、被动齿轮磨损严重，致使间隙过大，转子与泵壳间隙过大，O形密封圈或垫圈损坏，旁通阀关闭不严造成输出压力降低。

3）发动机主轴承和连杆轴承间隙过大或油路泄漏造成机油压力下降。

4）油底壳内机油储量不足或机油集滤器堵塞，机油泵不能正常吸油，造成机油压力过低。

2. 机油压力过低的诊断

机油压力过低时，应根据故障原因逐项进行检查。

1）检查油尺，确认机油储量油面是否过低，机油是否变稀。若机油储量不足，刚起动时，机油泵输油具有一定压力，当机油正常循环时，油底壳油量减少，机油泵不能正常吸油，造成润滑系统内压力下降，出现刚起动时机油压力表压力正常，然后出现压力下降至低于规定范围的现象。机油质量变劣、变稀、泄漏，机油泵达不到规定的流量和压力，致使机油压力偏低。

2）检查机油压力表和机油感应塞工作是否正常。如果机油压力表良好，可将机油压力感应塞从缸体上拆下来，换用机油压力表进行检查，若压力正常，说明感应塞失灵。否则，应检查旁通阀弹簧是否过软或折断。

3）拆下油底壳，检查集滤器是否有污物堵塞，检查机油泵是否磨损严重而使机油压力降低。

技能单一　发动机冷却系的检修

一、冷却水泵的拆卸观察

CA6110 型发动机水泵拆卸后观察冷却液的循环、散热器及其他辅助零件。

1）观察各种形式冷却系的总体布置及结构特点。

2）观察各种形式散热器的结构特点。

3）观察节温器的构造，节温器小循环关闭及大循环关闭时的冷却液循环路线。

观察风扇的传动和调整部位；观察电控风扇、硅油风扇离合器的结构特点及工作过程。

二、节温器的试验

1）将节温器放在充满水的容器内，逐渐将水加热，同时容器中放置测温仪器（如用冷却液温度表连接传感器）。

2）观察节温器主阀门开启时及完全开启时的温度；观察节温器主阀门行程（不同型号的节温器主阀门开启情况）。

3）不符合规定标准的节温器，应更换。

三、电控风扇的检修

1. 电控风扇温控开关的检测

1）如图 8-27 所示，将温控开关放入水容器内，同时放入测温仪器（如用冷却液温度表连接传感器），将水加热。

2）万用表选用电阻档（欧姆档），把表笔分别接温控开关的拉线端和外壳。观察万用表指针和动态，当冷却液温度达到 88 ~ 97℃时，温控开关导通。然后降低冷却液温度，温控开关仍然导通。当冷却液温度降至 83 ~ 90℃时，温控开关断开（如果维修手册有明确规定，应以其提供的标准测量参数为准）。如果不能在规定范围内自动切断或接通，则说明风扇温控开关损坏。

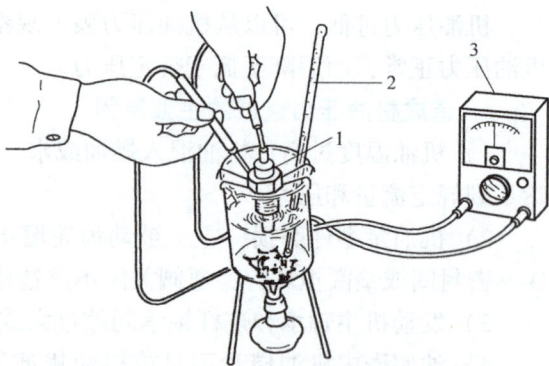

图 8-27　温度控制开关的检测

1—风扇温度控制开关　2—温度计　3—万用表

2. 风扇电动机的检查

1）车上检查。将点火开关转至 ON 位置，再拆下温控开关插头，并将插头搭铁，此时风扇电动机应转动。如果未转动，可拆下风扇电动机的另一根线，与蓄电池的正极相连。此时，风扇电动机应能旋转。否则，应拆下风扇电动机进行修理或更换。

2）拆下后检查。按图 8-28 所示将风扇电动机与蓄电池相连。此时，风扇电动机应能转动。如果风扇电动机不转或转动声音不正常，应对电动机进行维修或更换。

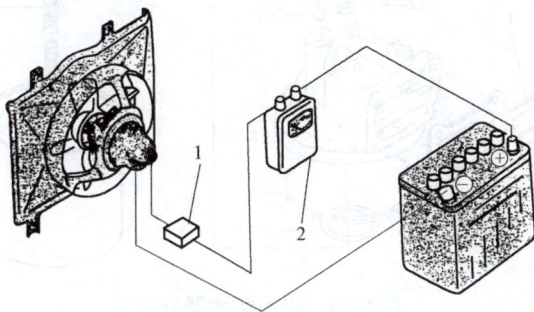

图 8-28　风扇电动机的检验

1—接线端子　2—电流表

技能单二　发动机润滑系的拆装

一、发动机润滑系的观察

1）观察机油泵、滤清器、机油散热器、限压阀、旁通阀等安装位置及相互连接关系。

2）拆卸 CA6110 型发动机，对照润滑油路示意图观察机油循环路线。

3）观察曲轴箱通风及各部件连接关系。

二、机油泵拆装

1）拆卸集滤器固定螺栓，取下集滤器。

2）拆卸机油泵盖固定螺栓，取下泵盖和衬垫。

3）取出主动齿轮和被动齿轮。

4）拆卸泵体上机油泵调整螺钉锁紧螺母，拧下调整螺钉和限压弹簧。

5）清洗、检查、测量所有零件。

6）按拆卸时逆顺序装复机油泵。装复后，主动轴应转动灵活，限压阀柱塞装入阀孔中，应转动灵活，无卡滞现象。

三、机油粗滤器的拆装

1）如图 8-29 所示，松开紧固螺母分解底座和外壳推杆总成。

2）取出密封垫圈、滤芯、压紧弹簧垫圈和弹簧。

3）松开阀座，取出旁通阀弹簧和钢球，观察旁通阀的工作情况。

4）装复：清洗各零件后，按拆卸时的逆顺序装复粗滤器。注意不要损坏各密封圈。

四、离心式机油细滤器拆装

1）如图 8-30 所示，旋松外罩上盖螺母，取下密封垫圈、外罩、推力弹簧和推力片。

2）将转子转动到喷嘴对准挡油盘缺口，取下转子体总成。

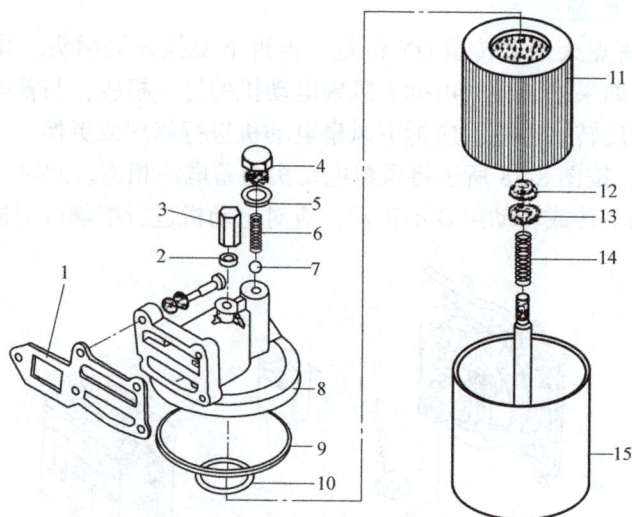

图 8-29　机油粗滤器分解图

1—衬垫　2、5—垫圈　3—螺母　4—阀座　6—旁通阀弹簧　7—钢球　8—底座　9—外壳密封圈
10—滤芯密封圈　11—机油滤芯　12—拉杆密封圈　13—压紧弹簧垫圈　14—压紧弹簧　15—外壳拉杆总成

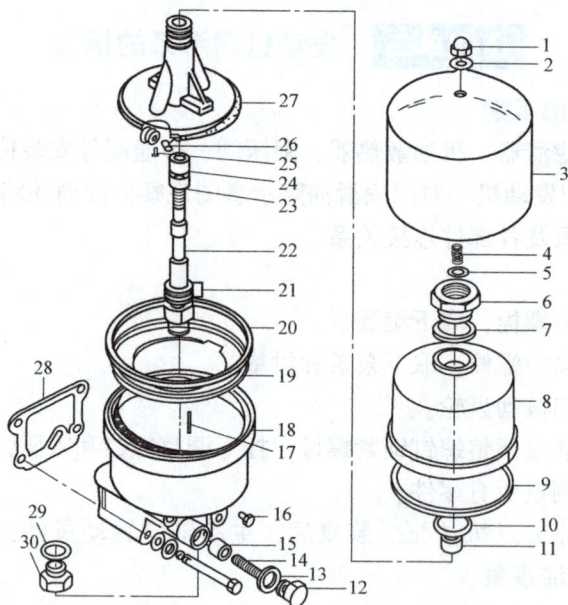

图 8-30　离心式机油细滤器的分解图

1—盖形螺母　2—密封垫圈　3—外罩　4—推力弹簧　5—推力片　6—紧固螺母　7—垫圈　8—转子罩
9—转子罩密封圈　10—弹性挡圈　11—上轴承　12、30—阀座　13、29—阀座垫圈　14—进油阀弹簧
15—柱塞　16—六角形螺塞　17—圆头滚针　18—底座　19—挡油盘　20—外罩密封圈　21—转子轴轴承
22—转子轴　23—下轴承　24—隔套　25—螺塞　26—喷嘴　27—转子体　28—衬垫

3）旋松转子罩上的紧固螺母，分解转子总成，观察转子的工作情况。

4）旋松进油阀座，拆卸阀座垫圈，进油阀弹簧，进油阀柱塞。

5）装复：清洗零件后，按拆卸时的逆顺序装复细滤器。

装配注意事项：

1）如图 8-31 所示，转子总成装配时必须把转子罩和转子座两箭头记号对准，否则将破坏转子总成的平衡。密封橡胶垫应装好，否则将会漏油，严重时将导致转子不工作。紧固螺母不得旋得过紧（按标准力矩），否则将破坏转子的正常工作。

2）装复外壳时，应把底座密封圈槽内清除干净，因外壳下有泥沙，会引起转子轴的变形。

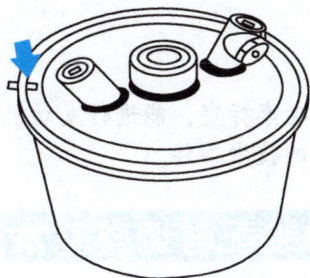

图 8-31　转子总成的装配标记

模块九　发动机总装

🖋 **学习目标**

1）了解发动机试验的分类及功率标定，能进行发动机的装配、调整与磨合；
2）掌握发动机总成修理竣工的技术条件。

单元一　发动机的装配与调整基本要求

　　发动机的装配是把新零件、修理合格的零件、组合件和辅助总成，按照工艺和技术要求装配成完整的发动机，并对其进行磨合。发动机的装配、磨合质量对发动机的修理质量有着重大影响，直接影响大修后的发动机使用寿命。

　　发动机装配与调整的基本要求如下：

　　1）被重新装配的零部件必须仔细清洗，特别是润滑油道、油管必须用压缩空气吹干净，没有铁屑、油垢、杂物，所有的零件表面必须清洁。

　　2）各种密封垫片、橡胶密封圈等均应更换。

　　3）所有运动表面在装配前均应涂抹润滑脂。

　　4）对有力矩规定及有顺序要求的紧固零件，必须按规定顺序拧紧到规定力矩值。其余按一般螺栓紧固力矩拧紧。

　　5）装配时要注意装配方向和标记（如主轴承盖、连杆大头、推力轴承片等），不能装错、装反。

　　6）要求密封的部位需要涂胶的要均匀适量，应严格按密封胶的使用说明进行操作。

　　7）装配间隙必须符合技术要求，但应根据具体情况适当调整。如活塞与气缸间隙，应在常温下进行测量，检验并选配出合适的活塞与气缸间隙值。变形零件的配合间隙应调整到公差下限，无变形零件的配合间隙调整到公差上限等，实践证明都是延长零件使用寿命的有效措施。

　　8）电控系统各插头、线柱要清洁，接触可靠。燃油系统中的O形密封圈必须更换，而且不得使用含硅密封胶。

单元二　发动机总成修理竣工的技术条件

一、一般技术要求

1）装备齐全，按规定完成了发动机磨合，无漏油、漏水、漏气、漏电现象。

2）加注的机油量、牌号以及润滑脂符合原厂规定。

3）机油压力和冷却液温度正常。

4）气缸压力符合原厂规定，各缸压力差、汽油机应不超过各缸平均压力的8%，柴油机不超过10%。

5）四冲程汽油机转速在500~600r/min时，以海平面为准，进气歧管真空度应在57.2~70.5kPa范围内。其波动范围：6缸发动机不超过3.5kPa，4缸发动机不超过5kPa。

二、主要使用性能

1）发动机在正常工作温度下，5s内能起动。柴油机在5℃，汽油机在-5℃环境下，起动顺利。

2）配气相位差不大于2°30′。

3）加速灵敏，过渡圆滑，怠速稳定，各工况工作平稳。

4）最大功率和最大转矩不低于原厂规定的90%。

5）最低燃料消耗率不得高于原厂规定。

6）发动机排放限值符合GB 7258—2017《机动车运行安全技术条件》的规定。

二级维护竣工的发动机除装备齐全有效之外，还必须进行性能检测。要求能正常起动，低、中、高速运转均匀、稳定，冷却液温度正常，加速性能好，无断火、回火、放炮等现象。发动机运转稳定后应无异响。无负荷功率不小于额定值的80%。

7）电子控制系统的设置应正确无误。自检警告灯应显示系统正常，或通过系统自诊断功能读取的故障码应为正常码。

技能单一　CA6110型柴油机的装配和调整

一、装配技术要求

1）安装前，应将零件清洗干净，并清洗润滑油道，油道内不允许有铁屑或其他杂物；彻底清除零部件装配表面的灰尘、油污等异物，然后用压缩空气吹干。

2）垫片、O形圈等密封件，锁止垫片、开口销等锁紧件应更换新件。

3）除有特殊情况外，在装配之前对所有运动件表面应涂以润滑油。

4）对有紧固力矩规定的紧固零件应将其拧紧到规定值；没有紧固力矩要求的零件应按一般的螺栓紧固力矩拧紧。

5）除胶质密封垫及带胶的密封垫外，各密封垫的部位均应涂密封胶。

6）零件装配前要注意装配方向和装配标记，装配后要按技术要求检查，调整各部位装配间隙。

二、装配与调整步骤

1. 气缸套、活塞及曲柄连杆机构的装配

（1）气缸套的装配　先把O形橡胶密封圈置于气缸体的环槽内，然后选用同一尺寸分组的气缸套倒置放到气缸体的缸套孔中，检查气缸套的突出量。气缸套上端台肩凸出缸体顶面0.085~0.165mm，相邻的缸套高度差不大于0.03mm，各缸突出量应一致。

同时，在气缸套下部约50mm范围内的外表面均匀涂以肥皂水，平稳地把气缸套压入气缸体中。装配后应检查O形密封圈是否被剪断和刮伤，如有损伤，应换用新的O形密封圈重新安装。气缸套装配后，缸体水腔须经294~392kPa的水压试验，在3~5min内不得渗漏。

（2）曲轴的装配　首先将气缸体倒置使气缸体下平面朝上，分别将主轴瓦的上片放入气缸体轴承孔内，使瓦片凸肩嵌入缸体轴承座孔凸肩槽内，注意观察缸体上的油孔是否在轴瓦油槽范围内。将轴瓦内表面涂机油，然后将推力轴承片用两个圆柱销装在最后一个轴承座后端止推面上，推力轴承片带有油槽面朝向外端面。

用专用吊具将曲轴吊起，用压缩空气把曲轴全部油孔吹干净，全部轴颈、轴肩擦拭干净，平稳地放入气缸体中的主轴瓦上，并向主轴颈上涂以机油。

（3）主轴承盖的安装　把下主轴瓦分别置于主轴承盖内，再把推力轴承片分别装到最后主轴承盖前、后端面上，使推力轴承片带有油槽面向外，用圆柱销固定。在紧密贴合的状态下，圆柱销应低于推力轴承片 0.5～1.0mm。

将已装好主轴承瓦的主轴承盖依次放入缸体上相应的主轴承的止口内，向前标记不得装反。将主轴承螺栓螺纹部分及螺栓头支承面涂以机油，然后旋入螺孔中，孔壁不得与螺栓定位带接触，可用铜锤敲击主轴承盖进行归位。直至与缸体贴合为止，要保证后端面上、下止推片在同一平面内。

拧紧主轴承螺栓时，应从中间开始向两端交叉进行，并分次拧紧。其拧紧力矩为 250±10N·m。待全部主轴承螺栓拧紧后，转动曲轴应旋转自如。最后将曲轴推至前端，用塞尺检查曲轴轴向间隙（应保证在 0.105～0.309mm 范围之内）。

2. 活塞连杆组装

（1）活塞和连杆的装配　安装在同一台发动机上的活塞连杆总成应为同一组的 4 配套件。装配活塞连杆总成时，应使连杆体与连杆端盖上一侧和活塞上向前的标记置于同侧。活塞销表面涂机油后对准销孔和衬套轻轻推入。如果活塞销装配困难，可将活塞放入热水中加热后再行装入，不允许锤击。然后用专用工具将活塞销挡圈装入槽内，必须使挡圈完全入槽。

（2）活塞环的装配　安装活塞环时应注意使用专用工具，如图 9-1 所示。第一道气环有标记的一面朝上；第二道气环有标记的一面朝上；油环总成的安装顺序是：先打开弹簧胀圈的搭接口，再把胀圈装入活塞环槽内，结合搭口，最后把油环外圈套在弹簧胀圈上，并使环的开口和弹簧胀圈搭口互错开180°。活塞环装入环槽后要能在槽内自由转动，各环依次错开120°或180°，并避开销轴方向和侧压力方向。

（3）活塞连杆组总成的装配　安装活塞连杆总成时，要使用专用工具（在不更换零件的条件下）按原始缸序装配。防止损伤螺纹或刮伤缸壁。装配前，需要将活塞、活塞环、连杆轴瓦、曲轴轴颈和连杆轴颈涂以机油进行预润滑。切记将活塞环端口错开120°或180°，同时避开侧压力及销轴方向。活塞顶部与连杆杆身的朝前标记朝向发动机的风扇端。

连杆端螺母的紧固力矩为：140～160N·m。连杆轴

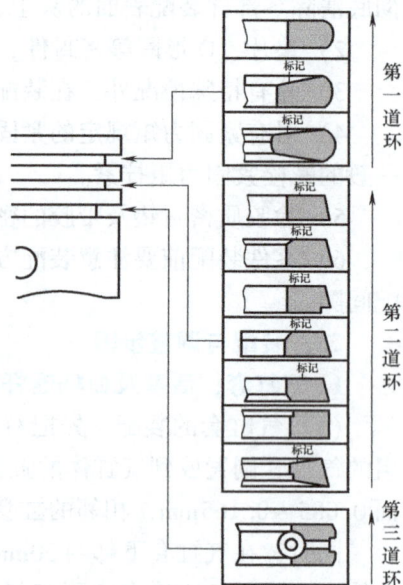

图 9-1　活塞环的安装

颈与连杆轴瓦之间的间隙为 0.06 ~ 0.128mm。连杆螺栓与连杆孔为过渡配合,可起到定位作用,装配时可用铜锤敲入。

(4) 曲轴前端的装配 前油封在压入油封座之前,先把挡油片放入油封槽内,使回油位置对正,用专用工具把油封压入油封座孔内。再将曲轴的定位平键放入曲轴键槽内,直至与槽底贴合为止,并装入挡油片,再装好油封座,用螺栓固装在气缸体前端。

3. 凸轮轴、正时齿轮、飞轮及飞轮壳的装配

(1) 凸轮轴的装配 将凸轮轴清洗干净,然后将其夹持在台虎钳上(为防止损伤凸轮轴,应在钳口垫以铝或铜片),安装止推片、半圆键和正时齿轮,注意齿轮上的正时记号朝外,将锁紧垫片套入并使其锁舌插进正时齿轮的键槽中,然后拧紧凸轮轴正时齿轮紧固螺栓。在正对螺栓平面处撬起锁紧垫片并与正时齿轮紧固螺栓侧平面贴紧,然后检查止推片和正时齿轮轮毂端面之间的间隙,应为 0.080 ~ 0.218mm。

凸轮轴及正时齿轮总成装入时,应先将各轴颈涂以机油,防止刮伤凸轮轴衬套,然后用套有弹簧垫圈和平垫圈的螺栓把止推片紧固,其紧固力矩是 30 ~ 40N·m。

(2) 安装正时中间齿轮 注意:各正时齿轮的记号要与相应正时齿轮的记号对正,如图 9-2 所示。

(3) 飞轮壳及飞轮的安装 飞轮壳装到气缸体上之前,应先将飞轮正时指针紧固到飞轮壳内的检视孔相应的位置上,同时将飞轮壳固装到机体上,装曲轴后油封,螺栓紧固力矩为 15 ~ 20N·m。

安装飞轮,擦净与曲轴相配合的表面和端面,使飞轮销孔与销钉对应。把垫圈和锁片套在飞轮螺栓上拧入曲轴后端,紧固力矩是 160 ± 10 N·m,紧固顺序按直径方向成对角拧紧,用扁铲撬起锁片使之与螺栓头的平面贴紧,但不要铲伤飞轮表面。然后检查飞轮端面摆动差在 R150mm 范围内应 ≤0.15mm,如果超限应检查螺栓拧紧是否均衡或安装表面是否有杂物。

图 9-2 正时齿轮的装配标记

1—正时中间齿轮(一) 2—喷油泵齿轮 3—键槽
4—正时中间齿轮(二) 5—正时中间齿轮(三)
6—凸轮轴齿轮 7—曲轴齿轮 8—机油泵齿轮

(4) 安装机油泵及集滤器 安装机油泵及集滤器并向集滤器内注入适量的机油,以保证机油泵的密封。同时将油底壳固装到机体上。为保证密封应使各螺栓的紧固力矩均匀。

将发动机直立,安装起动机、空气压缩空气机、高压油泵、离合器总成、机油粗滤器、机油细滤器等外部总成。

4. 气缸盖及配气机构的装配

(1) 喷油器套的装配 装配前先将 O 形橡胶圈套上,然后在配合表面涂以密封胶后再压入缸盖孔内。用碾压器挤压,同时在下端孔口处扩孔。

(2) 气门导管的装配 将气门导管孔清洗干净,涂以机油,将导管压入孔内。压至气

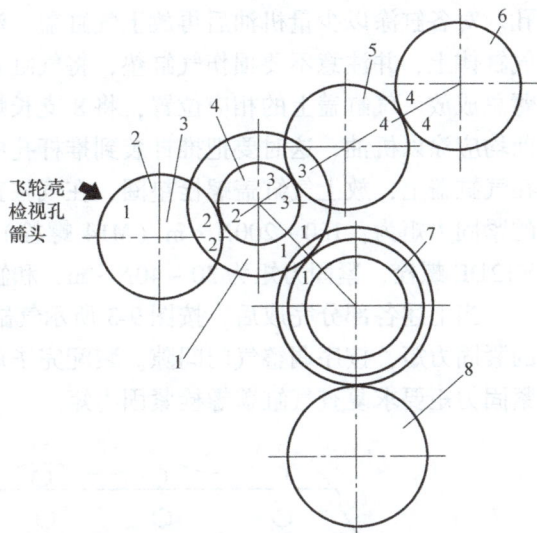

门导管上端距离气门弹簧座面18mm时为止。

气缸盖总成装配完毕之后，要进行3min的水压试验，压力为0.3MPa，在规定压力不得有渗漏现象。

（3）气门油封的装配　首先把气门弹簧下座套入气门导管上，用专用工具把气门油封总成压在气门导管上。

（4）气门弹簧的装配　将研磨好的气门清洗干净，在杆部涂以机油，按研磨配对顺序插入气门导管内，然后装入气门内、外弹簧，气门弹簧座。用专用工具压弹簧座，使弹簧处于压缩状态，装入气门锁块。

（5）摇臂总成的组装　将摇臂支架从摇臂轴后端套入，顺次套入波形弹簧、气门摇臂、定位弹簧、摇臂轴支架、气门摇臂、定位弹簧、摇臂轴支架等，待全部组装后拧紧定位螺栓。每缸有两个摇臂总成和一个摇臂轴支架，且支架位于两个摇臂之间。

（6）安装气缸盖总成　将挺柱放入缸体挺柱孔中，然后安装气缸垫总成。先检查是否有缺陷，是否清洁，然后对准定位销孔放平，注意安装方向是否对准各个缸套、水孔及螺栓孔。对各缸涂以少量机油后再放上气缸盖。注意对准定位销孔。清洗组装完整的气缸盖放入气缸体上，并注意不要损伤气缸垫，将气缸盖的18支中长螺栓分别放入相应的孔中，将摇臂总成放入气缸盖上的相应位置，将8支长螺栓分别放入摇臂总成的相应孔中，各螺栓放入前均应涂以机油，这时要把推杆装到推杆孔中。将摇臂轴总成、摇臂及摇臂轴支架组合件放在气缸盖上，放上气缸盖螺栓垫圈，在气缸盖螺栓螺纹部分涂机油后再拧入气缸体。气缸体的紧固力矩为：180~200N·m（M14螺栓）和35N·m（M10螺栓）。拧上摇臂轴的6支M12DE螺栓，紧固力矩为30~40N·m，和缸盖一起用缸盖螺栓拧紧在发动机上。

当上述各部分完成后，按图9-3所示气缸盖螺栓拧紧顺序分三次拧紧，最后达到所要求的紧固力矩，按序调整气门间隙。装配完毕后待发动机运转到正常温度后，再按上面顺序和紧固力矩要求复查气缸盖螺栓紧固力矩。

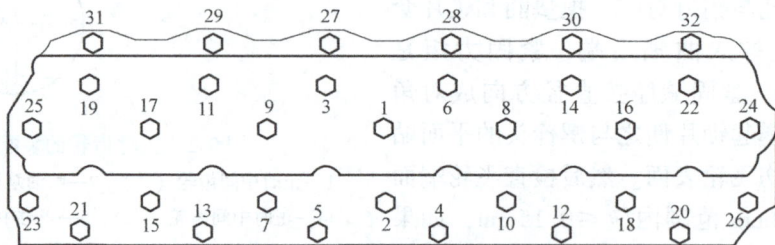

图9-3　气缸盖螺栓拧紧示意图

5. 风扇传动带的安装与调整

水泵总成、发电机总成安装之后，安装风扇传动带。通过改变发电机的相应角度来调节其松紧程度。如图9-4所示，在39.2N的作用下两轮间的传动带挠度应在10~15mm范围内。

6. 喷油泵及空气压缩机的安装与供油时间的调整

（1）喷油泵及空气压缩机的安装　喷油泵安装前，应先将飞轮上的供油正时标记"0"对准飞轮壳上的指针，并确认发动机第1缸活塞处于压缩行程上止点位置；然后，将空气压缩机传动齿轮上的装配标记"2"对准飞轮壳上指针或检视孔装入。同时拆下飞轮壳观察孔

橡胶塞，检查装配的正确性。此时，空气压缩机连接高压油泵的轴上的半圆键应朝向上方。

装配喷油泵时，转动自动提前器壳体上的刻线与指针重合，此时为喷油泵第1缸供油始点；并用联轴器将其与空气压缩机连接。若发现联轴器上的螺栓孔不对中时，说明油泵安装的倾斜角度不正确。

（2）供油提前角的调整

1）打开飞轮壳观察孔橡胶塞。

2）转动飞轮至1缸压缩上止点前14°角的位置，对准飞轮壳上的固定指针。

3）松开联轴器的两螺钉。

4）转动自动提前器，使提前器壳体上的刻线与油泵体上指针重合。此时，即为喷油泵第1缸供油始点。

图9-4　发动机风扇传动带调节示意图

5）锁紧联轴器两螺钉。注意：转动自动提前器方向与发动机旋转方向相同为供油正时提前。转动方向相反，为供油正时迟后。

若感觉供油正时稍早或稍晚，可松开联轴器上的紧固螺栓，调整连接盘的腰形孔与钢片组之间的相对位置，向机体外转动，供油提前角变大（供油提前）；反之，变晚（供油迟后）。

上述装配技术数据参照表9-1进行。

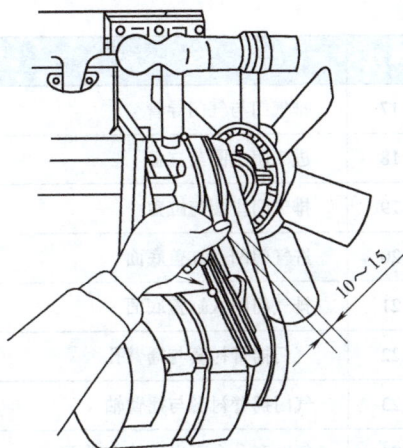

表9-1　6110型柴油机主要零件的配合性质及磨损极限

序号	名　称	配合性质	名义尺寸/mm	间隙或过盈值/mm	极限值/mm
1	主轴颈与主轴承	间隙	φ85	0.070～0.157	0.20
2	主轴颈止推面与止推片	轴向间隙		0.105～0.309	0.40
3	连杆轴颈与连杆主轴承	间隙	φ70	0.060～0.128	0.20
4	连杆轴颈与连杆大头两侧面	轴向间隙		0.180～0.380	0.60
5	活塞销与连杆小头衬套	间隙	φ38	0.030～0.060	0.12
6	活塞销与活塞销座孔	间隙	φ38	0.005～0.017	0.04
7	活塞裙部与气缸套	间隙	φ110	0.130～0.160	0.35
8	第一道气环闭口间隙	间隙		0.350～0.500	1.50
9	第二道气环闭口间隙	间隙		0.300～0.450	1.50
10	油环闭口间隙	间隙		0.300～0.450	1.50
11	第一道气环与活塞环槽	平面间隙	2	0.060～0.095	0.20
12	第二道气环与活塞环槽	平面间隙	2.5	0.040～0.075	0.15
13	油环与活塞环槽	平面间隙	5	0.040～0.075	0.15
14	活塞上止点与缸盖底面	间隙		0.900～1.100	
15	气门导管与缸盖	过盈	φ15	0.015～0.051	
16	进气门与气门导管	间隙	φ9	0.025～0.069	1.50

（续）

序号	名 称	配合性质	名义尺寸/mm	间隙或过盈值/mm	极限值/mm
17	排气门与气门导管	间隙	$\phi9$	0.06 ~ 0.102	1.50
18	进气门座圈与缸盖	过盈	$\phi49$	0.072 ~ 0.122	
19	排气门座圈与缸盖	过盈	$\phi44$	0.072 ~ 0.122	
20	进气门凹入缸盖底面	凹入		1.100 ~ 1.600	2.00
21	排气门凹入缸盖底面	凹入		1.100 ~ 1.600	2.00
22	气门摇臂衬套与摇臂孔	过盈	$\phi26$	0.034 ~ 0.097	
23	气门摇臂衬套与摇臂轴	间隙	$\phi24$	0.037 ~ 0.083	0.20
24	气缸套凸台高出机体上平面	凸出		0.028 ~ 0.095	
25	气门挺柱与机体孔	间隙	$\phi31$	0.070 ~ 0.111	0.20
26	凸轮轴衬套与机体孔	过盈	$\phi64$	0.036 ~ 0.085	
27	凸轮轴衬套与凸轮轴轴颈	间隙	$\phi58$	0.080 ~ 0.218	0.20
28	凸轮轴与止推片	轴向间隙		0.080 ~ 0.218	0.35
29	正时中间齿轮一与衬套	过盈	$\phi36$	0.030 ~ 0.760	
30	正时中间齿轮一的衬套与齿轮轴	间隙	$\phi32$	0.040 ~ 0.910	0.20
31	正时中间齿轮一与齿轮轴	轴向间隙		0.080 ~ 0.204	0.40
32	正时中间齿轮一与齿轮二	过盈	$\phi52$	0.002 ~ 0.050	
33	正时中间齿轮三与衬套	过盈	$\phi29$	0.034 ~ 0.760	
34	正时中间齿轮三的衬套与齿轮轴	间隙	$\phi25$	0.030 ~ 0.086	0.20
35	正时中间齿轮三与齿轮轴	轴向间隙		0.030 ~ 0.193	0.40
36	机油泵齿轮端面与盖板	轴向间隙		0.025 ~ 0.089	0.20
37	齿轮侧隙	间隙		≥0.085	0.30

技能单二 EA827 发动机的总装

1. 安装曲轴

安装前应先检查其与轴瓦的径向间隙，标准值为 0.01 ~ 0.04mm，极限值为 0.15mm。

1）将发动机机体倒置于工作台上。

2）将主轴瓦上瓦片擦净按正确方向与位置安放在瓦座上，第三道主轴瓦应安装止推环且应将润滑槽朝向曲柄方向。将所有的主轴瓦片涂上机油。

3）将曲轴擦净按正确的方向安放在缸体的主轴瓦上，将各主轴颈涂以机油。

4）将装好下瓦片的主轴瓦盖按正确的方向、位置安装在瓦座上。

5）从中间向两端分次按规定力矩（65N·m）拧紧主轴瓦盖螺栓。

6）转动曲轴应无阻滞现象。

7）检查曲轴的轴向间隙，应在规定范围内（0.07~0.21mm，极限值为0.30mm）。

2. 安装活塞连杆组

安装前，应先检查缸套与活塞的配合间隙（标准值为0.04mm~0.045mm，极限值为0.12mm）和连杆轴颈与连杆瓦的配合间隙（标准值为0.01~0.05mm，极限值为0.12mm）。

1）将发动机侧置在工作台上。

2）在不装活塞环时，安装活塞连杆组，检查是否偏缸。若偏缸应查明原因予以修理。

3）安装活塞环。将活塞环上带有"TOP"标记的面朝上安装，注意各道环环口的相对位置。

4）将一、四道连杆轴颈置于下止点的位置。

5）将1缸气缸套、活塞、活塞环、活塞销、连杆瓦、连杆轴颈上涂以机油。

6）将1缸活塞连杆组的瓦盖拆下，将连杆的全部及活塞的2/3按正确的方向（活塞裙部的箭头朝向发动机的前方）装入气缸套。

7）将一、二道气环开口互错180°，并避开活塞销方向及侧压力方向，将油环和气环开口互错90°。

8）用活塞环卡箍将活塞与活塞环卡紧，用木棒将活塞推入气缸。

9）用手托起并拉动连杆的大端（防止连杆螺栓或大端刮伤连杆轴颈），使连杆瓦与连杆轴颈贴合。

10）按正确的方向安装连杆瓦及瓦盖，将连杆螺栓与螺母的螺纹表面涂机油。

11）按规定的紧固力矩（30N·m）分次拧紧连杆螺母。

12）转动曲轴一至两圈应无阻滞现象。

13）检查连杆轴向间隙（标准值为0.10~0.35mm，极限值为0.40mm）。

14）用同样方法装上其余各活塞连杆组；转动曲轴数圈。

3. 安装曲轴链轮

将链轮加热220℃后压入曲轴前端。

4. 装上机油泵

注意在安装前应向泵内加注机油，按正确方向安上传动链；装上链条张紧器，将机油泵传动链张紧。

5. 安装曲轴前密封凸缘及油封

1）将涂有密封胶的曲轴前密封凸缘按正确方向装上，分次按规定力矩（16N·m）拧紧螺栓。

2）将曲轴前油封的密封唇涂上机油，用专用工具按正确方向将油封压入密封凸缘。装上扭力臂及同步带和护板。

6. 装上曲轴同步带轮

按规定力矩（100N·m）拧紧机体油道螺塞，装上曲轴后密封凸缘，按规定力矩（16N·m）拧紧螺栓，装上中间板。

7. 装上油底壳

8. 安装飞轮

按照标记安装飞轮，按规定力矩（60N·m）拧紧飞轮紧固螺栓。

9. 安装离合器

检查离合器前轴承并加注润滑脂；利用芯轴按正确方向、位置安装离合器，按规定力矩（25N·m）分次、对角拧紧离合器紧固螺栓。

10. 安装气缸盖

1）将机体上平面擦净。

2）将气缸垫按正确方向（有字的一面朝上）放在机体上平面，并使各孔位置对正。

3）将气缸盖按正确方向安放在气缸垫上，油孔和水孔对正，旋入缸盖螺栓。

4）按规定力矩（40N·m）从中间向两端分次、对角拧紧缸盖螺栓。

11. 安装凸轮轴

1）将挺柱（柱）按正确方向、顺序、位置装入挺柱孔中。

2）将凸轮轴下瓦片擦净涂上机油，按正确方向、位置装入座孔中，放上凸轮轴，将凸轮轴上瓦片涂上机油与瓦盖一起按正确方向、位置安装；按规定力矩（20N·m），并按序（先2、4道，后3、1、5道），分次拧紧凸轮轴瓦盖紧固螺母。

3）装上凸轮轴油封，装上气门室罩盖。

12. 安装同步带

1）装上水泵，装上同步传动带后安装防护罩。

2）装上凸轮轴同步带轮及霍尔传感器，按规定力矩（100N·m）拧紧紧固螺栓。若此时需转动凸轮轴，应使各缸活塞不在上止点位置（防止气门在运动时与活塞发生运动干涉）。

3）转动凸轮轴，使凸轮轴同步带轮标记与同步带后上防护罩标记对准（此时1缸凸轮向上）。

4）转动曲轴使曲轴同步带轮的标记与同步带标记对准，按正确方向装上同步带。

5）装上半自动张紧轮，将同步带张紧，检查同步带张紧度。

6）装上同步带下防护罩和中间防护罩；装上发电机支架。

13. 安装上防护罩

1）装上曲轴V带轮，按规定力矩（40N·m）拧紧螺栓。

2）检查曲轴V带轮与下防护罩上的上止点标记是否对准；检查凸轮轴同步带轮上的标记是否与后防护罩上的标记对正。

3）装上同步带上防护罩。

14. 安装各部件总成及附件

1）装上机油滤清器支架与机油滤清器（滤清器在安装前应向内加注机油）。

2）装上喷油器、供油管和油压调节器。

3）装上火花塞，按点火顺序（1—3—4—2）插上高压线。

4）装上进、排气歧管垫及歧管，装上发动机支架。

5）装上节温器，装上节温器盖。

6）装上发电机。

15. 检查

检查发动机各部是否有错装、漏装的零部件。如有应及时纠正。

上述装配技术数据参照表9-2。

表 9-2 EA827 型发动机主要螺栓（母）转矩表

序 号	螺栓螺母名称	转矩值/N·m
1	正时同步带张紧轮螺母	45
2	正时同步带后盖板螺栓	20
3	曲轴带轮螺栓	20
4	正时同步带惰轮螺栓	80
5	曲轴正时同步带螺栓	90，拧紧再转 90°
6	气缸盖罩盖螺母	10
7	发电机张紧板螺栓	25
8	分电器安装螺栓	20
9	水泵安装螺栓	35
10	主轴承盖螺栓	65
11	离合器压盘螺栓	30，再转过 90°
12	曲轴前油封盖螺栓	20（M8）、10（M6）
13	飞轮固定螺栓	20
14	中间轴油封盖螺栓	25
15	曲轴后油封盖螺栓	10（M6）、20（M8）
16	连杆盖螺栓（母）	30，拧紧后再转 90°
17	气缸盖螺栓	第一步转 40°，第二步转 60°，第三步转 180°
18	凸轮轴轴承盖螺母	20
19	凸轮轴正时齿轮链条螺栓	80
20	0.3Pa 油压开关	25
21	1.8Pa 油压开关	25
22	机油泵安装螺栓	20
23	机油泵盖螺栓	10
24	放油螺栓	30
25	水泵盖螺栓	10
26	水泵安装螺栓	20
27	温度传感器	10

参 考 文 献

[1] 张西振．汽车发动机构造与维修［M］．北京：机械工业出版社，2005．

[2] 薛华．汽车发动机［M］．大连：大连理工大学出版社，2007．

[3] 陈文华．汽车发动机构造与维修［M］．北京：人民交通出版社，2001．

[4] 蔡兴旺．汽车构造与原理实训［M］．北京：机械工业出版社，2006．

[5] 张朝山．汽车拆装与调整［M］．北京：机械工业出版社，2003．

[6] 傅春阳．轿车构造图集［M］．北京：人民交通出版社，2003．

[7] 旋艳静．新能源汽车概论［M］．沈阳：东北大学出版社，2013．

[8] 王刚．新能源汽车［M］．北京：清华大学出版社，2015．

[9] 张凤山．康明斯．柴油机结构与维修［M］．北京：机械工业出版社，2015．

[10] 宋福昌．高压共轨电控柴油机结构与检修［M］．北京：机械工业出版社，2013．

[11] 邢忠义．汽车新结构与新技术［M］．北京：机械工业出版社，2010．